U0695309

经济学理论创新的中国探索

基于理论模型视角

宗 良 著

Innovation of
Economic Theory in China

A Perspective of Theoretical Model

中国人民大学出版社
·北京·

课题组组长：

宗　良

课题组成员：

范若滢　甄　峰　吴　丹　郝　毅　刘津含

李　斌　王　伟　武　岩　赵廷辰　蒋效辰

韩　森　时　圆　饶馨怡　蔡国材

推荐序

刘 伟

改革开放 40 多年来，中国经济发展取得了举世瞩目的成就，但与其相适应的经济学理论创新仍处于探索阶段。改革开放构建了中国的经济发展模式，也为经济学理论的创新发展提供了源泉。特别是通过深入推进市场化改革和简政放权，理顺了政府与市场的关系，促进了市场经济理论创新。通过改革开放，中国有序地融入了全球化，同时推动了全球化和国际贸易理论创新。因此，中国故事的核心就是过去 40 多年改革开放成功实践的经验，这是推动经济学理论创新的"金矿"。

中国走了一条市场与政府"两只手"有机结合的道路，对政府与市场的关系从对立迈向统一进行了深入探索。党的十八届三中全会提出"使市场在资源配置中起决定性作用和更好发挥政府作用"，实现了市场机制与政府作用两者的有机结合。习近平总书记强调："要坚持辩证法、两点论，继续在社会主义基本制度与市场经济的结合上下功夫，把两方面优势都发挥好，既要'有效的市场'，也要'有为的政府'，努力在实践中破解这道经济学上的世界性难题。"习近平总书记的这一重要论断为经济学理论创新和研究范式变革指明了方向。我很高兴看到作者正沿着这个方向进行探索。

一、中国故事是经济学理论创新的源泉和动力

改革开放 40 多年来，中国经济建设取得了巨大成就。中国经济保持了 40 多年的平稳增长，实现了跨越式发展，经济总量稳居世界第二，对

世界经济金融的影响逐步提高。目前，中国的消费市场是全球最大的市场之一，未来还将持续增长，而巨大的消费市场将是中国乃至世界经济发展的强有力引擎。几十年来，中国经济发展实现了质、量、速度的有机统一，没有发生大的经济金融危机。从加入 WTO 到提出"一带一路"倡议和人类命运共同体，中国在国际舞台上的重要性不断提升。

在改革开放的实践中，一方面，中国将市场的作用和政府的作用看作统一体，让"有效的市场"和"有为的政府"共同发挥作用，从而形成了有中国特色的市场经济模式，这是中国实践的伟大创举。另一方面，在借鉴各种理论和实践方法的基础上，中国结合自身实际，摸索出一套比较合理的改革原则和方法，比如坚定推进改革开放，坚持实践是检验真理的唯一标准，坚持问题导向，以及"摸着石头过河""黑猫白猫论"等，从而形成实践中的不同组合方案，积极开展试点，并根据实践的效果进行推广或调整。

二、经济学理论面临的困境与创新突围路径

现代经济学的"理论大厦"让人们在体会其辉煌成果的同时也感到十分困惑，一些著名经济学家也发出了相关的质疑。作者对与这些困扰相关的问题进行了系统的梳理和逻辑上的分析。

（1）市场与政府究竟是对立的，还是统一的？几百年来，经济学理论总是围绕这个问题展开。从亚当·斯密开始，西方经济学就把政府和市场对立起来。此后，无论是哈耶克与凯恩斯的世纪之争，还是咸水学派与淡水学派的争论，都是在市场和政府中二选一；当然，不同时期的对立程度有所差异。在实践中，市场机制可通过"看不见的手"提高对社会资源的有效利用，但也有其局限性，需要政府通过"看得见的手"适时发挥调控作用。应该说，不同学派在表达自身观点时都有其合理性，而在批评他人时又都有其局限性。较好的方式是从两者之间的替代关系转向更高层次的统一关系，即对立与统一的辩证关系。因此，政府与市场的关系并不像西方经济学认为的那样绝对对立。著名经济学家克鲁格曼得出的重要结论是，"要接受市场的不完美，也要接受精巧的大统一的经济学还在天边的现实"，也就是要接受市场的不完美和经济学理论走向统一。

（2）经济学理论聚焦于均衡状态的研究是否合理？人类历史上从未出现过绝对均衡的状态，但经济学的主要理论却以此为研究对象，这决定了经济学理论通常是研究某个特定状态的。在不同特定状态下进行的经济学理论研究，其结论也不同，因而经济学理论出现的奇特景象必然是学派林立。如果对于确定的研究对象，不同的人可以给出不同的结论，那么这种理论的科学性一定让人质疑。

（3）经济增长理论的研究对象是潜在经济增长，还是实际经济增长？索洛经济增长理论是几十年来最流行的，其研究的是潜在经济增长而非实际经济增长。研究潜在经济增长有其合理性，但并不能代表实际经济增长，正如不能用潜在军事家标准来评判某人是不是军事家一样。

（4）宏观经济政策目标应该包括哪些？大家熟知的宏观经济政策目标包括经济增长、充分就业、物价稳定和国际收支平衡。这四个目标来自凯恩斯理论，但凯恩斯理论仅考虑需求侧，而宏观调控目标要求综合考虑供给侧和需求侧，因而它给出的四个目标的合理性是让人怀疑的，没有也不可能有能够反映供给侧结构性变化的相关指标。

三、对中国特色的市场经济理论的模型探索

在宏观经济理论的发展中，经济模型的构建至关重要，马克思和恩格斯十分重视数学的作用。宏观经济学分别从市场经济和宏观调控两个维度建立了相应的理论。在本书中，作者运用这些核心成果，将"有效的市场"和"有为的政府"有机结合起来，建立了相应的理论模型。这一模型不同于以往经济理论仅从纯市场经济的角度出发，而是综合考虑市场与政府相对独立的重要作用，是一个创新的研究思路。

这个研究思路也丰富了市场经济国家的内涵与标准。无论是在历史上还是在当今世界上，并不存在完全的市场经济模式。事实上，一个市场发挥决定性作用，并且是由"有效的市场"和"有为的政府"有机结合的体系，就是市场经济模式。当今世界上存在的五大市场经济模式各具特色：以美国为代表的"自由主义"市场经济模式；以欧洲为代表的社会市场经济模式；以日本为代表的政府指导型市场经济模式；以瑞典为代表的福利型市场经济模式；以中国为代表的社会主义市场经济模式（"有效的市场"

和"有为的政府"相结合)。美、欧总是抨击中国不是市场经济国家,这是站不住脚的。事实上,美、欧等政府也发挥了较大的作用,只是在其经济模式中市场成分的占比有所差异而已。

中国的实践推动了宏观调控理论的创新。中国对宏观调控理论的创新既承认凯恩斯宏观经济政策的作用,又与萨缪尔森综合考虑总供给和总需求的逻辑相一致,但在中国实践经验的基础上,健全了供给侧政策与需求侧有机结合的调控体系,使宏观经济政策的目标兼顾了需求侧和供给侧结构性改革。有鉴于此,宏观调控理论成为一个集供给侧和需求侧管理于一体的调控体系,两者贯穿始终,只是在不同阶段,根据经济中总量与结构问题的突出程度,对两者的侧重点有所不同。近年来,中国对供给侧和需求侧政策的组合运用,就是很好的说明。

四、中国经验对经济学理论创新的意义与黄金发展期

中国经济的成功是社会主义市场经济模式的成功,包含着深刻的经济学理论基础及创新契机,对宏观经济理论的创新发展发挥了重要作用。本书通过理性综合思维提出了一个统一的经济学理论框架。这是在借鉴现代经济理论成果的基础上,结合中国经济发展的成功实践,对经济学理论进行的一种创新探索。经济学是研究经济动态运行规律的科学,我们相信:一个源自实践并且服务于实践的经济学理论不仅适用于中国,而且具有更广阔的适用空间——它既为全球发展提供了可供选择的经济发展模式,又为经济学理论创新奠定了深厚的基础。作者进一步得出结论:如果在某个时期,一国或全球部分主要经济体的经济发展具有较好的基础和环境,而且随着供给侧和需求侧的转型升级,能够不断提高全要素生产率,又没有出现供给与需求的巨大失衡或危机,则可实现较长时间的快速发展,即可望迎来黄金发展期。20世纪50年代至70年代初期的主要西方国家以及改革开放40多年来的中国经济就经历了持久的黄金发展期,是比较好的例证。

五、国际贸易理论创新与全球化的未来

中国的实践证明,市场经济是开放型经济,这既是对市场经济理论缔

造者——亚当·斯密关于社会分工和交换理论的遵循，又是对中国历史文化特征的反映。作者通过相关模型得出结论：两国间产品的交易并不是简单地由要素禀赋决定的，而是由两国动态综合竞争优势决定的。动态综合竞争优势的影响因素包括初始期的要素禀赋、全要素生产率的可能变化及相关政策配合等。动态综合竞争优势是可变的，并存在一个转换点。这意味着一国具有比较竞争优势的产品或行业并不是难以超越的，在合理的宏观调控政策的作用下，实现产业追及和超越是合理的。

国际贸易应当是以国际规则为基础的，同时要确保自由贸易发挥主导作用与有限的保护相结合，但问题的关键是什么才能算是国际规则？某些发达国家的国内法律法规不应是国际规则。维持相对公平的贸易条件以及有限的保护，有利于推动国际贸易的可持续发展，但公平贸易不等同于一国利益最大化，这需要在国际规则的约束和协调下进行；与此同时，一国法律也不能超越国际规则而凌驾于其他国家之上，这样才可以保持国际贸易体系的大致平衡，避免恃强凌弱局面的出现。因此，经济学理论的创新也是应对"逆全球化"思潮以及反对贸易保护主义的有力武器。由此可见，全球化不会终结，只会在闭关锁国和绝对全球化两个极端情形间发生变动，但基本的方向仍是不断前行。

六、迈向和谐共赢的理性治理之路

作者在最后一章从经济理论的思维差异出发，探讨了东西方文明演进和治理差异问题，展示了思维逻辑的一致性。人类文明的演进历程表明，东西方沿着两条路径分别创造了灿烂的文明。比较而言，西方文明的思维模式更关注"是与否"的问题，东方文明的思维模式更关注"度"的问题。从本质上看，两大文明的思维模式又是统一的，"是与否"以一定的"度"为条件，而"度"又是"是与否"的结合点。新型冠状病毒肺炎疫情（以下简称"新冠疫情"）作为2020年世界性的公共卫生危机，不仅对人类社会的医疗领域产生了巨大影响，而且深刻冲击了人类文明理念，甚至还将带来治理模式的重大变革。面对疫情，全球本应就科学有效的防治方法进行探讨，但"戴口罩难题""双重标准""政治污名化"等又成为采取合理措施的障碍，从而导致不同行为的出现。新冠疫情的全球蔓延促使人们开始深入思考：自由应该是无条件的，还是需要一个合理的边界？一个连生命都难以保障的体制难道是一个好的治理体制？未来的全球治理是回到"丛林法则"下的治理，还是迈向和谐共赢下的治理？我们期待全球各国着眼于未来，理性、客观地面对现实，摒弃"双重标准"，有效控制和防范疫情，实现疫情防控和经济社会发展的协同推进，共同迈向和谐共赢的理性治理之路，努力构建人类命运共同体。

目　录

第一章　宏观经济学理论的发展历程
　　　　与变革前景

　　话说天下大事，分久必合，合久必分。《三国演义》中看似简单的一句话，道出了世间的沧桑变化，也包含着深刻的哲理。人类文明大体可分为东西方文明，两大文明都创造了奇迹，有各自的优势，也有各自的不足。总体而言，两大文明思维特征的典型区别是合与分，西方文明是以分为主导的结合体，更加强调"是与否"，而东方文明是以合为主导的结合体，更加强调结合的"度"。人类的思维模式与社会发展阶段的契合度会影响文明的特征和发展水平。相较而言，在奴隶社会和资本主义社会阶段，分的特点比较明显，西方文明实现了较高级的发展程度，而东方文明的兴盛则以封建社会为典型。19世纪的美国具有奴隶制度和资本主义的双重社会特征，但资本主义取得了迅速的发展。

　　与文明的发展类似，经济学理论的思维逻辑也是沿着分与合的路径展开的，核心是强调"是与否"还是两者结合的"度"的问题。完全市场经济与传统计划经济是两个极端的选项，现实是在两个极端间变动的。从亚当·斯密的自由市场经济理论到凯恩斯革命，再到西方新自由主义经济理论的兴起，反映了市场作用与政府作用此消彼长的过程，而不是"有或无"的过程。因此，仅在市场作用与政府作用之间进行争论是没有结果的，关键是要把握两者结合的"度"。从总体上看，在一个较长的时期内，两个极端的选项都是不可取的，而在坚持市场经济主导的同时有效发挥政府的适当作用，既是比较理性的选择，又是最有效的经济发展路径。

　　理论源于实践，又能指导实践，并在实践中不断创新。在宏观经济学理论的发展过程中，存在不同流派的争论。有时各流派之间是相互割裂并且完全对立的，有时各流派之间又存在不同程度的继承与发展。在资本主义社会取得快速发展并走到高级发展阶段的西方经济学理论，主要就是从市场或政府单维角度展开的，而不是从多维融合角度进行的，因而市场与政府始终是一个矛盾。在不同流派的长期博弈中，经济学家也认识到，市场与政府非此即彼的单维思维，只能对两个极端进行选择是存在不足的，从而理性综合思想逐渐萌芽并发展起来。实践证明，完全的市场经济模式以及传统的计划经济模式都不是完美无缺的。中国在改革开放后走出了一条市场经济与政府作用有机结合的道路，也是一条创新之路。

第一节　宏观经济学理论的演变与主要流派

经济学被称为"社会科学之王"，是关于经济运行规律的科学，已构建了华美的经济学"理论大厦"，但因其有众多的流派而没有统一的逻辑，使其作为科学的光环有所暗淡。经济学应该是统一的、同源的，否则称为科学就欠缺说服力。一国经济变量间的关系和运行规律应该是基本确定的，不应存在两种或多种经济理论与解释。

经济思想的萌芽可以追溯到古代，古希腊和罗马以及古代中国对此都有较早期的探索，但受制于当时的经济条件，这种研究只是一个雏形。尽管一些思想家针对当时的经济问题提出过见解，但往往是零碎的、不系统的。因此，在亚当·斯密之前，经济学还未成为一门独立的学科。较为普遍的观点是，经济学从 15 世纪产生，在 18 世纪以后得到快速发展，特别是从 19 世纪 70 年代至今，有关经济运行和国家调节的理论达到了高点。英国自由资本主义的实践，促成了 1776 年亚当·斯密所著的《国民财富的性质和原因的研究》（以下简称《国富论》）的诞生。20 世纪 30 年代的"大萧条"及应对，催生了凯恩斯宏观经济理论的形成和发展。在 20 世纪 70 年代后，凯恩斯主义扩大有效需求导致的滞胀局面，凸显了其理论的局限，促进了货币主义、供给学派等的兴起。"大萧条"和 2008 年的金融危机虽有较大区别，但这两次危机都造成了巨大的破坏，同时深刻揭示出现有经济理论的缺陷，以及市场经济模式存在失灵的情况，这反映了经济学理论演进的基本逻辑。

但在以中国为代表的东方国家的古代经济学家看来，经济学就是教人创造价值并满足人们需要的经世致用的学问。公元前 7 世纪，管仲作为历史上少有的集经济思想与实践于一身的经济学家，从市场机制、宏观调控与国际贸易理论三个维度，展开了经济学理论的分析，对理解现代经济理论及创新很有意义。相对而言，由于当时各种经济问题的联系程度相对较低，处于早期阶段的经济学研究容易形成单向思维，甚至出现以偏概全，把多维的经济学思维变成单维的经济学思维。

（一）宏观经济学理论的演变与流派

随着经济思想的不断发展，不同经济学家基于所处的不同环境、立场，在特定阶段往往产生具有代表性的学派。事实上，不同的经济学流派和理论的出现，是基于不同发展阶段以及不同经济问题的（Woodford，2009）。对于宏观经济学流派及其演变的深入研究，一方面，有助于更为深刻、全面地理解不同流派之间的观点争论；另一方面，也能为研究宏观经济学提供一个多棱镜，使得我们可以全方位、多视角、动态地观察并把握宏观经济学思想的演进逻辑。

1. 早期古典经济学的发迹及其对萨伊定律的推崇

古典经济学奠基人亚当·斯密在其代表作《国富论》中提出了"看不见的手"的原理，他认为个体追求自身利益最大化的过程有利于社会整体利益的提高，而且这个过程是自发的。古典经济学家认为，市场会通过"看不见的手"进行自我调节。也就是说，就业和产量失衡都是暂时的，如果就业和产量偏离均衡水平，则市场机制会做出反应并迅速进行自我调节，从而使经济运行恢复到均衡状态。综上所述，古典经济学家的观点认为，最优的资源配置方式就是完全的市场机制，他们信奉萨伊定律，即认为供给能够自动创造需求。

2. "大萧条"引发凯恩斯革命与凯恩斯主义的兴起

1929—1933 年的"大萧条"给古典主义自由市场的观点带来了巨大挑战，并引发了凯恩斯革命。凯恩斯在《就业、利息和货币通论》（以下简称《通论》）一书中提出，由于价格和工资是刚性的，资本主义经济并不能只靠市场机制自发运行，而是要把政府调节与市场主动性有机结合起来。凯恩斯反驳了萨伊定律的观点，认为需求能够创造供给，有人将其称为凯恩斯定律。它用比较静态分析取代了古典主义的静态均衡分析，用产出和就业理论取代了古典主义的价格理论，提出了有效需求理论，认为需求决定产量。在第二次世界大战后，大部分西方国家的宏观调控政策都采纳了凯恩斯主义关于政府干预、维持充分就业的思想。凯恩斯主义经济学的出现使得西方国家开始由自由市场转向国家干预，同时标志着现代宏观经济学的诞生。

3. 滞胀时期带来新古典主义的回归

美国经济在 20 世纪七八十年代陷入了严重的滞胀，这使得凯恩斯主义的理论受到质疑。新古典主义对凯恩斯主义的观点进行了批判，出现了以卢卡斯等人为代表的货币经济周期理论以及以巴罗等人为代表的真实经济周期理论（黄树人，2002）。该理论体系基于价格-工资弹性和理性预期假说，强调一般均衡分析以及宏观经济学的微观基础。早期的价格-工资弹性假说来源于古典经济学，即当商品和劳动力市场暂时出现供需失衡时，价格与工资能够迅速调整，从而保证市场连续出清。理性预期假说是新古典宏观经济学的一个关键突破，它认为在完全信息条件下，经济人可以有效地利用信息以获得对未来结果的完美预期。与此同时，新古典主义还强调现代数理统计技术以及不确定性条件下的行为分析，从而对宏观经济学研究的微观化发展和计量化发展起到了巨大的推动作用。新古典主义的观点认为，市场能够进行较好的自我调节，具有内在稳定性，政府其实并不比理性行为人更聪明，政府对经济的干预是无效的。

4. 新凯恩斯主义在发展中的继承与超越

沿着两种路径进行相应的继承与超越，在市场经济模式下，诞生了新古典宏观经济学，卢卡斯（Lucas，1972，1973）在理性预期假说和微观经济学假设的基础上，提出卢卡斯总供给曲线。朗和普罗索（Long and Plosser，1983）提出了真实经济周期理论，认为诱发经济波动的最重要冲击是供给冲击和政府支出冲出，但他们的出发点是认为自由市场经济是最完美状态，而政府的作用只是对市场的短期波动进行干预。在政府作用模式下，诞生了新凯恩斯主义，它是与原凯恩斯主义相对而言的，主要代表人物有曼昆和斯蒂格利茨等人。新凯恩斯主义依然把失业和经济波动问题作为其研究的主要内容，但对原凯恩斯主义进行了相应的拓展（王耀中和童文俊，2003），主要是通过运用信息不对称和理性预期来对凯恩斯主义的"价格黏性"进行解释，从而构建了一个以工资-价格黏性、不完全竞争、不对称信息以及理性预期为主要特征的理论体系。新凯恩斯主义的观点认为，政策无效是建立在市场能够即时出清的基础上的，但由于工资-价格黏性，事实上，在经济自发运行的过程中并不能保证各类市场即时出清，因此市场机制不是完全有效的，从而需要政府进行积极的调节。

在20世纪90年代中后期，出现了新古典主义学派与新凯恩斯主义学派之间的新共识与新融合，即"新新古典综合"。新古典主义开始承认市场失灵的存在，新凯恩斯主义也认识到市场机制的重要性，两者渐行渐近。新新古典综合将真实经济周期理论与新凯恩斯主义进行融合，其标志性成果是新古典主义和新凯恩斯主义在长期争论中就解释经济短期波动的最优方式达成的共识，即动态随机一般均衡（DSGE）模型（Giese，Guido and Wagner，2007；Woodford，2009；Romer，2012；等等）。其核心思想是，市场经济其实是动态随机一般均衡体系，由于工资-价格黏性以及市场、信息的不完全性，短期的市场运行会偏离资源有效配置的状态，但从长期来看，市场机制仍是调节经济、配置资源和促进经济增长的最优机制。在政策主张方面，新新古典综合认为货币政策的作用高于财政政策，该理论认为货币政策要以稳定通货膨胀作为主要目标。

主要宏观经济学流派的发展与演化见图1-1。

（二）哈耶克与凯恩斯的世纪之战

哈耶克与凯恩斯是20世纪最著名的经济学家。凯恩斯成就宏观经济学鼻祖的地位，主要凭借其在1936年出版的《通论》确立，《通论》引发了凯恩斯革命。凯恩斯开启了政府管理经济的先河，向世人展示了"看得见的手"，并让很多国家成为试验场。哈耶克是通过巨著《通往奴役之路》成就大师地位。他指出："人类社会如果要良性运转，必须依赖自由市场。"据此，他对大政府主义展开了深刻的批判，对自由主义大加赞扬，哈耶克也是自由主义的领袖之一。发生在20世纪30年代的"哈耶克-凯恩斯论战"可以说是在20世纪经济学理论领域最重要的争论，对较长时期的经济社会发展产生了巨大影响。

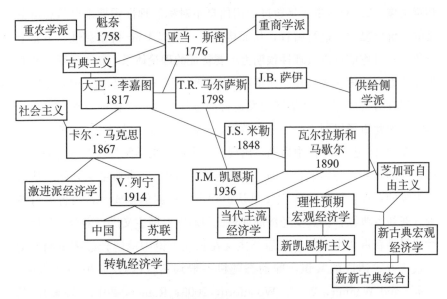

图 1-1　主要宏观经济学流派的发展与演化

资料来源：保罗·萨缪尔森，威廉·诺德豪斯.经济学.18 版.北京：人民邮电出版社，2008.

1. 哈耶克与凯恩斯世纪之战的历史背景

第一次世界大战是英国国际地位变化的转折点。由于战争中政府开支剧增，英国被迫中止实行金本位制。在第一次世界大战后，英国开始从世界工厂和殖民帝国的顶峰逐步衰落。1929—1933 年的"大萧条"是资本主义历史上最严重的危机，与以往历次危机相比，它呈现了新的特点，而且持续时间长达 5 年，造成明显的生产下降、失业大幅增加，这些都是以往的危机难以比拟的，实际形成了长期萧条的局面。这次危机使世界的工业生产倒退到 1900—1908 年的水平，英国甚至倒退到 1900 年之前。如何解释长期萧条的原因，成为经济学理论需要解决的重大课题。

在此背景下，凯恩斯开始质疑当时经济学理论中的两大支柱：一是货币是否必须有一个牢固的基础，也就是金本位制问题；二是萨伊定律所认定的"供给自动创造需求，从而自动达到平衡"的问题。凯恩斯的学说引起学术界的广泛重视，在第二次世界大战后的主要发达国家普遍将其奉为圭臬，用以调节各自的经济运行。在 20 世纪 30 年代"大萧条"后，出现了"凯恩斯革命"，形成了凯恩斯经济学，并在第二次世界大战后的较长时间成为西方经济学界的主流经济学理论。直到 20 世纪 70 年代，西方国家普遍陷入滞胀的困境，致使凯恩斯主义学说遭到重大挑战，而后哈耶克的理论逐渐受到人们的重视。

2. 哈耶克与凯恩斯世纪之战的简单过程及争论焦点

哈耶克与凯恩斯的世纪之战起始于 1926 年凯恩斯发表的一篇论文——《自由放任的终结》，而后凯恩斯相继发表了《货币论》等一系列相关文章。这拉开了经济学大战的序幕，他们争论的焦点在于政府是否应当干预市场。两人均从第一次世界大战后的经济来研究繁荣与萧条的周期，但他们得出了截然不同的结论。哈耶克认为，改变经济的"自然平衡"会导致严重的通货膨胀。凯恩斯认为，政府的经济政策可以在一定程度上缓和失业问题。从 1932 年到 1936 年，哈耶克发表了多篇论著以阐述货币理论、工业波动、储蓄与投资的关系等问题，并对凯恩斯的理论进行了全面批判。凯恩斯奋起反击，并于 1936 年出版了《就业、利息和货币通论》。在此书发表后，大部分经济学家倾向于支持凯恩斯的观点，他们认为：与哈耶克的货币节制论相比，凯恩斯的经济扩张理论更适于调控当时出现的大规模失业和高企的通货膨胀问题。1944 年，哈耶克出版了《通往奴役之路》一书，并于 1974 年和缪达尔同获诺贝尔经济学奖。作为凯恩斯主义的反对者，哈耶克对凯恩斯主义的观点进行了全面批判，并指出了国家干预经济所造成的弊病。两人终其余生都没有认同对方的观点。

1947 年，哈耶克发起一个新自由主义学术团体，也就是后来影响力很大的朝圣山学社。知名学者波普尔、米塞斯、奈特、弗里德曼等都是该学社的成员。哈耶克极力推崇私人企业制度和自由市场经济，认为这是维护个人和市场自由、不断提高经济效率的最好保证。或许，这就是西方新自由主义的重要缘起。从富兰克林·罗斯福到乔治·W. 布什等几代政治家，都在这两位学者的观点之间摇摆不定。

哈耶克与凯恩斯的论战主要围绕货币、经济周期、资本理论以及对于政府干预的态度，焦点是对于政府干预的态度。哈耶克的观点认为，市场经济可以进行自我调节，政府过度干预反而会带来资源配置扭曲，阻碍经济发展。凯恩斯主张通过政府的积极干预来影响市场经济运行，他认为：

政府干预可以减少市场经济运行的不稳定性，从而实现克服经济危机、改善经济预期的效果。

3. 政策措施的差异

哈耶克认为，宏观政策的作用是有限的，扩张性货币政策可能会引起过度投资，严重时可能还会引发大规模经济危机，相对冷静、克制的货币政策效果会更好。与凯恩斯相比，哈耶克倾向于认为自己是乐观主义者，他不排除市场经济运行过程中可能会出现经济危机，但他认为市场比政府更能避免经济危机。

凯恩斯在分析经济危机产生的原因时，将其归结为有效需求不足，特别是消费需求不足。他认为：经济运行停滞的原因在于就业不足，如果想通过公共投资来刺激经济发展，并创造新的就业机会，就需要国家出面对市场运行进行干预，即采取适当的经济政策以推动经济的发展，这与哈耶克市场乐观主义的观点形成了鲜明反差。凯恩斯认为，适度增加货币供应，能够有效地刺激需求。但哈耶克认为，保持货币的"非国家"性，才能更好地维持资本主义经济稳定。哈耶克在对凯恩斯主义的批判中，几乎没有对扩张性财政政策给予关注，但这恰恰是凯恩斯主义的政策核心，或许是因为在现实生活中扩张性财政政策经常与扩张性货币政策相伴，所以国家的财政赤字问题通常会由中央银行通过印钞机来解决。

凯恩斯主义经济学在第二次世界大战后一度成为西方经济学的主流经济学派，在战后欧洲的经济复兴中发挥了重要作用。第二次世界大战后在一个较长的时期内，资本主义世界出现了持续很多年的经济高涨，这也被视为凯恩斯主义经济理论和政策的巨大成功，凯恩斯本人也被吹捧为"战后繁荣之父"。但自20世纪60年代末70年代初以来，凯恩斯主义理论由于不能解释滞胀现象而受到自由主义学派的批评。经济自由主义思潮席卷西方经济学领域，凯恩斯主义日渐衰落（后续新凯恩斯主义的出现，使凯恩斯主义从困境中走了出来）。哈耶克提倡的经济自由主义开始复苏，他的理论也因时代的变迁和需要受到了前所未有的重视。

对于凯恩斯与哈耶克的主张来说，虽然两个人的观点明显对立，但两人论战的结果是各自发展出不同的理论体系，并对全球经济和治理结构选择产生了重大影响。当2008年全球金融危机爆发时，世界各国的凯恩斯主义思想占了上风，而当 2009—2019 年经济复苏、平稳增长的时候，哈耶克的思想又发挥了重要作用。当然，他们的经济理论对于中国建立健全社会主义市场经济机制都有借鉴意义。一方面，凯恩斯理论的逻辑与中国政府需要发挥较好作用相一致，中国的宏观调控政策与凯恩斯理论中财政、货币政策等在基本方向上也是一致的。另一方面，虽然我国的市场经济模式不同于哈耶克的自由市场经济模式，但哈耶克准确地把握了市场经济的共性，对我国社会主义市场经济建设有重要的借鉴意义。可以说，他们理论的结合正好与中国特色社会主义市场经济模式具有相通之处。

（三）自由主义学派与保守主义学派的争论

宏观经济学的历史就是经济学流派发展的历史，宏观经济学的活跃主要体现为不同经济学流派间的争论与更替，宏观经济学的丰富成果也主要来自不同经济学流派之间的演变与竞争。长期以来，宏观经济学不同流派间的争论一直是围绕"政府要不要对经济活动进行干预"这一焦点问题进行的。从不同流派[①]的演变可以看出，宏观经济学讨论的焦点始终是"政府要不要对经济活动进行干预"（Stiglitz，2017）。以此为标准，可将宏观经济学划分为自由主义学派和保守主义学派：自由主义学派主张经济活动自由放任、反对政府干预，主要有古典主义、新古典主义等流派；保守主义学派承认市场失灵、赞成政府干预，主要包括凯恩斯主义、新凯恩斯主义等流派。两者观点的差异主要体现在：

第一，对市场均衡的理解不尽相同。自由主义学派认为，工资和价格是具有充分弹性的，当产品市场或劳动力市场出现供需失衡时，可以通过工资或价格的迅速调整来实现市场供需的再次均衡。保守主义学派认为，当经济出现扰动时，工资和价格的自我调整是一个缓慢的过程，难以实现市场均衡的迅速恢复。

第二，对经济波动的解释有所差异。自由主义学派认为，理性行为人

---

① 除了此处介绍的这些经济学流派以外，历史上还有货币主义、供给学派、新制度经济学、奥地利学派等不同的经济学流派，它们在理解经济现象、解决经济问题方面均做出了重大贡献。

在察觉到预期偏差后会进行自我调整，由于工资和价格是完全弹性的，因而可以迅速消除经济波动。保守主义学派认为，工资-价格黏性的存在，往往会将经济波动的冲击放大，从而形成实际总产量和总就业的周期性波动。

第三，对经济政策的主张存在区别。自由主义学派反对政府干预经济。它认为，经济波动并不是市场失灵的结果，而是理性行为人对冲击的有效反应。市场机制可以使经济自动恢复到均衡状态，具有自我修复与调节能力，政府的干预反而可能加剧波动。保守主义学派支持政府干预经济，政府既能采取相机抉择的宏观经济政策，又能通过制度设计让经济的运行更稳定。

自由主义学派和保守主义学派在发展中逐渐发现了自身的不足和对方的优势，并试图吸收对方的一些有益观点，但它们都存在一个最根本的缺陷，那就是它们总是企图从自己的视角来包容对方理论中的合理性。这就决定了它们在前期的融合研究中总是随着经济问题的改变而循环往复，迄今难以提出统一的分析模式。

（四）美国经济学界的"咸淡之争"

宏观经济学不同流派围绕"政府要不要对经济活动进行干预"这一焦点问题的长期争论，在美国经济学界有一个特殊称谓——"咸淡之争"，即从 20 世纪 70 年代开始的美国主流经济学界"咸水学派"与"淡水学派"① 之间的一场旷日持久的论战。两者的差异主要体现在对市场与政府关系的理解、对经济波动的解释和对政府干预政策的主张等方面。从本质上看，持续多年的"咸淡之争"其实是现代宏观经济学在不同流派的争论中不断发展的集中体现，对其进行分析有利于我们更深刻、全面地了解宏观经济理论的演进与变革。各国的实践表明，政府和市场的作用都不是完

---

① "咸水学派"的经济学家主要集中在美国东、西海岸的一些名校，如加州大学伯克利分校、哈佛大学、麻省理工学院、斯坦福大学、宾夕法尼亚大学、普林斯顿大学、哥伦比亚大学和耶鲁大学等。这些大学靠近大海，因而得名"咸水学派"，又名"盐水学派"。"淡水学派"的经济学家主要集中在美国内地、靠近大湖区的一些名校，如芝加哥大学、卡内基-梅隆大学、罗切斯特大学和明尼苏达大学等。这些大学位于大湖区周边，离海洋较远，因而得名"淡水学派"，又称"甜水学派"。

善的，也都是不可或缺的。例如，典型的市场经济体加强了政府的作用，而政府作用较大的经济体则逐步扩大了市场功能；可以说，经济模式呈现一种趋同的趋势。"咸水学派"与"淡水学派"的争论也给了我们启发，宏观经济理论向统一、综合的方向发展。自2008年国际金融危机以来，全球经济面临的宏观环境出现了显著变化，进一步促使经济学界对宏观经济学理论进行反思。作为典型代表的"咸水学派"与"淡水学派"的主要差异（见表1-1）体现在：

首先，对市场与政府关系理解的差异。"淡水学派"的经济学家从自由主义原则出发，认为工资和价格具有充分弹性。当产品市场或劳动力市场出现供求失衡时，价格或工资可以迅速调整，使市场供求重新达到均衡。因此，"淡水学派"的经济学家主张让市场机制进行自由调节，他们认为自由市场可以实现资源的最优配置。"咸水学派"的经济学家认为，当经济出现需求或供给扰动时，工资和价格的调整是缓慢的，并不能实现市场均衡的迅速恢复，要使经济回到实际产量等于正常产量的状态需要一个漫长的过程，而在这个漫长的过程中，经济将一直处于供求不等的非均衡状态。因此，"咸水学派"的经济学家认为，不能完全依靠市场机制的自发运行，有必要通过政府对经济活动进行调控。

其次，对政府干预经济观点的差异。"淡水学派"的经济学家都是坚定的自由主义者，反对政府干预经济。他们认为，经济波动不是市场失灵的结果，而是理性经济主体对冲击的有效反应。市场机制本身具有自我修复与调节的功能，可以使经济自动恢复到均衡状态，并在这个恢复过程中清除过剩产能和落后生产力，政府用反周期政策来干预经济不仅无用，而且可能会加剧波动。"咸水学派"的经济学家坚定地支持政府干预经济，他们认为，市场机制在协调供求关系方面是失灵的，等待市场自身由失衡走向均衡不仅是一个缓慢的过程，而且是一个高成本的过程，因而需要政府发挥积极的调节作用。"咸水学派"的经济学家认为政府的需求管理政策是有效的，由于造成经济波动的冲击是随机的，需要政府采取应对的政策。政府既能采取相机抉择的宏观经济政策，又能通过制度设计使经济的运行更稳定。

最后，对经济波动与周期解释的差异。"淡水学派"的观点认为，在完全信息的条件下，行为人的预期是理性的，在行为人察觉到预期偏差后会进行调整，在工资和价格完全弹性的条件下，经济波动可以迅速消除。"淡水学派"的典型理论依据主要包括货币经济周期理论与真实经济周期理论。其中，货币经济周期理论从需求侧理解经济波动，认为货币供给的意外变动会带来市场价格变化，使理性行为人的预期发生偏差，从而引起市场供给的调整，给经济总量带来扰动，最终导致经济波动；真实经济周期理论从供给侧理解经济波动，认为经济波动是由实际冲击引起的，主要包括生产技术的革新、新产品的开发等方面，这些冲击会使生产函数发生移动。"咸水学派"将对经济波动的解释与工资-价格黏性结合起来，认为经济波动的根源既有供给冲击，又有需求冲击，并且由于工资-价格黏性的存在，往往会将这种冲击放大，从而导致实际总产量和总就业的周期性波动。经济受到冲击后恢复到均衡状态的过程就是一次经济周期。

表 1-1 "淡水学派"与"咸水学派"的差异

学派	淡水学派	咸水学派
对市场与政府关系的理解	价格与工资可以迅速调整，使市场供求重新达到均衡，主张让市场机制进行自由调节	工资和价格的调整是缓慢的，并不能实现市场均衡的迅速恢复 不能完全依靠市场机制的自发运行，有必要通过政府对经济活动进行调控
对经济波动的解释	货币经济周期理论认为经济波动是由行为人的预期偏差引起的 真实经济周期理论认为经济波动是由实际冲击引起的	工资-价格黏性
政府是否要干预经济	否	是
主要阵地	芝加哥大学、卡内基-梅隆大学、罗切斯特大学和明尼苏达大学等	加州大学伯克利分校、哈佛大学、麻省理工学院、斯坦福大学、宾夕法尼亚大学、普林斯顿大学、哥伦比亚大学和耶鲁大学等
代表人物	弗里德曼、斯蒂格勒、哈耶克、卢卡斯、巴罗等	克鲁格曼、德龙、阿克洛夫、斯蒂格利茨、曼昆等

资料来源：作者整理。

（五）市场与政府的关系是宏观经济学流派争论的核心

综观经济学理论的演变进程，我们可以看出：经济发展模式和理论的核心始终是"政府要不要对经济活动进行干预"，总体上是沿着市场与政府作用的不同组合而不断发展的，主线是市场发挥主导作用，政府主要是充当辅助角色而不是独立发挥作用。历史的繁复就在于，从早期哈耶克与凯恩斯的经济学"世纪之战"，到现代的"咸淡之争"，这一争论依然未有停止的迹象。然而，经济学家的探索在争论中不断深入，并推动了宏观经济理论的不断发展。经济学理论是不断发展的，原有理论也不能被完全抛弃，其中合理、有用的内容被保留下来，并在新的时代被赋予了新的内涵。

宏观经济学既从市场经济角度建立了一套理论，又从国家干预角度建立了一套理论，两者在相应的范围内都较好地对经济模式进行了分析。然而，自由市场经济或计划经济都只是现实经济体的高度抽象，也是一种极端的情况。通常说来，一个经济体既不是一个纯粹的自由市场经济体，又不是一个纯粹的政府干预经济体，准确地说，它是一个混合经济体。因此，需要建立以混合经济为基础的经济理论，将市场经济与政府作用进行综合考虑，才能对经济现实进行更合理、准确的分析。正如医学的发展，基于中国的实践，形成了一套中医理论和技术；基于西方的实践，形成了一套西医理论和技术。中医和西医都有其作用，也有其局限性，两者的有机结合才是未来发展的方向。再如，人们对光的认识：基于光是波的立论基础，建立了光的波动学说；基于光是粒子的立论基础，又建立了相应的理论；但从更高的层次看，光同时具有波和粒子的双重性质，特别是波粒二象性理论的确立，才能全面理解光的现象。

从全球视角来看，市场经济不是万能的，存在失灵的局限性，但政府的全面干预也对资本主义经济的传统理论产生了挑战，甚至带来了政治和意识形态的重大变革。从针对2008年国际金融危机的救援政策可以看出，在不得已的情况下，决策者不再囿于凯恩斯主义、货币主义或者理性预期主义之争，而是"不管黑猫白猫，抓到老鼠就是好猫"，几乎将各种理论所倡导的政策"弹药"都运用到了极致，这实质上是一种理性综合思维。

近年来，中国的实践证明，完全走传统的计划经济道路是行不通的，必须走市场经济道路，但这种道路又与西方的市场经济道路有区别，政府也应发挥适当的作用。两者的有机结合是一种比较有效的经济模式，但政府的作用也应有一个较为理想的限度。

从宏观经济学理论的发展历程来看，当原有理论对社会出现的新情况与新问题无法做出合理解释时，往往会发生理论革命，形成新思想。在2008年国际金融危机后，全球经济面临的宏观环境出现了显著变化，这就向宏观经济学理论提出了新挑战。对此，需要我们在理顺宏观经济学理论发展脉络的基础上进行反思与创新，在危机中寻求机遇，并对就业提出适时有效的政策建议。

第二节　宏观经济学理论面临的发展困境与反思

长期以来，宏观经济学的不同流派一直围绕"市场与政府的关系"这一问题争论不休。亚当·斯密的《国富论》强调市场作用这只"看不见的手"的重要性，凯恩斯主义则强调政府作用这只"看得见的手"。既然实际上存在两只手，而不是只有一只手，那么两只手的合理搭配理应胜过一只手，而现实是"一只看不见的手"让全世界信奉了几百年。事实上，政府和市场是缺一不可的。如何处理市场与政府之间的关系，是未来需要进一步研究的重大课题。

宏观经济学理论取得的成就是巨大的，已经形成比较完整的理论体系，并对许多重要领域进行了深入探讨。例如，对市场经济和政府调控以及政府和市场关系的深入研究；对总供给和总需求（长期和短期）政策框架的探讨，其中 AD - AS 模型实际上突破了凯恩斯经济学有效需求的范围，将政策空间拓展到供给层面，为探索宏观经济政策的长效机制奠定了基础；源于古典经济学的增长模式，在突出潜在经济增长的同时开始考虑相关宏观因素，为建立市场和政府共同作用的增长模型提供了条件。但这些探索仍存在较大的局限性，比如没有提出统一的模式，也未能在数学上进行较为准确的表达；经济增长模型总体上仍在古典经济学的范围，不是一个综合考虑市场与政府作用的动态模型；没有从总供给和总需求的综合视角考虑宏观政策的框架，也无法厘清经济增长、经济发展之间的关系，所以长（短）期政策设计也无法找到理论基础。

这引发了众多著名的宏观经济学家对宏观经济学理论进行反思与讨论。近年来，特别是自国际金融危机以来，全球经济所面临的宏观环境已出现显著变化，而大数据时代的到来也为复杂的宏观经济模型提供了大量新素材。近年来，较有代表性的是克鲁格曼与柯赫然的论战，以及罗默提出的"宏观经济学面临的麻烦"。应该说，这既对宏观经济学提出了新的挑战，又指明了未来的发展方向。宏观经济学面临的困境和反思主要表现为：

（一）对市场与政府间作用边界的反思

长期以来，市场与政府的关系是宏观经济学研究的主线，市场与政府这两者的作用此消彼长、不断波动，引发了经济学家的反思。对国际金融危机起源与扩散原因的探究，也使原本逐渐靠近的新古典主义与新凯恩斯主义两大流派再起争论，学者对于政府作用边界的讨论进一步深化。克鲁格曼认为，金融危机反映了金融市场并不完善的事实，需要政府对金融市场进行调控，需要"重新拥抱凯恩斯"。斯蒂格利茨进一步区分了不同程度的经济冲击，他认为：市场在面对一些重要的、结构性的经济冲击时往往是失灵的，此时需要进行适当的政府调控来配合。"淡水学派"的代表柯赫然是坚定的自由市场支持者，他认为：政府控制市场的结果会更糟糕。哈克指出，20 世纪的社会平稳发展与繁荣要归功于政府干预和自由市场的有效结合，因而未来还是要找到两者的合理平衡点。

（二）关于经济学概念与理性经济人假设

经济学既然作为一种科学，就不应叫作西方经济学，而应该只叫经济学。从概念上看，我们遇到的一个基本概念就是西方经济学的研究对象是稀缺性，但在当前的经济实践背景下，可能不会有人提出西方经济学的研究对象是稀缺性，因为当年什么都少、现在什么都多。基于此，给出经济学是研究经济运行规律的科学这样的定义将更合理一些。经济学作为一门科学，应当具有一定规律也是客观的，但我们必须承认经济学和物理学之间还是有一定差异的，经济学理论中运用了很多物理学或是生物学（竞争与达尔文的进化论有关）等的概念，主要是因为牛顿力学的影响很大，甚至影响了亚当·斯密。

理性经济人假设是西方主流经济学的基础。均衡概念就是基于理性经济人假设建立的。随着经济的发展，特别是金融危机的反复出现，人们逐渐对理性经济人假设有所怀疑。该假说有两大核心思想：一是市场行为人是完全理性的；二是市场行为人是个人效用最大化的。理性经济人假设有一定的合理性，并且研究过程更为规范，但在现实生活中，人们并不是绝对理性且个人效用最大化的。因此，如果只凭理性经济人假设，则无法对很多经济现象进行解释。也就是说，理性经济人是极端自私并且极端聪明之人的代表。如果用这个来代表现实中的人，应有较大的偏差，由此建立的理论与实际怎么可能一致？

西蒙在《现代决策理论的基石》一书中，最早系统地指出经济中的行为人并不是完全理性的，而是有限理性的；他还指出，在实际中，经济主体遵循的是"满意原则"，而非最大化原则。以卡尼曼和塞勒为代表的行为经济学家进一步指出：在不确定条件下的大多数个体并不是理性的、风险厌恶的；在不完全信息的情况下，经济主体往往会利用习惯、直觉、启发式策略等辅助决策，从而产生认知偏差。在国际金融危机后，越来越多的学者对经济学中理性经济人等市场经济基础假说进行了反思和质疑。克鲁格曼认为，"如果经济学科想要赢回声誉，它就必须接纳一种不那么诱人的景象——市场经济具有很多优点，但也充满了缺陷和摩擦"，并且"充满缺陷和摩擦的经济学将从经济分析的边缘走向中心"。斯蒂格利茨直接指出了 DSGE 模型在微观基础上的缺陷，认为该模型没有考虑到信息经济学与行为经济学的关键观点，因而"既不能预测过去四分之三世纪中最重要的宏观经济事件，又没有为适当的应对政策提供良好的指导"。

理性经济人假设认为"看不见的手"能实现自我调节，并逐渐出现"理性——有限理性"的转变，即从古典经济学认为的效用最大化逐渐转向行为经济学认为的快乐最大化。事实上，任何经济个体都是集理性与非理性于一身的，只不过对不同个体、不同时间、不同场合而言，两者的比重有所不同。在一般情况下，我们认为：理性经济人应该是理性占据主导、兼具非理性特征的复合体，这样比较符合实际情况。

（三）关于假设的合理使用问题

物理学中的假设是对现实的合理近似，物理学基于假设得出的结果是对现实的近似。理论应该是能解释现实的，假设应该是对现实的合理近似，但经济学却把假设的概念泛化了，所以它得到的结论可能与现实不符，甚至可能是与现实完全无关的。

在科学研究中，假设条件是必需的，如果假设条件相对宽松、更符合现实，则相关研究得出的结论更具一般性和适用性。西方经济学给出的假设条件是非常严格的，甚至在现实中是根本不存在且无法测量的，比如理性经济人假设、均衡、帕累托最优状态等。这种建立在违反现实的假设条件下的理论体系，可以说就是神话。

此外，经济学的理论研究通常需要阅读新的文献，人们认为经济学总是向前发展和优化的，但事实上，人类历史总是呈周期性发展的，很多旧的、老的理论也具有重要价值，这要求我们对有关理论进行科学分析。例如，新古典经济学的价格理论对我们理解供求影响价格以及资源配置是有价值的，但它难以指导我们在计划经济和市场经济之间做出权衡。

（四）缺乏科学应有的内部一致性与继承性问题

一般来说，在一个理论体系中，不能同时存在两种或两种以上相互抵触的观点，但在西方经济学中，相互矛盾的观点大量存在，特别是关于市场与政府的观点更是完全对立。当然，在科学研究中，相互矛盾的不同学说的暂时存在是允许的，但像西方经济学这样长期存在大量无解的理论矛盾的现象，却不是科学研究的正常现象。接受实践的检验是重要原则，西方经济学普遍缺乏实践的检验。

科学研究取得的成果往往是累积性的，随着科学研究的不断深入，新的理论不断建立，原有的理论会被保留下来，因而一门学科累积的科学知识就会越来越多。例如，在物理学中，科学研究的进步往往能给出某种理论使用的条件，确保理论内容的一致性，同时相关的科学知识也会不断增多。这是站在巨人肩膀上的创新发展。但是，西方经济学不是这样，西方经济学的各种新理论之间往往不是相互补充而是相互排斥的，而且新的理论对旧的理论难以形成有效的包容关系。这样就会形成一种特殊的情形，随着历史条件的发展变化，经济学理论中相互矛盾的观点始终存在，难以形成统一的基本体系，更谈不上逐步累积了。

(五) 关于均衡与去均衡问题

均衡是经济学的核心概念。均衡是一个特殊的理念，它合理不合理？均衡源于物理学，解决的是某个位置的特殊状态，相当于某个时点的平衡。主流经济学采用的均衡方法并没有考虑时间与过程，而且忽略了经济体系变动的复杂性与丰富性，马歇尔依此奠定了古典经济学的基础。在经济学中，均衡决定了经济学势必学派林立，因为总是用一个特殊状态去解释一般状态，肯定是不行的。那么，应该怎么办？只能重新提出新的假设体系，因而均衡既决定了经济学理论的成功，又导致经济学势必学派林立。就像现实中谁也无法说出人民币的均衡汇率是多少，最多只能提出大体在某个位置。对于均衡经济学，奥地利学派早就提出了批评：市场是一个过程，而不是产生市场均衡的一组相互协调的价格、质量和数量。

(六) 以静态和比较静态分析为主导，是非动态的理论

从总体上看，宏观经济政策框架的形成基于非动态的理论，它以静态和比较静态分析为主导，这与西方经济学将均衡分析扩大化有关。均衡分析虽有直观、便于理解的优势，但它只能对某些特殊状态进行分析，无法解决经济增长、经济周期等关键问题，与经济的实际运行存在较明显的脱节。宏观经济学的不同流派对总供给和总需求有不同的理解，它们对宏观调控或宏观经济政策也有不同的观点，有的甚至花费很大精力论证出了货币政策无用等观点，明显与实践不符。这与西方经济（特别是美国经济）相关阶段的背景密切相关，也与其完全市场经济的逻辑基础有关，难以包容对政府作用的合理考量。

(七) 对数学工具运用的反思

一个好的经济理论必有其背后的逻辑，而逻辑的最高形式是数学表达。数学作为一门科学的语言，在经济学研究中得到了广泛的运用和推崇。经济思想经过精练且明确的数学形式的表达，往往更容易被认为是可靠的。因此，当前的经济学文献中所包含的数学、统计技巧越来越多，以

致没有深厚数学基础的人已经看不懂了。但经济学家用错综复杂的数学符号所讲述的，往往只是一些现实世界中非常简单的经济学内容，实际上是出现了经济学中的数学形式主义。对此，克鲁格曼一针见血地指出，"经济学家作为一个群体，误将美丽当作了真理"，他认为数学在经济学中被过度使用了。柯赫然的观点与其相反，认为数学的应用在经济学中让逻辑更加直接，而当前经济学遇到的困难恰恰在于没有足够的数学，没办法用现有的数学工具去处理摩擦。

（八）关于统计关系与经济因果关系的差异

计量经济学的统计关系与经济因果关系之间是有差别的。考虑到经济数据具有非实验性的特点，因而任何计量经济学模型所刻画的统计关系都只是一种相关性或预测关系，并不能将其理解为真正的经济因果关系。与此同时，学者根据统计关系更容易构建相应的模型，并且数据也比较充足，因而针对统计关系的模型非常多。需要注意的是，因果关系才是根本的关系，而统计关系是从属的、主要发挥验证的作用。

第三节　宏观经济学理论的变革前景

宏观经济学理论的大发展往往是通过解决现实经济中的新问题而得以突破的。当原有理论对社会新情况与新现象无法合理解释时，往往会发生理论革命，形成新思想。自国际金融危机以来，世界经济面临的宏观环境已出现显著变化，大数据时代的到来也为复杂宏观模型的构建提供了大量新素材。这既对宏观经济学提出了新挑战，又指明了未来的发展方向。展望未来，宏观经济学理论将在吸收最新理论和实践成果的基础上另辟蹊径，在综合考虑市场与政府作用、合理运用数学工具的基础上，朝着理性综合的方向发展，并构建相应的综合考虑市场与政府作用的动态模型，最终提出适应各种情景的综合政策框架。

（一）创新升华混合经济思想的理念

长期以来，宏观经济学的不同流派围绕"市场与政府关系"这一问题争论不休。混合经济思想实际上向我们展示了一种特殊的思路，只是这种思路被淹没在原有的框架体系中未能展开，而该思路中对经济模式的阐述则意味着经济学理论的升华。

在现实中，宏观经济体系其实是一个高度复杂和模糊的系统，不同的宏观经济学流派往往是从其不同侧面进行研究的，各自所得到的认识也是局部的、片面的。在长期的争论与发展中，各流派的经济学家已经逐渐认识到自身的缺陷与不足，并通过吸收其他流派的有益观点与技术，逐渐萌发出混合的思想。

19世纪末20世纪初，"混合经济"思想出现了萌芽并开始发展。庇古等学者针对自由市场出现的危机，提出要将国家权威与市场力量结合起来，形成了最初的"混合经济"思想。他们认为，混合经济是垄断和竞争的混合制度，资本主义经济既不是完全竞争经济，又不是完全垄断经济，而是两者交织并存的。凯恩斯在《通论》中提出，要把政府干预与市场主动性结合起来。汉森等人进一步发展了这一思想，并指出：世界上大多数资本主义国家的经济既不是纯粹的私有经济，又不是纯粹的公共经济，而是两者并存的"公私混合经济"。在混合经济中，政府控制的成分与市场的成分交织在一起，既需要价格机制在市场经济中发挥基础作用，又需要国家对经济进行适当干预。混合经济有两种含义：一是国家机关和私人机构都实行经济控制的制度。在这里，价格机制在市场经济中发挥基础作用。二是政府加强了对经济活动的干预。其中，政府控制的成分和市场的成分交织在一起进行生产和消费。随着经济的不断发展，无论是坚持自由市场的古典主义，还是坚持宏观调控的凯恩斯主义，均认识到了自身的局限性，进行了相应的补充与发展。从实践来看，全球主要国家都在不同程度上具有混合经济的特征，但各自存在一定差异。不过，"看得见的手"和"看不见的手"同时进行调节是混合经济的运行基础。

在混合经济思想的发展中，需要重点强调的是萨缪尔森（Samuelson，1973，1979）的贡献。他把古典经济学和凯恩斯经济学进行了一次综合的尝试，即新古典综合派的"成熟的综合"，并提出了总供给-总需求（AD-AS）模型①来解释当时美国的经济滞胀。此外，他对混合经

---

① 萨缪尔森在《经济学》（第12版）（中国发展出版社，1985年，与诺德豪斯合著）中提出了AD-AS模型，他试图用这个模型替代原来的IS-LM模型，并将其作为分析宏观经济问题的核心方法或工具。

济的内容也做了更全面的阐述。萨缪尔森的 AD‐AS 模型是对当时各流派经济思想的一次大综合，把凯恩斯主义、古典学派、货币主义、供给学派、理性预期学派以及现代宏观经济学综合在一起。遗憾的是，他在看待政府作用的时候，仍将其看作对市场作用的一种协助，认为"看得见的手"干预经济所要达到的目标是充分发挥"看不见的手"的作用。

如果把混合经济看成一般情况，则纯粹的市场经济或计划经济只是它的某种特殊情况。此时，经济学的研究前提不再是简单的市场经济，而是先有一般再有特殊，那么纯粹的市场经济只是一个非常特殊的情况，整个经济学理论就可实现全面升华。这就要求在未来的研究中，不能再循着对现有流派观点进行小修小补的路径，而是应寻找达成共识的新思路，真正将市场与政府的关系从对立转向高层次的统一，建立基于现实经济就是混合经济、市场和政府作用可以有机结合的理论模型，从而提出促进经济发展的宏观政策体系。

（二）宏观经济学理论变革需要理性综合的新思维

西方经济学中的许多理论概念侧重于单维，如讲市场时轻政府、讲效率时轻公平、讲理性时轻非理性等，但从多维或二维的视角来看，这些对立的概念应是相辅相成、对立统一的。由此可知，经济学理论中一些概念的内涵应发生一些变化，从原来的有与无、是与否问题，逐步转变为"度"的问题，并把握好"度"，做到不偏不倚，用缓和、和谐、适度的方法来化解矛盾、稳定社会，即原则性与灵活性相统一，然后在对立统一中达到均衡与和谐，由此天地有序、万物繁荣。这看起来简单，但实质上是思维模式的巨大变革，体现在经济领域就是将经济学理论研究中的极端思维转向理性综合思维，在更好地理解中国经济实践的基础上，推动经济学理论的创新。

例如，当前中国强调市场的"决定性作用"与政府的"更好作用"，这就关系到经济学中的基本矛盾——市场与政府的关系。中国走市场经济的道路，就要求市场发挥决定性作用，但政府发挥作用的程度以及市场与政府作用的边界是否也有一个黄金分割点？在不同的国家和不同的阶段，该比例关系不尽一致，但只要是市场机制发挥主导作用，就是一种市场经

济模式。由此,全球必然形成多种市场经济模式,而中国的市场经济模式
与其他模式一样,都是市场经济模式。

从横向对比来看,对于同一时期的不同国家来说,其市场与政府的作
用程度也存在明显差别。在 2008 年国际金融危机前,美国政府的监管偏
少、资本过度自由,出现了政府失灵,导致国际金融危机。在国际金融危
机后,美国政府的作用明显扩大了。就中国而言,政府的作用又大了些,
需要"简政放权",进一步强调市场发挥决定性作用。

从纵向对比来看,在不同时期,西方国家政府与市场的关系是变化
的、动态的,在历史长周期里经历了"自由—干预—自由—干预"的过
程。由此可见,市场与政府作用的边界和程度需要根据实践来确定,并不
能简单地按教条与价值观确定。

这样一来,西方经济学中的一些对立概念就可以得到更合理的解释。
例如,在经济学中运用数学方法要有"度"、市场作用与政府作用可能有
一个黄金分割点、经济安全和扩大开放可以有机统一。经济理论中的主要
关系(如市场与政府的关系)可能有黄金分割点或三七开等,已成为市场
经济发挥决定性作用的常态。经济学需要"去完全""去纯粹""去单极",
应是多方兼顾,也是一个有灵活度、有弹性、动态的有机体。处于两端的
激进主张常与实践有较大偏差,而折中方案往往更接近最优。在经济生活
中也是这样,要把握好"度",当一方转向另一方时,往往不是非此即彼,
不是一方排除或消灭了另一方,而是两者的相对关系发生了重大变化。

(三)市场与政府的关系从对立走向统一,并厘清两者的边界

经济学理论研究中的一个核心问题,就是市场与政府的关系。西方经
济学理论认为,市场与政府的关系是二元对立、此消彼长的。但中国自改
革开放以来的经济实践证明,把"看不见的手"和"看得见的手"都用
好,才能形成市场和政府有机统一、相互协调、相互补充、相互促进的新
格局,推动经济社会持续健康发展。这超越了西方经济学理论对于市场与
政府关系的认知,是宏观经济学理论未来发展的基本路径。

市场和政府的作用都是必不可少的,关键是两者的边界。在长期的宏
观经济学流派论战中,不同的流派已发现自身的不足和对方的优势,并开

始向融合的方向发展。然而，两种经济学理论的融合并非一朝一夕可以完成的，但统一化发展是一条长远的发展道路。虽然不同流派对这种融合的探索已取得较多的前期成果，但存在较大的局限性：一是不同流派依然坚持从自身的出发点进行分析，仅部分采纳对方观点中的合理内容对自身观点进行完善；二是前期的融合思想未能提出统一的研究模式，故经济增长模型在总体上仍属于古典经济学范畴，而不是一个综合考虑市场与政府作用的动态模型。

未来，宏观经济学将基于对市场与政府关系的更深层理解，朝着统一、融合的方向发展。这种融合的特征属于比较完整的体系：一是确立更加接近现实的研究对象——现实经济（或者混合经济），也就是市场与政府作用的有机组合，是两者合理有序、共同作用的结果，并非一方协助另一方，或一方取代另一方。二是建立一个综合考虑市场与政府作用的、统一的动态模型，即通过权重体现市场和政府的作用。三是从总供给和总需求的综合视角统筹考虑适应不同情景的宏观政策框架。要在深入分析政府作用的基础上建立宏观经济政策框架体系，而不是像凯恩斯理论中政府只有短期作用。实质上，政府可以影响长期增长趋势，否则就无法解释应对危机后的持续增长问题。四是理性的实施路径。无论是在理论还是在实践方面，理性、综合的创新路径都有很好的作用。比如在中国，通常是在综合、比较的基础上选择政策组合进行试验，随后在实践中检验其有效性并进行调整，以取得较好的效果。此外，还要充分考虑规划和预期的重要引领作用；当然，在实践中，其效果也应明显等。

（四）基于现实经济是混合经济的观点，构建能综合考虑市场与政府作用的经济理论模型

信息不完全、经济活动的外部性、生产或要素供给者的垄断市场地位、公共产品等因素，往往导致市场机制在资源配置方面的失灵。此外，经济行为人也不是完全理性的，宏观经济学理论已有越来越多针对市场经济基础假设的反思与质疑，人们意识到现实经济与理论假设间存在明显的差距。既然现实经济是混合经济，市场与政府均应发挥各自的作用。经济模型的构建对于宏观经济理论的发展起着至关重要的作用。未来，在宏观

经济学理论的变革中要重视模型的构建或改进，需要更多考虑现实中的不完美因素。在现实经济是综合（或混合）经济的基础上，构建能够综合考虑市场与政府作用的经济理论模型。

（五）数学运用的理性回归，避免经济研究陷入过于繁杂的数学形式化中

当前，大量的经济学家对数学过度推崇，痴迷于构建复杂的模型，反而忽视了模型背后蕴含的内容。社会学家阿尔伯特直接指出，经济学在用非社会的方法来解决社会性的问题。因此，未来应当注意防止经济学的过度数学化，明确经济学研究的目标，不能沉迷于对简单的经济问题玩复杂的数学游戏，更应重视数学背后的经济学含义与逻辑。但是，因为数学分析具有逻辑性、简洁性、准确性等特点，所以数学的运用对推动现代经济学的发展仍然至关重要。大数据时代为复杂的宏观经济学模型提供了新的素材，也为宏观经济学的未来发展提出了新的要求。宏观经济学的发展仍需重视数学的运用，但要把握数学的合理运用与经济问题本质间的平衡。

（六）构建更加系统、完善的宏观政策框架体系，丰富政府调控经济的内涵

随着宏观经济学的不断发展，无论是新凯恩斯主义经济学家还是新古典主义经济学家都已承认现实市场中缺陷与摩擦的存在。基于对市场机制缺陷的认识，宏观经济学家逐渐意识到政府在调控市场过程中所起的重要作用。基于对政府调控认识的不断深化，政府调控的内涵也在不断更新。西方经济学既从市场经济角度建立了一套理论，又从国家干预角度建立了一套理论，两者在相应范围内都较好地对经济模式进行了分析。但基于现实经济是混合经济的观点，需要将市场与政府的作用进行综合考量。我们运用宏观经济学理论的核心成果，探索运用"最简单的公式"来构建经济发展模型。

（七）中国经济的成功实践推动宏观经济理论创新

中国经济的成功实践包含深刻的经济学理论基础和创新的契机，对未

来宏观经济学理论的变革起到了重要作用，既为全球提供了一个可供选择的经济发展模式，又为经济学理论的创新提供了深刻的基础。

（1）它展示了一个协调市场与政府作用的基本逻辑和理念。党的十八届三中全会提出要"使市场在资源配置中起决定性作用和更好发挥政府作用"，这是对社会主义市场经济模式的高度概括，事实上提出了一种较为合理的混合或综合经济模式。

（2）它探索了一条理性发展的路径。在早期，中国政策的基本逻辑是"摸着石头过河"，当今的顶层设计则是在发展到一定阶段后，通过确定目标来引导预期，配合供给侧和需求侧相组合的宏观调控体系，保持经济平稳发展。

（3）它带来了宏观调控的重大创新。宏观调控是中国提出的概念，西方经济学中没有对应的表达。它与西方经济学中的宏观经济政策相近，但内涵更深刻，可以说既是马克思主义经济学的创新，又是现代宏观经济学理论的新发展。

（4）它推动市场与政府的关系从对立走向统一。事实证明，单一的传统计划经济模式或完全市场经济模式都是不行的。自改革开放以来，中国的经济实践已经走出了市场与政府有机结合的道路。党的十八届三中全会提出，要"使市场在资源配置中起决定性作用和更好发挥政府作用"；习近平总书记强调，"我们要坚持辩证法、两点论，继续在社会主义基本制度与市场经济的结合上下功夫，把两方面优势都发挥好，既要'有效的市场'，也要'有为的政府'，努力在实践中破解这道经济学上的难题"。习近平总书记的指示为经济学理论创新指明了方向。

未来，中国的改革开放还将不断深入，中国的实践成果还将不断丰富，这迫切需要进行经济学理论的升华。一方面，从综合的视角看待市场与政府的关系，而不是将两者割裂地看待，将两者的作用有机结合并进行理论创新；另一方面，深入分析政府作用的内涵和价值，构建更具理性特征的政策组合框架。我们可将兼具上述特征的宏观经济学理论称为"理性综合经济学"。与此同时，我们相信，一个包含中国经济实践经验在内的"理性综合经济学"具有更广阔的适用空间。

第四节　经济学范式的总结与变革

基于认识论、方法论和世界观的差异，经济学派之间的激辩与更迭，往往表现为不同范式的争论。不同的研究范式往往又意味着不同的理论体系，经济学理论的创新则预示着研究范式的变革。

(一) 经济学范式及其比较

总体而言，我们可将当代主要的经济学流派概括为两种经济学范式：

(1) 市场经济范式。该范式认为自由竞争市场是最有效的资源配置方式，存在一双可让市场总需求与总供给自动实现平衡的"看不见的手"。从根本上说，在该范式的理论背后，是强调"供给管理"，他们认同萨伊定律所说的供给会自动创造出需求。信奉该范式的主要学派包括古典主义、货币主义、新古典宏观经济学和奥地利学派等。在新古典经济学看来，市场经济与社会主义的结合是不可想象的事情。

(2) 政府干预（或宏观调控）范式。该范式认为自由竞争市场是存在缺陷的，政府应该干预经济。凯恩斯学派和马克思主义经济学皆属于这种范式。其中，凯恩斯学派强调的是"需求管理"，它认为经济危机发生的根本原因在于有效需求不足，并用"三个基本心理规律"对此进行解释，同时认为自由市场无法使总需求与总供给自行达到均衡，这就需要有效地刺激需求，从而提出了用于干预的扩张性财政政策等措施。马克思主义经济学强调资本主义经济的对立性，反对资本主义的自由竞争，认为资本主义制度是经济危机的"根源"，而不是需求不足。

需要注意的是，亚当·斯密等主张的自由市场经济理论和马克思提出的计划经济理论是现实经济的两种极端情况，两者看起来是完全对立的，但在现实中是融合的，并且在宏观层面两者的基本思想也是同源的。鉴于一个经济体通常是一个混合经济体，仅从单一视角进行分析，并不能全面反映社会经济活动的全貌。无论是市场经济的分析模式，还是宏观调控的分析模式，都无法包容对方理论中的合理性，从而无法运用相应的经济学理论和模式对现实的经济市场及运行情况进行准确分析。因此，我们应将这两种模式进行有机、合理的融合，建立统一的理论体系，才能更好地解释现实情况及解决现实问题。马克思主义经济学被西方主流经济学家看作一种阶级斗争的政治学说或带有政治色彩的经济理论，在研究方法、体系结构等诸多方面都与西方经济学有差异，但马克思主义经济学是在17—18世纪英法古典经济学的基础上通过革命性改造而创立起来的，与英法古典经济学有一定的继承和发展的关系。

（二）经济学研究范式的变革

如前所述，学者前期研究的出发点皆存在不同程度的局限性。在长期的学术争论中，基于两种不同范式的经济学流派已经发现自身的不足和对方的优势，并开始向融合的方向发展，但它们仍企图从一个视角进行分析。但是，仅从市场经济或宏观调控的视角，无法包容对方理论中的合理性，最终也会自相矛盾，从而无法对经济学理论和模式进行准确分析。实际上，现实经济就是市场经济与政府调节的有机组合，并非一方协助另一方的关系，而是两者合理有序、共同作用的结果。因此，未来需要在经济学理论和思想发展的基础上，建立一种全新的、包容的理性综合宏观分析框架，将经济增长表述为市场作用与政府作用的有机统一。

要从理论角度对中国道路的实践经验进行解释，必须突破西方主流经济学的范式。西方经济学不同流派间的分分合合由来已久，当前又到了需要对宏观经济学进行再次整合的时候，但这种整合需要具有批判性和革命性。显然，我们期待的新整合要超越这种调和，而是一种基于中国实践、反映国际科学理论成果、在方法上有突破、以全新范式进行的经济学理论创新。我们期待中国经济成功带来的研究范式变化，将为经济学理论提供一个广阔的发展空间。

第五节　经济学研究方法论——从单维转向多维

经济学研究方法论是经济学理论发展的重要基础，它探讨了人们对经济活动的认知方法。研究方法的合理性对于构建经济学理论大厦、增强经济理论的科学性十分重要，它需要对建立经济理论的基本观点和逻辑安排进行综合考量。对经济学研究方法论的探索已成为一个刻不容缓的重要课题，既有对经济学方法的概括和总结，又有对这些方法进行的反思。追本溯源，我们需要从哲学的角度进行更深刻的分析。

下面设想在一个大学经济学理论讲座课堂上，做一个关于糖与水的试验：第一步，将课堂人员分成四组，向第一组提供各种类型的糖；向第二组提供各种类型的水；向第三组提供各种类型的糖水；向第四组提供糖、水以及糖水。第二步，让各组分别报告他们所观察的东西及作用。可以设想试验后的结果：第一组对糖及相关内容进行深入研究，第二组对水及相关内容进行深入研究，第三组直接对糖水及相关内容进行深入研究，第四组则对糖、水以及糖水等进行综合研究。第三步，循着前面的思路，对比思考，将糖换成市场经济，将水换成政府调控，将糖水换成混合经济，而将糖、水以及糖水结合的情况换成中国的情况，再经过不断探索，摸索出一个搭配合理的糖水组合。以此思路来理解经济学理论的发展与变迁，可能会有一种豁然开朗的感觉。本章尝试分析单维思维与多维思维在经济学研究中的运用，通过对比两者的优缺点，找到经济学研究的更优方法，为未来宏观经济学理论的发展变革提供一些思路。重建危机经济学意味着要改进经济学的方法。我们期待，未来的经济学模型能够更加科学和完善。

（一）科学严谨的假设条件

经济学的假设看起来很简单，其实是一个非常复杂的问题。当前出现的问题是，先给出一些假设条件，然后建立一个模型，再进行理论和实证分析，这种理论的价值是很有限的。因为假设是有严格条件的，就像在生活中做事情，都要提出一系列条件，只有在条件达成时才能完成。假如条件给的不切实际，那么事情就麻烦了。现在，人们在撰写经济学论文时，一般都有一些假设条件，以便对相应的经济学问题进行数学处理，但这些假设条件本身的现实性或合理性就存疑。如果理论的假设与现实情况差距过大，那么即使理论预测对了，也不能说是好的理论，可能就是因为"瞎猫碰上死耗子"。

（二）经济学研究需要从单维思维转向多维思维

一般来说，单维思维具有较简单、直接的特点，在某些具体领域能够发挥较好效果，有利于实现研究精细化，但单维思维容易走向片面化，缺乏辩证性，甚至容易出现极端化。单维思维方式往往只从一个方面、一个角度或者一个层次去看事物，得出的结论容易出现"盲人摸象"的问题。在进行一些综合、复杂研究时，常出现"只见树木、不见森林"的情况。在现实生活中，单一维度的思考很容易造成矛盾或对立的行为，甚至出现"双标"现象。

相对而言，多维思维具有较全面、综合的特点，通过多角度、多层次、立体化地观察事物，往往可以更全面、更系统地看待事物的本质。多维思维在本质上是系统性方法在思维领域的体现，在思考问题时，既能看到多条思维线索的交叉、冲突，又能看到它们之间的互补性，从而在思维线索的对立中谋求辩证统一，找到解决问题的更好路径。

列宁曾明确指出，要真正地认识事物，就必须把握、研究它的一切方面、一切联系和"中介"。多维思维正是从多角度、多层次、多方面去考察认识对象，把握有关对象的全部内容，最终实现全面、完整地认识事物的效果。

随着人类社会的飞速发展以及经济运行的不断复杂化，经济学日益演变成一个多层次、多方位的巨大复杂动态系统。从客观上说，这要求在经济学的研究过程中，需要更系统、综合地对经济运行情况进行把握。在这种情况下，由于单维思维仅局限在某一个角度、某一个起点，其思维方向仅沿着某一个方向、某一条路线，因而所得的研究结果有时会显得过于片面化、简单化。相对而言，多维思维能够更好地发挥其多角度、多层次观察事物的优势，得以完整、全面地捕捉到现实经济运行的特征和规律，因而研究结果更趋真实。

经济学的研究对象是人类社会在各个发展阶段上的各种经济活动和各种相应的经济关系及其运行、发展的规律。长期以来，宏观经济学的不同流派一直围绕"市场与政府的关系"这一问题争论不休。究其原因，就是因为坚持单维思维的方法，突出表现为：坚持市场经济的单维思维，忽视政府作用的相应维度，一旦说到政府作用（特别是其他国家的政府作用）时，就难以正视，甚至还妖魔化。既然两国的经济发展模式都包含市场与政府的作用，比例也差不多，那么为何你的就是市场经济，别人的就是非市场经济？即使凯恩斯理论提出政府作用这只"看得见的手"，让经济思想从供给侧转移到需求侧，也只是把政府作用看作维持市场经济的条件。从多维思维出发，可以认识到现实经济既不是完全的市场经济，又不是完全的计划经济，而是兼具市场作用与政府作用双重特征的混合经济体。随后的经济学理论与实践发展表明，政府和市场都是不可或缺的，两者不再是对立的，而是统一的。

前文提及的宏观经济学理论发展过程中出现的不同流派间的争论，很大程度上正是由于各流派在经济学研究方法的运用上是单维的。无论是自由主义还是保守主义经济流派，虽然在发展中都逐渐发现了自身的不足和对方的优势，但由于单维思维的局限性，无法用系统、全面的视角来完整认识现实经济，仍企图从自身视角（市场经济或宏观调控视角）来包容对方理论中的合理性。这就必然决定了无论是哪个流派，其对经济问题的研究都只能是非常艰难的螺旋式改善，而无法提出能够真正描述现实经济的分析模式，以及相应的完整宏观政策框架。因此，从单维研究方法出发所得的宏观经济学理论，对现实的解释力往往有限，只有转向多维研究方法，才能迎刃而解。

（三）理性的模型和合理的数学运用

数学是经济学研究的重要工具，它可以更好地描述经济联系与运行规律的逻辑关系，在促进经济学理论的发展中发挥了重要作用。不过，目前经济学几乎变成了数学的奴隶，典型表现为：一是把可能有的一些联系直接上升为准确的数学表达式。比如宏观经济学的微观基础问题，如果说宏观与微观之间有一定的联系无可非议，但用过于精准的数学公式来描述，则必然是南辕北辙，得出的结果与实际存在较大的差距。二是力图将所有经济问题都通过数学设定进行处理。对于数学上难以处理的关于分工和技术进步等问题，则研究甚少。保罗·克鲁格曼一针见血地指出，"经济学是沿着数学阻力最小的方向前进"。需要注意的是，在经济学研究中对数学的合理运用是为了让研究更精确、有效，但不能削足适履，反而让经济学去过度迎合数学。经济学要真正创新，需要放下数学这个包袱，在深刻分析经济运行规律的基础上，运用数学实现经济学理论的升华。

（四）以现实结果检验理论

当前，经济学界存在过度相信权威学者而忽略对现实的关注的现象。经常出现的情况是，研究者花了很多时间证明了一个常识性的结论，或者是证明了一个与实际工作有明显偏差的结论。比如说通过建立精细的理论模型，得出了货币政策是中性或无用的或者产业政策是无用的结论，而实际上，它的作用是显而易见的。在这方面，中国一直坚持"实践是检验真理的唯一标准"，并取得了很好的效果。在此，我们以著名的 DSGE 模型对货币政策效果的刻画为例加以说明。早期 RBC 模型得出的结论为，货币政策并不会对产出、实际利率、就业等实际变量产生影响，而只会影响物价水平的变化。在此基础上，DSGE 模型进一步引入了价格黏性等特征，但通过模型模拟所得的结果来看，货币政策对实际变量产生的影响仍然很微小。但在现实中，货币政策却能给宏观经济造成较大波动和影响，上述模型无法对该现象进行解释，并将其归因于虚构的外生冲击，这在一定程度上凸显了 DSGE 模型原本具有的缺陷。

因此，衡量经济学理论是否正确的标准，不能简单地就模型结果说事，而应以对实际结果的检验为标准。如果结果与实际不符，那只能是理论有问题，需要对理论进行适当调整。我们之所以提出理性综合模型，就是要基于事实，既然市场经济不是万能的且存在失灵的局限性，那么政府干预就是有用的，况且也是所有国家政府都在做的。基于当时的情况，在2008 年国际金融危机期间，有关国家的救援政策不再囿于凯恩斯主义、货币主义或者理性预期主义之争，而是"不管黑猫白猫，抓到老鼠就是好猫"，几乎将各种主义所倡导的政策"弹药"都综合运用到了极致。实质上，这反映了一种理性综合思维，也在实践中发挥了重要作用。在国际金融危机后，西方国家对经济政策的干预明显增多，这就不能再以所谓的完全市场经济模式说事，如此做法必然是"双标"。

第二章 当代重要经济学理论和方法与理性综合经济思维

　　本章综述了经济学理论中若干重要的理论和方法，包括混合经济理论、宏观动态经济理论、总需求-总供给模型、哈罗德-多马模型和索洛-斯旺模型（新古典经济增长模型）、真实经济周期理论，动态随机一般均衡模型。混合经济理论主张将市场调节和政府调控、私有制经济与公有制经济、按劳分配与按资分配结合起来，实行混合经济。瑞典学派的宏观动态经济理论针对静态分析的局限性，注重时间因素在经济分析中的作用，倡导动态经济学。总需求-总供给模型由新古典综合学派发展而来，被用于分析总产出和价格水平的波动。新古典经济增长模型强调了储蓄、人口增长和技术进步对经济增长的作用，解释了经济增长实现稳态均衡的条件。真实经济周期理论在一般均衡的框架内解释经济波动，强调技术冲击是经济波动的根源。动态随机一般均衡模型是对真实经济周期理论的发展，采用动态、随机、一般均衡的分析方法，纳入了更多的经济主体、摩擦和扭曲、外生冲击，成为宏观经济学的主流分析框架。理性综合经济思维与这些重要理论有较密切的联系，并以这些重要理论及方法为基础，进行相对统一的逻辑分析，可以说是对这些理论及方法的理性综合和升华。理性综合经济思维的基本逻辑是：以市场和政府共同作用为基础，将总需求和总供给视为政府作用的重要形式，统筹考虑短期波动和长期经济增长的关系，同时使用动态的分析方法，注重非均衡分析，构建经济逻辑统一的动态理论模型。

第一节 混合经济理论

混合经济（mixed economy）是由多种资源配置方式、多种生产资料所有制、多种分配方式混合而成的经济，其中包括市场机制与政府调控的混合、私有制经济与公有制经济的混合、按劳分配与按资分配等多元化分配方式的混合。简言之，混合经济就是"实行多元所有制和按各种生产要素贡献分配的有政府调控的市场经济体制"（蔡继明，2015）。

混合经济理论是在西方国家垄断资本主义形成过程中的产物。在自由竞争资本主义时期，政府主要充当"守夜人"的角色，对经济的干预非常少，国有经济主要集中在国防、邮政等特殊行业。20世纪初，西方资本主义国家进入垄断资本主义阶段，开始出现国家垄断资本主义。在第一次世界大战后，垄断资本主义在西方资本主义国家普遍发展起来，此时混合经济的特征已经十分明显，政府对经济的管理和调节开始增加，如实行逆周期的经济政策、制订经济计划、建立国有企业、分配原材料和燃料、制定垄断价格、干预收入分配和劳资关系、支持垄断资本的对外扩张等。在第二次世界大战后，西方资本主义国家广泛干预市场经济活动，国有经济所占的比重大幅上升，成为名副其实的混合经济。

在西方资本主义经济结构和政府职能发生变化的背景下，混合经济理论应运而生。混合经济理论首先体现了对市场机制缺陷的反思，主张将市场调节和政府调控结合起来，如庇古、凯恩斯从微观和宏观的角度强调了政府干预的必要性。随着混合经济理论的发展，其内涵和外延不断延伸，涉及生产资料所有制、商品分配等经济制度的其他方面，代表人物主要包括汉森、萨缪尔森、林德贝克等。

（一）庇古和凯恩斯的混合经济思想

亚当·斯密在《国富论》中认为，通过市场这只"看不见的手"可以实现社会福利的最大化，政府作为"守夜人"保障市场机制的顺利运行。亚当·斯密指出，"这种管制（政府干预经济）几乎毫无例外地必定是无用的或有害的"。政府的主要职能在于三个方面："保护本国社会的安全""设立一个严正的司法机构""建立并维持某些公共机关和公共工程"。

然而，经济学家逐步发现市场机制并不是完美无缺的。庇古（1920）在《福利经济学》中指出，经济活动中经常存在外部性现象，如灯塔、交通、污染等。当存在外部性时，私人边际成本和私人边际收益并不分别等于社会边际成本和社会边际收益，完全依靠市场机制无法实现帕累托最优，要依靠政府征税或者补贴来解决这些外部性问题。

凯恩斯（1936）在《通论》中认为，20世纪30年代"大萧条"的原因在于有效需求不足，单纯依靠市场调节无法实现充分就业。边际消费倾向递减、资本边际效率递减、对货币的灵活性偏好造成了消费和投资需求不足。其中，资本边际效率递减的作用尤为重要，投资需求不足是"大萧条"的主要原因。凯恩斯进一步指出，拯救资本主义制度的唯一有效方法是，扩大政府的职能，将政府调控和市场经济结合起来。具体说来，政府要通过财政政策和货币政策（特别是财政政策）来刺激投资和消费，以实现充分就业。希克斯和汉森将凯恩斯的思想发展为IS-LM模型，财政政策影响产品市场的均衡，货币政策影响货币市场的均衡。扩张性财政政策会同时提高国民收入和利率，扩张性货币政策会提高国民收入、降低利率。当经济衰退时，一国应当采用扩张性财政政策和扩张性货币政策，反之亦然。

（二）汉森和萨缪尔森的混合经济思想

凯恩斯主义经济学家汉森（1941）在《财政政策与经济周期》中认为，从19世纪末期以来，西方资本主义国家已不是完全的私人经济，而是政府参与企业活动的"双重经济"；"双重经济"并不意味着私人经济逐步转变为公有经济，而是强调社会福利的"混合经济"。他在《20世纪60年代的经济问题》中进一步指出，西方资本主义国家是"私人企业和政府的合伙"，私人企业生产社会所需的物质产品，政府提供一些社会公共服务和公共设施。需要注意的是，汉森的"混合经济"包括私人资本主义和"社会化的经济"，其中的"社会化的经济"包括"生产工具社会化"和"收入消费社会化"。我们可以发现，汉森的"混合经济"不仅包括调控手段的混合，而且包括生产资料所有制的混合，即私有经济和公有经济的混合。

新古典综合学派的开创者萨缪尔森也是混合经济理论的倡导者,他的混合经济理论主要包括三方面内容:①混合经济的内涵。萨缪尔森在《经济学》中认为,混合经济是"政府和私有企业的混合制度""垄断和竞争的混合制度",是"国家机关和私人机关都实行经济控制"。②政府在混合经济中的职能。萨缪尔森和诺德豪斯在《经济学》(第19版)中指出,政府的职能主要体现为四个方面:一是矫正垄断、外部性、公共产品、不完全信息等市场失灵,提高经济运行的效率;二是通过税收、转移支付等手段进行收入再分配,促进经济公平;三是利用财政政策、货币政策熨平经济波动,稳定宏观经济;四是执行国际经济政策。萨缪尔森还提出了总需求-总供给模型,用以阐述财政政策和货币政策对宏观经济的影响。③混合经济的优越性。萨缪尔森认为,混合经济将市场调节和政府干预结合在一起,既能有效发挥市场调节的作用,又能通过政府干预弥补市场调节的不足。这种结合既能克服经济衰退、抑制经济过热,又能避免通过战争来扩大国内需求。

(三)林德贝克的混合经济理论

瑞典学派的经济学家阿萨尔·林德贝克基于对世界各国经济制度(特别是对瑞典混合经济制度)的考察,将各国的经济制度划分为三种:以瑞典为代表的西方混合经济模式、以南斯拉夫为代表的市场社会主义经济模式、以苏联为代表的中央集权经济模式。林德贝克在对这三种经济制度进行比较后认为,最理想的经济模式是以瑞典为代表的西方混合经济模式,即社会民主主义经济制度。

1. 林德贝克划分经济制度的标准

马克思根据生产资料所有制将经济制度划分为资本主义和社会主义。林德贝克反对这种划分,他认为经济制度是由多种因素构成的,是一个"多维性"的概念。林德贝克认为,"一种经济制度就是用来就某一地区的生产、投入和消费做出决定并完成这些决定的一整套机制和组织机构",这些机制和组织机构主要包括以下八个方面。

(1)决策机构。消费、生产、投资等决策是由个体单位(如家庭和企业)做出,还是由中央权力机构做出,这涉及决策过程中的集中度问题,即决策是由分散化的机构做出，还是由集权化的机构做出。

（2）资源配置机制。林德贝克认为，有两种不同的机制可以实现提供资源、分配资源并协调经济决策的目的：一是用市场的方法，即市场机制；二是用行政管理的方法，即行政机制。

（3）财产所有权。财产所有权在这里特指资本所有权，即对资本的控制、使用和管理。林德贝克只比较和分析了个人所有制和集体所有制两种形式。

（4）商品分配机制。产品由企业生产出来后可以通过两种方式到达消费者手中，市场均衡价格机制或者上级的指挥和命令。

（5）调动人们积极性的机制。这是指用什么方法来调动人们的生产积极性，即用经济刺激还是用行政命令。

（6）竞争与合作。人与人之间的关系是竞争还是合作。

（7）竞争与垄断。企业与企业之间的关系是竞争还是垄断。

（8）对外关系。一国经济的对外开放程度，即该国的经济是国际化的经济还是自给自足的经济。

在林德贝克看来，经济制度是由以上八个方面的因素构成的。我们认为，以上八个方面的区别基本可以概括为资源配置机制的区别。在市场机制中，决策由分散化的个人和企业做出，市场价格机制发挥着分配商品的作用，经济刺激会极大地调动人们的积极性，这主要存在于私有经济中。在行政机制中，政府集中做出决策，产品分配和人们的生产积极性依赖政府的计划及指令，这种机制主要存在于国有经济和集体经济中。

2. 林德贝克划分的三种经济模式

林德贝克认为，当前主要存在三种经济模式（见图 2-1）：以瑞典为代表的西方混合经济模式、以南斯拉夫为代表的市场社会主义经济模式、以苏联为代表的中央集权经济模式。按照林德贝克的划分标准，这三种经济模式的主要区别如下：①在决策机构上，瑞典模式偏重于分散化，苏联模式偏重于集权，南斯拉夫模式介于两者之间，略偏于分散化。②在资源配置机制上，瑞典模式偏重于市场制度，苏联模式偏重于行政管理，南斯拉夫模式介于两者之间，略偏于市场制度。③在所有制方面，瑞典模式以私有制为主，苏联模式以公有制为主，南斯拉夫模式介于两者之间，略偏

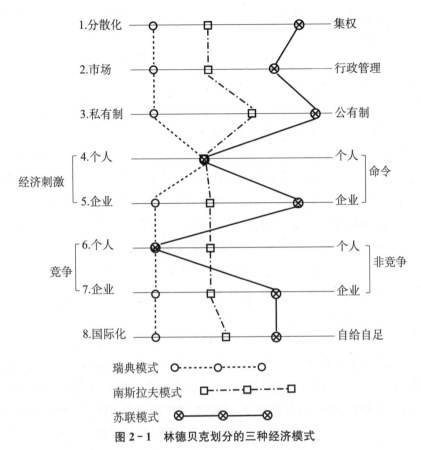

图 2-1　林德贝克划分的三种经济模式

资料来源：林德贝克．新左派政治经济学．北京：商务印书馆，2013.

于公有制——集体所有制。④在积极性调动机制上，对待个人，这三种经济模式都偏重于经济刺激；对待企业，瑞典模式偏重于经济刺激，苏联模式偏重于行政命令，南斯拉夫模式介于两者之间，略偏于经济刺激。⑤在竞争与非竞争的关系方面，对于个人而言，瑞典模式和苏联模式偏重于竞争，南斯拉夫模式略偏于竞争；对于企业而言，瑞典模式偏重于竞争，苏联模式偏重于垄断，南斯拉夫模式略偏于竞争。⑥在对外经济关系上，瑞典模式偏重于国际化，苏联模式偏重于自给自足，南斯拉夫模式介于两者之间。

3. 社会民主主义经济制度

通过对比这三种经济模式，林德贝克认为最理想的经济制度是以瑞典为代表的西方混合经济模式，即社会民主主义经济制度。这种经济制度包括下面的关系和内容。

第一，分权与集权的关系。林德贝克分析了分散化决策和集权决策的关系，认为应该把两者结合起来，不能偏废任何一方。分散化决策具有两层含义：一是将决策权分散到个人和企业，由他们自己做出消费、生产和投资决策；二是在企业内部将决策权分散到个人，让他们参与企业的管理和决策。林德贝克认为，实行分散化决策的必要性在于：①在现代经济中，只有进行分散化决策，才能及时收集消费偏好、生产技术、市场供需等信息，这些信息散布于众多的消费者和生产者之中。"在高度集中的制度中收集和处理情报所花的费用比市场制度要高"，"在以中央行政管理方法为基础的制度中，某种未经歪曲的情报实际上是以任何代价也不可能获得的"。②在分权制度下，信息收集者与决策者是同一人，他可以根据市场情况及时做出决策；在集权制度下，信息收集者与决策者是两个人，无法及时对市场情况做出反应。另外，也不能只讲分权不讲集权，其原因在于：①某些经济活动需要集权结构，比如在国民经济统计方面，集权机构比个人和企业更有效率。②一些社会公益事业处于个人决策之外，如环境污染、公共产品问题，需要依靠集权机构来解决。③某些宏观经济目标，如收入的公平分配、经济稳定等，都需要集中的规划和处理。林德贝克认为，任何经济制度都是集权与分权的结合，集权与分权划分的原则是：消费品的消费决策权归消费者，消费品的生产决策权归企业；集权机构负责提供公共产品、稳定宏观经济、财富和收入再分配、经济统计研究等工作。

第二，市场调节与中央计划的关系。林德贝克认为，在分工相当广泛的社会里，为了经济的正常运行，必须交流信息、配置资源、协调众多消费者和生产者的决策，使每一种产品的供给等于需求。只有将市场调节和中央计划结合起来，才能做到这些。如果只依靠中央计划，即使依靠计算机也无法实现上述目的，而且会导致资源配置失当、投入产出不能均衡、计划调节不够灵活，并出现产品短缺、排队购买、供应票证泛滥成灾等现象，最终形成卖方市场。其背后的原因在于，个人或企业与中央计划决策者之间存在着很多中间层，信息通过中间层的过滤后会变得面目全非；决策者没有时间与精力来考虑个人和企业存在的许多问题，也无法吸纳来自个人和企业的符合实际情况的政策建议。此外，只依靠市场调节也无法完全解决交流信息、配置资源和协调决策的问题。例如，由于企业对宏观经济情况的了解并不全面，完全依靠市场调节，其生产活动会带有一定的盲目性。

第三，公有制与私有制的关系。林德贝克认为，应当坚持以私有制为主体，同时实行部分的国有化。私有制可以充分发挥企业的主动性和创造性，克服官僚主义产生的问题。国有化包含两方面的内容：一是对铁路、邮电、电站等公共产品生产行业进行国有化；二是收入和消费的国有化，即通过累进税制将一部分国民收入纳入政府预算，作为社会保险和供应集体消费的基金。

第四，经济刺激与行政命令的关系。林德贝克认为，应当将经济刺激与行政命令在不同程度上结合起来，促使人们去从事工作、生产、储蓄和投资。经济刺激有两种形式：一是利润差别；二是工资差别。前者有利于促进投资和提高企业管理水平，后者有利于提高个人工作效率。但他也认为，瑞典的经验表明，适当缩小工资差距有助于保持社会稳定，不但不会降低效率，反而会提高效率。

第五，竞争与垄断的关系。林德贝克认为，国家之间、企业之间、个人之间的竞争是普遍现象，竞争是经济和社会发展的强大动力。与此同时，在国家、企业和个人内部，各方总是力图建立自己的垄断地位，因为自己的垄断地位越稳固，彼此之间的竞争越激烈。如果只有垄断而没有竞争，将出现产品短缺、质量粗劣等现象，资源配置的效率会大大降低。在现代经济发展中，竞争和垄断同时并存。

第二节　宏观动态经济理论

瑞典学派的宏观动态经济理论起源于魏克赛尔的积累过程原理，然后经过卡塞尔、达维逊、林达尔、缪尔达尔等学者的发展和完善。瑞典学派的宏观动态经济理论针对静态分析的局限性，注重时间因素在经济分析中的作用，倡导动态经济学，对经济学的发展产生了重大影响。

(一) 魏克赛尔的积累过程原理

魏克赛尔的积累过程原理实际上是对宏观经济进行动态分析的货币

均衡理论。在《利息与价格》和《国民经济学讲义》中，魏克赛尔首先区分了自然利率和货币利率，然后分析了两者的差额对物价水平的影响，提出了货币均衡的三个条件。

魏克赛尔将利率区分为自然利率和货币利率。自然利率是指在实物经济中，当借贷资本的需求与供给相等时的利率。自然利率来源于生产过程，是资本的边际生产力或者预期收益。货币利率是指在货币经济中，企业家向资本家借贷资本需要支付的利率。货币利率由银行决定。

自然利率和货币利率的差异会影响商品价格水平。对于企业投资来说，自然利率构成了企业的预期收益，货币利率形成了企业的投资成本。当货币利率低于自然利率时，企业家能够获得超额利润，便会增加投资、扩大生产，对土地、劳动力、机器设备等生产要素的需求增加。这会推动要素价格上涨、要素所有者的收入增加，并使消费需求上升、消费品价格上涨。魏克赛尔假定经济处于充分就业状态，当投资需求增加时，一部分生产要素从消费品生产部门转移到资本品生产部门；消费品的生产和供给减少，消费品的价格进一步上升。不仅如此，由于货币利率较低，这会刺激消费、抑制储蓄，导致消费品的价格继续上升。

魏克赛尔认为，当自然利率高于货币利率时，商品价格水平的上升会积累性地发生，循环往复。其原因在于，企业家扩大投资和生产使得资本的需求大大超过供给，资本的自然利率继续上升，自然利率与货币利率之间的差距越来越大。但是，上述过程不会无限地发展下去。当投资和生产扩大到一定程度后，生产要素价格上升，生产成本增加，资本的边际生产力（即自然利率）下降。当自然利率等于货币利率时，企业家获得正常利润，资本的供给和需求处于均衡状态，物价水平也保持稳定。基于以上分析，魏克赛尔给出了货币均衡的三个条件：自然利率等于货币利率，投资等于储蓄，价格水平稳定。

魏克赛尔首次将传统的静态均衡分析进行动态化，最先做出了建立现代宏观经济均衡体系的尝试。古典经济学的分析方法是微观静态均衡分析，以萨伊定律和完全竞争为基础，认为"供给会自动创造需求"，市场经常处于充分就业的均衡状态，没有建立宏观经济的均衡理论体系。魏克赛尔将自然利率和货币利率的差异作为影响价格水平与经济波动的主要因素，这两种利率的差异会引起物价水平的变化以及经济活动的扩张和收缩。这实际上否定了萨伊定律，把微观的静态均衡分析发展为宏观的动态非均衡分析，建立了一个现代宏观经济理论体系的雏形。但是，魏克赛尔的积累过程原理侧重于两种利率差异对价格水平的影响，并未分析国民经济总产出均衡水平的决定问题，没能像凯恩斯那样建立起完整的宏观经济理论体系。

（二）对积累过程原理的修正

魏克赛尔的积累过程原理存在一些缺陷和矛盾。例如，达维逊认为，魏克赛尔过分强调自然利率和货币利率对价格的影响，忽略了货币流量的作用。卡塞尔认为，魏克赛尔过分偏重货币因素对经济活动的影响，缺乏对实物资本的分析；固定资本的形成周期很长，难以对两种利率的差异做出迅速的反应，应当从固定资本的供求关系中寻找经济周期变动的原因。缪尔达尔、林达尔等瑞典学派经济学家对积累过程原理进行了修正和发展。

1. 对自然利率和货币均衡条件的质疑

魏克赛尔的自然利率排除了货币因素的影响，试图单纯计算实物资本的收益率，这个设想是不现实的。林达尔指出，自然利率是以实物形态计算的产出与投入之间的比率，只有产出与投入完全相同的情况下才能计算这个比率。然而，在现实中，一种产出总是需要多种不同的投入，如果排除了货币价值的计算，根本无法计算产出与投入的比率。缪尔达尔认为，"我们必须用交换价值生产率的概念去代替实物生产率的概念"，因为自然利率的形成过程无法离开货币。

魏克赛尔提出了货币均衡的三个条件，即自然利率等于货币利率、投资等于储蓄、价格水平稳定。缪尔达尔认为，这三个条件并不一致。其中，第一个条件和第二个条件是一致的，第二个条件是第一个条件的前提。实物资本的需求和供给相等可以决定自然利率的均衡水平，此时的自然利率也等于货币利率，否则实物资本的供求也不可能相等。第三个条件是否与前两个条件一致，就很难确定。在满足了前两个条件后，产品市场的生产扩张一旦启动，便会推动产品价格不断上升。

2. 不同利率对价格的影响

魏克赛尔使用的货币利率实际是不同货币利率的平均值，林达尔进一步分析了不同货币利率对物价的影响：①短期放款利率和长期放款利率对物价的影响。这里的短期放款是指几个月的放款，长期放款是指债券。短期放款利率对物价的影响较快，但持续时间较短。长期放款利率对物价发生影响需要很长时间，但持续时间较长，其影响会较大。当短期放款利率上升、长期放款利率下降时，价格先下降后上升。当两种利率都高于正常水平并且短期放款利率高于长期放款利率时，价格将下降，而且价格下降的速度会越来越慢，最后由于长期利率的影响而继续下降。如果长期放款利率与短期放款利率同时下降并且短期利率下降得更多，价格会上升，而且价格上升的速度会越来越慢，最后因为长期利率的影响而继续上升。②存款利率与放款利率的差别对物价的影响。对于需要借入资金的企业家来说，他们只关心放款利率而不关心存款利率。对于拥有大量资金但不愿意借给私人使用的企业家来说，他们会比较存款利率和自己投资的利润。如果存款利率下降，则拥有大量资金的企业家会自己增加投资而减少存款，但投资增加必然导致物价上升，因而存款利率也会影响物价水平。③利率对不同类型投资的影响。已有投资的利率弹性较小，利率通过已有投资对价格的影响较小。新投资的利率弹性较大，利率通过新投资对价格的影响较大。因此，对新旧投资实施差别利率有利于保持物价稳定。例如，在经济繁荣时，对新投资实施比旧投资更高的放款利率可以抑制投资，降低物价上涨的速度。

3. 对非充分就业的分析

魏克赛尔的积累过程原理以充分就业为前提，货币利率与自然利率的差异只会影响价格和产业结构，不会影响产量和就业水平。林达尔分析了非充分就业条件下利率对产量和物价的影响：①如果只有消费品生产部门存在失业且生产要素不能转移，在这种情况下，即使货币利率下降，资本品生产部门也无法扩张，因而收入和消费品需求无法提高，消费品价格不会上升。如果资本品生产部门存在失业且生产要素可以转移，则当货币利率下降时，资本品生产部门会扩大生产，而收入和消费品需求会增加，同时消费品价格上升、失业下降，产出和就业也会增加。②如果只有资本品生产部门存在失业且生产要素不能转移，则货币利率下降将使资本品生产部门扩大生产，同时失业减少、资本品价格上升，而后收入和消费品需求也会增加，进而消费品价格上升、产出和就业也会增加。③如果资本品生产部门和消费品生产部门都存在失业，而生产要素又不能转移，则货币利率下降将使生产扩张，资本品和消费品都会增加，从而价格不会上升，即使需求增加的速度大于供给增加的速度，价格上升的速度也会比消费品生产未增加时要慢。我们可以发现，在非充分就业的条件下，魏克赛尔的积累过程不仅表现为价格变动的积累，而且表现为产出和就业的积累。

（三）宏观动态经济理论的进一步发展

瑞典学派的经济学家在对积累过程原理进行修正的同时，还提出了很多新的分析方法和观点，主要包括对经济总量的一般均衡分析、时点和时期分析、事前和事后分析等。

1. 对经济总量的一般均衡分析

经济均衡可以分为局部均衡和一般均衡。局部均衡的分析方法由马歇尔首创，假定一种产品的均衡价格和均衡数量仅取决于自身的供求状况，不受其他产品供求状况的影响。一般均衡的分析方法由洛桑学派的瓦尔拉斯创立，一种产品的均衡状态不仅取决于自身的供求状况，而且取决于其他产品的供求状态。

瑞典学派也采用了洛桑学派的一般均衡分析。洛桑学派的一般均衡分析局限于微观的个体分析，只研究个别产品、个别消费者和个别生产者，不研究宏观总产量。瑞典学派将一般均衡分析扩展至经济总量，考察了生产、消费、储蓄、投资、利率等经济总量及其相关关系。例如，林达尔在《货币和资本理论的研究》中写道："国民总收入中未被储蓄的部分，经常等于出售的消费品数量乘以它们的价格水平。""下一个问题是：我们如何才能制定一个假设性的原则，用来说明全部消费品供求关系的变动，或者更正确地说，用来说明储蓄与消费、投资与消费品生产之间关系的改变。"由此可见，瑞典学派的经济学家已经开始对生产、消费、储蓄和投资等经济总量进行分析。

2. 时点和时期分析

缪尔达尔在《货币均衡论》中指出，在分析经济均衡时，应该区分时点和时期。对供给和需求在某一个时点如何实现均衡的分析是时点分析，这种分析仅仅围绕着一个均衡点。从一个时点到另一个时点，供需状况会发生变化，旧的均衡被打破，新的均衡被建立。时期分析是对两个时点之间的间隔的分析。例如，供给和需求在某一个时点上达到均衡后，如果需求发生变化，价格会进行调整；价格的调整又会导致供给的变化，进一步影响价格的调整；如此反复，直到实现新的均衡。从时期的角度来看，均衡是暂时的、间断的，从这个均衡转变到那个均衡则是长期的、不间断的。缪尔达尔认为，时点分析和时期分析是有密切关联的，时点分析是时期分析的基础和出发点。因此，瑞典学派的时点分析和时期分析并没有否定静态分析，而是把分析单个均衡发展为分析多个均衡的转化过程。

林达尔在《货币和资本理论的研究》中强调，必须对经济的动态过程进行分析，应当运用时期分析的方法来分析经济现象。他认为，可以把经济的动态过程划分为许多个短时期，然后挑选具有代表性的时期进行分析，就能判断经济活动的整体趋势，也能了解中间许多时期的特征。

伦德贝格在《经济扩张理论研究》中，运用时期分析的方法研究了经济周期理论，提出了"序列分析"的概念。序列分析就是按照事件发生的顺序依次进行分析。伦德贝格把经济发展的过程划分为五种序列：第一种序列具有连续的投资，总收入由凯恩斯乘数决定，经济走向一个稳定的均衡。第二种序列引进了存货的动态作用，经济周期的顶峰会先于均衡达成。第三种序列在资本投资的积累过程中引入了加速数。由于投资和储蓄是分开的，总收入的增长率下降会引起投资萎缩，因而萧条难以避免。在第四种序列中，利率和总收入的增长率会影响投资，如果当期的投资超过了下期的储蓄，利率就会提高，并打断经济的扩张过程。在第五种序列中，加速数成为投资的决定因素，乘数效应会影响利润率和总收入水平。伦德贝格对乘数-加速数模型进行了形式化，把动态机制引进了凯恩斯的理论体系。

3. 事前和事后分析

缪尔达尔在《货币均衡论》中提出了事前和事后的概念，并强调了时间因素在货币分析中的重要性。缪尔达尔提出的事前、事后分析实际上是强调预期因素在对经济进行动态分析中的作用，因为预期因素比现实因素对经济变动的影响更大。例如，商品供给会受到价格的影响，但能够影响商品供给的不是现在的价格，而是生产者对未来价格的预期。如果生产者预期未来的商品价格要上涨，尽管目前的商品价格很低，生产者也会扩大生产，增加商品供给。

缪尔达尔认为，从预期的角度来看，对任何经济范畴的时期分析都可以分为"事前的"和"事后的"两种类型。"事前的"是指分析时期开始时预期会有或者计划进行的数量。"事后的"是指分析时期结束时实际发生的数量。例如，对于企业来说，"事前的"利润率就是预期利润率，"事后的"利润率就是已实现的利润率。消费、储蓄、投资等经济变量都可以区分为事前的和事后的两种类型。

在《货币均衡论》中，缪尔达尔利用事前分析和事后分析来说明货币均衡的条件。他认为，作为货币均衡条件之一的储蓄和投资相等，是指事前估计的数量与事后实际发生的数量相同，只有比较事前估计的数量与事后实际发生的数量才能发现储蓄和投资是否处于均衡状态。因此，在储蓄和投资实现均衡的过程中，存在事前和事后的时间间隔。如果没有这个时间间隔的调整，储蓄和投资相等就是难以理解的。

林达尔认为，事前分析和事后分析对于"中央计划经济"具有非常重要的意义。林达尔把中央计划经济分为三种类型：①中央集中管理生产和消费。中央把实物分配给社会成员或者把货币分配给社会成员，再由社会成员按照价格购买消费品。在实施这种计划时，就要对经济进行事前和事后分析。中央可以把较长时期划分为几个较短时期，如果有意外事件发生，可根据实施计划经济的经验修改原来的计划。②中央集中管理生产，社会成员获得中央分配的货币后自由购买消费品。在实施计划的过程中，必然遇到事前估计的需求与实际需求的差距，需要根据消费者的需求修改计划。③中央集中管理生产，社会成员除了可以自由选择消费外，还可以进行储蓄。中央计划机构除了要考虑如何使生产适应需求外，还要考虑储蓄的变动，以及储蓄的变动如何影响消费的变动，进而影响消费品供求比例的变动等。众多变量的预期与实际情况之间有可能出现差距，因而需要修改原来的计划。

第三节　总需求-总供给模型

总需求-总供给模型是由新古典综合学派发展起来的，可用于分析总产出和价格水平的波动。凯恩斯的收入-支出模型和希克斯的 IS - LM 模型侧重于分析总需求，完全忽略了总供给。总需求-总供给模型将两者综合起来分析总产出和价格水平的决定问题。

(一) 总需求

1. 总需求的含义和组成部分

总需求表示其他条件不变时，经济主体在各种价格水平上愿意购买的总产出的数量。换句话说，总需求表示家庭部门、企业部门、政府部门、外国部门的总支出，包括消费、投资、政府购买和净出口。

消费是家庭部门对耐用消费品、非耐用消费品和劳务的支出，主要取决于居民的可支配收入。投资是购买资本资产的支出，包括固定资产投资、存货投资和住宅投资。投资主要取决于资本成本和资本的边际效率。政府购买包括政府部门对产品和服务的支出，由政府的支出政策决定。净出口等于出口减进口，取决于国内和国外的收入水平、相对价格和汇率等因素。

2. 总需求曲线

总需求曲线描述了经济主体在每个价格水平上的总支出。如图 2-2 所示，总需求曲线向右下方倾斜，当其他条件不变时，价格水平上升，需求水平下降。

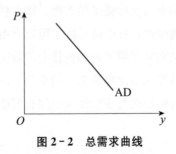

图 2-2　总需求曲线

在总需求曲线上，价格水平和总需求负相关，其原因主要包括四个：

（1）利率效应。如果价格水平上升，人们需要更多的货币用于交易，因而货币需求上升。假如货币供给不变，利率就会上升，投资和产出水平就会下降。

（2）实际余额效应。当价格水平上升时，对于那些具有固定名义价值的资产，其实际价值会下降，消费者会缩减消费支出，进而导致需求水平下降。

（3）税收效应。当价格水平升高时，消费者的名义收入也会上升，纳税档次提高，可支配收入下降，消费支出减少。

（4）蒙代尔-弗莱明效应。如果本国价格水平上升，本国名义利率也会上升，根据利率平价理论，本国货币升值，外国货币贬值。这导致本国出口减少、进口增加，因而净出口下降、总产出水平下降。

（二）总供给

1. 总供给的含义

总供给表示其他条件不变时，经济主体在每个价格水平上愿意提供的总产出的数量，即经济主体投入劳动、资本、技术等生产资料所生产的总产出。宏观生产函数描述了总产出与劳动、资本和技术水平之间的关系。

$$Y = AF(N, K) \tag{2.1}$$

式中，Y 为总产出；A 为技术水平；N 为整个社会的就业；K 为整个社会的资本存量。

宏观生产函数在短期和长期有所不同：在长期，技术水平、资本存量、就业都可以发生变化；在短期，技术水平和资本存量不可能发生较大的变化，可被认为常数，因而总供给主要取决于就业。就业取决于劳动需求和劳动供给，后者取决于实际工资。在工资和价格水平具有完全弹性的前提下，劳动需求和劳动供给相等的均衡状态就是充分就业状态，此时的产出水平被称为充分就业的产出水平。然而，工资和价格水平是否具有完全弹性，不同学派的观点并不一致。

2. 三种总供给曲线

总供给曲线描述了经济主体在每个价格水平上愿意提供的总产出。按照工资和价格水平进行调整所需要的时间长短，总供给曲线分为三种：古典总供给曲线、凯恩斯总供给曲线、常规总供给曲线。

（1）古典总供给曲线。古典总供给曲线是一条位于充分就业产出水平的垂线，见图2-3。古典学派主要研究经济的长期状态。在长期，工资和价格水平具有充分的时间进行调整，实际工资处于劳动需求等于劳动供给的均衡状态，产出水平等于充分就业产出水平。此时，古典总供给曲线代表长期总供给曲线。此外，古典学派认为工资和价格水平可以进行迅速调整，使得实际工资和总产出处于充分就业的水平。在这种假定下，古典总供给曲线也是一条短期总供给曲线。

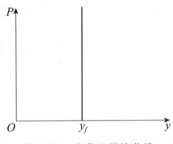

图2-3 古典总供给曲线

（2）凯恩斯总供给曲线。凯恩斯总供给曲线是一条位于既定价格水平上的水平线，见图2-4。凯恩斯学派主要研究经济的短期状态。在短期，工资和价格水平没有充分的时间进行调整。当总产出增加时，工资和价格水平均不会发生变化。此时，凯恩斯总供给曲线表示短期总供给曲线。此外，凯恩斯学派认为，工资和价格水平具有"刚性"，完全不能进行调整。在这种情况下，凯恩斯总供给曲线也是一条长期总供给曲线。

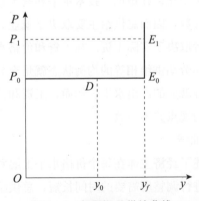

图2-4 凯恩斯总供给曲线

（3）常规总供给曲线。古典总供给曲线和凯恩斯总供给曲线是总供给曲线的两个极端状态，常规总供给曲线位于两者之间，如图2-5中的CC曲线所示。常规总供给曲线向右上方倾斜，即价格水平越高，经济主体提供的总产出越多。

在短期，劳动力等生产要素的价格相对固定，即具有黏性。如果价格水平上升，企业将增加产出，这样可以获得更高的利润。在生产要素价格具有黏性的假定下，常规总供给曲线向右上方倾斜。生产要素价格具有黏性的一个重要原因是长期合同。在现实中，劳动合同通常是几年一签，工资在合同期内是固定的。其他生产要素的价格也可能因为某些长期合同而被固定下来。生产要素价格相对于产品价格的调整速度决定了总供给曲线的倾斜程度。如果生产要素价格的调整速度较慢，总供给曲线相对平坦；反之，总供给曲线相对陡峭。

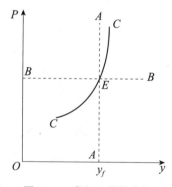

图2-5　常规总供给曲线

（三）总需求-总供给分析

总需求曲线与总供给曲线的交点决定了均衡的产出水平和价格水平，见图2-6。在短期，宏观经济政策的目标是充分就业和物价稳定。不过，均衡的产出水平不一定是充分就业的产出水平。总需求曲线和总供给曲线描述了价格水平与总产出的关系。除了价格水平，其他因素也会影响总需求或总供给，体现为总需求曲线或总供给曲线的移动。

1. 总需求曲线的移动

总需求曲线的移动会引起价格水平和产出水平的同方向变动。如图

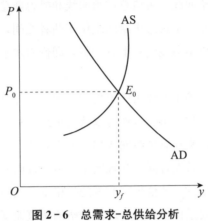

图 2-6　总需求-总供给分析

2-7所示，如果总需求曲线向左移动，则价格水平下降、产出水平下降；如果总需求曲线向右移动，则价格水平上升、产出水平上升。

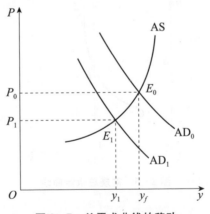

图 2-7　总需求曲线的移动

政府的宏观经济政策和外生冲击都会使总需求曲线移动。扩张性的财政政策或者货币政策会使总需求曲线右移，紧缩性的财政政策或者货币政策会使总需求曲线左移。凯恩斯学派的核心观点就是通过宏观经济政策进行需求管理，在经济过热时使用紧缩性政策，在经济衰退时使用扩张性政策，以实现充分就业和物价稳定。一些外生冲击会增加总需求，进而使总需求曲线向右移动，如战争会增加政府的支出。另一些外生冲击会减少总需求，如2020年新冠疫情对消费需求、投资需求都产生了负向冲击。

2. 总供给曲线的移动

总供给曲线的移动会引起价格水平和产出水平的反方向变动。如图 2-8 所示，当总供给曲线向左移动时，产出水平下降，价格水平上升，这种现象被称为"滞胀"；当总供给曲线向右移动时，产出水平上升，价格水平下降。相对而言，宏观经济政策对总供给曲线的影响较小。一些不利的冲击会使总供给曲线左移，如两次石油危机引起的石油价格上涨。一些有利的冲击会使总供给曲线右移，如美国互联网技术发展产生的"新经济"。

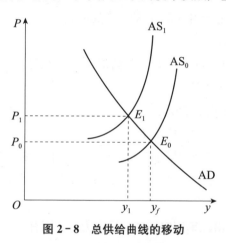

图 2-8　总供给曲线的移动

第四节　哈罗德-多马模型和索洛-斯旺模型

(一) 哈罗德-多马模型

在 1936 年凯恩斯出版《就业、利息和货币通论》后，一些学者试图将凯恩斯的短期静态分析进行动态化。哈罗德（Harrod，1939，1948）和多马（Domar，1946，1947）建立了一种动态的经济增长理论，其核心是经济增长率取决于资本存量。凯恩斯强调投资对总需求的影响，哈罗德-多马模型强调投资对供给的影响，即投资如何影响资本存量和经济增长率。

1. 哈罗德-多马模型的主要内容

哈罗德-多马模型的主要假设如下：

（1）该模型包括家庭部门和企业部门，生产一种既可以用于消费又可以用于投资的产品。

（2）经济使用劳动（L）和资本（K）进行生产，资本-劳动比率（K/L）和资本-产出比率（K/Y）固定不变，劳动增长率外生给定为 n。

（3）储蓄是产出的一个固定比例 s。

在两部门经济中，国民收入（Y_t）等于消费（C_t）和投资（I_t）之和。

$$Y_t = C_t + I_t \tag{2.2}$$

储蓄（S_t）是产出（Y_t）的一个比例 s。

$$S_t = sY_t \tag{2.3}$$

当经济均衡时，投资（I_t）与储蓄（S_t）相等。

$$I_t = S_t = sY_t \tag{2.4}$$

资本存量的变化如下所示：

$$K_{t+1} = (1-\delta)K_t + I_t \tag{2.5}$$

其中，K_t 表示当期的资本存量，K_{t+1} 表示下一期的资本存量，δ 表示折旧率。下一期的资本存量等于当期资本存量扣减折旧之后加上当期投资。

由于资本-产出比率固定不变，设定为 v，则有

$$K_{t+1} = vY_{t+1} \tag{2.6}$$

$$K_t = vY_t \tag{2.7}$$

将（2.4）式、（2.6）式、（2.7）式代入（2.5）式，可得：

$$vY_{t+1} = (1-\delta)vY_t + sY_t \tag{2.8}$$

（2.8）式两边同时除以 v，减去 Y_t，整理得：

$$Y_{t+1} - Y_t = (s/v - \delta)Y_t \tag{2.9}$$

两边同时除以 Y_t 得到：

$$(Y_{t+1} - Y_t)/Y_t = s/v - \delta \tag{2.10}$$

在（2.10）式中，$(Y_{t+1} - Y_t)/Y_t$ 表示产出增长率取决于储蓄率、资本-产出比率和折旧率。更高的储蓄率、更低的资本-产出比率和折旧率意味着更高的经济增长率。

2. 哈罗德-多马模型的政策含义

从（2.10）式中可以发现，哈罗德-多马模型强调了资本积累在经济

增长中的重要作用，提高储蓄率可以促进经济增长。哈罗德-多马模型在1950—1975年具有非常大的影响力，成为很多国家制定政策的依据。如果一个国家的人口增长率为每年2%，人均GDP增长目标为每年2%，则GDP增长率目标应当设定为每年4%。假如这个国家的资本-产出比率为4，并且忽略折旧率，则目标储蓄率为16%。这意味着，如果实际储蓄率低于目标储蓄率，则存在"储蓄缺口"，政策制定者必须填补这个缺口。

根据哈罗德-多马模型，为了促进经济增长，需要促进私人储蓄率的提高。另外，公共储蓄可以替代私人储蓄，财政政策在促进经济增长方面可以发挥很大的作用。如果国内储蓄不足以实现目标增长率，外国投资可以帮助填补"储蓄缺口"。

3. 哈罗德-多马模型的缺陷

哈罗德-多马模型的缺陷主要体现在三个方面：首先，该模型假定资本-产出比率固定，这与现实情况不符。资本-产出比率的倒数等于资本的产出率。很多实证研究表明，资本的产出率并不是固定的，因而经济增长与投资的关系也变得"松散且不稳定"。其次，这个模型认为公共储蓄和外资流入可以弥补国内的"储蓄缺口"，进而增加投资。一些学者发现，在很多情况下，外资流入降低了国内储蓄和投资生产率，并没有提高经济增长率。很多发展中国家的公共部门存在"预算软约束"，很难依靠国有企业的利润积累来增加公共储蓄。最后，哈罗德-多马模型假定资本-劳动比率固定，因而很难获得充分就业下的稳定增长。在哈罗德-多马模型中，资本-劳动比率和资本-产出比率固定不变，劳动增长率外生给定。这意味着在均衡时，资本、产出的增长率等于劳动增长率。这是一个"如刀刃般狭窄"的均衡增长路径，很难达到。如果产出增长率小于劳动增长率，将产生大量失业；如果产出增长率大于劳动增长率，资本将会大量闲置，而产出增长率会下降。

（二）索洛-斯旺模型

索洛（Solow，1956，1957）和斯旺（Swan，1956）在哈罗德-多马模型的基础上提出了新古典经济增长模型。新古典经济增长模型分析了储蓄、人口增长和技术进步对经济增长的作用，解释了在经济增长下的产出水平实现稳态均衡的条件。

1. 索洛-斯旺模型的假设条件

索洛-斯旺模型的主要假设条件为：

（1）经济由一个部门构成，生产一种即可以用于消费又可以用于投资的产品。

（2）封闭经济，并且忽略政府部门。

（3）所有的储蓄都会被用于投资，即满足事前储蓄等事前投资。

（4）价格具有完全的弹性，货币是中性的，经济始终处于潜在产出水平。

（5）抛弃了哈罗德-多马模型关于资本-产出比率固定和资本-劳动比率固定的假设。

（6）技术进步、人口增长、折旧由外生因素决定。

2. 索洛-斯旺模型的基本方程

索洛-斯旺模型有三个基本方程，即生产方程、消费方程和资本积累方程。在索洛-斯旺模型中，产出取决于资本存量和劳动，资本存量取决于投资和折旧，投资由储蓄形成，而储蓄又依赖于产出，见图2-9。

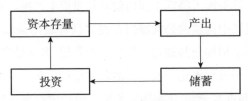

图2-9　索洛-斯旺模型中产出、储蓄、投资和资本存量的关系

第一，生产方程。为了简单起见，首先分析没有技术进步的生产方程：

$$Y = F(K, L) \tag{2.11}$$

式中，Y为实际产出；K为资本；L为劳动投入。

（2.11）式表明，产出取决于资本存量和劳动投入。（2.11）式中的生产函数具有以下性质：首先，资本和劳动的边际产出为正，边际报酬递减，即 $\partial F/\partial K > 0$，$\partial^2 F/\partial K^2 < 0$；$\partial F/\partial L > 0$，$\partial^2 F/\partial L^2 < 0$。其次，规模报酬不变，即对于 $\lambda > 1$，$\lambda Y = F(\lambda K, \lambda L)$。规模报酬不变意

味着经济规模已足够大，通过劳动分工和专业化产生的收益已经实现了最大化，以劳动力衡量的经济规模对人均产出没有影响。

根据规模报酬不变的性质，令 $\lambda = 1/L$，则有 $Y/L = F(K/L, 1)$。令 $Y/L = y$，$K/L = k$，可将（2.11）式写成人均产出与人均资本存量之间的关系：

$$y = f(k) \tag{2.12}$$

在（2.12）式中，$f'(k) > 0$，即人均资本的边际产出为正，提高资本-劳动比率将获得更高的人均产出；$f''(k) < 0$，即人均资本的边际产出递减，见图 2-10。因此，相对资本比较充裕的发达国家，在资本相对稀缺的发展中国家，资本的边际产出更高，增加人均资本可以获得更高的人均产出。

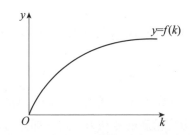

图 2-10 索洛-斯旺模型的人均生产方程

第二，消费和储蓄方程。根据国民收入恒等式，在一个封闭经济中，总产出等于消费加投资，而投资等于储蓄。

$$Y = C + I = C + S \tag{2.13}$$

$$Y = C + sY \tag{2.14}$$

式中，C 为消费；I 为投资；S 为储蓄，而 $S = sY$，s 是储蓄率，$0 < s < 1$，是收入中未被消费的部分。

（2.14）式说明，在封闭经济的假设下，国内储蓄等于国内投资：

$$I = S = sY \tag{2.15}$$

第三，资本积累过程。由于人均产出取决于人均资本，为了考察人均资本是如何随时间发生变化的，需要首先考察资本积累过程。与哈罗德-多马模型类似，资本存量的变化如（2.16）式所示。下一期的资本存量（K_{t+1}）等于当期投资（I_t）加上扣除折旧后的当期资本存量（$K_t - \delta K_t$）。

$$K_{t+1} = K_t - \delta K_t + I_t \tag{2.16}$$

令 $\Delta K = K_{t+1} - K_t$，并将 $I = sY$ 代入，可得：

$$\Delta K = sY - \delta K \tag{2.17}$$

上式等号两边同时除以 L，可得：

$$\Delta K/L = sY/L - \delta K/L = sy - \delta k \tag{2.18}$$

由于 $k = K/L$，k 的增长率可以写为：

$$\Delta k/k = \Delta K/K - \Delta L/L \tag{2.19}$$

令 L 的增长率为 n，即 $\Delta L/L = n$，代入（2.19）式可得：

$$\Delta k/k = \Delta K/K - n \tag{2.20}$$

$$\Delta K = (\Delta k/k)K + nK \tag{2.21}$$

（2.21）式等号两边同时除以 L，整理可得：

$$\Delta K/L = \Delta k + nk \tag{2.22}$$

将（2.22）式和（2.18）式合并，消去 $\Delta K/L$，可得：

$$\Delta k = sy - (n+\delta)k \tag{2.23}$$

（2.23）式是索洛-斯旺模型的基本方程。这个方程表明，人均资本的变化（Δk）等于人均储蓄（sy）减去 $(n+\delta)k$。$(n+\delta)k$ 可以这样理解，人均储蓄的一部分要分配给新的劳动力，这一部分为 nk，另一部分要用于替换折旧资本，这一部分为 δk，两者之和为 $(n+\delta)k$，这被称为资本的广化。当 $sy > (n+\delta)k$ 时，$\Delta k > 0$，这被称为资本的深化。

3. 稳态分析

当人均资本和人均产出不再发生变化时，索洛-斯旺模型达到稳态，即当 $\Delta k = 0$ 时，人均资本和人均产出达到稳态。因此，索洛-斯旺模型的稳态条件是：

$$sy = (n+\delta)k \tag{2.24}$$

这个稳态条件可以用图 2-11 来分析。

$sf(k)$ 表示人均储蓄曲线，$(n+\delta)k$ 表示资本的广化。由于 $s < 1$，$sf(k)$ 与 $f(k)$ 有相同的形状，但位于 $f(k)$ 的下面。根据稳态条件，$(n+\delta)k$ 与 $sf(k)$ 的交点可以确定稳态时的人均资本为 k_A、人均产出为 y_A。当 $k < k_A$ 时，人均资本有上升的趋势；当 $k > k_A$ 时，人均资本有下降的趋势。这说明，当经济偏离稳态时，无论人均资本是过多还是过少，都会回

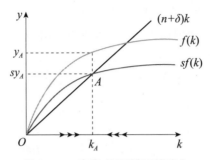

图 2-11　索洛-斯旺模型的稳态

归到均衡状态。因此，索洛-斯旺模型展示了一个稳定的动态增长过程。

由于 $k = K/L$，$y = Y/L$，L 的增长率为 n。当 k 和 y 处于稳态时，K 和 Y 的增长率也为 n，即

$$\Delta K/K = \Delta Y/Y = \Delta L/L = n$$

4. 储蓄率、人口增长、技术进步对经济增长的影响

（1）储蓄率对经济增长的影响。如图 2-12 所示，经济最初位于 C 点的稳态均衡，储蓄率为 s。如果储蓄率增加至 s'，$sf(k)$ 移动至 $s'f(k)$，新的稳态均衡点变为 C' 点。比较 C 点和 C' 点可以发现，当储蓄率上升时，稳态时的人均资本和人均产出都会增加。此外，稳态时总资本和总产出的增长率仍然是 n，不受储蓄率的影响。但从短期来看，储蓄率上升导致产出的增加和人均产出增长率的上升。当储蓄率上升时，人均资本增加，这意味着资本存量比劳动力更快地增长，进而引起产量更快地增长。

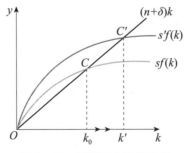

图 2-12　储蓄率上升的影响

（2）人口增长对经济增长的影响。如图 2-13 所示，经济最初位于 A 点的稳态均衡，人口增长率为 n。如果人口增长率上升至 n'，$(n+\delta)k$ 移

动至 $(n'+\delta)k$,新的稳态均衡点为 A' 点。比较 A 点和 A' 点可知,如果人口增长率上升,稳态时的人均资本和人均产出均会下降。人口增长率上升而人均产出下降正是很多发展中国家面临的问题。与此同时,人口增长率上升,稳态时的总资本增长率和总产出增长率也会上升。

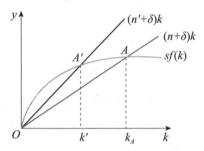

图 2-13 人口增长率增加的影响

(3)技术进步对经济增长的影响。前面的分析都没有考虑技术进步,现在把技术进步考虑进来。以劳动增强型技术进步为例,技术进步相当于增加了经济的劳动投入:

$$Y = F(AL, K) \tag{2.25}$$

在(2.25)式中, A 表示技术进步, A 的增长率为 g , AL 被称为有效劳动。在这种假定下,产出取决于资本和有效劳动。令 $\tilde{k}=K/AL$ 表示按照有效劳动平均的资本, $\tilde{y}=Y/AL$ 表示按照有效劳动平均的产出,(2.25)式可以写成:

$$\tilde{y} = f(\tilde{k}) \tag{2.26}$$

此时,索洛-斯旺模型的基本方程变为:

$$\Delta \tilde{k} = s\tilde{y} - (n+\delta+g)\tilde{k} \tag{2.27}$$

当 $s\tilde{y}=(n+\delta+g)\tilde{k}$ 时,经济达到稳态,见图 2-14。我们可以发现,引入技术进步后的稳态分析与前文是类似的。当经济处于稳态时,对于按有效劳动平均的资本和产出来说,其增长率为 0;人均资本和人均产出的增长率为 g ;总资本和总产出的增长率为 $n+g$ 。这表明技术进步可以引起人均产出的持续增长。

5.资本的黄金律水平

很多学者认为,经济发展的根本目的是提高人均消费。在索洛-斯旺

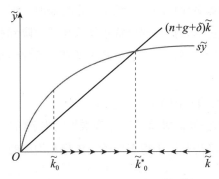

图 2 - 14 引入技术进步时的稳态

模型中，人均产出等于人均储蓄和人均消费之和，而人均储蓄对应着不同的人均资本，因而不同的人均资本就对应着不同的人均消费。美国经济学家菲尔普斯找到了能够最大化人均消费的人均资本应该满足的关系式，这个关系式被称为资本积累的黄金律。图 2 - 15 展示了资本的黄金律水平。

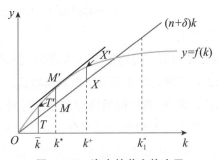

图 2 - 15 资本的黄金律水平

图 2 - 15 中的横坐标表示稳态时的人均资本，纵坐标表示稳态时的人均产出、人均储蓄和人均消费。当经济处于稳态时，$(n+\delta)k$ 等于人均储蓄，$f(k)$ 与 $(n+\delta)k$ 之间的距离就表示人均消费。根据一阶条件，最大化 $f(k)-(n+\delta)k$ 的 k^* 应该满足：

$$f'(k^*) = n + \delta \qquad (2.28)$$

即为了使稳态时的人均消费最大化，人均资本的边际产出应该等于人口增长率加折旧率。在图 2 - 15 中，这个问题可以转化为如何选择 k，使 $f(k)$ 与 $(n+\delta)k$ 之间的距离最大化。在 k^* 处，$f(k)$ 的切线斜率等于 $n+\delta$，满足（2 - 28）式，因而 k^* 就是资本的黄金律水平。

　　由资本积累的黄金律可知，当经济处于稳态时，如果人均资本高于黄金律水平，可以通过消费掉一部分资本使人均资本降到黄金律水平；如果人均资本低于黄金律水平，可以通过减少消费、增加储蓄的方式使人均资本达到黄金律水平。

　　6. 对索洛-斯旺模型的评价

　　综上所述，索洛-斯旺模型关于经济增长的主要结论如下：

　　（1）在长期，经济趋近于稳态均衡，该稳态均衡的人均资本和人均产出独立于初始条件。

　　（2）当经济处于稳态时，产出增长率取决于人口增长率和技术进步的速度，人均产出的增长率仅取决于技术进步的速度。

　　（3）对于给定的折旧率，稳态时的人均产出水平取决于储蓄率和人口增长率；更高的储蓄率将提高人均产出，更高的人口增长率将降低人均产出。

　　（4）储蓄率的一次性增加在短期能够提高人均产出增长率，在长期对人均产出增长率没有影响。

　　（5）索洛-斯旺模型具有"趋同性质"。如果富国和穷国在偏好及技术方面的结构参数相似，穷国趋向于比富国更快地增长。

　　从经验数据来看，索洛-斯旺模型的许多结论得到了证实。例如，跨国数据表明，人口增长率与人均收入之间存在显著的负相关关系，储蓄-投资率与人均收入之间存在显著的正相关关系。经济合作与发展组织（OECD）成员的经济增长率相对较慢，但部分发展中成员出现了较快增长。在经济合作与发展组织成员之间，以及在美国、欧洲和日本之间，存在着较强的趋同证据。在样本国家更加多样化的实证研究中，人均收入水平与人口增长率的反向关系（即绝对趋同）并没有得到数据支持，而"有条件的趋同"则得到了数据支持。

　　然而，索洛-斯旺模型也存在一些重要的缺陷。首先，在索洛-斯旺模型中，只有技术进步才能使人均产出持续增长。如果没有技术进步，人均产出的增长终将因为人均资本的边际产出递减而停止。在现实中，很多国家的人均产出已经连续增长了100多年，并且增长率没有呈现出整体下降的趋势。索洛-斯旺模型中的技术进步是解释长期经济增长的关键，但技术进步在这个模型中是外生给定的。其次，索洛-斯旺模型认为，国家之间的收入差距可以由人均资本的差别进行解释。但现实是，人均资本的跨国差别并不大，这不足以解释国家之间的收入差距。举例来说，如果美国和印度的人均产出相差 10 倍，则两国的人均资本需要相差 1 000 倍！再次，索洛-斯旺模型认为，在技术进步外生的前提下，穷国的资本边际产出应该远高于富国。如果人均收入的差距完全是由人均资本的差距导致的，两个国家之间 10 倍的人均收入差距意味着资本的边际产出要相差 100 倍。现实中，富国和穷国的资本回报率并没有这么大的差别。最后，从趋同的速度来看，现实中的趋同速度只有该模型所预言的一半，经济的初始条件对趋同速度的影响远超该模型的预测。总体来看，在索洛-斯旺模型中，人均资本既不能解释人均产出的长期增长，又不能解释各国之间的收入差距。

第五节　真实经济周期理论

真实经济周期（real business cycle，RBC）理论由基德兰德和普雷斯科特（Kydland and Prescott，1982）提出，认为技术冲击等真实冲击是经济波动的主要来源。真实经济周期理论在竞争性一般均衡的框架内解释经济波动，强调经济主体行为最优化的微观基础。基于真实经济周期理论发展而来的动态随机一般均衡（dynamic stochastic general equilibrium，DSGE）模型已成为现代宏观经济学的主流方法，基德兰德和普雷斯科特也因为真实经济周期理论获得 2004 年的诺贝尔经济学奖。

（一）真实经济周期理论产生的背景

1. 经济周期理论的复兴

在 20 世纪初期，经济周期是经济学的核心问题，学者提出了纯货币理论、投资过度理论、创新理论、消费不足理论、太阳黑子理论等。其中，卡塞尔的投资过度理论和熊彼特的创新理论都认为新发明、技术变迁、企业组织革新等实际因素是经济周期的主要原因。20 世纪 30 年代凯恩斯出版《就业、利息和货币通论》，经济学家开始关注短期国民收入的决定问题以及如何使用各种政策影响均衡的产出水平。在第二次世界大战后，西方国家经历了长时间的经济繁荣，让人一度怀疑经济周期是否消失了。然而，到了20世纪70年代，主要的市场经济国家出现了滞胀现象，凯恩斯主义学派对此却无能为力。随着凯恩斯主义宏观计量经济模型的破产以及"理性预期革命"的影响，经济周期再次成为经济学研究的热点问题。凯恩斯主义模型是缺乏微观基础的静态模型，真实经济周期理论则是强调经济主体行为最优化的动态模型。

2. 卢卡斯批判与均衡经济周期模型

20世纪70年代末卢卡斯对宏观经济学的主要范式 IS/LM－AD/AS 模型进行了激烈的批判，即"卢卡斯批判"。典型的 IS/LM－AD/AS 模型包含消费函数、投资函数、货币需求函数、货币供给函数等一组方程，通过估计财政政策乘数和货币政策乘数来分析政策对产出的影响。卢卡斯指出，消费函数、投资函数等方程中的参数取决于经济主体过去的消费和储蓄决策，并未考虑经济主体当下的行为最优化。面对新的宏观经济政策，经济主体的约束条件会发生变化，消费函数、投资函数等方程中的参数也会发生变化。依据此前数据估计的财政政策乘数和货币政策乘数会使政策制定者对政策影响做出错误的估计，导致政策的实施达不到预期目标。卢卡斯认为，应当使用描述经济主体行为的效用函数和生产函数来建立模型，以了解经济主体对于政策变化所做出的实际反应。为此，卢卡斯将一般均衡模型应用到经济周期的研究中，形成了新古典宏观经济学的货币意外模型。在这个模型中，未预期的货币供给变化导致经济系统的实际变量发生变化。但是，经济主体缺乏有关一般价格水平和货币存量的信息的假设让人难以置信，因为在现实中，这些信息是很容易获得的。对货币意外模型的不满导致新古典宏观经济学的经济周期理论转向了强调真实因素的经济周期理论。

3. 经济周期与随机游走

在20世纪80年代前，凯恩斯主义、货币主义和新古典宏观经济学都认为，经济增长的长期趋势是平滑的，是由经济的内在因素决定的；围绕长期趋势的短期波动则是由需求冲击引起的，这种偏离是暂时的。纳尔逊和普罗瑟对宏观经济时间序列的研究却发现，尽管实际产出看起来有回归趋势的倾向，但实际上却是随机游走的。随机冲击既有正向的，又有负向的，导致趋势线向上移动或者向下移动。我们观察到的具有趋势回归的经济周期实际上是趋势线本身的上下移动。在新古典理论中，货币是中性的，不可能造成产出的永久变动，那么造成经济波动的主要力量必然是真实冲击。因此，纳尔逊和普罗瑟认为，将货币扰动作为经济波动根源的经济周期模型难以解释产量的变化，而"由真实因素造成的随机变动是任何宏观经济波动模型的核心部分"。

4. 经济周期的冲击-传播理论框架

在 20 世纪 30 年代，欧根·斯拉茨基和雷格纳·弗里希就指出，利用完全独立的随机变量可以产生具有经济变量特征的时间序列，即表现出围绕某一趋势的持续波动。雷格纳·弗里希区分了经济波动的刺激机制和传播机制。刺激机制是对经济的初始冲击，引起变量偏离其稳态值。传播机制将经济中给定的冲击进行跨期传递，使其持续偏离稳态值。在动态一般均衡框架下研究经济周期问题，使得在模型中纳入刺激机制和传播机制成为必然选择，货币意外模型和真实经济周期模型都采取了这样的做法。在真实经济周期理论中，技术冲击成为刺激机制，而闲暇的跨期替代和投资过程的滞后成为传播机制。

（二）真实经济周期理论的主要内容

1. 基本假设和前提

真实经济周期理论建立在一般均衡的框架内，又被称为均衡经济周期模型。该理论具有如下假设条件和前提：

（1）使用代表性经济主体的分析框架，避免了宏观加总问题。经济主体是理性的，在资源和技术约束下，代表性家庭将最大化效用，代表性企业将最大化利润。

（2）经济主体均具有理性预期，不存在信息不对称。

（3）价格和工资具有完全弹性，不存在摩擦或者交易成本，即市场是完全的并可以持续出清。

（4）由于家庭采取了效用最大化的行为，就业波动反映了家庭自愿选择的工作时数的变化，不存在非自愿失业。

（5）货币是中性的，货币政策对实际变量没有影响。

（6）技术冲击成为产出和就业波动的根源。面对当期的技术冲击，闲暇的跨期替代通过影响未来的劳动供给而影响未来的产出，投资过程的滞后通过影响未来的投资而影响未来的产出。

（7）将经济波动和经济增长纳入同一个分析框架，不区分短期和长期。

2. 基本模型

在真实经济周期理论的基本模型中，仅存在家庭部门和企业部门。家庭部门选择消费和劳动的最优数量，其目标是效用最大化。家庭部门向企业部门提供资本和劳动，获得租金和工资。企业部门选择资本和劳动的数量使利润最大化，企业的生产函数会受到随机技术冲击的影响。

（1）家庭部门。假设经济中存在众多同质的、长生不老的家庭，因而可以选择代表性家庭进行分析。代表性家庭的效用取决于消费（C_t）和闲暇（L_t）的数量，其效用函数为$u(C_t, L_t)$。代表性家庭的决策是选择消费序列$\{C_t\}_{t=1}^{\infty}$和闲暇序列$\{L_t\}_{t=1}^{\infty}$，使下述预期效用最大化：

$$E_0 \sum_{t=0}^{\infty} \beta^t u(C_t, L_t) \tag{2.29}$$

其中，β为主观贴现因子（$0 < \beta < 1$），反映了家庭对当前的消费-闲暇组合和未来的消费-闲暇组合的偏好；E_0为数学期望算子，表示基于时间0所能获得的信息的数学期望；$u(C_t, L_t)$具有凹性，表明家庭会平滑消费和闲暇。另外，当利率和工资发生变化时，家庭会进行消费和闲暇的跨期替代。

（2）企业部门。在完全竞争市场上，代表性企业的目标是利润最大化。企业的生产函数具有规模报酬不变的特征，如下所示：

$$Y_t = z_t f(K_t, H_t) \tag{2.30}$$

其中，K_t表示资本投入；H_t表示劳动投入；z_t表示技术冲击，是一个严格为正的随机参数。由于生产函数是规模报酬不变的，只有一家企业的经济和拥有众多企业的经济是类似的。

真实经济周期理论的资本积累过程与新古典经济增长模型是相同的，下一期的资本存量等于投资加上扣除折旧后的本期资本存量：

$$K_{t+1} = (1-\delta) K_t + I_t \tag{2.31}$$

式中，δ为资本存量的折旧率，$0 \leqslant \delta \leqslant 1$；$I_t$为$t$时期的投资。

（3）资源约束。在每个时期，家庭部门和企业部门面临两个资源约束：

第一，工作时间和闲暇时间之和等于时间禀赋。将家庭部门每一时期的时间正规化为1，则其时间约束为：

$$H_t + L_t = 1 \tag{2.32}$$

第二，在没有政府部门的封闭经济中，根据国民收入核算恒等式，产出等于消费和投资之和：

$$Y_t = C_t + I_t \tag{2.33}$$

（4）技术冲击。真实经济周期理论将资本、劳动投入的质量变化、新的管理方法、新产品的开发以及引进新生产技术所产生的生产率冲击统称技术冲击。技术冲击 z_t 是一个一阶自回归过程，如下式所示：

$$z_{t+1} = \gamma z_t + \varepsilon_{t+1} \tag{2.34}$$

其中，$0 < \gamma < 1$；ε_t 服从均值为0、方差为 σ_ε^2 的正态分布，无序列相关。实际上，z_t 就是随机技术进步，代表产出变化中不能由投入品的变化所解释的部分。

3. 基本模型的求解、校准和模拟

对于上述模型，可以采用动态规划的方法进行求解。

首先，给出效用函数和生产函数的具体形式。在大多数真实经济周期模型中，通常使用如下效用函数和生产函数：

$$u(C_t, L_t) = \log C_t + A \log L_t \tag{2.35}$$

$$f(K_t, H_t) = K_t^\theta H_t^{1-\theta} \tag{2.36}$$

其次，使用动态规划的方法获得模型的均衡条件，用状态变量来描述决策变量：

$$C_t = C^*(K_t, z_t) \tag{2.37}$$

$$H_t = H^*(K_t, z_t) \tag{2.38}$$

$$I_t = I^*(K_t, z_t) \tag{2.39}$$

其中，C^*、H^*、I^* 都是连续函数。（2.37）式、（2.38）式、（2.39）式表明，当期的资本存量和技术冲击决定了消费、劳动和投资。资本租金和实际工资可以通过求解企业利润最大化问题得到。通过假设 $z_t = 1$ 以及消费、劳动和投资不变，如（2.40）式、（2.41）式、（2.42）式所示，可以获得该经济的稳态均衡。

$$\bar{C} = C^*(\bar{K}, 1) \tag{2.40}$$

$$\bar{H} = H^*(\bar{K}, 1) \tag{2.41}$$

$$\bar{I} = I^*(\bar{K}, 1) \tag{2.42}$$

在上述模型中，最优化问题的解是存在且唯一的，但无法给出解析式。为了得到该模型的解，最简单的方法就是求有关均衡条件在稳态值 $(\bar{C}, \bar{H}, \bar{I})$ 附近的线性近似（即一阶泰勒展开式），从而将决策变量表示为状态变量的线性函数。

为了从上述一般框架得到所研究问题的数量含义，还需要对模型进行校准（calibration）。校准过程就是选择模型参数的值，使得模型的稳态行为符合数据的长期特征，主要分为三步：首先，对模型进行参数化；其次，建立一组与模型参数相一致的度量；最后，对模型参数赋值。模型的参数包括资本在收入中的份额 θ、贴现因子 β、折旧率 δ、效用函数中闲暇的权重 A 以及与技术冲击有关的参数 γ 和 σ_ε^2。这些参数都是从其他经验研究中得到的，而不是直接对模型进行估计。

在确定了相关参数后，就可以对模型进行模拟。首先，产生随机过程 $\{\varepsilon_t\}$ 的实现值 $\{\varepsilon_t, t = 1, 2, \cdots, T\}$，进而产生技术冲击的序列。其次，将技术冲击序列、初始的资本存量与决策函数相结合，产生 K_t、C_t、I_t、H_t、Y_t 的序列。最后，可以分析这些序列的周期特征，并将它们与现实经济数据的周期特征进行比较。表 2-1 给出了基德兰德和普雷斯科特（1982）模型的周期性特征。

表 2-1　基德兰德和普雷斯科特（1982）模型的周期性特征

	美国经济		模型结果	
	标准差	相关系数	标准差	相关系数
产出	1.8	1.00	1.80	1.00
消费	1.3	0.74	0.63	0.87
投资	5.1	0.71	6.54	0.99
存货	1.7	0.51	2.00	0.39
资本存量	0.7	−0.24	0.63	−0.07
劳动时间	2.0	0.85	1.05	0.93
生产率	1.0	0.10	0.90	0.90

资料来源：基德兰德和普雷斯科特（1982）。

注：美国经济数据为季度数据，样本区间为 1950—1979 年，标准差为百分数，相关系数为变量与产出之间的相关系数。

　　真实经济周期模型就是使用生产率的随机波动来解释产出的波动，判断真实经济周期模型优劣的标准就是该模型能否模仿实际数据的周期性特征。在进行模拟时，选择生产率冲击的方差以保证模型产生的产出序列的波动性与实际数据的波动性相吻合，所以模型中产出的标准差等于实际数据中的标准差。通过表2-1可以发现，真实经济周期理论的基本模型能够反映许多重要变量的周期性特征，这些周期性特征与实际观测到的周期性特征相当接近。例如，消费的波动小于产出的波动，而投资的波动大于产出的波动。但是，模型产生的一些周期性特征也与实际数据差别较大。例如，模型中生产率与产出的相关系数远高于实际数据中的相关系数。

　　4. 与其他宏观经济理论的比较

　　古典学派、货币主义学派、新古典学派、新凯恩斯主义学派的总需求-总供给模型具有相同之处：总需求曲线向右下方倾斜，长期总供给曲线是潜在产出水平上的垂直线，坐标轴的横轴是产出、纵轴是价格水平。真实经济周期理论的总需求-总供给模型见图2-16，横轴表示实际产出、纵轴表示实际利率，RAS曲线和RAD曲线分别代表实际总供给和实际总需求。实际总需求是实际利率的减函数，政府支出、自主消费或投资的增加将使RAD曲线向右移动。实际总供给是实际利率的增函数，对生产率的负面冲击将使RAS曲线向左移动，导致产出下降、实际利率上升。

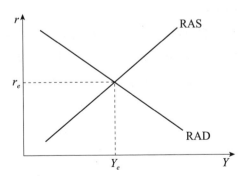

图2-16　真实经济周期理论的总需求-总供给模型

　　相比之下，真实经济周期理论具有如下不同之处：①真实经济周期理论只有一条RAS曲线，不区分短期和长期。在RAS曲线上，劳动力市场始终处于均衡状态,不存在非自愿失业。②真实经济周期理论认为,技术冲击会移动 RAS 曲线,这是产出与就业波动的根源。凯恩斯主义学派、货币主义学派、新古典学派、新凯恩斯主义学派认为总需求冲击是经济波动的根源。③真实经济周期理论将增长理论与波动理论统一在一个框架内,认为观察到的产出波动是潜在产出的波动,不是产出对潜在产出的偏离。

5. 真实经济周期理论的政策含义

在 1980 年以前,凯恩斯主义学派、货币主义学派、新古典学派对于经济周期问题存在以下三个重要的共识:产出的波动反映了对潜在增长趋势的暂时性偏离;产出的波动减少了社会福利,应当采用经济政策减少产出的波动;货币政策是影响经济周期的重要因素。真实经济周期理论的出现对这三个共识提出了挑战。首先,真实经济周期理论认为,理性经济人面对随机技术冲击的最优化行为产生了经济波动。产出波动反映了潜在经济增长趋势的波动,并非对潜在经济增长趋势暂时性的偏离。劳动者面对技术冲击会最优化自己的劳动供给,因而不存在非自愿失业。其次,由于产出和就业波动反映了潜在产出趋势的波动,是符合帕累托最优的,并不反映任何市场失灵。真实经济周期理论认为,政府为了稳定经济而采取干预措施是没有必要的,而且会减少社会福利。最后,真实经济周期理论强调技术冲击这种真实因素是产出波动的根源。货币是中性的,货币政策也不可能产生实际的效果。

简言之,真实经济周期理论认为,产出波动反映了潜在产出趋势的波动,通过逆周期政策稳定经济是没有意义的。由于全要素生产率(TFP)增长率的波动是经济周期的主要根源,最有效的反周期政策就是减轻或消除 TFP 增长率的随机波动。但遗憾的是,经济学家和政策制定者并不清楚如何才能减轻或消除 TFP 增长率的随机波动。政策制定者能够减轻 TFP 增长率随机波动对人们的影响,而真实经济周期理论认为这种政策会使人们的境况恶化。

(三) 对真实经济周期理论的评价

真实经济周期理论的贡献主要体现在三个方面:首先,真实经济周期理论将一般均衡理论应用到经济周期的研究中，试图为宏观经济理论建立微观基础。基于真实经济周期理论发展而来的动态随机一般均衡模型已成为宏观经济学的主流方法。其次，真实经济周期理论将经济增长理论和经济周期理论整合在一个框架之内，认为影响经济增长和经济波动的因素是相同的，为理解经济周期提供了一种新的视角。最后，真实经济周期理论认为供给冲击（特别是技术冲击）是产出波动的主要根源，这让经济学家在宏观经济研究中更加重视供给因素的影响。

真实经济周期理论也存在诸多缺陷：

第一，技术冲击的重要性缺乏经验数据的支持。由于不能直接观察到技术冲击，真实经济周期理论一般用索洛剩余作为技术冲击的替代物。为了使真实经济周期模型与实际数据的周期性相匹配，技术冲击必须比较大且持续时间比较长，这一点受到很多学者的质疑。使用技术冲击来解释经济波动，还面临如何解释经济衰退的问题，因为大的技术退步是不现实的。

第二，真实经济周期理论无法解释产出波动的周期性特征。在真实经济周期理论中，产出的周期性波动是由外生的技术冲击周期驱动的。对生产率的暂时性冲击只会导致产出和就业暂时偏离其长期路径，并不会产生产出和就业的周期性波动。为了产生周期，必须将生产率冲击设定为一阶自回归的形式，导致技术冲击本身也表现出周期性，而真实经济周期理论中的传播机制也是相当微弱的。

第三，真实经济周期理论所依赖的一些经济周期的"特征事实"存在争议。例如，真实经济周期理论认为，实际工资具有相当强的顺周期性，价格具有逆周期性。然而，关于实际工资的周期性特征的实证研究没有得出让人普遍接受的结论，不同国家的实际工资的周期性特征也不大相同，价格的逆周期性也并未提供多少识别冲击性质的信息。

第四，真实经济周期理论使用的H-P滤波器可能会产生虚假的经济周期。真实经济周期理论把对产出、消费、投资等时间序列的预测值表述为对稳态的偏离，然后使用H-P滤波器对这些变量进行去趋势处理。有学者发现，真实经济周期模型所产生的数据几乎都是白噪声，而经过H-P滤波器过滤后就表现出周期性。与此同时，H-P滤波器会放大时间序列之间的相关关系，并可能导致两个本来不相关的时间序列表现出虚假相关。

第五，真实经济周期理论的校准方法存在一些缺点。校准方法对参数值的不确定性无从了解，无法确定一个经过校准的模型的某些含义是否有意义。校准方法也不能对一个模型的拟合优度进行客观评价，进而对不同模型的拟合优度进行比较。

第六，代表性经济主体的研究方法也存在很大问题。真实经济周期理论使用代表性经济主体的方法避免了宏观经济模型的加总问题。代表性经济主体能够代表个体进行加总的条件是，所有的经济主体在边际上的反应必须完全相同，这是无法满足的。经济问题的复杂性在于协调众多经济主体的行为，代表性经济主体的研究方法则完全排除了这类协调问题出现的可能性。很多经济学家正是在这类协调问题中发现了经济周期的根源。

第七，真实经济周期理论关于自愿失业和货币政策无效的结论与现实不符。很多经济学家认为，经济中很大的一部分失业是非自愿的，劳动力市场并非一直处于均衡中。20世纪80年代美国和英国的反通货膨胀实践表明，货币政策对产出的影响不容忽视。

第六节　动态随机一般均衡模型

动态随机一般均衡（dynamic stochastic general equilibrium，DSGE）模型是当今宏观经济学的主流框架，广泛应用于经济波动研究和宏观经济政策研究。DSGE模型主要分为两类：一类是新古典宏观经济学真实经济周期（RBC）模型，另一类是新凯恩斯主义DSGE模型。两者的主要区别在于假设条件。RBC模型开创了采用动态随机一般均衡方法分析经济波动问题的先河，是DSGE模型的前身。RBC模型的基本假设包括跨期最优选择、一般均衡、理性预期、完全竞争市场，强调真实冲击的重要性。但是，RBC模型不包括货币因素，无法对货币经济波动和货币政策进行分析。新凯恩斯主义学派对RBC模型进行了改进，保留了跨期最优选择、一般均衡、理性预期等假设条件，加入了垄断竞争、价格-工资黏性等凯恩斯主义元素，形成了新凯恩斯主义DSGE模型。

在RBC模型和新凯恩斯主义DSGE模型的基础上，更加复杂的DSGE模型可以纳入更多的经济主体（如金融中介、国外部门）、更多的市场（如金融市场、劳动力市场）、更多的摩擦和扭曲（如黏性工资、资本的调整成本、不完全信息）、更多的外生冲击（如风险溢价冲击、投资边际效率冲击等）。

（一）DSGE 模型的主要特征

DSGE 模型具有三个主要特征：动态（dynamic）、随机（stochastic）和一般均衡（general equilibrium）。

（1）动态。受到"卢卡斯批判"和"理性预期革命"的影响，宏观经济学家认识到动态分析（即考虑经济主体跨期最优选择）对建立经济模型的重要性。在 DSGE 模型中，经济主体的决策会对当期和未来各期产生直接或间接的影响。这意味着经济主体在进行决策时，不仅要考虑其决策在当期的影响，而且要进行理性预期，即预期其决策在将来各期的影响。

（2）随机。为了刻画现实世界中的各种不确定性，DSGE 模型引入了各种外生的随机冲击，如技术冲击、货币政策冲击、财政政策冲击等。由于随机冲击的存在，DSGE 模型中各经济主体的行为也呈现出一定的不确定性。外生随机冲击和经济主体的决策共同决定了 DSGE 模型的动态过程。

（3）一般均衡。理性预期要求使用一般均衡的分析方法。DSGE 模型考虑家庭部门、企业部门、政府部门等经济主体之间的相互作用和相互影响，在一般均衡的框架下考察行为主体的决策，所有的市场同时出清。

（二）新凯恩斯主义 DSGE 模型

本部分参考 Gali（2008）的思路介绍一个基本的新凯恩斯主义 DSGE 模型，其核心包括三个方程：新凯恩斯主义菲利普斯曲线、动态 IS 方程和中央银行的货币政策规则。与 RBC 模型相比，基本的新凯恩斯主义 DSGE 模型具有以下特征：产品市场为垄断竞争，厂商对自己的产品可以自行定价；采用 Calvo（1983）的交错价格设定模型，在每一期只有部分厂商可以重新设定价格；货币非中性，中央银行通过利率或者货币供应量可以影响产出。

1. 家庭部门

存在一个代表性的无限生存的家庭，其目标函数和预算约束如下所示：

$$E_0 \sum_{t=0}^{\infty} \beta^t U(C_t, N_t) \tag{2.43}$$

$$\int_0^1 P_t(i)C_t(i)\mathrm{d}i + Q_t B_t \leqslant B_{t-1} + W_t N_t \tag{2.44}$$

式中，$C_t = (\int_0^1 C_t(i)^{1-\frac{1}{\varepsilon}} \mathrm{d}i)^{\frac{\varepsilon}{\varepsilon-1}}$ 为一个消费指数；N_t 为工作的小时数；$C_t(i)$ 为家庭在 t 期消费产品 i 的数量，假定存在由区间 ［0，1］ 表示的连续统的产品；效用函数 $U(C_t, N_t)$ 是连续且二次可微的，消费的边际效用 $U_{c,t}$ 是正且非递增的，劳动的边际负效用 $-U_{n,t}$ 是正且非递减的；$P_t(i)$ 为产品 i 的价格；W_t 为名义工资；B_t 为当期价格为 Q_t 的纯粹贴现债券。

家庭面临的决策包括：①在满足预算约束的前提下，选择 C_t、B_t、N_t，使得 （2.43） 式表示的预期效用最大化；②决定如何在不同的产品之间分配消费支出，即对于任意给定的消费支出 $\int_0^1 P_t(i)C_t(i)\mathrm{d}i$，选择 $C_t(i)$ 使消费指数 C_t 最大化。

首先求解上面的决策②，可得：

$$C_t(i) = \left(\frac{P_t(i)}{P_t}\right)^{-\varepsilon} C_t \tag{2.45}$$

其中，$P_t = \left(\int_0^1 P_t(i)^{1-\varepsilon}\mathrm{d}i\right)^{\frac{1}{1-\varepsilon}}$，为加总的价格指数。与此同时，还有 $\int_0^1 P_t(i)C_t(i)\mathrm{d}i = P_t C_t$ 成立，即消费支出可以写成价格指数与消费指数的乘积。因此，预算约束也可以写成如下形式：

$$P_t C_t + Q_t B_t \leqslant B_{t-1} + W_t N_t \tag{2.46}$$

结合 （2.43） 式和 （2.46） 式可以求解上面的决策①，并得到消费者的欧拉方程，即最优的 C_t、B_t、N_t 应当满足下列一阶条件：

$$-\frac{U_{n,t}}{U_{c,t}} = \frac{W_t}{P_t} \tag{2.47}$$

$$Q_t = \beta E_t \left(\frac{U_{c,t+1}}{U_{c,t}} \times \frac{P_t}{P_{t+1}}\right) \tag{2.48}$$

如果效用函数的形式为：

$$U(C_t, N_t) = \frac{C_t^{1-\sigma}}{1-\sigma} - \frac{N_t^{1+\varphi}}{1+\varphi}$$

则一阶条件（2.47）式和（2.48）式的对数线性形式为：

$$w_t - p_t = \sigma c_t + \varphi n_t \tag{2.49}$$

$$c_t = E_t(c_{t+1}) - \frac{1}{\sigma} \times [i_t - E_t(\pi_{t+1}) - \rho] \tag{2.50}$$

式中，$i_t = -\log Q_t$ 为名义利率；$\rho = -\log\beta$ 为贴现率；$\pi_{t+1} = p_{t+1} - p_t$ 为 t 期和 $t+1$ 期之间的通货膨胀率。

2. 企业部门

假定存在连续统的厂商，以指标 $i \in [0, 1]$ 表示。每个厂商使用相同的生产技术生产不同的产品：

$$Y_t(i) = A_t N_t(i)^{1-\alpha} \tag{2.51}$$

其中，A_t 表示技术水平，其变化是外生的。每个厂商的需求函数由（2.45）式给出，每个厂商都将价格水平和消费指数看作给定的。

根据 Calvo（1983）的交错价格设定模型，也就是在每一期，比例为 $1-\theta$ 的厂商重新设定价格，比例为 θ 的厂商保持价格不变。因此，θ 可用来衡量价格黏性的程度。在这样的价格设定方式下，价格水平的变化如下所示：

$$\Pi_t^{1-\varepsilon} = \theta + (1-\theta) \left(\frac{P_t^*}{P_{t-1}} \right)^{1-\varepsilon} \tag{2.52}$$

其中，$\Pi_t = \dfrac{P_t}{P_{t-1}}$ 表示 $t-1$ 期和 t 期之间的通货膨胀率，P_t^* 表示在 t 期能够重新设定价格的厂商所设定的最优价格。由于面临相同的最优化问题，所有的厂商将选择相同的价格。

由（2.52）式可知，在没有通货膨胀（$\Pi = 1$）的稳态中，有 $P_t^* = P_{t-1} = P_t$。因此，通货膨胀率在稳态附近的对数线性近似可以表示为：

$$\pi_t = (1-\theta)(p_t^* - p_{t-1}) \tag{2.53}$$

这表明通货膨胀源于厂商调整价格时选择的价格不同于前一期的平均价格。因此，为了分析通货膨胀的变化，必须分析厂商的价格决策过程。

在 t 期能够调整价格的厂商将选择 P_t^* 来最大化此价格有效期内所产生利润的现值。这些厂商的目标函数和需求约束为：

$$\sum_{k=0}^{\infty} \theta^k E_t(Q_{t,t+k}(P_t^* Y_{t+k|t} - \Psi_{t+k}(Y_{t+k|t}))) \tag{2.54}$$

$$Y_{t+k|t} = \left(\frac{P_t^*}{P_{t+k}}\right)^{-\varepsilon} C_{t+k} \tag{2.55}$$

式中，$Q_{t,t+k} = \beta^k (C_{t+k}/C_t)^{-\sigma}(P_t/P_{t+k})$ 为随机贴现因子；$\Psi_t(\cdot)$ 为成本函数；$Y_{t+k|t}$ 为在 t 期最后一次重新设定价格的厂商在 $t+k$ 期的产出。

上述最优化问题的一阶条件为：

$$\sum_{k=0}^{\infty} \theta^k E_t (Q_{t,t+k} Y_{t+k|t} (P_t^* - \mathcal{M}\psi_{t+k|t})) = 0 \tag{2.56}$$

其中，$\psi_{t+k|t} = \Psi_{t+k}'(Y_{t+k|t})$ 表示在 t 期最后一次重设价格的厂商于 $t+k$ 期的名义边际成本，$\mathcal{M} = \dfrac{\varepsilon}{\varepsilon-1}$。在没有价格黏性的极端情形（$\theta=0$），$P_t^* = \Delta\psi_{t|t}$，这个条件等价于价格具有完全弹性时的最优价格设定条件。所以，我们可以将 Δ 解释为没有价格调整频率约束下的最优加成。

将（2.56）式两边同时除以 P_{t-1}，记 $\Pi_{t,t+k} = P_{t+k}/P_t$，由此可得：

$$\sum_{k=0}^{\infty} \theta^k E_t \left(Q_{t,t+k} Y_{t+k|t} \left(\frac{P_t^*}{P_t} - \mathcal{M}\mathrm{MC}_{t+k|t}\Pi_{t-1,t+k}\right)\right) = 0 \tag{2.57}$$

式中，$\mathrm{MC}_{t+k|t} = \psi_{t+k|t}/P_{t+k}$ 为在 t 期最后一次重设价格的厂商在 $t+k$ 期的实际边际成本。

在没有通货膨胀的稳态中，$P_t^*/P_{t-1} = 1$，$\Pi_{t-1,t+k} = 1$，$P_t^* = P_{t+k}$，$Y_{t+k|t} = Y$，$\mathrm{MC}_{t+k|t} = \mathrm{MC} = 1/\mathcal{M}$，$Q_{t,t+k} = \beta^k$，所有厂商都生产相同的产出。对（2.57）式在零通货膨胀附近进行一阶泰勒展开：

$$p_t^* - p_{t-1} = (1-\beta\theta)\sum_{k=0}^{\infty}(\beta\theta)^k E_t(\widehat{\mathrm{mc}_{t+1|t}} + (p_{t+k} - p_{t-1})) \tag{2.58}$$

其中，$\widehat{\mathrm{mc}_{t+1|t}} = \mathrm{mc}_{t+k|t} - \mathrm{mc}$ 表示边际成本相对于其稳态值（$\mathrm{mc} = -\mu$）的偏差的对数。假设 $\mu = \log\mathcal{M}$ 表示期望的总加成的对数，我们可以将（2.58）式进一步写成如下形式：

$$p_t^* = \mu + (1-\beta\theta)\sum_{k=0}^{\infty}(\beta\theta)^k E_t(\mathrm{mc}_{t+k|t} + p_{t+k}) \tag{2.59}$$

这说明重设价格的厂商所选择的价格是它们在当前的和预期的名义边际成本的加权平均值之上增加一个期望加成，而且其中用到的权重与每一时间水平上使价格保持有效的概率 θ^k 是成比例的。

3. 市场出清

产品市场的出清条件为 $Y_t(i) = C_t(i)$，定义总产出为 $Y_t = \left(\int_0^1 C_t(i)^{1-\frac{1}{\varepsilon}} \mathrm{d}i \right)^{\frac{\varepsilon}{\varepsilon-1}}$，则有 $Y_t = C_t$。结合产品市场的出清条件和消费者的欧拉方程，可以得到：

$$y_t = E_t(y_{t+1}) - \frac{1}{\sigma} \times (i_t - E_t(\pi_{t+1}) - \rho) \tag{2.60}$$

劳动市场的出清要求为 $N_t = \int_0^1 N_t(i)\mathrm{d}i$，结合（2.60）式可得：

$$N_t = \int_0^1 \left(\frac{Y_t(i)}{A_t} \right)^{\frac{1}{1-\alpha}} \mathrm{d}i = \left(\frac{Y_t}{A_t} \right)^{\frac{1}{1-\alpha}} \int_0^1 \left(\frac{P_t(i)}{P_t} \right)^{\frac{-\varepsilon}{1-\alpha}} \mathrm{d}i \tag{2.61}$$

对（2.61）式取对数，可得：

$$(1-\alpha)n_t = y_t - a_t + d_t$$

$$d_t = (1-\alpha)\log \int_0^1 (P_t(i)/P_t)^{\frac{-\varepsilon}{1-\alpha}} \mathrm{d}i$$

其中，$\mathrm{d}i$ 衡量了价格或者产出在厂商中的分散程度。在零通货膨胀稳态的某个邻域内，d_t 至多在一阶近似的意义上等于零，由此可以得出产出、就业和技术之间的近似关系式：

$$y_t = a_t + (1-\alpha)n_t \tag{2.62}$$

4. 新凯恩斯主义菲利普斯曲线和动态 IS 方程

经济中的平均实际边际成本（mc_t）被定义为实际工资（$w_t - p_t$）减去劳动的边际产品（$\mathrm{mpn}_t = (a_t - \alpha n_t) - \log(1-\alpha)$），则有

$$\mathrm{mc}_t = (w_t - p_t) - \frac{1}{1-\alpha} \times (a_t - \alpha y_t) - \log(1-\alpha) \tag{2.63}$$

类似地，厂商的实际边际成本可以表示为：

$$\mathrm{mc}_{t+k|t} = (w_{t+k} - p_{t+k}) - \frac{1}{1-\alpha} \times (a_{t+k} - \alpha y_{t+k|t}) - \log(1-\alpha) \tag{2.64}$$

结合（2.64）式、（2.45）式以及市场出清条件，可得：

$$\mathrm{mc}_{t+k|t} = \mathrm{mc}_{t+k} + \frac{\alpha}{1-\alpha} \times (y_{t+k|t} - y_{t+k})$$

$$= \mathrm{mc}_{t+k} - \frac{\alpha\varepsilon}{1-\alpha}(p_t^* - p_{t+k}) \tag{2.65}$$

将（2.65）式代入（2.57）式，整理可得：

$$p_t^* - p_{t-1} = \beta\theta E_t(p_t^* - p_t) + (1-\beta\theta)\Theta \widehat{mc}_t + \pi_t \tag{2.66}$$

其中，

$$\Theta = (1-\alpha)/(1-\alpha+\alpha\varepsilon)$$

合并（2.55）式和（2.66）式，可以得到通货膨胀方程：

$$\pi_t = \beta E_t(\pi_{t+1}) + \lambda \widehat{mc}_t \tag{2.67}$$

其中，

$$\lambda = \frac{(1-\theta)(1-\beta\theta)}{\theta} \times \Theta$$

求解（2.59）式，可得：

$$\pi_t = \lambda \sum_{k=0}^{\infty} \beta^k E_t(\widehat{mc}_{t+k})$$

即通货膨胀可以表示为当前的和预期未来的实际边际成本相对于稳态值的偏离的贴现之和。

由于平均的实际边际成本独立于价格设定，结合（2.51）式、（2.64）式，平均的实际边际成本也可以写成如下形式：

$$mc_t = \left(\sigma + \frac{\phi+\alpha}{1-\alpha}\right) \times y_t - \frac{1+\phi}{1-\alpha} \times a_t - \log(1-\alpha) \tag{2.68}$$

如果价格可以灵活调整，则实际的边际成本是常数，即 $mc = -\mu$。若将产出的自然水平定义为灵活价格下产出的均衡水平，则有

$$mc = \left(\sigma + \frac{\phi+\alpha}{1-\alpha}\right) \times y_t^n - \frac{1+\phi}{1-\alpha} \times a_t - \log(1-\alpha) \tag{2.69}$$

（2.69）式意味着：

$$y_t^n = \psi_{ya}^n a_t + \upsilon_y^n \tag{2.70}$$

其中，

$$\upsilon_y^n = -\frac{(1-\alpha)(\mu - \log(1-\alpha))}{\sigma(1-\alpha)+\varphi+\alpha} > 0$$

$$\psi_{ya}^n = \frac{1+\varphi}{\sigma(1-\alpha)+\varphi+\alpha}$$

将（2.68）式减去（2.69）式，可得：

$$\widehat{mc}_t = \left(\sigma + \frac{\phi+\alpha}{1-\alpha}\right)(y_t - y_t^n) \tag{2.71}$$

（2.59）式表明，实际边际成本相对于稳态值的偏差与产出相对于稳态值的偏差是成比例的。产出与自然产出之间的偏差被称为产出缺口，记

为 $\tilde{y}_t = y_t - y_t^n$。

将（2.71）式与（2.59）式合并，可以得到如下方程：

$$\pi_t = \beta E_t(\pi_{t+1}) + \kappa \tilde{y}_t \qquad (2.72)$$

其中，$\kappa = \lambda\left(\sigma + \dfrac{\varphi + \alpha}{1 - \alpha}\right)$。（2.72）式将通货膨胀与下一期的通货膨胀预期和产出缺口联系在一起，被称为新凯恩斯主义的菲利普斯曲线（new Keynesian Phillips Curve，NKPC）。

（2.62）式可以写成关于产出缺口的形式：

$$\tilde{y}_t = -\frac{1}{\sigma} \times (i_t - E_t(\pi_{t+1}) - r_t^n) + E_t(\tilde{y}_{t+1}) \qquad (2.73)$$

该式被称为动态的 IS 方程。其中，r_t^n 表示自然利率，完全由外生变量决定：

$$r_t^n = \rho + \sigma E_t(\Delta y_{t+1}^n) = \rho + \sigma \psi_{ya}^n E_t(\Delta a_{t+1}) \qquad (2.74)$$

（2.72）式、（2.73）式、（2.74）式构成了基本的凯恩斯主义模型的非政策部分。给定产出缺口，由新凯恩斯主义菲利普斯曲线可以得到通货膨胀率。给定名义利率、通货膨胀率和自然利率，由动态 IS 方程又决定了产出缺口。自然利率完全由外生因素决定，而名义利率由中央银行的货币政策规则决定。

5. 中央银行

假定中央银行采用泰勒规则：

$$i_t = \rho + \varphi_\pi \pi_t + \varphi_y \tilde{y}_t + v_t \qquad (2.75)$$

式中，φ_π 为名义利率对通货膨胀的反应系数；φ_y 为名义利率对产出缺口的反应系数；v_t 为外生的货币政策冲击，其均值为零。

合并（2.73）式、（2.74）式、（2.75）式，可以将均衡条件表示为：

$$\begin{bmatrix} \tilde{y}_t \\ \pi_t \end{bmatrix} = A_T \begin{bmatrix} E_t(\tilde{y}_{t+1}) \\ E_t(\pi_{t+1}) \end{bmatrix} + B_T(\dot{r}_t^n - v_t) \qquad (2.76)$$

其中，

$$\dot{r}_t^n = r_t^n - \rho$$

且

$$A_T = \Omega \begin{bmatrix} \sigma & 1 - \beta \varphi_\pi \\ \sigma\kappa & \kappa + \beta(\sigma + \varphi_y) \end{bmatrix}$$

$$B_T = \Omega \begin{bmatrix} 1 \\ \kappa \end{bmatrix}$$

$$\Omega = \frac{1}{\sigma + \varphi_y + \kappa \varphi_\pi}$$

6. 货币政策冲击的影响

假定货币政策冲击 v_t 服从一个一阶自回归过程：

$$v_t = \rho_v v_{t-1} + \varepsilon_t^v \tag{2.77}$$

其中，$\rho_v \in [0,1)$，ε_t^v 是具有零均值的白噪声过程。ε_t^v 的正（负）实现值可以解释为紧缩性（扩张性）货币政策冲击，从而导致利率上升（下降）。

由于自然利率不会受到货币政策冲击的影响，可以设定 $\hat{r}_t^n = 0$。猜测 $\tilde{y}_t$ 和 π_t 是货币政策冲击的线性函数，代入菲利普斯曲线和动态 IS 曲线可得：

$$\tilde{y}_t = -(1 - \beta \rho_v)\Lambda_v v_t \tag{2.78}$$

$$\pi_t = -\kappa \Lambda_v v_t \tag{2.79}$$

其中，

$$\Lambda_v = \frac{1}{(1 - \beta \rho_v)(\sigma(1 - \rho_v) + \varphi_y) + \kappa(\varphi_\pi - \rho_v)} > 0$$

因此，利率的外生增加将引起产出缺口和通货膨胀的下降。由于产出的自然水平不会受到货币政策冲击的影响，因而产出的反应与产出缺口的反应是一致的。

利用（2.74）式可以得到实际利率的表达式，将其写成相对于稳态值偏差的形式：

$$\dot{r}_t = \sigma(1 - \rho_v)(1 - \beta \rho_v)\Lambda_v v_t \tag{2.80}$$

我们可以发现，当名义利率外生增加时，实际利率必然增加。

名义利率的反应包括了货币政策冲击的直接影响以及更低的产出和通货膨胀所引起的变化：

$$i_t = \dot{r}_t + E_t(\pi_{t+1}) = (\sigma(1 - \rho_v)(1 - \beta \rho_v) - \rho_v \kappa)\Lambda_v v_t \tag{2.81}$$

如果货币需求函数为 $m_t - p_t = y_t - \eta i_t$，可以求得与利率变化相对应的货币供应量的变化：

$$\frac{dm_t}{d\varepsilon_t^v} = -\Lambda_v((1 - \beta \rho_v)(1 + \eta \sigma(1 - \rho_v)) + \kappa(1 - \eta \rho_v)) \tag{2.82}$$

我们可以发现，ε_t^v 对货币供应量的影响是不确定的。在给定产出和价格水平的前提下，正的货币政策冲击会提高名义利率，货币供应量应当下降。但是，正的货币政策冲击也会导致价格水平下降，进而导致名义利率和货币供应量下降。

与 RBC 模型类似，可以通过校准方法分析货币政策冲击的动态影响。借鉴已有的文献，设定 $\beta = 0.99$，$\sigma = 1$，$\varphi = 1$，$\alpha = 1/3$，$\varepsilon = 6$，$\eta = 4$，$\theta = 2/3$，$\psi_\pi = 1.5$，$\psi_y = 1/8$，$\rho_v = 0.5$。货币政策冲击 ε_t^v 增加 25 个基点的影响见图 2-17。由于名义利率和实际利率上升，产出缺口和通货膨胀均会下降。

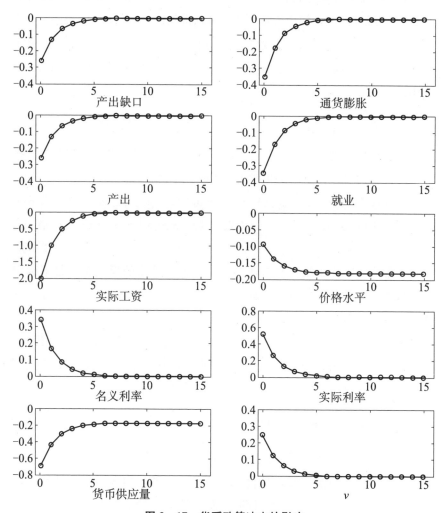

图 2-17 货币政策冲击的影响

资料来源：Gali（2008）.

7. 技术冲击的影响

假定技术水平服从如下的一阶自回归过程：

$$a_t = \rho_a a_{t-1} + \varepsilon_t^a \tag{2.83}$$

其中，$\rho_a \in [0, 1]$，ε_t^a 是具有零均值的白噪声过程。根据（2.74）式，可以求出自然利率相对于稳态的偏离：

$$\hat{r}_t^n = -\sigma \psi_{ya}^n (1 - \rho_a) a_t \tag{2.84}$$

在不考虑货币政策冲击（$v_t = 0$）的前提下，猜测产出缺口和通货膨胀是 $\hat{r}_t^n$ 的线性函数，使用待定系数法可以得到：

$$\tilde{y}_t = -\sigma \psi_{ya}^n (1 - \rho_a)(1 - \beta \rho_a) \Lambda_a a_t \tag{2.85}$$

$$\pi_t = -\sigma \psi_{ya}^n (1 - \rho_a) \kappa \Lambda_a a_t \tag{2.86}$$

其中，

$$\Lambda_a = \frac{1}{(1 - \beta \rho_a)(\sigma(1 - \rho_a) + \varphi_y) + \kappa(\varphi_\pi - \rho_a)} > 0$$

我们可以发现，只要 $\rho_a < 1$，正的技术冲击将导致产出缺口和通货膨胀下降，进而可以得到产出和就业的反应：

$$y_t = y_t^n + \tilde{y}_t = \psi_{ya}^n (1 - \sigma(1 - \rho_a)(1 - \beta \rho_a) \Lambda_a) a_t \tag{2.87}$$

$$(1 - \alpha) n_t = y_t - a_t = ((\psi_{ya}^n - 1) - \sigma \psi_{ya}^n (1 - \rho_a)(1 - \beta \rho_a) \Lambda_a) a_t \tag{2.88}$$

一般来说，产出缺口和就业对于正的技术冲击的反应符号是不确定的，取决于模型中的参数值。如果 $\sigma = 1$，则有 $\psi_{ya}^n = 1$。此时，技术进步导致就业下降。

假定 $\rho_a = 0.9$，图 2-18 显示了 1 个百分点的技术冲击产生的影响。面对正的技术冲击，产出缺口、通货膨胀和就业下降，产出增加，中央银行降低了名义利率和实际利率、增加了货币供给。

（三）对 DSGE 模型的评价

DSGE 模型在动态、随机、跨期等方面的突破使其能够对宏观经济及周期行为做出相应的解释，是很有价值的；当然，均衡会限制其使用范围。Blanchard（2017）认为，DSGE 模型的三个特征是非常必要的，也是相当成功的，即微观基础、引入各种摩擦和扭曲、多方程联立估计。宏

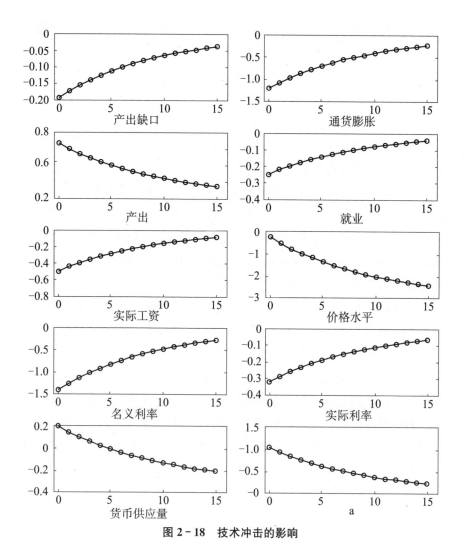

图 2-18　技术冲击的影响

资料来源：Gali（2008）.

观经济学家使用 DSGE 模型发现了多种影响经济波动的因素，如技术冲击、投资边际效率冲击、风险冲击等。DSGE 模型也被广泛应用于宏观经济政策分析，如宏观经济政策的有效性、最优的财政政策和货币政策、货币政策传导机制分析等。此外，Romer（2016）、Blanchard（2017）、Gali（2017）、Stiglitz（2018）等文献也对 DSGE 模型提出了批评和质疑。

首先，DSGE 模型的前提假设存在很多问题。DSGE 模型的微观基础是简单的竞争性均衡模型，随着行为经济学、博弈论、信息经济学的发展，这种模型已经有些过时。DSGE 模型中的家庭是无限生存的，这使得该模型无法研究收入分配和理性泡沫问题，也无法对持续的负利率进行建模。DSGE 模型中的一些假设条件甚至与已有的关于消费者和厂商的研究结论相反。

其次，DSGE 模型中的大多数外生冲击都无法直接观测和衡量。DSGE 模型强调微观基础，却无法在微观基础上对负向技术冲击做出解释。另外，DSGE 模型中的外生冲击是暂时的，缺乏对永久性冲击的研究。在暂时性冲击下，经济系统从最初的稳态调整到新的稳态，仅仅聚焦于短期分析。然而，很多现实问题都是中长期问题，如人口变迁、消费者偏好和经济结构变化。这些问题往往是在长期中一系列相关外生冲击的累积结果，相当于永久性冲击，而非暂时性冲击。

再次，DSGE 模型存在估计问题。DSGE 模型往往采用校准方法加贝叶斯估计方法，首先对一部分参数进行校准，然后使用贝叶斯估计。在实际研究中，使用这些估计方法需要满足一定的前提条件，然而这些前提条件往往不能得到满足。DSGE 模型还存在识别不足问题。在 DSGE 模型中，待估参数的数量远大于方程的数量，需要施加足够的约束条件才能识别。理性预期假设产生了更多的待估参数，使得识别不足问题更加严重。

最后，DSGE 模型无法预测金融危机的发生，也无法提供任何政策建议。其原因在于，DSGE 模型使用代表性家庭的假设使得该模型不具有任何分配效应，也无法描述外部性的影响；DSGE 模型对金融部门、债务问题、流动性约束的建模不足，排除了系统性风险等不稳定性冲击，认为经济总是在动态均衡的路径上运行，无法预测金融危机的发生。

第七节　若干典型经济学理论与理性综合经济思维的逻辑联系

本部分评述了当代重要经济学理论中的若干典型理论和方法。理性综合经济思维以这些理论和方法为基础，做出的一个很重要的创新是把特殊问题分析升级为一般化阐述，把特殊问题看作一般问题的特例，而不是先分析特殊问题再进行相应的扩展性分析，比如先进行静态系统分析，再向动态扩展；从某种意义上说，它是对这些典型理论和方法进行的理性综合及发展。在此，我们对这些逻辑关联进行简单分析。

（一）理性综合经济思维要求综合分析市场和政府的作用，是对混合经济理论的继承和发展

混合经济理论体现了对市场机制缺陷的反思，主张将市场调节和政府调控结合起来。庇古从微观的角度指出，市场机制无法解决外部性问题。凯恩斯从宏观的角度指出，单纯依靠市场机制无法实现充分就业，政府干预具有必要性。随着混合经济理论的发展，其内涵和外延不断延伸。汉森、萨缪尔森、林德贝克的混合经济理论不仅包括市场调节与政府调控的混合，而且包括私有制经济与公有制经济的混合、按劳分配与按资分配的混合、垄断和竞争的混合等内容。萨缪尔森和林德贝克认为，混合经济制度具有优越性，不仅可以发挥市场调节的作用，而且可以通过政府干预克服市场调节的缺陷。

长期以来，宏观经济学理论变革中存在一个误区，学者总是企图从市场经济或政府作用的单一视角来包含对方理论中的合理性，而没有认识到现实经济实际上是混合经济。这就决定了前期的经济理论融合研究总是随着经济问题的改变而循环往复，未能提出突破性的分析模式和完整的政策框架。鉴于经济运行是由"看不见的手"和"看得见的手"共同作用的，那么市场与政府的关系从对立走向统一，应该是未来宏观经济学发展的基本方向。借鉴西方经济学的最新成果，结合中国的成功实践，真正将市场与政府的关系从对立转向高层次的统一，建立基于现实经济就是混合经济，并将市场与政府的作用进行有机结合的理论模型，进而提出促进经济发展的宏观政策体系。理性综合经济思维认为，要科学发挥市场与政府的作用，在重视市场调节的同时做好政府调控，让"有效的市场"和"有为的政府"共同发挥作用，将市场作用和政府作用看作统一体。在模型中，我们可以通过权重体现市场和政府的作用。

（二）理性综合经济思维要求使用动态的分析方法，强调非均衡分析，是对宏观经济动态理论、动态随机一般均衡模型的继承和发展

从总体上说，凯恩斯主义的宏观经济政策框架是以静态分析和比较静

态分析为主导的，是非动态的理论，难以对经济问题进行比较精准的分析。例如，凯恩斯的收入-支出模型、希克斯的 IS-LM 模型、总需求-总供给模型都是静态模型。哈罗德-多马模型和索洛-斯旺模型是将凯恩斯的理论进行动态化、用于分析长期问题的尝试。瑞典学派的宏观动态经济理论注重时间因素在经济分析中的作用，倡导动态经济学。例如，魏克赛尔的积累过程原理认为自然利率和货币利率的差异会引起物价水平的变化以及经济活动的扩张和收缩。魏克赛尔把微观的静态均衡分析发展为宏观的动态非均衡分析，建立了一个现代宏观经济学理论体系的雏形。随着真实经济周期理论的出现，强调跨期最优化、随机冲击、一般均衡的动态随机一般均衡模型已成为宏观经济学的主流方法。真实经济周期理论在竞争性一般均衡的框架内解释经济波动，强调经济主体跨期最优化的微观基础。新凯恩斯主义对真实经济周期理论进行了改进，保留了跨期最优选择、一般均衡、理性预期、市场出清等假设条件，加入了垄断竞争、价格-工资黏性等凯恩斯主义元素，形成了新凯恩斯主义动态随机一般均衡模型。

理性综合经济思维强调使用动态的分析方法，这与宏观动态经济理论、动态随机一般均衡模型是一致的。另外，理性综合经济思维强调非均衡分析，而绝大多数经济模型（包括总需求-总供给模型、真实经济周期模型、新凯恩斯主义动态随机一般均衡模型）都是均衡模型。均衡分析虽有直观、易于理解的优势，但均衡状态只是经济运行中的特殊状态，不是经济运行中的常态。总供给和总需求的均衡与非均衡的动态转换是市场机制发挥作用的具体表现，也是问题的关键，必须重视对总需求和总供给的非均衡分析。

（三）理性综合经济思维要求综合分析短期问题和长期问题，将经济波动和经济增长融合在一个框架内

宏观经济学的传统思路是对短期问题和长期问题进行单独分析，在短期内研究国民收入决定问题或者经济波动问题，在长期内研究经济增长问题和经济周期问题。凯恩斯的收入-支出模型、希克斯的 IS-LM 模型研究的都是短期国民收入的决定问题，它们认为总需求决定产出的前提条件是短期总供给曲线是水平的。总需求-总供给模型区分了短期和长期总供

给曲线，认为是总需求和总供给共同决定产出。在短期内，总供给曲线是水平的，总需求决定产出。在长期内，总供给曲线是竖直的，总供给决定产出。哈罗德-多马模型和索洛-斯旺模型研究的是长期经济增长问题，强调了储蓄、人口增长和技术进步对经济增长的作用，解释了产出水平实现长期稳态均衡的条件。但是，哈罗德-多马模型和索洛-斯旺模型研究的是潜在经济增长而非实际经济增长。真实经济周期理论从新古典经济增长模型出发，将经济增长理论和经济波动理论整合在一个框架内，认为影响经济增长和经济波动的因素是相同的，经济波动反映了经济主体对随机技术冲击的最优反应。

理性综合经济思维认为，经济运行所表现出的经济增长现象，由长期趋势和短期波动共同驱动，应当对短期问题和长期问题进行综合分析。经济总产出水平的变化由两部分组成：一是完全市场经济条件下的潜在产出，属于长期趋势的主体部分，长期趋势既取决于经济基本面，又取决于政府的影响。新古典经济增长模型分析了储蓄、人口增长和技术进步对潜在经济增长的影响。真实经济周期理论强调了技术冲击和政策冲击对实际经济增长的影响。将新古典经济增长理论、真实经济周期理论结合起来可以比较好地描述经济的长期趋势。二是短期波动部分，由供给侧和需求侧的暂时性冲击复合产生，其中包括政府作用部分带来的变化，这可以借鉴总需求-总供给模型进行分析。在对总需求-总供给模型、新古典经济增长理论、真实经济周期理论进行综合和发展的基础上，理性综合经济思维将经济波动问题和经济增长问题纳入了同一个分析框架。

（四）理性综合经济思维要求综合分析需求和供给，是对总需求-总供给模型、真实经济周期理论的综合和发展

总需求-总供给模型由新古典综合学派发展而来，被用于分析总产出和价格水平的决定问题。总需求和总供给表示经济主体对总产出的需求和供给，总需求曲线与总供给曲线的交点决定了均衡的产出水平和价格水平。在研究短期国民收入的决定问题时，凯恩斯的收入-支出模型和希克斯的 IS-LM 模型只分析了总需求，完全忽略了总供给。总需求-总供给模型将总需求和总供给结合起来分析总产出和价格水平的决定问题，但仍然侧重于总需求分析，对总供给的分析不足，主要强调政府通过宏观经济政策进行需求管理。

与上述理论不同，真实经济周期理论认为技术冲击是经济波动的主要根源，它强调供给因素的影响，完全忽略了需求因素的影响。在真实经济周期理论的总需求-总供给模型中，实际总需求和实际总供给决定了均衡的产出水平及利率水平。技术冲击会使真实的总供给曲线移动，是产出与就业波动的根源。真实经济周期理论采用了动态一般均衡的分析框架，认为产出波动反映了随时间变化的帕累托最优，旨在减轻产出波动的反周期政策是毫无意义的。这种观点完全否定了宏观经济政策在短期需求管理方面的作用。

理性综合经济思维要求综合分析需求和供给，既不能单纯强调需求因素，又不能单纯强调供给因素。在市场机制中，价格通过影响需求和供给发挥配置资源的作用。政府的宏观经济政策也是通过影响需求和供给发挥宏观调控的作用。在短期内，宏观经济政策会影响总需求，这是总量政策。扩张性财政政策或货币政策会增加总需求，紧缩性财政政策或货币政策会减少总需求。另外，宏观经济政策也会影响总供给，比如旨在优化经济结构的产业政策是结构政策。在长期内，宏观经济政策可以对经济增长趋势产生影响，即对供给侧的潜在经济增长率或全要素生产率产生影响。总之，政府的宏观经济政策既可以通过供给侧和需求侧的冲击叠加对经济波动产生影响，又可以通过供给侧调整对经济的长期趋势产生影响。理性综合经济思维要求建立供给侧与需求侧有机结合的宏观调控体系，把握经济总量与结构性问题之间的矛盾，从总供给和总需求的综合视角统筹考虑适应不同情景的宏观政策框架。

第三章 中国故事与经济学理论创新

改革开放开创了中国特色社会主义道路，促进了中国经济的快速发展和人民生活的改善，重塑了全球经济金融新格局，是当代中国最精彩的故事。中国故事就是改革开放 40 多年经济取得重大成功的故事，是中国市场经济模式逐步形成的故事，也是经济学理论创新不断探索的故事。国际货币基金组织相关人士曾评论说，中国经济改革开放 40 多年了，但我们对中国经济改革开放的理论研究还处在描述和讲故事的阶段。中国的经济理论研究还有很长的路要走。本章将重点讨论中国改革开放和经济学理论创新的故事。

第一节 中国经济的成功故事及原因分析

自改革开放 40 多年来，中国经济实现了快速的赶超，经济总量跃居世界第二，顺利突破"马尔萨斯陷阱"并成为中高收入国家，创造了世界经济发展史上的奇迹。这就是中国故事——中国经济取得成功以及为何能够取得成功的故事。中国以改革开放为主线，建立健全了中国经济发展模式，提供了经济学理论创新的动力和源泉。基于中国实践的主线和理论创新思路包括：①改革——从"市场调节为辅"到"计划"与"市场"相结合，到"基础性作用"，再到"决定性作用"，宏观调控下的市场化改革助推社会发展，进而发展到市场经济理论创新。②开放——从建立特区试点开放，到加入世界贸易组织，再到"一带一路""人类命运共同体"等国际倡议，我国在国际贸易规则下的开放政策加快了我国的全球化进程，以及人类命运共同体与国际贸易投资理论创新。

图 3-1 展示了中美经济发展对比。图 3-2 展示了中国经济发展与世界经济发展的对比。

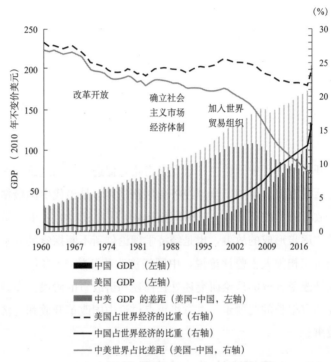

图 3-1 中美经济发展对比：GDP 总量和增长率

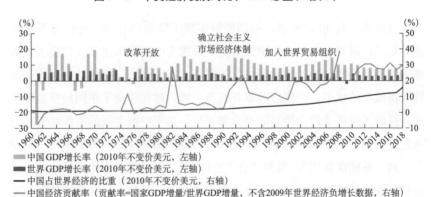

图 3-2 中国经济发展与世界经济发展的对比（世界银行数据）

第一，中国经济持续快速发展，经历一个黄金发展期。1978年中国人均国内生产总值为381元人民币，是当时世界上典型的低收入国家；2019—2020年中国人均国内生产总值连续两年达1万美元以上，已经跻身中等偏上收入国家行列。改革开放40多年来，中国经济建设取得了巨大的成就，不仅经济实现了跨越式发展，而且经济总量稳居世界第二，对世界经济的影响逐步增大，同时我国的产业结构从粗放型、劳动密集型向高质量创新发展转变。在改革开放初期，我国的经济规模较小，虽然经济增长速度较快，但经济总量依然较低。随着社会发展主要矛盾的变化，即人们从对物质文化的追求转向对美好生活的追求，这种转变将推动中国经济社会的快速发展和深刻变革。2018年我国消费总量居全球第一，"十四五"期间中国将是全球最重要的消费市场，巨大的消费市场将是中国乃至世界经济发展强有力的引擎。与此同时，中国几十年来都没有发生大的经济金融危机，真正实现了经济发展质、量、速度的有机统一。从加入WTO到提出"一带一路"倡议、人类命运共同体，中国在国际舞台上的重要性不断提高。充分、客观地认识自改革开放以来中国取得的发展成就，是讲好中国故事的重要基础。实际上，当今世界上的不少国家是带着羡慕或者嫉妒的眼光看待中国的发展的。

第二，中国人民的生活水平得到极大提升。1978年全国有2.5亿绝对贫困人口；自改革开放40多年来，中国前后共计有7亿多人脱贫，而且脱贫攻坚战在党的十八大后取得进一步胜利，2020年中国取得脱贫攻坚的全面胜利，实现了从贫穷到温饱，再到整体小康的跨越式发展，是人类历史上的奇迹；消灭贫困是中国人民千百年来梦寐以求的目标，中国在短短几十年内走完了发达国家几百年的发展历程，中国人民总体上实现了从温饱到小康的历史性跨越。社会的主要矛盾已转变为人民日益增长的美好生活需要与不平衡、不充分的发展之间的矛盾。社会文化事业繁荣发展，社会环境和谐稳定，人民幸福感大大提升，全面小康指日可待。

第三，改革开放重塑了中国的形象和国际地位。改革开放使中国驶上了社会主义现代化建设的快车道，加速融入了全球化的世界经济体系。改革开放40多年来，我国的国内生产总值年均增长接近10%，连续多年对世界经济增长的贡献率超过30%，中国的经济实力显著增强，在世界舞台上的作用越来越重要。中国经济总量占世界经济的比重由 1978 年的 1.8％上升到 2020 年的近 17％。1979—2020 年中国对世界经济增量的年均贡献率（贡献率＝国家 GDP 增量/世界 GDP 增量）约为 20％，仅次于美国；自 2006 年以来，中国对世界经济增长的贡献率稳居世界第一位。从进出口贸易来看，世界贸易组织编写的全球贸易报告显示，从投资来看，2018 年中国成为全球第三大投资国。从消费角度来看，中国消费市场的规模庞大。2013—2018 年中国对世界消费增长的贡献率排名全球第一位。从人民币国际化来看，2016 年 10 月 1 日国际货币基金组织（IMF）正式将人民币纳入特别提款权（SDR）货币篮子。通过提高自身开放水平以及推动全球化，中国正在积极参与全球经济发展与治理，为世界各国（特别是发展中国家）提供中国智慧和中国方案。尽管国际环境呈现明显的逆全球化态势，但中国仍将以积极姿态融入并推进经济全球化，为构建人类命运共同体做出自己的贡献。

第四，中国的改革开放为全球提供了新的市场经济模式选择。中国是一个改革开放的发展中大国，也是一个负责任的大国。改革开放既开创了中国特色社会主义道路，又促使中国全方位地融入国际社会。中国改革开放的成就既是本国的，又是世界的，可以说是对人类文明多样性的特殊贡献。中国改革开放的成就告诉世人：要让本国人民过上美好生活，并非只有一种模式，可以同时存在多种模式，而且各种模式之间包容互鉴、和谐共存，才能构成丰富多彩的现实世界。中国是一个"新型市场经济国家"，并为世界提供了一个新的"市场经济国家"模式和标准。这种标准不是以特定价值观进行评定，而是以实际效果进行评定。中国成功的关键在于让"有效的市场"和"有为的政府"共同发挥作用，将市场作用和政府作用看作统一体，同时从实践中摸索出一套"系统化"的比较合理的思路和方法。

第二节　中国推进改革开放的基本经验

1978 年，党的十一届三中全会开启了中国改革开放的伟大征程，成功探索出了从传统计划经济体制向社会主义市场经济体制的转轨之路。40 多年来，中国改革开放事业的成绩辉煌，经济实力显著增强，综合国力进入世界前列。中国成功推进市场化改革与开放进程的主要经验有九个方面。

（一）坚持以生产力为标准，依靠人民开展改革

1984年10月，《中共中央关于经济体制改革的决定》最早提出将"是否有利于发展社会生产力"作为检验一切改革得失成败的主要标准。邓小平高度重视生产力标准，他将判断一切工作是非得失的标准概括为"三个有利于"，即是否有利于发展社会主义社会的生产力、是否有利于增强社会主义国家的综合国力、是否有利于提高人民的生活水平。

全国人民的创新精神是不断解放和发展生产力、坚持生产能力标准的最大源泉。马克思主义的经典著作并没有改革开放的蓝图，而且在实践中也没有改革开放的成功经验，因此我们必须在党的领导下充分尊重人民的首创精神、鼓励人民群众进行开创性探索，才能打赢改革开放这场硬仗。在改革开放的过程中，人民群众的创造性实践不断涌现。亿万人民的实践和智慧是改革开放的宝贵财富及肥沃土壤，催生了突破性进展以及新生事物的发展。党的十八大报告高度尊重人民的首创精神，不断带领人民前进，确立了主要领域的改革主体框架，着力推动重要领域和关键环节改革，完善了中国特色社会主义制度，明显增强了全社会的发展和创新活力，明显提高了国家治理体系和治理能力的现代化水平。中国改革开放的伟大历程也表明，以基层单位的人民群众创造的具体改革经验和做法为基础，是推出一系列影响重大的改革措施的基础和依据。

（二）坚持市场化改革方向

中国改革开放取得的伟大成就离不开社会主义市场经济的不断发展。40多年来，市场作为资源配置手段的地位不断提升，从打破传统计划经济到"计划为主、市场为辅"的社会主义商品经济，从指令性计划经济到指导性计划经济，最终发展到社会主义市场经济，本质上是市场在资源配置中发挥决定性作用。

坚持市场化的改革方向是中国改革开放历程中最核心的经验。市场经济能显著促进创新，从民营企业的专利申请量近乎国有企业和集体企业的

一倍可见一斑。在互联网大数据时代，坚持市场经济不动摇仍是毋庸置疑的，有助于中国在激烈的市场竞争中胜出，因而市场经济并不是有无计划或者说计划是否科学。在互联网大数据时代，技术手段与市场相结合将迸发更大的效用。市场化改革不仅改变了经济体制，而且调整了利益关系，妥善处理改革、发展、稳定之间的关系至关重要。中国改革开放及其创造的经济奇迹，与市场经济的成长逻辑和内在规律是基本一致的。

（三）坚持先行先试、先易后难，统筹兼顾、协调推进

先行先试、总结推广是中国改革的突出特征。具体来说，就是选择一定地区或改革领域开展试点，不断总结试点经验，并逐步推广成功经验和做法，将本地的实际问题与攻克共性难题有机结合。先行先试、先易后难的改革推进方式在有效控制了风险的同时，迅速普及、复制了成功经验，为全面深化改革、扩大开放指明了路径。回顾改革开放的历程可知，改革开放是有关整体性变革的重大课题，是打破旧体制、建立新体制的复杂过程，是一个以长期结构性问题为主导，同时穿插了许多短期局部性问题的过程。有鉴于此，中国走出了一条"渐进式改革"的有效路径。改革开放是一项系统工程，需要统筹兼顾，妥善处理"破旧"和"立新"的关系。我们在建立健全适应生产力发展需要的新体制、新机制的同时，需要不断消除深层次的体制、机制障碍，坚持统筹规划基础上的协调配合，将整体推进和重点突破相结合，以点带面，实现改革开放的全面推进，并取得了预期的效果。

（四）平衡改革、开放、发展、稳定的关系

经济社会发展的强大动力源自改革开放，实现经济平稳健康发展的根本保证是有效的机制，发展和稳定是深化改革开放、持续推进改革开放的基本条件。要平衡好改革、开放、发展、稳定的关系，需要统筹考虑改革开放的力度、发展的速度和社会的承受能力，这几个方面是一个协调的整体，不能偏废，这样才能有序推进改革开放。40多年来的改革开放历程，带来的既有方法论又有价值观方面的重要启示。中国市场化改革最重要的一个特色是中国共产党的领导，这既是历史的选择，又是现实的过程，中

国共产党在中国的改革开放中发挥了十分重要的作用，非常重视平衡改革、开放、发展、稳定的关系。

（五）坚持平等对待各类市场经济主体

人与人之间的平等交换关系和不同产权的主体之间的平等关系是市场的静态基础。不同的产权催生了交易，平等的地位催生了交易，交易活跃必然带来市场繁荣。党的十八大报告指出："经济体制改革的核心问题是处理好政府和市场的关系。"但市场经济意味着要公平保护各类所有制市场主体，良好的营商环境是其中的关键所在。因此，政府要切实转变职能，努力创造良好的营商环境，为各种所有制经济公平地参与市场竞争创造良好的条件。党的十八届四中全会做出全面推进"依法治国"的决定，为保障各种所有制经济公平地参与市场竞争奠定了坚实的基础。2021年开始实施的《民法典》更是实现市场经济及保护相关主体的基石。

（六）不断解放思想，推进理论创新

在1978年改革开放启动后，中国十分重视向西方国家学习。当时，中国采用的是传统的计划经济模式，从领导人到经济学家普遍缺乏市场经济的切身体验。中国必须改革开放这个结论是从自己的经验得出的，但对于改革开放的方向在哪里，不是一开始就十分明确，而是在实践中逐步确立的。特别是随着对外开放的逐步扩大，社会各界逐步了解了市场经济的基本内涵和主要特点，主要发达国家的市场经济模式成为当时中国改革开放的重要参照物。不同于其他转型国家，中国始终坚持自主选择的原则，主要基于自己实践的探索，没有接受其他任何"一揽子"方案。中国从传统计划经济体制转向市场经济体制，没有现成的理论和成功的经验，并且中国是一个规模较大的经济体，不可预知的风险很多，因而有序推进是非常重要的考量。此时，推进理论创新的意义重大，这是指导改革开放顺利进行的重要依据。

在改革开放的历程中伴随着思想解放和理论创新。在改革开放中，中国将实践作为检验真理的唯一标准，坚持解放思想、实事求是、与时俱进地持续推进工作创新、体制创新和理论创新，创造性地发展了社会主义市

场经济理论及政策体系。党的一系列重大会议奠定了社会主义市场经济的理论基础，有几个特殊的时间节点需要特别注意：党的十一届三中全会确立了"改革开放"的总思路；党的十四大与十四届三中全会明确提出了"社会主义市场经济体制"；党的十八大与十八届三中全会确立了市场在资源配置中的决定性作用，把社会主义市场经济理论创新推到全新的历史高度。

（七）"五年规划"成为保持长期稳定发展的重要利器

自1953年开始，中国坚持以五年为周期制定国民经济与社会发展规划，其间除1963年至1965年的国民经济调整时期外，从未中断，这一政策制定方式被称为"五年规划"。2021年推出的《中华人民共和国国民经济和社会发展第十四个五年规划和2035年远景目标纲要》更是把"五年规划"推向一个全新的发展阶段。从中国几十年经济建设史的演进来看，"五年规划"在推进经济发展和保持经济连续性等方面发挥了重要作用，是讲述中国经济成功故事的精彩篇章。诺贝尔经济学奖得主迈克尔·斯彭斯在评价中国的"五年规划"时表示：一直以来，中国坚持制定全面而灵活的改革路线图，这让中国的经济社会发展受益匪浅。"五年规划"具备"有为的政府"和"有效的市场"两种能力，将顶层设计与底层活力有机组合，是中国经济高速发展的重要密码之一，也是中国经济成功故事的生动写照。

（八）逐步形成有活力、可复制的中国市场经济模式

在世界历史上，通常将带来巨大成功的探索模式冠以国家之名。在工业革命时代，有英国模式、德国模式和美国模式；在20世纪后半期，以快速经济增长为衡量标准，有西德模式、日本模式和亚洲"四小龙"模式。中国改革开放的成功实践自然也就形成了中国模式。历史已经证明，中国模式不是概念，而是包含中国文化、历史和政治制度的真实存在。当然，目前的中国模式还不够完善，还在发展过程中，仍是不断发展和动态变化的。大体说来，中国模式具有以下重要特征：一是政府和市场的共同作用，政府发挥较好作用，弥补市场作用的失灵，寻求市场与政府作用的

平衡。二是实现持续经济增长，坚持绿色、协调发展，重视在发展中逐步解决问题，允许在一个时期内个别社会成本的增加。三是通过政策引导改革方向和国家治理，提高政策的有效性、稳定性和可持续性，促进经济社会的高质量发展。四是保证社会稳定，同时主动把握反腐时机，有效解决腐败问题。五是重视科技创新，发挥"后发优势"，实施"弯道超车"战略。六是建立健全社会福利制度，扩大社会保障体系，持续脱贫扶贫，实现共同富裕，保持社会基本和谐。七是坚持对外开放，积极融入全球化，努力构建人类命运共同体。八是保持文化自信，倡导集体主义和爱国的理念。

（九）稳步推进开放进程，实现开放与改革良性互动

中国开放的进程证明了坚持全球化进程意义重大。开放就是要积极融入全球化进程，建立与西方市场经济和企业接轨的制度环境、法律体系以及基础设施等。为了加快开放的步伐，早期中央政府决定在广东和福建建立"经济特区"，这一做法既有利于充分利用香港和澳门的条件，发展外向经济，进行改革试验，又有利于缓解对外开放所引发的政治和意识形态冲击。1992年6月，邓小平说："深圳就是社会主义市场经济。"在深圳特区开办之初，就有"按国际惯例办事，与国际市场接轨"的明确指向。开放改变了中国与世界的关系，使中国逐步融入世界经济体系，并在一定意义上促进了中国改革向纵深发展。从这个意义上说，改革开放共同塑造了中国的市场经济体制。中国与世界的关系集中体现为中国与全球化的联系。中国需要建立一个实现自主开放和被迫开放之间的平衡机制，在与世界进一步融合的过程中，中国要维系自主性，完善一个适应对内和对外开放的制度。如今，中国已凭借庞大的经济体量跻身全球大国之列。开放可以推动中国经济增长，一些学者对此进行过实证研究。比如赵晋平研究发现，1983—1999年外商直接投资每增长1％，GDP增长0.286％；费威的分析表明，1990—2003年外商直接投资每增长1％，GDP增长0.37％。在2000年以后，随着现代跨国公司的大举进入，中国吸收的外商直接投资不断增长；2000—2007年我国经济主力人口又一次上行增长，形成的剩余劳动力与跨国公司的制造业相结合，这是中国在20世纪末21世纪初

经济持续快速增长的重要推动因素。2021 年，麦肯锡中国报告显示：自从中国开始建立与世界各国的经济往来、拥抱市场机制并积极接纳全球最佳实践后，中国经济便迈入了腾飞阶段。

开放给国内市场带来了动力和压力，并推动了中国的市场化改革。经过 40 多年的改革、开放、发展，中国金融业发生了质的飞跃，实现了从弱小到强大的发展。回顾中国的金融改革和开放历程，总结其经验和做法，对于指导未来发展具有极其重要的意义和价值。金融开放事关改革发展稳定大局，是扩大开放的重要一环。中国金融开放的基本经验可总结为以下方面：协调有序推进各领域开放、由点及面渐进式金融开放以及以金融开放促进经济增长等。

第三节　中国经济成功的典型策略思考

中国成功的改革实践为全球提供了一个可供选择的经济改革和市场经济模式，更为经济学理论创新提供了深刻的基础。中国的成功实践包含深刻的经济学理论基础和创新的契机，即为全球提供了一个可供选择的经济发展模式，更为经济学创新提供了深刻的基础（伍戈和刘琨，2013）。中国经济的成功实践是宏观经济学理论创新的重要实例。经济学是研究经济动态运行规律的科学，经济增长理论作为经济学理论的核心也随之变得更加重要。

（一）坚持问题导向的方法

经济学理论的发展与创新通常是问题导向，主要是解决当时最突出的经济问题。亚当·斯密的理论和凯恩斯理论都是针对当时面临的突出问题而提出的，是对现实问题的真实写照。中国在改革开放的实践中，坚持问题导向的方法，比较有效地解决了相关问题。

（二）坚持市场与政府作用协调统一的市场经济模式

党的十八届三中全会通过让市场起决定性作用和更好发挥政府作用，高度概括了社会主义市场经济模式，合理地提出了一个混合经济模式框架，即在坚持市场于资源配置中发挥决定性作用的同时，政府综合考虑供给侧与需求侧，进行适时适度的宏观调控，平衡好经济社会发展目标和宏观政策，促进经济的平稳发展。总供给和总需求作为经济的两个基本方面，既相互对立又相互统一，两者合力使市场达到稳定与平衡。

(三)"理性综合"理念的灵活运用

事实上，坚持改革开放让中国走上了市场化改革的道路，也增强了市场开放度。在早期，我国改革开放的基本逻辑是"摸着石头过河"。在改革过程中，我国重视根据情况进行系统分析，理性地进行尝试，如果效果好就推广，如果效果不好则换种方式再试，直至达到预期效果。这包含很深刻的道理，既能较好地解决问题，又便于防控风险。在改革后期，我国更重视顶层设计，在综合市场作用与政府作用的基础上，确定以目标引导预期，通过深化改革以及供给侧和需求侧相组合的宏观调控体系，维持经济发展的平衡。这包含了深刻的"理性综合"原理，也就是各种合理的理念与措施都可为我所用。

就改革来说，从逐步完善社会主义市场经济到由市场发挥决定性作用，中国经历了一个逐步探索的过程，其间也有反复，但基本方向是持续向前的，从而形成了有中国特色的市场经济模式。在这个过程中，中国很好地把握了其中的关键环节：一是理性综合思维。例如，"黑猫白猫论""目标引领，规划先行"等都体现了理性思维。再如，认真研究各种理论和实践方法，并结合中国实际，从而形成不同组合方案；积极开展试点，在取得成效的基础上进行推广，反之则调整，这体现了综合思维。二是科学发挥市场与政府的作用，在重视市场的同时做好宏观调控，让"有效的市场"和"有为的政府"共同发挥作用，将市场作用和政府作用看作统一，这是中国实践的重大创新。

(四)创新发展了宏观调控模式——宏观政策框架

中国的宏观调控理念既不完全出自马克思主义政治经济学，又不完全依赖西方经济理论中的凯恩斯主义或供给学派等，可以说是对马克思主义经济学理论的创新，也是对现代宏观经济理论的发展。总体来说，西方宏观经济学基于凯恩斯理论，提出了需求管理的政策框架，供给学派等流派也提出了相应的供给管理政策框架，但综合的总供给和总需求协同的政策框架并没有完全形成。中国宏观经济调控的逻辑，是针对不同时期的突出问题，即各种结构性问题与周期性问题相结合的特点，合理把握"供给管理"与"需求管理"的组合与节奏，相应采取不同的策略。这里蕴含着深刻的理性综合思维，是对理论和实践中相关措施的理性综合，很有针对性和操作性，可以说是宏观政策思路的重大创新。在宏观调控实践中，中国十分重视调控艺术。在具体操作中，中国十分重视策略的原则性与灵活性的统一，以保证改革开放进程的有序推进。

第四节　中国故事与经济学理论创新

改革开放 40 多年来，中国的经济发展取得了举世瞩目的成就，但与其相适应的经济学理论体系创新还处于探索阶段。改革开放形成了中国的经济发展模式，为经济学理论创新提供了源泉。特别是改革的核心是理顺市场与政府的关系，推进市场化改革，不断简政放权，并进行市场经济理论创新。与此同时，中国不断扩大开放和有序融入全球化，推动全球化和国际贸易理论创新。因此，讲好中国故事的核心就是讲好自改革开放以来中国经济取得成功的故事，并立足中国故事，形成可复制的模式，同时进行经济学理论创新。讲好中国故事与经济学理论创新是一个系统工程。

（一）中国故事是经济学创新的动力和源泉

自改革开放 40 多年来，中国的经济建设取得了巨大成就。一方面，中国经济实现了跨越式发展，经济总量稳居世界第二，对世界经济的影响逐步增大，产业结构从粗放型、劳动密集型向高质量创新发展转变。在改革开放初期，我国的经济规模较小，虽然经济增长速度较快，但总量相对较低。随着主要矛盾的变化，人们从对物质文化的追求转向对美好生活的追求，这种转变意味着中国发展的深刻变革。目前，我国消费市场是全球最大的消费市场之一，也是中国乃至世界经济发展的重要动力。与此同时，中国经济的发展真正实现了质、量、速度的有机统一，持续多年没有发生大的经济金融危机。另一方面，从中国加入 WTO 到提出"一带一路"倡议、人类命运共同体，中国在国际上的地位持续提升。这要求我们充分认识自改革开放以来中国取得的发展成就，正视自己的优势和成绩，把握讲好中国故事的主基调。当然，也要防止过分高估中国国力和能力的倾向。中国成功的关键在于从实践中摸索出一套"系统化"的比较合理的思路和方法，比如坚持改革开放的基本原则，坚持实践是检验标准，坚持问题导向，以及"摸着石头过河""黑猫白猫论"等，不仅在实践中有效，而且包含了很深的经济学逻辑。

（二）经济学理论的困境与突围路径

首先，关于资源稀缺性问题。大家很熟悉，"稀缺性"是西方经济学的重要概念，是基于早期资源和产品稀缺而提出的概念，甚至把经济学定义为关于稀缺资源配置和利用的科学。在当前生产力大幅提高的背景下，很多产品出现了过剩的情况，稀缺性的概念至少与实际不是十分相符，最多只是一个重要特征。此外，资源的稀缺性也是相对的，但稀缺性的评价标准有一些主观性。显然，从这个视角确定经济学的研究对象存在不足之处。其次，关于均衡与去均衡问题。人类历史上几乎找不到绝对均衡的状态，而经济学的主要理论都是以此为研究对象，这决定了经济学理论普遍研究的是某个特定状态，而且在不同特定状态下对经济学的研究，其结论也一定不同，因而经济学一定是学派林立的。如果对于确定的经济对象，不同的人可以给出不同的结论，那么就会出现邀请8位经济学家讨论一个问题，结果给出9种答案，导致无法决策。可以预见，这样一来，经济学理论的科学性一定让人质疑。最后，关于经济学的核心问题——市场与政府到底是对立的，还是统一的。在人类历史上，经济学研究主要围绕着这个问题展开。从亚当·斯密开始，西方经济学就把政府和市场对立起来。此后，无论是哈耶克与凯恩斯的世纪争论，还是所谓的咸水、淡水学派争论，都是在市场和政府中二选一；当然，在不同时期，两者对立的程度有所差异。由于立场不同，不同学派在表达自身观点时都有其合理性，而在批评他人时又都有局限性。我们认为，凡是在人类历史上争论不清、一直对立的，那么一定说明两者的关系不是替代关系（即一方无法全面合理地解释另一方），而是需要在更高层次上的统一（即对立与统一的辩证关系）。因此，市场与政府的关系并不像西方经济学认为的那样绝对对立。

在实际中，市场机制有利于通过"看不见的手"提高对社会资源的有效利用，但有其局限性，需要政府通过"看得见的手"适时发挥调控作用。

在这个问题上，很多著名经济学家提出过很好的观点。著名经济学家克鲁格曼得出的重要结论是，"要接受市场的不完美，也要接受精巧的大统一的经济学还在天边的现实"，也就是要接受市场的不完美和经济学理论走向统一。哈克认为，20世纪经济社会发展的繁荣与稳定要归功于政府干预与市场的有机结合，因此未来世界经济的发展还是要寻找市场与政府的合理平衡点。林毅夫的新结构经济学是对现实中一国可追及另一国的实践的理论升华。蔡继明认为市场与政府之间要有一定的统一，但统一的方向是劳动价值论。李稻葵提出，政府与市场经济学的概念旨在深入分析政府与市场的关系。萨缪尔森的逻辑比较典型，主要有六大特点：一是混合经济理论在萨缪尔森的逻辑中达到了高峰。二是把市场与政府作用有机结合，但他又强调，政府的作用是市场的附属。三是将总供给和总需求统一考虑，构建 AD-AS 模型，不仅强调凯恩斯理论中的有效需求，而且强调了供给侧。四是将严谨的数学逻辑引入经济学，适度的数学化对经济学逻辑有重要意义。五是提出中国可以走计划经济和市场经济中间的道路（或称为第三条道路）。经济发展模式是多重的，经济发展模式里面最核心、最典型的市场经济模式也应该是多重的。六是不再将经济发展当作静态的，而是将其视为诸多动态因素的组合。由此可见，实现市场与政府的有机结合是经济学家的共识，只是在不同的经济发展模式中市场与政府有不同的权重而已。

索洛经济增长理论是近年来比较流行的，其研究的是潜在经济增长而非经济增长。潜在经济增长有其合理性，但并不是实际的经济增长，这是索洛观点的局限性。正如不能用潜在军事家标准来评判军事家一样。真实经济周期理论（即 RBC 理论）也是经济增长理论，它提出了影响实际经济增长的要素，对索洛经济增长理论是一个很好的补充。鉴于潜在经济增长不能很好地反映经济发展状况，该理论提出了第二个要素（即技术冲击），随后提出了第三个要素（即政策冲击）。其中，财政政策的影响较明显，而货币政策无影响。应该说，这里用外来的技术冲击来解释周期性有些勉强；财政政策可以调节经济结构，而货币政策并不能有效影响潜在经济增长，主要是因为它依赖于索洛经济增长理论的逻辑，计算的是潜在经济增长，这是 RBC 模型的基本逻辑。实践证明，传统的计划经济模式和完全市场经济模式都存在缺陷，而实现两者的结合是理性选择。自改革开放以来，中国走出了市场与政府相结合的道路，而不是在市场与政府之间选择其一的老路，这是市场与政府关系从对立走向统一的重要探索。

（三）建立健全有中国特色的市场经济模式

经济模型的构建对于宏观经济学理论的发展至关重要。基于宏观经济学理论关于市场与政府作用的核心成果，以及中国市场经济体制逐步发展的成功经验，我们统筹考虑了"有效的市场"和"有为的政府"，建立了理性综合经济学模型。该模型不再将市场作用与政府作用分别考察，也不是仅做定性描述，而是通过构建综合的数理方程来实现，详见第四章。我们得出的结论是市场经济不再是只有某几种模式，而是表现为市场与政府作用的不同权重，理论上可以有无穷多种模式，但在现实中可抽象为几种典型模式。从本质上说，理性综合经济学模型改变了以往经济理论仅基于纯市场经济的前提，是重大的研究思路创新。该模型得出的与经济增长相关的方程与混合经济理论、真实经济周期理论等的基本逻辑和要素是一致的。

参数的权重表示经济体中市场与政府关系的差异。根据市场作用与政府作用的不同程度，我们可画出经济模式变革动态曲线。由于不同的经济模式处于曲线的不同点上，我们可将不同经济发展模式在一个图中进行展现。实质上，现代经济都不是单一经济，而是混合经济。目前，市场经济的五大模式都各具特色：一是美国模式——自由市场经济模式；二是欧洲模式——社会市场经济模式；三是日本模式——政府指导型市场经济模式；四是瑞典模式——福利型市场经济模式；五是中国市场经济模式——社会主义市场经济模式。从市场与政府结合的视角看，各种模式的差异只是市场成分所占比例的大小不同，而不是是与否的差异。用中国的一句古话来说就是："以五十步笑百步，则何如？"此外，衡量经济发展模式的标准也应是能否促进经济的快速发展。

(四) 西方经济学的逻辑无法适应经济发展新形势的要求

首先，宏观政策或调控目标的调整。宏观经济学理论中的宏观经济目标包括充分就业、物价稳定、经济增长和国际收支平衡。这四个目标的确立源于凯恩斯理论，但凯恩斯理论仅考虑了需求侧，因而这四个目标反映的只是需求侧，但宏观调控既考虑了需求侧，又考虑了供给侧，因而直接用凯恩斯理论确定宏观调控的目标是不合理的。我们需要重新统筹考量：原四个目标中的经济增长和充分就业可统一为一个指标（即经济增长）；在考虑了供给侧之后，应增加一个结构优化或调整的目标；物价稳定目标的内涵可进一步充实，需要综合考虑短期和长期的经济金融稳定，当前中国人民银行实施的"双支柱"政策就是具体体现；国际收支平衡的目标可继续保留，只是内涵应更加深刻。这样一来，我们就可以将宏观调控的目标调整为新的四大目标，即经济增长、结构优化、金融稳定、国际收支平衡。

其次，宏观调控的重要性愈发凸显，要建立供给侧与需求侧有机结合的调控体系。这就将凯恩斯的宏观经济政策上升到了更高的高度，同时也与萨缪尔森综合考虑总供给和总需求的逻辑一致。但是，整个西方经济学理论在上升到总供给、总需求的层面时，并没有形成完整的理论体系。中国实践实现了供给侧和需求侧调控政策的结合。依据模型推出的宏观调控的政策组合表，既考虑了经济周期，又考虑了经济结构的变化，同时综合考虑了结构性问题与周期性问题的叠加。在结构性问题突出或者可以忽略周期性问题的时候，就是提出供给侧结构性改革的新时期。当需求侧问题或者说周期性问题突出时，实质上就是凯恩斯理论给出的政策体系。因此，在经济上行期、下行期，结构性问题与周期性问题的解决路径是相反的。这与凯恩斯理论只考虑需求侧的政策是不同的。

中国提出供给侧结构性改革，针对的是结构性问题，可以说是在需求侧矛盾不突出背景下宏观调控的反映，但此时也不能完全忽视需求侧的管理，因为需求侧问题不突出并不意味着它不存在了。因此，我们要采取综合思维，以供给侧改革为主，兼顾需求管理，既要有供给侧结构性改革，又要适度扩大总需求，在中国实践上也是这样处理的。

（五）国际经贸理论创新与全球化进程

依据我们构建的相关理论模型可知，两国交易的产品不是简单由其要素禀赋决定的，而是由其综合动态竞争优势决定的。综合动态竞争优势是可以改变的，并且存在一个转换点。一国具有比较竞争优势的产品或行业并不是不可超越的，在较为适当的调控政策作用下，实现产业追及和超越是正常现象。国际贸易应是在国际规则下的自由贸易发挥主导作用与有限的保护相结合，但国际规则不应是由某国利益决定的所谓"规则"，强权确定的某些所谓国际规则只是披了一件"国际规则"的外衣，而应是真正体现全球利益平衡的规则；自由贸易是全球经贸关系得以顺利发展和互利互惠的基石，是未来发展的潮流；保护必须有严格的条件和程序，绝不能随意以"国家安全"为借口实施保护。公平贸易不等于某国利益的最大化，一国法律也不能超越国际规则施加在其他国家之上，要避免出现恃强凌弱的局面。

理论创新是应对当前"逆全球化"思潮和反对贸易保护主义的有力武器。美国发起贸易战的目标已超出简单的贸易平衡问题，而是加入了较多的政治因素，它希望持续保持竞争优势，遏制其他国家的正常发展，这与全球化的发展方向是背道而驰的，公平竞争应是基本原则。从中、美两国的情况看，不应总是一国一直生产大飞机、另一国生产衬衣，而应是一个公平竞争、动态变化的过程，美国从一个殖民地发展成为强大的国家就是典型例证。

第五节　管仲的经济思想及其对现代经济学理论的启示

管仲是历史上少有的集经济思想与实践于一身的经济学家。通过执宰齐国多年的实践经验，他总结出了一个集合东西方经济思想的理论体系，涵盖了市场机制、政府宏观调控以及国际贸易理论，是我国最早的经济思想论述之一。在此，我们从市场机制、宏观调控与国际贸易理论三个维度，分析管仲的经济思想与现代经济学理论的联系及其对经济学理论创新的启示。需要注意的是，管仲的经济思想从理论与实践双重角度佐证了市场机制与政府调控有机结合的中国市场经济模式成功的内在逻辑。在百年未有之大变局下，研究管仲的经济思想，探寻中国经济思想智慧的源头，加强中西方经济思想的对话，既有助于讲好中国故事，又可为经济学理论创新和全球化进程打开新视野。

（一）管仲与《管子》

管仲（约公元前 723 年－公元前 645 年），名夷吾，字仲，春秋时期齐国颍上（今安徽颍上县）人，史称"管子"，中国古代著名的经济学家、哲学家、政治家、军事家、法家先驱。《管子》集合了管仲多领域的思想精华，其中三分之二以上都涉及经济问题，因而又被看作世界首部经济学著作[①]，是中国古代少有的系统论述经济问题的典籍。

（二）现代视角下管仲经济思想的主要内容

1. 尊重市场机制

管仲指出，逐利性是人的本性，只要因势利导就能掌握利益之源。管仲提出了社会分工，将百姓划分为士、农、工、商四个集群。与此同时，管仲认为市场是一种资源配置方式和价格确定机制。《管子·问第》指出："而市者天地之财具也。而万人之所和而利也。正是道也。"管仲认为市场自有其内部机制进行价格调节，政府不能强行干预物价。

2. 强调国家参与经济

西方古典经济学假定市场会自动实现均衡，而市场在实际运行中会出现失灵现象。例如，有效需求不足、垄断、贫富差距过大、外部负效应和公共品供给不足等。《管子》认为，虽然市场具有自组织的功能，但政府调控是不可或缺的，政府参与经济既可纠正市场失灵，又可带来财政收入，减轻人民的税收负担。《管子·国蓄》提到："不能调通民利，不可以语制为大治。"

3. 主张开放经济

管仲所处的春秋中期，周王室衰微，列国争雄，社会生产力发展迅速，互市贸易也日益繁盛。《管子·轻重甲》中提到："故为国不能来天下

---

① 哈里·兰德雷斯，大卫·C. 柯南德尔. 经济思想史. 北京：人民邮电出版社，2014.

之财，致天下之民，则国不可成。"管仲鼓励齐国境内与诸侯国之间的商品流通，采取了设立市场、减轻关税、提供服务、发展外贸四大政策。与此同时，管仲擅于利用黄金与刀币间的兑换比率，即现代意义上的汇率，通过本币贬值拉动出口、聚敛财富。

（三）管仲的理论与亚当·斯密自由市场经济理论的比较

虽然管仲的思想产生于两千六百多年前的古代社会，但其许多经济思想与近现代经济学家高度重合。亚当·斯密在 1776 年发表《国富论》，该书奠定了资本主义自由经济的理论基础，被誉为西方经济学的圣经。《国富论》明确提出："政治经济学是一门探讨如何裕民又富国的学问。"[①]《管子·治国》也有极为相似的表述："凡治国之道，必先富民。民富则易治也，民贫则难治也。"两人都认为利己主义是生产活动的根本目的，强调市场本身的力量，即"看不见的手"，也都主张自由贸易。从这个视角看，管仲可称为中国古代的亚当·斯密。

1. 理性经济人假设

理性经济人假设的基本含义是，人的思考和行为都是理性的，不同类型经济活动的目的都是为了追求个人利益最大化。亚当·斯密认为：正是基于人类的利己主义思想，社会形成了一种自发的经济秩序，引导国民财富的自然增长。

《管子·禁藏》："夫凡人之情，见利莫能勿就，见害莫能勿避。其商人通贾，倍道兼行，夜以继日，千里而不远者，利在前也。……故利之所在，虽千仞之山无所不上……"可以看出，管仲和亚当·斯密关于利己主义的思考可谓不谋而合。

2. 社会分工

在个人利己主义的基础上，形成了社会分工和交换理论。分工通过提高劳动者技能，提高劳动生产率，进而实现国民财富的快速增长。《国富论·论分工》中提及："劳动生产力上最大的增进，以及运用劳动时所表现的更大的熟练、技巧和判断力，似乎都是分工的结果。"

---

① 亚当·斯密. 国富论. 北京：中央编译出版社，2010.

尽管管仲身处奴隶社会向封建社会发展的春秋时期，而且该时期的经济发达程度远不如亚当·斯密所处的英国工业革命初期，但他对于社会分工的重大意义已经有了深刻的见解。《管子·小匡》中提到："士农工商四民者，国之石民也。"管仲将百姓划分为士、农、工、商四个集群，且要求四类民众分居分业，世代承袭自己的本职，不得自由迁徙，强调"不可使杂处"。一方面，社会分工能提高劳动生产率；另一方面，职业世袭也可以积累经验。

3. 市场机制——"看不见的手"

有了分工就会有交换。在亚当·斯密看来，只有以利己心为基础、以平等的交换行为为基础的市场交换，才能保持长久。《国富论》提出，作为理性人，通过市场机制这只"看不见的手"的引导，可以满足个人与社会利益最大化的追求。亚当·斯密在《国富论·论商品的自然价格与市场价格》中指出："自然价格"是中心，商品价格围绕这个中心价格上下浮动，固然有时商品价格会偏离中心价格，但此后总会回归到中心价格。

《管子·轻重乙》中有一段对话，齐桓公问管子："衡有数乎？"管子对曰："衡无数也。衡者使物一高一下，不得常固。"桓公曰："然则衡数不可调耶？"管子对曰："不可调。调则澄。澄则常，常则高下不贰，高下不贰则万物不可得而使固。"此处的"衡"，即商品价格。在管仲看来，物价不是固定不变的，即"衡无数"。物价不断围绕一个稳定价格上下波动，绝对稳定的物价是不可能的，也是不必要的。"不可调。调则澄"强调政府不可以强行干预物价，否则会导致供求失衡。由此可见，管仲和亚当·斯密在"看不见的手"的认识上十分相似，在对市场机制的认识上所见略同。

《管子·乘马》指出："市者，货之准也。是故百货贱，则百利不得。百利不得，则百事治。百事治，则百用节矣。"管仲认为，只有市场正常的流通和稳定，才能带来国家财富的增长。这在重农抑商政策盛行的中国古代是非常了不起的思想，也与亚当·斯密的市场自由引导、政府做好"守夜人"的思想十分相似。

（四）管仲的经济思想与凯恩斯主义宏观调控理论的比较

凯恩斯主义经济理论诞生于 20 世纪 30 年代"大萧条"期间，这一历史背景使得凯恩斯主义充满了政府干预的意味。凯恩斯不反对自由市场机制，但也不相信市场机制的完备性，他认为市场机制无法通过自动调节而从经济危机中恢复，此时必须施加强有力的政府干预。1936年凯恩斯发表的《就业、利息和货币通论》被广泛认为是现代宏观经济学理论体系创立的标志。《管子》一书有大量政府宏观调控的论述，主张政府和市场相结合，共同推动经济良性运行。有鉴于此，管仲可看作中国古代的凯恩斯。

1. 有效需求理论

凯恩斯在《就业、利息和货币通论》中指出，有效需求不足是经济衰退和失业的主要原因，因此提高有效需求，特别是提高消费倾向、刺激消费非常重要。《管子·侈靡》提出："莫善于侈靡。贱有实，敬无用，则人可刑也。""积者立余日而侈，美车马而驰，多酒醴而靡，千岁毋出食，此谓本事。"发展奢侈消费并不是鼓励骄奢淫逸、挥霍无度，而是鼓励富者消费。《管子·事语》提出："非高其台榭，美其宫室，则群材不散。"政府不修筑华丽宫室，建材就没有销路，其本质就是通过消费来提高有效需求、刺激经济、拉动就业。

2. 财政政策

凯恩斯主义倡导的财政支出政策，主要是通过扩张性财政政策，即扩大政府购买或转移支付来直接促进消费需求，进而提高有效需求。同样地，《管子》中也有类似的举措。

第一，重视政府购买。《管子·乘马》提出："若岁凶旱水泆，民失本，则修宫室台榭，以前无狗后无彘者为庸。故修宫室台榭，非丽其乐也，以平国策也。"政府通过修缮宫殿楼台等基础设施建设来增加政府购买，可以拉动消费、增加有效需求、提振就业。

第二，强调转移支付。《管子·轻重甲》提出："请使州有一掌，里有积五窌。民无以与正籍者予之长假，死而不葬者予之长度。饥者得食，寒者得衣，死者得葬，不资者得振，则天下之归我者若流水，此之谓致天下之民。""君出四十倍之粟以赈孤寡，收贫病。"政府的种种赈灾举措也体现了转移支付的思想。

凯恩斯主义倡导的财政收入政策，主张改革税收制度和公债政策，以适应财政支出的增加和干预经济政策的需要。管仲任职期间一直强调轻税负，减轻百姓负担。《管子·权修》提到"府不积货，藏于民也"，深刻体现了管仲"薄税敛，毋苟于民"和"取于民有度"的主张。薄税敛的具体措施如下：主张只征正税，反对额外强征暴敛，不得向百姓强索农业税以外的杂税和劳役；根据贫富差距实施差异征税。管仲的税收政策考虑了不同人的税收负担能力，关注税收公平。在土地税或田亩税方面，管仲根据土地的贫瘠程度差异征税，不同土地采用不同税率。与此同时，管仲也考虑了丰年和饥年的纳税能力，在饥年（即现代意义上的经济危机时期）降低税率或者延缓征收。

需要注意的是，实行"官山海"政策，"取之于无形，使人不怒"，其实质是市场经济下国有企业的发展问题。"官山海"是指国家掌控盐和铁等国家命脉产业，这既能减少人民税赋，又能增加财政收入。他首开盐铁专卖制度，对后世影响深远。《管子·海王》中提到，一次齐桓公想征税，管仲反对，提出"唯官山海为可耳"。管仲的国有化不是完全垄断经营，而是国有民营，实行所有权和经营权分离，让出一部分利润给人民。

3. 货币政策

凯恩斯主义的货币政策是通过调控货币供给量这一基础指标去影响利率，进而调节总需求。管仲认为货币是国家控制经济的重要工具。《管子·揆度第七十八》中写道，"刀币者，沟渎也"。他认为货币就像沟渠一样引导着经济活动。这也就暗示了，控制了沟渠的统治者就控制了国家的全部财产。这一精辟的言论非常重要，欧洲的哲学家用了 2 000 年才提出了类似的观点。[1]

第一，管仲主张由国家铸造和发行货币。《管子·山至数》中的"君有山，山有金，以立币"，《管子·国蓄》中的"人君铸钱立币，民庶之通施也"，均表明货币的铸造要由国家控制。

第二，货币投放量的计算称为"币乘马"。《管子·山至数》提出："币乘马者，方六里，田之美恶若干，谷之多寡若干，谷之贵贱若干，凡方六里用币若干，谷之重用币若干。故币乘马者，布币于国，币为一国陆

---

① 威廉·戈兹曼. 千年金融史. 北京：中信出版集团，2017.

地之数，谓之币乘马。"也就是说，首先在方圆六里的地区进行详细调查，包括土地状况、粮食产量和价格，然后由点及面估算全国的货币需求量，并以此为基础确定货币总发行量。《管子·山国轨》专门描述了国家统计工作："某乡田若干？食者若干？某乡之女事若干？余衣若干？谨行州里……必得轨程，此谓之泰轨也。然后调立环乘之币。"管子认为，必须调查出一个标准数据，然后发行一笔经过全面筹算的货币，可见其计算的详细周密。

第三，管仲不是只用货币调控市场，而是注重用商品和货币双向调节的方法，政府通过储备控制住农业社会最重要的商品（即粮食和货币）。当市场物资过剩时，低价收购市场上的商品；当市场物资不足时，高价卖出储备的东西，这样可以稳定市场，防止商人过度投机，还可以获得财政收入。《管子·山国轨》指出："国币之九在上，一在下，币重而万物轻。敛万物，应之以币。币在下，万物皆在上，万物重十倍"。其中，"在上"即收回国库，"在下"即投放市场。货币的购买力和物价紧密相连，在货币和货物之间进行调控，通过"以重射轻"（轻时买，囤积居奇）或者"以贱泄平"（重时卖，平抑物价）的方式，达成"人君操谷币金衡，而天下可定也"的理想状态。

4. 治理市场垄断问题

《管子》多处提到政府有责任干预市场垄断行为，治理贫富差距过大问题。《管子·国蓄》提出："是故万乘之国有万金之贾，千乘之国有千金之贾，然者何也？国多失利，则臣不尽其忠，士不尽其死矣。岁有凶穰，故谷有贵贱；令有缓急，故物有轻重。然而人君不能治，故使蓄贾游市，乘民之不给，百倍其本。分地若一，强者能守；分财若一，智者能收。智者有什倍人之功，愚者有不赓本之事。然而人君不能调，故民有相百倍之生也。夫民富则不可以禄使也，贫则不可以罚威也。法令之不行，万民之不治，贫富之不齐也。"

（五）管仲的经济思想与国际贸易理论视角的比较

亚当·斯密提出了绝对成本说，一国应根据国情，放弃绝对成本高的生产，而选择绝对成本低的生产，并彼此交换，这样两国的劳动生产率都会提高。因此，自由贸易是增加国民财富的最佳选择。大卫·李嘉图的比较优势理论则从比较优势的角度进一步延伸了国际贸易理论。

管仲同样认为自由贸易拥有让人处境变得更好的能力，大力提倡齐国和诸侯国之间的商品流通，并采取了设立市场、减轻关税、提供服务、发展外贸四大政策。"万物通则万物运，万物运则万物贱。"自由市场带来了更低的价格和利益的跨区域分享，世界贸易组织的高层人员对这一观点推崇备至。[①] 管仲还可以被看作国际经贸理论的拥趸者。

第一，低关税政策。管仲反对闭关锁国政策，认为应实现诸侯国间的互通有无，为此实施了零关税和低关税的贸易政策。《国语·齐语》中提到："通齐国之鱼盐于东莱，使关市几而不征，以为诸侯利。"也就是说，鼓励外商把齐国的水产、盐和手工业品输往各国，关口只稽查不征税。其结果是"天下之商贾归齐若流水"（《管子·轻重乙》）。齐国因此商业繁荣、国力增强，齐国都城临淄事实上成为一个自贸区。《战国策·齐策》记载了当时齐国首都临淄的繁华景象，"临淄之途，车毂击，人肩摩，连衽成帷，举袂成幕，挥汗成雨，家敦而富，志高而扬。"《管子·大匡》中提到："桓公践位十九年，弛关市之征，五十而取一。"

第二，善用汇率政策。在春秋战国时期，每个国家使用的货币各不相同，主要的铜铸币有刀、布、环、贝四种，国际贸易的主要货币是黄金，而齐国本位币主要是黄金和刀币（铜制）。在国内的货币流通领域，管子将齐国刀币的购买力对应到黄金上。《管子·轻重甲》中提到："金贾四千。""吾国者衢处之国也，远秸之所通、游客蓄商之所道，财物之所遵。故苟入吾国之粟，因吾国之币，然后，载黄金而出。故君请重重而衡轻轻，运物而相因，则国策可成。"管仲发现，只要将黄金对本国货币升值，其他进口货物相应贬值，就能聚敛天下财富。虽然在管仲所处的春秋战国时期并没有发生，但中国古代长期运行的金铜复本位制或是银铜复本位制与格雷欣法则的"劣币驱逐良币"息息相关。在距管仲四百多年之后的西汉就能观察到劣币驱逐良币的现象，时人贾谊曾指出，"奸钱日繁，正钱日亡"，这里的"奸钱"指的就是劣币，"正钱"指的就是良币。当劣币与

---

① 威廉·戈兹曼. 千年金融史. 北京：中信出版集团，2017.

良币的比价超出一定范围后，良币必然退出流通——它们被收藏、熔化或被输出国外。

与此同时，《管子·轻重丁》中提到："石璧流而之天下，天下财物流而之齐。"管仲通过向其他诸侯国出售石璧，其他诸侯用黄金、珠玉、五谷、布帛等交换石璧，使得齐国货币成为国际货币，并聚敛了天下财富。

（六）管仲的经济思想对现代经济学理论创新的启示

管仲超前的经济思想无疑是中国古代文化的瑰宝，也是经济思想史上的伟大创举。当前，我们正在完善社会主义市场经济体制，管仲的经济思想有很好的借鉴价值，要努力发挥好它的作用。

1. 市场机制与政府作用不是对立的，而是可以有机结合的

几百年来，贯穿西方经济学说史的一条主线就是关于市场与政府的争论。亚当·斯密的《国富论》让人们看到了"看不见的手"的重要作用，强调市场机制和供给侧。凯恩斯主义则让人看到了另一只"看得见的手"，强调政府作用和需求侧。在相应的演变过程中，西方经济思想也从供给侧转移到需求侧，从一个极端走向另一个极端。由此可见，亚当·斯密、凯恩斯等人的经济思想是单一维度的，而管仲的经济思想则是多维度的。换句话说，市场与政府的作用不一定是对立的，而是可以有机结合的，是市场与政府相互统一的整体。管仲成功的经济治国实践说明了"有为的政府"和"有效的市场"都是不可或缺的。他超前的经济思想和治国经验给中国特色社会主义市场经济的理论基础提供了借鉴，即现实经济实际上就是市场作用与政府作用的有机组合，并非一方协助另一方的关系，而是两者合理有序、共同作用的结果。中国市场机制的核心就是既让市场发挥决定性作用，又要更好发挥政府作用。

2. 不同经济体可以有各具特色的经济发展模式

应动态、包容地看待一个国家的经济发展模式，通常一种经济模式是否成功，其评判标准是看能否适应自身的情况，能否促进经济的平稳、健康发展。从历史来看，完全的市场经济模式是不存在的，各种市场经济模式都不同程度地存在政府的作用，没有国家可以例外，而是各有各的特征。美国的自由市场经济模式、德国的社会市场经济模式、日本的政府指

导型经济模式和瑞典的福利型市场经济模式等各具特色。各种市场经济模式可以相互学习，没有一个无法超越的完美市场经济模式。中国 40 多年的改革开放实践，通过市场与政府作用相结合带来的经济奇迹，证明了中国市场经济模式的巨大成功。这种成功也是人类历史上伟大的创新实践，更是对现代经济学理论的创新发展。

3. 开放经济、自由贸易是必由之路

在 2 600 多年前，管仲就主张自由贸易，反对闭关锁国，同时提出尽量使用零关税或低关税，并探讨了货币在贸易中的作用。当今的全球化进程应当坚持自由贸易的基本原则，逐步降低关税，甚至创造条件采用零关税，同时加强国际贸易与货币政策的协调。人类共处于一个地球村，是一个命运共同体，全球化可能会有所波折，但终究必然向前。

第四章　理性综合经济学模型的构建
　　　与政策框架体系

　　现实经济既不是完全的市场经济，又不是完全的计划经济，而是兼具市场作用与政府作用双重特征的经济，即混合经济。经济学理论要基于现实并解释现实，仅从纯市场经济模式或计划经济模式出发，都难以与现实完全契合。近年来，中国的成功实践证明：完全走传统的计划经济道路是行不通的，必须走市场经济道路，但这种道路又与西方的市场经济模式有区别，因为政府能够在其中发挥较好的作用。两者的有机结合是一种比较有效的经济模式，但政府作用也应有一个较为理想的限度。纵观经济学理论的演变进程，我们可以看出，经济发展模式和理论总体上是沿着市场与政府作用的不同组合而不断发展的，因而构建相应的模型成为其中的关键课题。构建理性综合经济学模型只需要原来相关理论的基本条件，不需要专门设定较多的严格条件。其主要目标是把现有理论模型的逻辑与中国的成功探索有机结合起来，按照理性综合思维进行适当调整，从而形成相对统一的经济学逻辑，即通过统一的公式，在演绎推理中得出相关的重要结论，并用相关理论给予较为合理的解释。

第一节　理性综合经济学模型提出的背景

　　纵观全球经济的发展历程，宏观经济学理论的大发展往往是通过解决现实经济中的新问题而得以突破的。当原有理论对社会出现的新情况与新现象无法给出合理解释时，往往会发生理论革命。一般来说，新的理论模型也是基于成功的实践并在借鉴现有理论的基础上完成的。

（一）时代发展呼唤经济学理论创新

实践呼唤理论创新，理论创新指导实践。西方国家的经济发展历程表明，尽管市场机制有利于创新，可以通过市场这只"看不见的手"提高对社会资源的配置效率，但如果放任其发展，局限性也是十分明显的。正是1929—1933年的"大萧条"促进了凯恩斯政府干预理论的产生。自20世纪70年代西方国家发生滞胀以来，以政府需求管理为代表的凯恩斯主义被摈弃，包括货币主义、理性预期学派在内的新自由主义开始占据上风。此后，西方发达国家（特别是美国）对经济的干预程度趋于减弱，对金融创新的管制也不断放松。在20世纪90年代美国IT泡沫破灭后，金融管制放松及无节制的创新主导了美国次贷危机，并引发国际金融危机。国际金融危机使新自由主义遇到了前所未有的挑战，政府干预主义重登历史舞台。2008年的国际金融危机提醒我们，完全照搬西方国家的发展模式是不可取的。作为全球第二大经济体，如何吸取这次国际金融危机的教训、积极参与全球治理、加大理论创新、促进中国经济金融的稳定发展，是摆在我们面前的重大课题。特别是对在中国经济发展与转型过程中出现的许多经济新现象、新情况，现有的宏观经济学理论无法进行合理解释，这意味着宏观经济学理论孕育着新的创新和突破。

中国经济的成功实践为经济学理论创新提供了契机。自改革开放以来，中国实现了经济的快速腾飞，平均保持接近10%的经济增速，创造了人类经济发展史上的奇迹。中国改革开放政策的一个重要特点是"摸着石头过河"与顶层设计有机结合，但在不同阶段有较大的差异。早期经济政策的基本逻辑可以概括为以"摸着石头过河"为主导，即在经济发展中进行理性、务实的尝试，政策效果好则推广，效果不好则进行及时调整，以达到预期效果。后期经济政策的逻辑是以顶层设计为主导，即在经济发展到一定阶段后，通过确立一定阶段的未来目标以引导预期，同时配合供给侧与需求侧有机结合的宏观调控体系，以推动经济的平稳健康发展。

习近平总书记明确指出，这是一个需要理论而且一定能够产生理论的时代，我们不能辜负了这个时代。在总结中国发展经验并进行理论创新方面，中国的经济学家有先发优势。党的十八届三中全会提出，要"使市场在资源配置中起决定性作用和更好发挥政府作用"，使市场机制与政府作用实现有机结合。展望未来，我们期待一个相对统一、"不分东西"、在不同模式下可以有一定差异的经济学理论创新。

（二）宏观经济学的理论变革需要新思维

长期以来，宏观经济学的不同流派间一直围绕"市场与政府的关系"这一问题争论不休。亚当·斯密的《国富论》强调了市场规则这只"看不见的手"的重要性，凯恩斯主义则提出政府作用这只"看得见的手"的积极作用。其实，市场与政府是缺一不可的。如何处理市场与政府两者之间的关系，是经济学理论发展过程中需要深入研究的重大课题。

在持续争论的过程中，混合经济思想开始萌芽并逐渐发展起来。自由主义和保守主义经济流派在发展中逐渐发现了自身的不足和对方的优势，并且试图吸收对方的一些有益观点。但是，他们在前期研究中的一个最根本缺陷是，仍企图从一个视角（市场经济或宏观调控视角）来包容对方理论中的合理性，而没有认识到现实经济实际上是混合经济，并将其作为研究起点。这就决定了前期的融合研究总是随着经济问题的改变而循环往复，无法提出统一的分析模式，也没有提出完整的政策框架。

自国际金融危机以来，全球经济所面临的宏观环境已出现显著变化，大数据时代的到来也为复杂宏观模型的测算提供了大量新素材。这既对宏观经济学提出了新的挑战，又指明了未来的发展方向。宏观经济学需要在吸收经济学最新理论和实践成果的基础上另辟新径。鉴于经济运行是"看不见的手"和"看得见的手"的共同作用，市场和政府的作用都是必不可少的。展望未来，两者的关系从对立走向统一将是宏观经济学理论发展的基本路径。

（三）从市场经济、政府干预以及两者结合视角建立了较为系统的理论

新的理论模型需要吸收最新的理论或实践。在这里，理论主要是西方经济学中的理论，马克思主义和凯恩斯主义都强调政府的作用，马克思主义中有关于经济运行的内容，但在理论模型和量化方面显得不够。混合经济理论（庇古和凯恩斯，1933）就是理论模型建立的基础。汉森的学生萨

缪尔森进一步拓展了混合经济理论并形成了体系，建立起了 AD－AS 模型，提出政府的干预只是帮助市场经济恢复到应有的水平，这里明显存在政府只是起辅助作用的表示。经济运行应该是"两只手"的共同作用，而且主要是起协作的重要作用。结合西方经济学发展的成果，并且综合考虑市场与政府作用的动态模型而进行的经济学理论创新，将是合理且有效的。我们要从更高的角度来解决问题，就好比中西医的各有所长以及男女性的分工协作。因此，市场与政府从对立走向统一是宏观经济学的发展方向。

学者梳理了不同经济学派对于市场与政府作用的观点，并将其概括为市场作用模式和宏观调控模式两种经济学分析范式。现实中的经济由市场经济与政府干预两部分共同组成：从市场经济的角度看，长期会有一个稳态的经济增长，反映经济增长的长期趋势，即潜在经济增长；从政府调控的角度看，则包含供给侧与需求侧两方面的干预。这种干预不仅对经济短期波动会有影响，而且主要通过供给侧对中长期潜在经济增长趋势产生影响，从而可以经济增长为核心来建立模型，并确立经济变量相互间的基本关系。

（四）新冠疫情引发的经济学理论反思

随着新冠疫情在全球范围内暴发并流行，由此暴露并凸显主流经济学的局限性。在本次疫情冲击下，对于经济学理论的反思也开始出现：现代主流经济学的许多理论，虽然表面上看起来它们的理论体系很精美，但其本质却是"黑板经济学"，只是建立在完全市场、理性行为人效用最大化假说基础上的经济学理论，在现实世界里是难以找到应用场景的。在疫情中，反而是政府的作用扩大了，有些货币政策几乎可以说是滥用，这与长期以来要求人们遵循的市场原则明显背道而驰。

虽然经济学家把经济学理论模型越做越复杂，但遇到新冠疫情等重大问题或外部冲击时，往往出现理论与实际差异过大的情况，其效果往往经不起实际检验。自新冠疫情暴发以来，经济学家对相关问题的研究起初面临的困境是有模型无数据，后来当疫情造成全球经济大规模停摆、供应链和产业链断裂时，经济学家又面临无有效对策，从而主要依赖政府干预的情况。一些长期依赖"假定"进行课题研究的经济学家，应该深刻反思"假定"的内涵了。这并不是否定经济学研究需要假设，而是提醒我们需要高度关注不确定性很大的现实问题，需要更加贴近现实情况进行假定。

人类文明的演进与经济社会发展史证明：哲学是分析各种问题和理顺逻辑关系的基础。经济学只有被赋予更多的哲学思考，同时其基本逻辑关系又能运用数学进行适当表述，它的科学性才容易得到广泛认可。只有这样，才不会出现"东西两种经济学"和"不同学派经济学"，而是一个在经济规律面前人人平等的经济学，这是历史赋予经济学家的使命。

（五）经济学家的期盼

面对经济学理论众多的流派，很多经济学家提出过很好的观点，可以说是一种期盼。在国际金融危机后，一些著名的宏观经济学家开始反思此前宏观经济研究的缺陷。著名经济学家克鲁格曼得出的重要结论是，"要接受市场的不完美，也要接受精巧的大统一的经济学还在天边的现实"，也就是要接受市场的不完美以及经济学理论走向统一还有一个过程。针对现代经济增长理论，斯蒂格利茨（Stiglitz，2017）提出，当前的标准范式往往遗漏了对市场失灵的考虑，同时他还改变了对政府干预市场意愿的推测。他认为，若市场存在失灵，政府倾向于采取行动以修正市场失灵。哈克（Hacker，2016）进一步认为，20世纪社会的繁荣要归功于政府干预和自由市场的有效结合，并提出要找到两者的合理平衡点。

对此，国内学者也做过探讨，蔡继明和江永基（2010）、蔡继明（2015）对马克思主义经济学与新古典主义经济学进行了梳理，甄别了两者的合理成分，认为社会主义和资本主义两种经济制度正在趋于融合；在此基础上，他们构建了一个对现实解释能力更强的全新价值理论——广义价值理论，以期消除两大经济思想体系对立的基础。但是，他们的主要关注点是对要素价值的理解以及社会制度的差异与趋同的发展情况，因而他们的理论着重讨论了价值的形成与决定，对现实经济与市场运行未做更多的解释。蔡继明认为，市场与政府之间要有一定的统一，但统一的方向是劳动价值论。林毅夫（2017）认为，要把结构的差异性作为研究的切入点，将马克思历史唯物主义和西方主流经济学的研究范式进行结合，借以推动中国的经济理论创新，但他认为这两者属于不同的体系，不应将这两者的差异化过分扩大。实际上，马克思主义经济学是在对英法古典经济学进行革命性改造的基础上创立起来的，它与英法古典经济学有一定的继承和发展关系。林毅夫的新结构经济学是对现实中一国可追及另一国的实践的理论升华。李稻葵提出，中国经济学界必须有紧迫感，必须把我们伟大的经济实践和思想转化为国际上有广泛说服力的、具有中国特色的、与西方自由经济学理论分庭抗礼的经济学理论，为中国经济的重大决策做出应有的贡献，并提出政府与市场经济学的概念。

萨缪尔森的逻辑比较典型，也很有特色，在某种程度上反映了经济学理论创新的愿景：一是混合经济理论在萨缪尔森的逻辑中达到了高峰。二是把市场与政府作用有机结合，但又强调政府的作用是市场的附属。三是将总供给和总需求统一考虑，并构建了 AD－AS 模型，不仅强调了凯恩斯理论中的有效需求，而且强调了供给侧。四是将严谨的数学逻辑引入经济学，适度的数学化对经济学逻辑有重要意义。五是提出中国可以走计划经济和市场经济的中间道路（或称第三条道路），因为经济发展模式是多重的，所以经济发展模式里面最核心、最典型的市场经济模式也应是多重的。六是不再将经济发展看作静态的，而是将其视为诸多动态因素的组合。由此可见，实现市场与政府的有机结合是经济学家的共识，只是在不同经济发展模式中市场与政府的权重不同而已。

目前的主流宏观经济学尽管从表面上看更像一门科学，但离实际操作却是越来越远。因此，未来宏观经济学的发展应该走出象牙塔，考虑到它对于政策实践的重要指导作用，这就要求经济学的很多假设要更加贴近现实，只有抽象的模型与复杂的现实之间形成良好的映射，未来宏观经济学作为科学的基础才更加扎实，从而回归经济学"经世济用"的初衷。

第二节　理性综合经济学模型的构建及市场与政府作用的平衡点

理性综合的基本内涵是：坚持以解决现实问题为出发点，按照理性、务实的原则，综合考虑理论和实践中的各类政策工具，并进行分类、筛选和组合，再根据实际执行效果确定政策选择和路径，以期达到最佳的效果。

(一) 构建理性综合经济学模型的逻辑与新思维

经济增长的概念是清晰的，但导致经济增长的因素却是复杂的，为了认识经济增长的因素，西方经济学者区分了经济增长的直接原因和间接原因。经济增长的直接原因与经济中投入要素（如资本、劳动）的积累有关，还与影响这些生产要素生产率的变量（如规模经济和技术变化）有关。影响经济增长的因素包括人口、宏观环境、贸易制度、政府的收入和支出、地理以及政治、社会影响等。为此，西方学者提出了如下方程：

$$Y_t = F(K_t, L_t, A_t, N_t, S_t)$$

式中，Y_t 为一个经济体的总产出；K_t、L_t、N_t 分别为资本、劳动等的存量；A_t 为全要素生产率。

从本质上说，Y_t 在一般情况下应为实际总产出，也可以是潜在总产出。我们可将上述方程在确定条件下进行简化。如果将 Y_t 看作潜在总产出且符合市场经济规律，柯布函数关系存在，那么应该可以导出索洛模型。在凯恩斯理论的条件下，本来考虑经济的短期波动，也可以说是实际经济增长，但在哈罗德模型中通过几个增长率的平衡，最终导出的是潜在经济增长。只有从政府调控的角度看，对经济的影响是由总供给与总需求共同决定的，AD - AS 模型可用来阐述总供给与总需求对经济增长的影响。

我们可以从一般的视角进行动态分析。曾获得诺贝尔经济学奖的瑞典学派的动态宏观经济学，主要有如下几条创新：一是将货币因素考虑在内；二是考虑了动态情况；三是研究了总供给和总需求；四是政府干预是有作用的。其局限在于：一是均衡问题；二是没有阐述总产量的决定。

我们可以将相关的影响进行分解。从表面上看，真实经济周期理论是探讨经济周期的理论，但从本质上说，它探讨了经济增长问题。它从古典经济学出发，实际给出了一个经济的潜在经济增长率，而外部技术冲击也可影响经济增长率的变化，再考虑政策的影响，我们就可以对相关的作用和影响进行细分，确定相应的准确来源。不过，对于外部技术冲击能形成周期性影响的观点，应该是不合理的。

(二) 理性综合经济学模型的构建与框架

我们运用宏观经济学理论的核心成果，按照理性综合的逻辑关系，探索运用"最简单的公式"对理论模型进行阐述。既然作为经济学研究对象的现实经济是混合经济，那么不仅有市场经济模式发挥作用，而且有政府干预或宏观调控模式发挥作用。也就是说，推动现实经济发展的动力由市场经济与政府干预两部分共同组成。从市场经济的角度看，在长期会有一个稳态的经济增长，也就是稳态下的潜在经济增长，它反映了经济增长的长期趋势，可以用市场平稳状态下的潜在经济增长来表示。从政府调控的角度看，对经济的影响是由总供给与总需求共同决定的，AD - AS 模型可以用来阐述总供给与总需求对经济增长的影响。供给侧与需求侧（特别是供给侧）调整的影响，既有短期影响，又有长期影响，而非宏观政策只有短期影响。具体说来，它们对经济短期波动的影响主要体现在需求侧，是凯恩斯理论的体现，而对经济中长期波动的影响主要体现在供给侧，实质是通过政府作用对潜在经济增长率的冲击来实现。这一点与大家熟悉的凯恩斯宏观政策主要产生短期影响不同，我们可通过一个例子加深理解。假定两个孩子的自然条件完全一样，也就是在自然条件下两个人的潜力是一样的，但两个孩子中的一个在某个环境下自然长大，而另一个有完全不同的教育和经历，那么若干年后，可能这两个人的潜质差异巨大。如果加上外部机遇的差异，那么这两个人的人生可能完全不同。此处的人生历程类似于实际经济增长，发展潜力或潜质类似于潜在经济增长率，教育和经历类似于供给侧改革，外部机遇或挑战则类似于需求侧变动。

有鉴于此，我们可以从物理及数学原理出发，运用变动率来建立相应模型。[①] 模型的主体部分由以下三个方面构成：

$$\Delta Y_t = a\Delta Y_t^* + b\Delta \hat{Y}_t \tag{4.1}$$

$$Y_t^* = f(K_t, L_t) = \lambda K_t^{\theta} L_t^{1-\theta} \tag{4.2}$$

$$\Delta \hat{Y}_t = \Delta AS + \Delta AD \tag{4.3}$$

在 (4.1) 式中，ΔY_t 表示经济总产出水平的变化，$\Delta Y_t = Y_t - Y_{t-1}$。

---

① 可参考本书第五章中更一般的表达。

ΔY_t^* 表示仅考虑市场作用下的稳态，即经济的潜在产出水平的变化，属于长期趋势的主体部分。$\Delta \hat{Y}_t$ 表示政府作用部分带来的变化，与凯恩斯理论认为政府仅影响经济的短期波动不同，此处的政府作用部分既有对经济短期波动的影响，又有对经济长期趋势的影响，而且来自供给侧和需求侧的冲击将叠加。

根据理性综合经济学模型，市场的总均衡既需要市场调节，又需要政府调控，即"看不见的手"与"看得见的手"有机结合。在（4.1）式中，参数 a、b 表示权重，两者之和为 1。当 $a=1$，$b=0$ 时，有

$$\Delta Y_t = \Delta Y_t^* = Y_t^* - Y_{t-1}^*$$

此时属于完全市场经济模式，即古典经济的情况，经济的均衡可通过市场自身的调节作用自动实现。

当 $a=0$，$b=1$ 时，有

$$\Delta Y_t = \Delta \hat{Y}_t = \Delta AS + \Delta AD$$

此时属于完全计划经济模式，即马克思所说的按需分配情况，市场完全由政策进行宏观调控。

当 $0<a<1$，$0<b<1$，$a+b=1$ 时，属于既有市场又有政府的混合经济模式，也是更贴近现实的经济模式。根据参数（a、b）的权重不同，（4.1）式还涵盖了凯恩斯学派、新古典主义学派与新凯恩斯学派等不同经济流派对于市场的不同情况。例如，假定一国是运用凯恩斯理论来调控宏观经济的国家；在某个阶段，如果 $a=0.8$，$b=0.2$，就能表示此阶段市场与政府的关系。

在（4.2）式中，λ 为常数，K 表示资本，L 表示劳动，参数 θ 和 $1-\theta$ 分别表示资本产出弹性和劳动产出弹性。该式表明经济的潜在产出水平主要由资本、劳动等要素决定。需要注意的是，此处 Y_t^* 的表达式虽然与索洛增长模型类似，但其含义有所差别[①]，索洛增长模型中存在要素不可解

---

① 在索洛增长模型中，总产出的增长主要由人口和资本要素的增长解释，但存在未能由要素增长进行解释的部分，即索洛剩余，学者主要将其归因于技术进步。在理性综合经济学模型中，市场作用部分的总产出增长可完全由市场要素解释，剔除了不可解释的冲击部分，而冲击则在政府作用部分进行解释。这也是理性综合经济学模型的假设区别于传统市场假设的关键所在。

释的经济增长部分，但在理性综合经济学模型中的市场经济部分 Y_t^* 是指纯粹由市场作用带来的产出增长，剔除了不可解释的冲击部分。

在（4.3）式中，ΔAS 表示来自供给侧的冲击，ΔAD 表示来自需求侧的冲击。政府作用于经济波动的部分是供给侧和需求侧冲击叠加的影响，根据预期产出水平与前一期的实际产出水平之间的偏离，政府进行逆周期的宏观调控，通过在需求侧或供给侧推出针对性政策来对宏观经济进行调控。此时，假定政府预期为理性预期，$E(Y_t) = Y_t$。因此，我们可将需求侧管理的政策表达为：

$$\Delta AD = \mu_d (Y_t - Y_{t-1}) + \varepsilon_{dt} \tag{4.4}$$

式中，$\mu_d (Y_t - Y_{t-1})$ 为需求侧的宏观调控政策的反馈反应；μ_d 为常数；ε_{dt} 为不可测的随机因素。

供给侧的宏观调控不仅会给经济增长带来短期波动冲击，而且会对经济增长的长期趋势产生影响，即影响经济增长的长期路径。此处，我们对长期影响的滞后效应进行了简化处理。供给侧结构性改革的政策可表达如下：

$$\Delta AS = \mu_{sl} (Y_t - Y_{t-1}) + \mu_{ss} (Y_t - Y_{t-1}) + \varepsilon_{st} \tag{4.5}$$

在（4.5）式的右端，$\mu_{sl} (Y_t - Y_{t-1})$ 和 $\mu_{ss} (Y_t - Y_{t-1})$ 分别表示供给侧的宏观调控政策的反馈反应，前者为来自供给侧的长期影响，后者为来自供给侧的短期影响。其中，来自供给侧的短期影响 $\mu_{ss} (Y_t - Y_{t-1})$ 与来自需求侧的宏观调控政策的反馈反应的机理相同。并不是所有的供给侧宏观调控都可能对经济增长产生长期影响，此处假定供给侧宏观调控作用于技术进步的政策会对经济增长有长期影响。我们可将供给侧政策的长期影响表达如下：

$$\mu_{sl} = \frac{\Delta Y_t^*}{Y_t - Y_{t-1}} \times \Delta A_t \tag{4.6}$$

因此，供给侧结构性改革的政策可改写为：

$$\Delta AS = \mu_{ss} (Y_t - Y_{t-1}) + \Delta A_t \times \Delta Y_t^* + \varepsilon_{st} \tag{4.7}$$

式中，ΔA_t 为技术进步；μ_{ss} 为常数；ε_{st} 为不可测的随机因素。

综合（4.4）式和（4.7）式，可得：

$$\Delta \hat{Y}_t = (\mu_{ss} + \mu_d)(Y_t - Y_{t-1}) + \Delta A_t \times \Delta Y_t^* + (\varepsilon_{st} + \varepsilon_{dt}) \tag{4.8}$$

综合（4.1）式和（4.8）式，可得：

$$\Delta Y_t = (a + b\Delta A_t)\Delta Y_t^* + b(\mu_{ss} + \mu_d)(Y_t - Y_{t-1}) + b(\varepsilon_{st} + \varepsilon_{dt})$$

$$(4.9)$$

以上是理性综合的模型部分，最终得到的（4.9）式有很深刻的经济学意义：经济运行表现出的经济增长现象 ΔY_t，由长期趋势 $(a + b\Delta A_t)\Delta Y_t^*$ 和短期波动 $b(\mu_{ss} + \mu_d)(Y_t - Y_{t-1}) + b(\varepsilon_{st} + \varepsilon_{dt})$ 共同驱动。其中，长期趋势受经济的基本面影响，主要由资本、劳动等市场要素决定。此外，来自政府作用（如长期产业政策等）所引起的技术进步变化也会影响经济的长期趋势。短期波动由供给侧的暂时性冲击和需求侧的暂时性冲击复合产生。其中，供给侧的改革和冲击主要来自临时性产业政策和外生的随机冲击等；需求侧的暂时性冲击来自财政政策、货币政策的变动和其他不可知因素的影响。理性综合经济学模型是一个统一的、动态的经济增长模型，它与凯恩斯理论最明显的差异就在于对政府作用的理解。理性综合经济学模型认为，政府作用既会对经济的短期波动产生影响，又会对潜在经济增长率产生影响，进而对市场经济的基础产生影响。宏观调控在促进长期经济增长或发展方面不是无能为力的，而是可以发挥作用的。这也克服了现有经济增长模型的局限，体现的是经济发展，而不是简单的增长。

（三）理性综合经济学模型下的政策组合分析

在理性综合经济学模型的基础上，我们可以进一步分析不同政策组合的影响。下面分层次深入分析不同的政策组合及其对应的现实情况。

1. 市场作用与政府作用的叠加

在极端或者理想的情况下，古典经济学派认为经济运行完全是市场经济模式，市场作用可以使经济运行自动达到均衡；马克思主义经济学认为，经济运行完全是计划经济模式，政府对经济具有主导地位。但在现实生活中，经济运行是市场与政府共同作用的结果。现实的经济是混合经济，市场作用是基础性的，政府作用是调节性的，包括需求侧的财政与货币政策以及供给侧（如改革、产业结构、所有制等）的综合影响。在一般情况下，市场趋势是向好的，结合政府对经济的合理调节，经济趋于良性发展，见图 4-1 中的第一象限。但如果市场或政府未能在好的方向发挥作用，则容易引起经济运行方向的变化，表现为经济衰退或萧条。因此，我们需要市场充分发挥决定性作用，保证经济平稳运行，避免发生系统性风险，同时使政府更好发挥作用，采取经济手段保证创造良好的氛围。

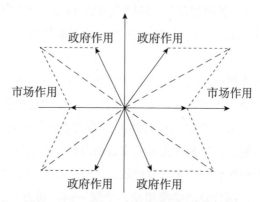

图 4 - 1　市场作用与政府作用的不同情况

资料来源：作者整理。

2. 需求侧管理与供给侧改革的结合

在现实中，人们有时强调需求侧管理，有时强调供给侧改革。根据 (4.3) 式中的 $\hat{Y}_t = \Delta AS + \Delta AD$ ，政府对经济的宏观调控既可来自需求侧，又可来自供给侧，因而宏观政策是供给侧政策和需求侧政策的组合。与凯恩斯理论不同的是，理性综合观点认为，需求侧管理侧重对经济短期波动的调节，供给侧改革既有对短期波动的影响，又有对长期趋势的影响。如图 4 - 2 所示，曲线 Y 可近似看成实际经济运行的轨迹，它前期围绕潜在经济增长曲线 Y^{*1} 上下波动。如果政府调节能有效发挥作用，则可能影响经济的长期潜在经济增长率，使潜在经济增长曲线从 Y^{*1} 向 Y^{*2} 上移，因而曲线 Y 在后期则围绕潜在经济增长曲线 Y^{*2} 上下波动。因此，政府的更好作用不仅能通过实现短期供求平衡拉动经济增长，而且能通过对潜在经济增长趋势的影响，促进经济结构的转型升级。

需求管理强调总量调控，由政府发挥主导作用进行刺激，使得经济恢复繁荣，但无法通过总需求管理消除产业结构失衡问题，也无法提升有效供给。供给侧改革强调通过结构调整，增加有效供给，并通过改革释放企业活力，使经济体成为真正有活力的经济体。需求侧管理的政策主要包括

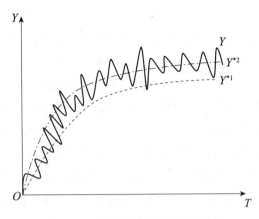

图 4 - 2 经济短期波动与长期趋势

资料来源：作者整理。

财政政策与货币政策。供给侧结构性改革的政策包括推广生产的政策（如工资、原材料和能源价格等）、调节企业收益的政策（如税收、补贴、生产配给和政府购买等）、制度变迁政策（如涉及企业和个人积极性的相关政策）以及国有企业改革政策等。当然，有的政策可能既有需求管理作用，又有供给调整作用。例如，货币政策主要是需求管理政策，但利率也影响企业的生产成本，从而影响总供给。再如，产业政策作为一项供给侧结构性改革政策，在短期内会影响某个行业的供给能力，在长期则会影响潜在经济增长率（或者全要素生产率）的非稳态变化。宏观政策的目标就是要刺激微观经济的活力，为企业和个人提供良好的环境，并形成良好的、固定的特征。

3. 经济周期与政策组合的对应

宏观调控理论是一个将供给侧改革和需求侧管理有机结合的调控体系，两者贯穿始终，只是根据经济中总量与结构问题的突出程度而有不同侧重，再结合经济周期的不同阶段，还可实施不同的总需求管理和供给侧改革的政策组合。首先，根据经济发展中总量和结构的问题特征，可将宏观调控概括为两个大类：需求侧管理为主，供给侧改革为辅；供给侧改革为主，需求侧管理为辅。其次，根据经济的周期特征，进行需求侧管理政策和供给侧改革政策的组合搭配。当然，有一些特殊的目标也可融进相应的政策组合。

理性综合经济学模型认为，应当以经济的潜在增速为核心，结合所处时期的经济运行特点，有针对性地运用政策工具实施宏观调控，达到"稳增长、调结构"的目的。在 20 世纪 80 年代美国的滞胀时期，里根政府以供给侧改革为主、以需求侧管理为辅的宏观调控可谓"对症下药"，通过大规模减税释放企业活力，从而使美国成功走出了滞胀困境。当前，我国在新常态的背景下推进供给侧改革，需要配合以减税为核心的积极的财政政策和适度宽松的货币政策，并通过经济体制改革，破除预算软约束问题，以解决中小企业融资成本高昂的困难，将中小企业作为吸纳就业的主体，承接"去产能"导致的失业问题。

4. 关于产业政策的有效性问题，产能过剩问题并不能证明产业政策失效

实际上，产业政策不仅能够有效地辅助供给侧改革，催生新的经济增长点，而且可通过对潜在经济增长率的影响，促进经济的转型升级。产能过剩问题并不能证明产业政策失效，产业政策能催生一个幼稚工业至产能过剩，正好证明了产业政策的强有效特性。运用产业政策的关键问题在于，合理把握政策退出的时点，在产业发展达到成熟期时，产业政策需要及时退出，并取消优惠待遇，避免推动产能走向过剩，同时完成产业结构调整。从这个意义上说，综合运用需求侧管理和供给侧改革的政策，能适度调整经济的潜在增速至合理水平，同时缩小产出缺口，有效帮助中国走出当期困境，从而避免掉入中等收入陷阱。

(四) 关于经济发展模式与变革的现实模拟

根据 (4.1) 式，可以画出图 4-3 中的经济模式变革动态曲线。

在图 4-3 的矩形中，右上方是纯市场点，代表完全市场经济模式，对应于 (4.1) 式中 $a=1$、$b=0$ 的情景。左下方是纯计划点，代表完全计划经济模式，对应于 (4.1) 式中 $a=0$、$b=1$ 的情景。混合市场曲线上的点则位于两者之间，代表现实的混合经济模式，对应于 (4.1) 式中 $a<1$、$b<1$ 且 $a+b=1$ 的情景。根据现实经济中市场作用与政府作用的不同程度，不同的经济体处于该曲线上的不同点。一方面，经济模式的变革是

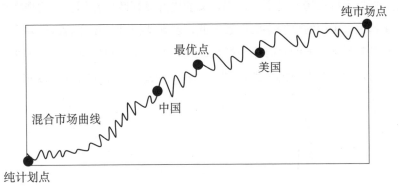

图 4 - 3 经济模式变革动态曲线

资料来源：作者整理。

一个动态发展的过程；另一方面，它又是相对稳定的，即在一个特定时期，市场与政府的关系是基本稳定的。因此，在一个相对较宽的区间内，一种经济模式可以进行复制与推广。此时，就需要在相应阶段对市场作用与政府作用的合理临界点进行界定。

（五）关于市场与政府作用平衡点的分析

关于市场与政府作用的边界问题一直是学界热议的话题，也一直饱受争议。我们认为，在一定的时期内，混合经济中的市场作用与政府作用之间存在一个大体合理的临界点，体现在理性综合经济学模型中则是（4.1）式中市场作用的最大化或最优解。我们把此时政府作用在市场中所发挥的比重称为政府作用指数。出于篇幅的考虑，此处主要对理性综合的逻辑进行阐述，即对政府作用指数仅做简单的测算。

借鉴樊纲、王小鲁和朱恒鹏（2011）的方法，以政府支出占全国 GDP 的比重作为政府在总经济体中作用程度的衡量。以中、美数据做对比，中国的政府作用指数为 31.28％，美国的政府作用指数为 18.51％，即在中国经济运行的过程中，市场的基础性作用和政府的调节作用的大致比例为 68.72∶31.28，美国经济中的该比例为 81.49∶18.51。我们认为，在一定阶段中，市场作用与政府作用之间是存在一个合理值的，在当前阶段大体为 75∶25。也就是说，目前的政府作用指数在 25％左右是比较合理的体制，此时既能发挥市场的决定性作用，又能更好发挥政府作用。对比现实中的中美情况，美国的政府作用指数偏低，宏观调控对于经济的运行并未达到理想的效果；中国的政府作用指数偏高，宏观调控对经济的影响偏强，经济运行过程中的市场化程度仍有待提高，需要进一步推进市场化改革。

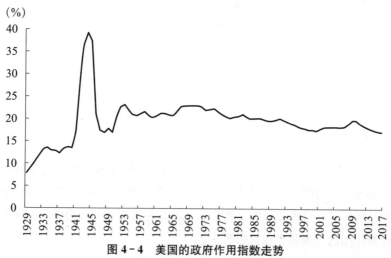

图 4-4 美国的政府作用指数走势

资料来源：作者整理。

进一步，出于数据的期限考虑，下面以美国的政府作用指数走势为例进行具体阐述（见图 4-4），也可以由此推出典型的西方经济模式的大致演进过程。早期的美国经济比较接近完全市场经济模式，在 1929—1933 年"大萧条"期间，美国经济的市场作用处于最大化阶段，政府作用指数平均仅为 10.54%，大致可看作一般市场经济的下限。但"大萧条"的出现使自由市场经济的观点受到极大冲击，人们开始意识到市场作用的局限性，由此推动凯恩斯得出了有效需求不足和国家干预理论。因此，在"大萧条"后，国家的干预程度得到很大提升。20 世纪 70 年代末美国出现了严重的滞胀，这证明了凯恩斯理论的局限性。

由此可见，每次在发生经济危机时，西方经济学总是倾向于强调政府作用的重要性，而每次危机过后，又总是强调市场经济的重要性，要政府还空间给市场。有鉴于此，在滞胀后期，经济又开始向市场化回归，政府作用指数逐渐下降。但 2008 年国际金融危机的冲击再次引起了人们对自由市场的质疑，政府进而加强了对经济的干预，表现为 2008 年后的政府作用指数有所上升。

　　由此看来，市场与政府的作用一直都存在，只不过是在不同阶段作用的大小不同而已。在生产力水平有限的阶段，供给一般不能完全满足需求，此时以市场经济模式为主的经济结构更有效。在这种情况下，萨伊关于供给自动创造需求的理论是成立的。在生产力水平充分发达的阶段，供给可以完全满足需求，同时由于技术水平的充分发展使得对需求的量化与计算都变成可能，因而让政府发挥一定作用的经济结构更有效。

　　当然，经济发展模式的平衡点不是一成不变的，随着供给能力的持续提升，需求越来越成为宏观经济的关注对象，而大数据的发展又能保证对需求进行精确测算，从而"看得见的手"会发挥越来越重要的作用。在未来生产力发展到理想的阶段，人们的需求都可以被满足，供给已不再是一个问题。但在未达到这一最终目标前，市场与政府的作用都是不可缺少的。相应地，政府作用的发挥是通过总需求和总供给两个方面展开的，只不过在不同阶段、不同特征下，政策措施的组合和侧重点不同罢了。

第三节　理性综合视角下的宏观调控政策框架体系

　　在西方经济学的历史研究中，始终没有出现宏观调控这个概念，只有宏观经济学和宏观经济政策的概念。但现代社会经济发展的历程表明，国家的干预作用始终存在，早期重商主义的国家干预措施也可以被视为某种程度的宏观调控。正式的宏观调控概念是由中国提出的，并在中国的实践中形成了较为完整的体系，中国在宏观调控实践的基础上进行了重大的理论创新。

（一）宏观调控理论的缘起与历史演进

1. 西方经济学中宏观调控思想的梳理

　　"宏观经济学"这一概念，最早是 1933 年由经济学家拉格尔·弗瑞希提出的。宏观经济理论框架的基本建立是以 1936 年凯恩斯的著作《就业、利息和货币通论》的出版为标志。自此，宏观经济政策引起了广泛的关注，并在政府对市场经济的干预实践中发挥了重要作用。在此，我们以市场与政府的作用为主线，从宏观调控是政府作用形式的视角，对不同时期的宏观经济政策进行简单梳理。

早期，以亚当·斯密为代表的古典经济学备受推崇，他在《国富论》中认为自由市场可以实现资源的最优配置，市场会通过"看不见的手"进行自我调节。因此，自由市场经济推崇萨伊定律，认为供给会自动创造出需求。他们认为行为人的预期是理性的，经济波动可迅速消除；与此同时，他们反对政府干预经济，希望把政府的宏观调控限制到最低程度。

1929—1933 年的"大萧条"催生了凯恩斯宏观经济学理论，引发了"凯恩斯革命"。凯恩斯从有效需求不足出发，主张不能完全依靠市场的自我调节，而要将政府干预与市场的自发性结合起来，他强调了政府干预的重要性，提出了系统的宏观经济学理论框架（见图 4-5），从而对主要用于短期的宏观经济政策产生了巨大影响。在 20 世纪中期，以萨缪尔森为代表的新古典综合派发展了凯恩斯理论，并构建了总供求模型，他们不再局限于总需求分析，但对供给的理解偏弱。萨缪尔森认为，在市场经济中，政府作用主要体现为提高经济效率、增进社会平等、促进经济稳定增长，以及减少失业、降低通货膨胀，政府主要通过财政、货币等政策工具来实现上述目标。

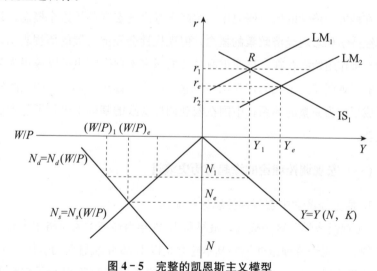

图 4-5 完整的凯恩斯主义模型

资料来源：作者整理。

20 世纪 70 年代美国经济陷入滞胀，新古典综合派受到挑战。新古典主义学派批判了凯恩斯主义。它结合马歇尔古典经济学和凯恩斯经济学，强调一般均衡分析与宏观经济学的微观基础，并以价格-工资弹性和理性预期假说为基础向计量化发展，借以解释美国经济的滞胀。它侧重于总需求管理和总供给管理的有机结合，认为当经济存在非自愿失业时，需要政府进行调节；当经济接近或达到充分就业时，应发挥市场自身的调节作用。真实经济周期理论从供给侧进行了深入分析，并在经济理论的动态化方面进行了较为深入的探索。

从总体上看，在西方经济学理论演进过程中形成了多套政策框架，它们在发达国家的不同发展阶段发挥了较大作用，但存在一些局限性：

（1）没有形成一套完整的宏观调控框架体系。凯恩斯主义学派提出了完整的宏观经济学理论，但它提出政府作用这只"看得见的手"仅针对需求管理，是一个相对短期的政策体系，这与宏观调控的内涵相距甚远。供给学派等虽然已经意识到供给侧的重要性，但又忽视了需求理论的重要性，也没有形成严谨的逻辑、模型和政策框架。

（2）宏观经济政策框架还是以静态和比较静态分析为主导，是非动态的理论。这与西方经济学将均衡分析扩大化有密切关系。均衡分析虽有直观、易于理解的优势，但以此展开的分析只能是某些特殊状态，注定只能进行适当描述，无法合理解释经济增长、经济周期等关键问题。总供给和总需求的均衡与非均衡的动态转换是市场机制发挥作用的具体表现，也是问题的关键。

（3）与实际经济运行存在较明显的脱节。宏观经济学的不同流派对总供给和总需求有不同的理解，对宏观调控或宏观经济政策也有不同的观点，有的甚至花费很大精力得出政府或货币政策无用等观点，明显与实践不符。这与西方经济学基于完全市场经济的逻辑基础有关，难以包容对政府作用的合理考量。

2. 马克思主义经济理论是提出宏观调控的理论基础

马克思阐述了宏观调控的必要性，并指出："一切规模较大的直接社会劳动或共同劳动，都或多或少地需要指挥，以协调个人的活动，并执行生产总体的运动——不同于这一总体的独立器官的运动——所产生的各种一般职能。一个单独的提琴手是自己指挥自己，一个乐队就需要一个乐队指挥。"对于一个国家来说,这个"乐队指挥"就是政府,社会经济的良好运行离不开政府的宏观调控。进一步,马克思还提出了关于社会总劳动量分配的必要性:"要想得到和各种不同的需要量相适应的产品量,就要付出各种不同的和一定数量的社会总劳动量。这种按一定比例分配社会劳动的必要性,决不可能被社会生产的一定形式所取消,而可能改变的只是它的表现形式,这是不言而喻的。"① 此外,马克思主义阐述了宏观经济的平衡和运行理论,揭示了经济均衡和非均衡发展的实质与基本条件。马克思主义再生产理论认为,社会总资本的再生产是生产和流通的统一,社会生产的两大部类以及各部门之间必须保持一定的比例关系,才能保证社会总资本的再生产顺利进行。由于资本主义生产和消费的对抗性矛盾,资本主义经济发展的非均衡是一种常态。马克思对经济均衡和非均衡理论的分析,为在现代市场经济条件下国家进行宏观调控提供了科学的理论依据。

总体来看,马克思主义对宏观调控的探讨包括了总量和结构的均衡,是建立在总供给和总需求层次上的综合分析,这为中国提出宏观调控的概念提供了理论依据。但由于时代局限性等原因,马克思主义经济理论并没有建立起系统的宏观调控理论。

3. 宏观调控概念在中国的提出与发展

宏观调控是我国在经济体制改革中提出的新概念。1984 年,《中共中央关于经济体制改革的决定》中首先使用了"宏观调节"一词。1989 年11 月,中国共产党第十三届中央委员会第五次全体会议公报进一步指出:"进一步深化和完善各项改革措施,逐步建立符合计划经济与市场调节相结合原则的经济、行政、法律手段综合运用的宏观调控体系。"1993 年,"宏观调控"一词被写入《宪法》,当年通过的《宪法修正案》第 15 条明确规定:"国家加强经济立法,完善宏观调控。"同年,《中共中央关于建立社会主义市场经济体制若干问题的决定》提出,要建立社会主义市场经济的宏观调控体系。2003 年,《中共中央关于完善社会主义市场经济体制若干问题的决定》对宏观调控体系做了如下表述:"进一步健全国家计划

---

① 马克思,恩格斯. 马克思恩格斯全集:第 32 卷. 北京:人民出版社,1974:541.

和财政政策、货币政策等相互配合的宏观调控体系。"2011年，全国人民代表大会通过的《中华人民共和国国民经济和社会发展第十二个五年规划纲要》专门阐述了"加强和改善宏观调控"。中国共产党第十八届中央委员会第三次全体会议明确提出了一系列创新宏观调控的思路，特别提出："经济体制改革是全面深化改革的重点，核心问题是处理好政府和市场的关系，使市场在资源配置中起决定性作用和更好发挥政府作用""科学的宏观调控，有效的政府治理，是发挥社会主义市场经济体制优势的内在要求"。

由此可见，宏观调控是基于中国经济实践而形成的重要经济学概念，是以马克思主义经济学为基础，通过汲取现代西方经济学理论思想的精华，并伴随中国经济发展转型的实践过程而逐步形成的。

(二) 宏观调控的内涵与理论模型解析

丰富政府调控经济的内涵，构建更加系统完善的宏观政策框架体系，是宏观经济学理论变革的重要目标，也是完善经济学理论体系的重要基础。无论是新凯恩斯主义经济学家还是新古典主义经济学家都承认，在现实市场中存在缺陷与摩擦。基于对市场机制缺陷的认识，宏观经济学家逐渐意识到政府在调控市场过程中所起的重要作用，市场与政府一起构成了调控市场不可或缺的两大支柱。正如美国前副财长戴维所言："1929年没有凯恩斯，今天人人都是凯恩斯。"基于对政府调控认识的不断深化，政府调控的内涵也在不断更新。凯恩斯认为，政府干预经济仅能调节经济的短期波动，但历史上不乏通过政府调节而使经济走出危机，表明政府政策对长期的经济周期也是起作用的。由此看来，准确界定宏观调控的内涵就是一个关键所在。

总供给和总需求分析是宏观调控的主线。尽管古典经济学没有明确阐述宏观经济学理论，但从其将总供给和总需求的平衡作为重要条件看，也是十分重视总供给和总需求分析的。从马克思主义来说，宏观调控应包括对总供给和总需求的调控。从凯恩斯理论视角看，则主要包括有效需求理论的宏观政策，但总需求与总供给的平衡也是重要条件。从现代宏观经济学理论的发展来看，宏观调控应能综合体现总供给和总需求，而 AD-AS

模型基本代表了宏观调控的逻辑和方向。

基于理性综合经济学模型对现实混合经济的描绘,下面对宏观调控做更详细的阐释。从(4.3)式出发,有

$$\Delta \hat{Y}_t = \Delta AS + \Delta AD$$

政府作用于经济波动的部分是供给侧和需求侧冲击叠加的影响,因此,我们分别将供给侧与需求侧的宏观调控分解如下:

$$\Delta AD = \mu_d (Y_t - Y_{Gt}^*) + \varepsilon_{dt} \tag{4.10}$$

$$\Delta AS = \mu_{ss} (Y_t - Y_{Gt}^*) + \mu_{sl} (Y_{Gt}^* - Y_{Mt}^*) + \varepsilon_{st} \tag{4.11}$$

在(4.10)式和(4.11)式中,Y_t 表示实际的经济产出曲线,Y_{Gt}^* 表示受政府作用的潜在经济产出曲线,Y_{Mt}^* 表示完全市场环境下的潜在经济产出曲线;μ_d 表示来自需求侧的政府调控系数,μ_{ss} 和 μ_{sl} 分别表示来自供给侧的政府调控系数,前者为短期系数、后者为长期系数;ε_{dt} 和 ε_{st} 为不可测的随机因素。

具体看来,可分两个层次进行说明:第一,政府调控对经济的长期运行趋势并不是无能为力的。从长期来看,政府调控会从供给侧对经济的潜在产出曲线产生影响,即将经济产出曲线从 Y_{Mt}^* 调整到 Y_{Gt}^*,体现为(4.11)式中的 $\mu_{sl}(Y_{Gt}^* - Y_{Mt}^*)$。第二,基于考虑政府作用的经济产出曲线 Y_{Gt}^*,政府作用可从需求侧与供给侧对经济运行产生短期冲击,具体表现为实际经济产出曲线 Y_t 对 Y_{Gt}^* 的偏离,体现为(4.10)式中的 $\mu_d(Y_t - Y_{Gt}^*)$ 和(4.11)式中的 $\mu_{ss}(Y_t - Y_{Gt}^*)$。[①]

将(4.10)式和(4.11)式代入(4.3)式中,可得:

$$\Delta \hat{Y}_t = \mu_d (Y_t - Y_{Gt}^*) + \mu_{ss} (Y_t - Y_{Gt}^*) + \mu_{sl} (Y_{Gt}^* - Y_{Mt}^*) + \varepsilon_{dt} + \varepsilon_{st} \tag{4.12}$$

$$\Delta \hat{Y}_t = (\mu_d + \mu_{ss})(Y_t - Y_{Gt}^*) + \mu_{sl} (Y_{Gt}^* - Y_{Mt}^*) + (\varepsilon_{dt} + \varepsilon_{st}) \tag{4.13}$$

以上是宏观调控的基本模型。进一步,可以考虑政府调控对纯市场下潜在产出曲线的影响:

---

① 当然,宏观调控是有成本的。该模型为简化分析,并未将宏观调控成本考虑在内,而是设定这个成本并不会影响调控政策的选择与调控目标的实现。

$$Y_{Gt}^* - Y_{Mt}^* = \Delta A_t f(K_t, L_t) = \Delta A_t Y_{Mt}^* \tag{4.14}$$

（4.14）式中的 ΔA_t 表示全要素生产率的变动。并不是所有的供给侧宏观调控都可能对经济增长产生长期影响，这里假定供给侧宏观调控中作用于技术进步等方面的政策会对经济增长有长期影响。因此，可将（4.13）式简化为：

$$\Delta \hat{Y}_t = (\mu_d + \mu_{ss})(Y_t - Y_{Gt}^*) + \mu_{sl} \Delta A_t Y_{Mt}^* + (\varepsilon_{dt} + \varepsilon_{st}) \tag{4.15}$$

以上是宏观调控的基本模型，（4.15）式表达了宏观调控的核心内涵。在此基础上，最终的经济增长方程式可变形如下：

$$\Delta Y_t = a \Delta Y_{Mt}^* + b(\mu_d + \mu_{ss})(Y_t - Y_{Gt}^*) + b\mu_{sl} \Delta A_t Y_{Mt}^* + b(\varepsilon_{dt} + \varepsilon_{st}) \tag{4.16}$$

在此，我们将（4.16）式称为动态宏观经济增长方程式。

（4.16）式有很深刻的经济学意义：经济运行所表现出的经济增长现象，由长期趋势和短期波动共同驱动。其中，长期趋势受经济基本面的影响，主要由资本、劳动等市场要素决定，与此同时，政府作用（如技术创新投入及长期产业政策等）所引起的全要素生产率变化也会影响经济的长期趋势。短期波动由供给侧和需求侧的暂时性冲击复合产生。其中，供给侧的冲击主要来自临时性产业政策和外生的随机冲击等，需求侧的暂时性冲击主要来自财政政策、货币政策的变动和其他不可知因素的影响。实际上，瑞典学派的动态宏观经济学理论、DSGE 模型以及相应的真实经济周期理论，与我们的讨论思路有异曲同工之妙，但我们的创新是理性综合地考虑市场与政府的作用并进行组合、研究非均衡常态而不是均衡、聚焦于经济总量的动态变动等，从而建立了完整的动态方程。

（三）宏观调控的主要模式

综观各种不同的定义，大体可从三个层次来理解宏观调控的内涵，并有相应的政府作用机理和理论渊源，又称宏观调控的三种模式：

1. 宏观调控模式一

这是狭义的宏观调控层次，是以凯恩斯理论为依据的，主要是指短期调控总需求的宏观经济政策。其适用的情景是：总供给明显大于总需求，总需求可以基本决定产量。凯恩斯基于有效需求理论的逻辑，提出了政府通过刺激总需求干预经济的政策。此时，财政政策被看作宏观经济政策的核心工具（见图4-6）。相应地，宏观调控的目标是经济增长、物价稳定、充分就业和国际收支平衡。

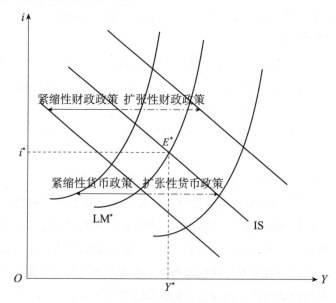

图4-6　宏观调控模式一

资料来源：作者整理。

2. 宏观调控模式二

这是兼顾AD-AS模型理论基础和供给侧与需求侧调整的模式（见图4-7），是宏观调控的基本内涵，属于前面理性综合经济学模型中$a+b=1$的情况，适用于具有较好市场基础、调控机制健全的经济体。当总供给与总需求的失衡程度较低时，可通过调节总供给和总需求的动态平衡促进经济增长。此时，政府的作用不仅有短期影响，即对经济的短期波动产生影响，而且会对经济的长期趋势产生影响。从这个层次看，如果宏观政策目标仍用凯恩斯理论的四个目标，就是不合理的，应该包括结构性指标和金融稳定性指标。

3. 宏观调控模式三

这是广义的宏观调控，而非严格意义上的宏观调控，属于模型中$a+b \neq 1$的情况。它是国家干预或政府作用的组成部分，除基本含义

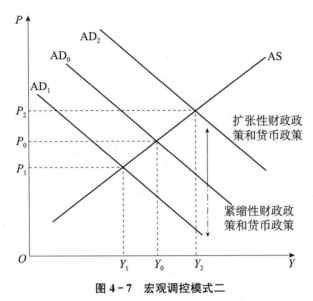

图 4 - 7　宏观调控模式二

资料来源：作者整理。

外，该模式还包含改革、经济转型、社会分配等因素的作用。事实上，西方国家在不同时期实行的国有化、私有化类政策以及结构性改革、贸易保护主义等应属于这个范围。从这个层次讲，宏观调控不仅包括政府从供给侧和需求侧进行的干预或调控，而且包括一些社会变革或完善社会公平性目标的政策行为，这也构成不同经济发展模式的复杂多样性。一个尚未建立完善的市场机制的经济体，或一个市场化程度较高但发生了重大结构性调整的经济体，都需要这类调控手段。实质上，这涉及一国转型或改革的重大课题，而妥善处理市场与政府的关系是其中的关键环节。要逐步建立适合一国发展、市场与政府作用有机结合的经济体制：一方面，要坚决推进市场化改革，发挥市场的决定性作用；另一方面，要逐步减少政府对经济的直接干预，完善宏观调控机制，让政府更好发挥作用。中国的改革开放很好地印证了这一变革过程。基于前文对宏观调控模型的阐释，从供给侧影响中区别出暂时冲击与长期影响，可对该层次的宏观调控进行较好的刻画（见图4-8）。由于这类宏观调控有可能会对一国经济的长期趋势产生根本性的影响，因而需要政府在进行政策制定时全面把握经济形势与国内外环境，准确了解本国所处的发展阶段，对症下药。

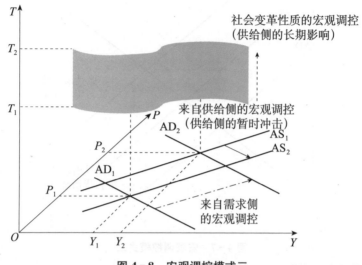

图 4 - 8　宏观调控模式三

资料来源：作者整理。

　　总而言之，宏观调控模型实质上是一个动态的政府作用模型，在某种意义上可以看作一个经济增长模型，它与凯恩斯理论最明显的差异在于对政府作用的理解。宏观调控在促进长期经济增长方面可以发挥作用，这也克服了现有经济增长模型的局限，不仅可以体现经济增长，而且可以表达经济发展的内涵。其中，（4.16）式中的 $b\mu_{sl}\Delta A_t Y_{Mt}^*$ 体现了宏观调控对潜在经济增长率的影响，即可通过推动技术进步和产业升级等提高全要素生产率，从而推动经济的长期结构优化和升级；$b(\mu_d+\mu_{ss})(Y_t-Y_{Gt}^*)$ 体现了宏观调控对经济增长波动的影响，也可以视为缺口的变化。有一个著名的凯恩斯论点："从长期看，我们都死了。"应该说，从凯恩斯的逻辑来看，这个结论是依据。因为从有效需求的视角看，只有短期效应，没有长期效应，因而"从长期看，我们都死了"是有依据的。但从宏观调控理论看，这种理论的依据不够充分，与现实也不一致。如果宏观政策只有短期效应，也就是宏观政策只能影响波动而不能影响长期趋势，那么就无法理解采取政策、扭转局面的重要做法。显然，这是不符合实际的。但从上述理论视角看，在宏观调控理论的逻辑中是不包含这种道理的，也不会得出凯恩斯的结论，宏观经济政策既有短期影响，又有长期影响，而且这种长期影响有时还是较大的，会使整条潜在经济增长率曲线发生移动。

（四）宏观调控政策框架体系的建立

1. 宏观调控目标的重大调整

通常说来，我们在讨论宏观调控时，主要运用的是宏观调控的基本含义，即宏观调控模式二。此时，宏观调控的基础与凯恩斯理论已有不同，因而宏观调控的目标也会发生相应变化，不应再简单采用凯恩斯的四大目标（即经济增长、物价稳定、充分就业、国际收支平衡）进行评定，应做适当调整：一是考虑到需求侧，凯恩斯确定的四个目标中的经济增长和充分就业可以在某种程度上统一为经济增长。二是考虑到供给侧，需要有结构优化的目标。三是考虑到总供给与总需求的失衡和平衡，应有一个金融稳定指标，借以统筹物价稳定和守住风险的底线。四是国际收支平衡是对外指标，这个可继续保留，但其内涵将更加深入。因此，我们可将宏观调控或宏观经济政策目标仍确定为四个，即经济增长、结构优化、金融稳定、国际收支平衡。由此可见，宏观调控或宏观经济政策目标发生了重大变化，每个目标都有深刻的理论渊源。事实上，我国提出的稳增长、调结构、防风险思路，分别体现经济增长、结构优化、金融稳定三个目标，而惠民生、促改革则是广义的宏观调控才应设定的目标。进一步，经济增长与结构优化合在一起，就与我们最新提出的从高速增长向高质量发展有机衔接了。

2. 宏观调控的政策组合

第一，需求侧管理与供给侧改革的结合。政府对经济的宏观调控既可来自需求侧，又可来自供给侧。因此，一般来说，宏观政策是供给侧政策和需求侧政策的组合。在此，我们将宏观调控的短期影响和长期影响通过图形进行展示。这与根据凯恩斯理论画出的曲线有所不同（见图 4-9），曲线 Y_t 可近似看成实际经济的运行轨迹，它初期围绕潜在经济增长曲线 Y_{Mt}^* 上下波动，在政府调控有效发挥作用并影响经济潜在增长率的情况下，潜在经济增长曲线从 Y_{Mt}^* 向 Y_{Gt}^* 上移，因而曲线 Y_t 在后期则围绕调整后的潜在经济增长曲线 Y_{Gt}^* 上下波动，这种情况可对应（4.10）式。因此，政府的较好作用不仅能够通过实现短期供求的平衡拉动经济增长，而且能够通过对潜在经济增长趋势的影响，促进经济结构的转型升级。

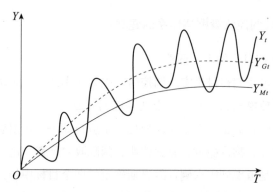

图 4 - 9　短期波动与长期趋势的变化曲线

资料来源：作者整理。

　　具体看来，需求管理强调总量调控，通过政府发挥的刺激作用，使得经济恢复景气，但无法通过总需求管理消除产业结构失衡问题，也无法提升有效供给；供给侧改革强调通过结构调整增加有效供给，通过改革释放企业活力，使经济体成为真正有活力的经济体。需求侧管理的政策主要包括财政政策与货币政策。供给侧结构性改革的政策包括影响生产成本的政策（如工资、原材料和能源价格等）、调节企业收益的政策（如税收、补贴、生产配给和政府购买等）、制度变迁政策（如涉及企业和个人积极性的相关政策）以及国有企业改革政策等。当然，有的政策可能既有需求管理作用，又有供给调整作用。例如，货币政策主要是需求管理政策，但利率也影响企业的生产成本，从而影响总供给。再如，产业政策作为一项供给侧政策，在短期内会影响某个行业的供给能力，在长期则会影响潜在经济增长率（或者全要素生产率）的非稳态变化。

　　第二，经济周期与政策组合的对应关系。宏观调控体系是一个将供给侧改革和需求侧管理有机结合的调控体系，两者贯穿始终，但根据经济中总量与结构性问题的突出程度而有不同的侧重点。综合总量与结构性问题的突出程度以及经济周期的不同阶段，宏观调控可被概括为：一是需求侧管理和供给侧改革的政策组合。若周期性问题为主，而结构性矛盾为辅，在政策上需要以需求侧管理为主、供给侧改革为辅；反之，若结构性矛盾为主、而周期性问题为辅，在政策上需要以供给侧改革为主、需求侧管理为辅。二是根据经济的周期性特征，进行需求侧管理和供给侧改革的组合搭配，大体有8种基本类型，见表4-1。对于机制尚未转型的经济体或者体制需要调整的经济体，就超出了宏观调控的基本含义，往往涉及体制改革、社会公平、经济转型或模式转变等因素，需要融进相应的政策组合，进行全面、灵活的改革或调控。

表4-1 宏观调控政策组合表

	总量问题为主、结构性问题为辅	结构性问题为主、总量问题为辅
繁荣	需求侧管理为主，供给侧改革为辅 财政政策紧、货币政策紧 供给侧优化改革	供给侧改革为主，需求侧管理为辅
衰退	需求侧管理为主，供给侧改革为辅 财政政策松、货币政策松 结构调整	供给侧改革为主，需求侧管理为辅
萧条	需求侧管理为主，供给侧改革为辅 紧松搭配	供给侧改革为主，需求侧管理为辅 改革，需求扩大
复苏	需求侧管理为主，供给侧改革为辅 审慎扩大需求，供给侧改革为辅 审慎扩大需求，稳步推进供给侧改革	供给侧改革为主，需求侧管理为辅 供给侧结构性改革为主，需求适度扩大

资料来源：作者整理。

第四节 理性综合经济学模型应用典型范例

理性综合经济学模型表现出了较好的经济学逻辑，也就是说，可以按照一个相对统一的逻辑对经济运行的各类问题进行分析，而不再是各说各话。建立健全"有效的市场"和"有为的政府"有机结合的理论模型，通过数学公式表述基本逻辑关系，并据此对经济发展模式、宏观调控、经济增长理论、经济周期、中等收入陷阱、供给侧结构性改革以及新结构经济学等进行系统分析。下面通过几个实例加以说明。

（一）供给侧结构性改革的理论模型及其应用

从前文的理论模型推导中可知，供给侧结构性改革的相应模型可以有两种形式：一是单维思维模式，其公式为：

$$\Delta AS = \mu_{ss}(Y_t - Y_{Gt}^*) + \mu_{sl}(Y_{Gt}^* - Y_{Mt}^*) + \varepsilon_{st}$$

这与凯恩斯理论强调有效需求类似，主要是从供给侧出发进行分析，重点分析供给侧改革带来的重大变化。二是多维思维模式，基于（4-15）式，即

$$\Delta \hat{Y}_t = (\mu_d + \mu_{ss})(Y_t - Y_{Gt}^*) + \mu_{sl}\Delta A_t Y_{Mt}^* + (\varepsilon_{dt} + \varepsilon_{st})$$

当前半部分 $(\mu_d + \mu_{ss})(Y_t - Y_{Gt}^*)$ 给经济增长带来的波动远小于后半部分 $\mu_{sl}\Delta A_t Y_{Mt}^*$ 给经济增长带来的波动时，则需要政府将宏观调控的重点放在供给侧改革上。从逻辑上看，供给侧改革不仅是理性综合经济学模型的运用，而且是宏观调控模型的特殊应用，属于"结构性矛盾为主、周期性问题为辅"描述的情况，相应的策略应是坚持以解决经济结构性矛盾为主线，同时重视协调需求侧的平衡。供给侧改革的核心内容是通过政策提高全要素生产率，同时协调供给侧与需求侧的动态平衡，以供给侧改革为主，兼顾需求侧管理。

相较而言，中国在运用时大致属于既有多维思维，但又存在单维思维的情况，强调既要重点解决主要结构性矛盾，又要注意协调总供给和总需求的平衡，"以供给侧结构性改革为主线，适度扩大总需求"的表述属于多维思维。多维思维不仅可以解决今天的问题，而且可以明确未来供给侧改革成功后的政策走向，这是单维思维所不具备的。美国在20世纪80年代的滞胀时期，主要运用供给经济学派的理论，通过大规模减税来释放企业活力，从而使美国成功走出了滞胀困境。其理论基础大致属于单维思维方式，但在实践中，美国实际采用的也是以供给侧改革为主，兼顾需求侧管理的策略。中国也存在这种单维思维的状况，即集中考虑供给侧问题。

由此可见，中国推进的供给侧改革与西方供给学派的观点并不完全相同，中国在坚持供给侧改革主线的同时，也兼顾适度扩大总需求，使经济顺利实现转型升级，并完成了社会生产力水平的整体跃升。总供给和总需求政策不是孤立存在的，而是随着所处阶段面临的不同经济问题，相应发生变化，契合了理性综合经济学模型中供给侧与需求侧调控相平衡的内在逻辑。实际上，西方的供给学派在分析供给侧问题时，也会联系需求侧的问题，但两者的逻辑体系并不是综合统一的。正如凯恩斯理论在分析有效

需求时，虽然其逻辑体系与总供给没有直接联系，但实际上又要求与总供给建立一定的联系，以实现其合理性。

（二）协调好供给侧改革与需求侧管理及改革的关系

党的十九届五中全会通过的《中共中央关于制定国民经济和社会发展第十四个五年规划和二〇三五年远景目标的建议》以及中央经济工作会议都提出，要紧紧抓住供给侧结构性改革这条主线，注重需求侧改革与管理的新思路。从理性综合经济学模型可以看出，在供给侧和需求侧的矛盾都比较突出的背景下，需要协调好供给侧改革与需求侧管理的关系。如果需求侧还需要体制和机制的完善才能解决，则需要借助需求侧改革。加快构建新发展格局的主线是不断增强供给和需求之间的适配性。

一方面，要坚定实施扩大内需战略。在中国经济发展的新阶段以及推动经济高质量发展的过程中，内需是构建新发展格局的战略基点。因此，我们要推动消费升级的进一步加快，同时加大消费者权益的保护力度，营造良好的居民消费环境；要加强社会保障，重视保障就业，进一步挖掘中低收入群体的消费潜力；通过税制改革、加大教育投入、解除劳动力迁移障碍等一系列改革措施，优化国民收入分配结构，壮大我国的中等收入群体。另一方面，我们要继续深化供给侧结构性改革，增强供给体系对内需的适配性，从而形成需求牵引供给、供给创造需求的良性动态均衡；加快制造业转型升级，推动制造业与服务业及互联网的加快融合；加快数字经济的发展，充分挖掘数字经济的发展潜力，充分利用我国在这方面的领先优势，赢得发展先机。

（三）新结构经济学理论模型的探讨与产业政策有效性

林毅夫教授提出的新结构经济学理论，旨在用现代经济学的方法来研究一个经济体的结构及结构变迁的决定因素。根据新结构经济学的观点，不同发展程度的国家的产业结构是内生的，如果每一个时点上的要素禀赋给定，那么这些禀赋结构就决定了一国在某一发展阶段具有比较优势的产业，而具有比较优势的产业结合适当的基础设施和相应的制度安排，便转化为一国的竞争优势产业。在这种情况下，该发展结构就是好的结构。应该说，这种理论具有很重要的价值：一是反思了结构主义和新自由主义的局限性，提出成功的国家或经济体一定是既要有有效的市场，又要有有为的政府，也就是由市场发挥基础性作用，而政府在产业升级和结构转型中发挥重要作用。二是超越了简单的要素禀赋理论和比较优势理论，该理论分析的出发点是经济体在特定时点上的要素禀赋，以此来甄别潜在优势产业，而潜在优势产业可以转化为竞争优势产业，从而自然得出下述结论：一国的综合竞争优势是动态的、可变的。一国或一个经济体可以通过产业政策等，逐步提高全要素生产率，实现对另一国的追及或超越。这是很符合实际的。从历史长河来看，如果不是这样，就不应有英国较早时期的发展，更不应有随后美国的鼎盛，原来的比较优势理论也难以说明中国改革开放取得的成功，同时中、美也就不会有贸易争端了。

新结构经济学的思想和政策颇为清晰，但在方法论等方面还有待进一步拓展和完善。新结构经济学是基于新古典经济学静态比较优势分析逻辑来演绎和处理的，这就难以解释经济结构的演变升级和经济收敛的动态过程，给人带来一种用相对古老的理论解释现代重大经济问题的感觉。与此同时，基于这样的逻辑，我们难以建立一个比较有效的理论模型，并使得新结构经济学难以进行系统综合的分析。

从理性综合经济学模型的视角看，我们可以得出一种建立新结构经济学理论模型的思路，并可给出一个比较全面的解释，这对林毅夫教授提出的新结构经济学是一种印证。建立新结构经济学理论模型的基本思路是，基于理性综合原理的经济增长方程包含了市场和政府双重作用的叠加，特别是不同国家政府"制动闸"作用的差异，为新结构经济学的场景奠定了数学基础。在完全市场经济条件下，两国的某个产业虽具有基本确定的竞争条件，但在国际规则许可的情况下，两国政府可以通过宏观调控改变相关产业的全要素生产率，从而改变长期增长趋势，同时还可创造有利于产业发展的供求关系，进而实现某产业竞争优势的相对转变，达到一国某产业实现追及的目标。只有这样，才能从理论上把基于静态分析的比较优势理论，经由要素积累、禀赋结构变化，推演到整个产业结构变化升级的领域，从而把增长潜力转变为现实问题，把一个研究增长潜力的问题转化为一个研究实际增长及追及的重要问题。

两国某产业的竞争力是相关综合优势变化的动态结果，一国某产业实现超越是一种常态运用。产业政策的关键问题在于，合理地把握政策退出的时点，在产业发展达到成熟期时，产业政策需要及时退出并取消优惠待遇，这样既能促进产业发展壮大又能避免推动产能走向过剩，最终完成产业结构调整。产业政策实际上能够有效辅助供给侧改革，催生新的经济增长点，也能通过对潜在经济增长率的影响促进经济的转型升级。由此可见，产能过剩问题并不能证明产业政策失效；相反，产业政策能促使一个幼稚工业发展到产能过剩，正好证明了产业政策的强有效特性。从这个意义上说，综合运用供给侧改革并配合需求侧管理的政策，能适度调整经济的潜在增速至合理水平，缩小产出缺口，有助于中国走出当期困境，顺利跨越"中等收入陷阱"。

（四）高质量发展的理论探讨

经济发展理论是在经济增长的基础上研究一国经济与社会结构现代化演进过程的理论。追溯经济发展的相关思想，我们可以从古典经济学时代甚至更早说起，并且这些经济发展的萌芽思想对现代经济理论也产生了巨大影响。其中，较有代表性的人物及著作有：亚当·斯密的《国富论》、李嘉图的《政治经济学及其赋税原理》、马尔萨斯的《人口原理》和《政治经济学原理》、马克思的《资本论》等。在 20 世纪 80 年代后，现代经济发展理论迎来了新的发展阶段，大量新理论、新模型相继出现，主要包括新制度主义、新增长理论、可持续发展理论等，这些理论彼此之间呈现了融合的新趋势。当然，融合并不是完全意义上的趋同，但融合往往能产生一些新的观点。

从经济增长方程 $Y = A \times F(K, L)$ 看，GDP 的增长是既有发展速度，又包含全要素生产率提升的一个复杂过程。从短期看，主要体现为发展速度，但从长期和变动视角看，则是经济效益的提升。我们把经济发展速度与效益协同向好的过程看作经济发展。如果经济发展速度和效益协同得很好，则可称为高质量发展。如果是只考虑了数量而无效益的提升，则可称为有增长无发展。各国政府普遍希望采取有效的措施，以实现经济的高质量发展。

党的十九大报告指出，我国经济已由高速增长阶段转向高质量发展阶段。高速增长阶段的基本特征是以数量快速扩张为主，而高质量发展强调的是质量和效益。党的十九大报告还指出，创新是引领发展的第一动力。通过方程 $Y = A \times F(K, L)$，我们可以做出比较清晰的分析：若 A 的变动趋于零，则可以视为简单的经济增长；若 A 的变动大于一定数值，则可视为经济发展。如果两者之间的协同非常好，则与中国坚持高质量发展的基本方向相吻合，并能引导经济保持一个较好的发展。这是中国经济成功避免过多波折的重要条件，还为经济增长和经济发展这个争论问题给出了一个较好的答案。

第五节　理性综合经济学模型的实证分析及市场与政府作用的平衡点

（一）从美国数据探讨市场与政府作用的平衡点

根据前面建立的理性综合经济学模型，考虑政府调控对纯市场下潜在产出曲线的影响后，可得：

$$Y^*_{Gt} - Y^*_{Mt} = \Delta A_t f(K_t, L_t) = \Delta A_t Y^*_{Mt} \tag{4.17}$$

在宏观调控的核心公式基础上，最终得到的经济增长方程可变形如下：

$$\Delta Y_t = a \Delta Y^*_{Mt} + b(\mu_d + \mu_{ss})(Y_t - Y^*_{Gt}) + b \mu_{sl} \Delta A_t Y^*_{Mt} + b(\varepsilon_{dt} + \varepsilon_{st}) \tag{4.18}$$

我们尝试初步验证该模型的合理性，即从经验层面证明（4.17）式。我们主要分三个步骤验证该模型：

第一，近似纯市场阶段，验证（4.2）式，即

$$Y^*_t = f(K_t, L_t) = \lambda K^\theta_t L^{1-\theta}_t$$

第二，全历史阶段，验证（4.18）式，即

$$\Delta Y_t = a \Delta Y^*_{Mt} + b(\mu_d + \mu_{ss})(Y_t - Y^*_{Mt}) + b \mu_{sl} \Delta A_t Y^*_{Mt} + b(\varepsilon_{dt} + \varepsilon_{st})$$

第三，根据政府参与市场的程度，分不同的历史阶段，分别验证（4.18）式。

美国的经济统计数据较为成熟，而且数据可得性比其他国家高得多，所以我们选择美国进行分析，并选取表 4－2 中列示的指标。

表 4－2　指标说明

指标	单位	数据跨度	含义
year	年		
GDP	亿美元	1790—2017 年	因变量，名义经济量[①]
jiuye	万人	1939—2017 年	美国：非农就业人数（总计，季调，年度)[②]
renkou	万人	1790—2017 年	美国人口
drenkou	％	1791—2017 年	美国人口年增长率
guzi	亿美元	1925—2017 年	美国：固定资产净存量（当前成本，总计）
diffymt	亿美元	1926—2017 年	潜在市场生产函数的年经济增长
hpdata_n	亿美元	1925—2017 年	政府调控后的 GDP，HP 滤波结果
tfp		1925—2017 年	全要素生产率
preymt	亿美元	1925—2017 年	潜在市场经济增长
quekou	亿美元	1925—2017 年	实际 GDP－政府调控后的 GDP

资料来源：作者整理。

注：①采用名义 GDP 有以下思考：一是未能得到如此早的 GDP 平减指数，故难以得到准确的实际 GDP；二是笔者认为，GDP 平减指数在短期内较有效，但在长期，由于在一定程度上没有考虑技术从量变到质变对价格因素带来的影响，可能会扭曲较长时间内（近 100 年）产品的真实价值和生产结构。

②首先，数据较全。其次，它是基于人口的指标。最后，进入工业社会后，非农就业人数也能反映纯市场下技术进步带来的有效"劳动量"。

1. 近似纯市场阶段

需要注意的是，自有政府以来，真正纯市场的社会是不存在的，政府对宏观经济的影响或多或少都存在（如税收），所以只能说是近似纯市场经济阶段。在"大萧条"前，早期古典经济学派占据着经济学理论的主导地位，古典经济学家支持自由市场，认为市场会通过"看不见的手"进行自动调节。在这种背景下，政府对经济的干预较少，我们可将 1930 年之前的美国看成处于近似纯市场经济阶段。

我们采用非线性模型，根据 1925—1929 年的美国名义 GDP、非农就业人口（代表有效劳动力）、固定资产净存量等经济数据得到的经验解，估计潜在市场生产函数模型。在数据处理方面，由于各国进入政府干预宏观经济的时间、具有统计数据的时间差异较大，导致此阶段的数据缺失情况较

为严重。因此，我们利用数据插补技术，根据 1939—2017 年非农就业人口
与人口、人口增长率的关系，插补 1925—1938 年的非农就业人口数据（见
图 4-10～图 4-13），经调整的 R^2 较好，方差膨胀因子在 10 左右，并没有
严重的多重共线性。

```
Coefficients:
                 Estimate Std. Error t value Pr(>|t|)
(Intercept)    -3.320e+03  8.397e+02  -3.954 0.000172 ***
renkou          5.242e-01  3.915e-02  13.389  < 2e-16 ***
drenkou        -1.471e+05  7.277e+04  -2.021 0.046859 *
renkou:drenkou  8.006e+00  3.832e+00   2.089 0.040056 *
---
Signif. codes:  0 '***' 0.001 '**' 0.01 '*' 0.05 '.' 0.1 ' ' 1

Residual standard error: 509.4 on 75 degrees of freedom
Multiple R-squared:  0.9805,    Adjusted R-squared:  0.9797
F-statistic: 1257 on 3 and 75 DF,  p-value: < 2.2e-16
```

图 4-10　插补 1925—1938 年的非农就业人口数据模型

资料来源：作者整理。

图 4-11　插补后的非农就业人口趋势图

资料来源：作者整理。

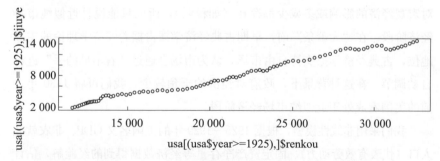

图 4-12　人口与（插补后）非农就业人口的关系

资料来源：作者整理。

```
Formula: GDP ~ lambda * (guzi^theta) * ((jiuye)^(1 - theta))

Parameters:
         Estimate Std. Error t value Pr(>|t|)
lambda  0.35129    0.02232   15.74 0.000557 ***
theta   0.95984    0.27660    3.47 0.040343 *
---
Signif. codes:  0 '***' 0.001 '**' 0.01 '*' 0.05 '.' 0.1 ' ' 1

Residual standard error: 28.3 on 3 degrees of freedom

Number of iterations to convergence: 3
Achieved convergence tolerance: 2.673e-06
```

图 4 - 13   1925—1929 年潜在市场生产函数模型

资料来源：作者整理。

由此，我们得到经验潜在市场生产函数模型：

$$Y_t^* = 0.35\, K_t^{0.96}\, L_t^{0.04} \tag{4.19}$$

需要注意的是，各国的情况不同，不能生搬硬套经验潜在市场生产函数模型。

2. 全历史阶段

进一步，我们根据经验潜在市场生产函数（4.19）式对美国 1925—2017 年的数据进行建模，并对 GDP 进行 HP 滤波处理，将其当作政府调控后的 GDP（Y_{Gt}^*），参数用 6.25（国内研究普遍采用经验值 6.25 对 GDP 进行处理）。

该模型的整体拟合效果较好，而且系数显著、可解释性强。在 1925—2017 年的全历史阶段，潜在经济增长对实际经济增长的贡献度（a）达到 0.712 96，见图 4 - 14。

3. 分不同的历史阶段

根据经济学家对美国政府政策的研究，我们将 1925—2017 年的美国历史分为三个阶段。

（1）第一阶段（1925—1929 年）。如前所述，1929 年美国经历了"大萧条"，因而我们将 1925—1929 年单独划分出来。然而，该模型中系数的显著性结果较差，我们猜测有可能是数据量太少的原因，而且这部分数据也参与了潜在市场生产函数的建模，致使方差增大，容易影响假设检验的有效性。需要注意的是，潜在经济增长对实际经济增长的贡献度（a）达到了 0.865 7（见图 4 - 15），属于较高水平，符合"近似纯市场经济阶段"

的预期。

```
Call:
lm(formula = diffGDP ~ diffymt + I(GDP - hpdata_n) + I(tfp *
    preymt) - 1, data = data_n)

Residuals:
     Min      1Q  Median      3Q     Max
-2181.86  -29.13   79.79  297.27 2574.31

Coefficients:
                  Estimate Std. Error t value Pr(>|t|)
diffymt            0.71296    0.05108  13.957  < 2e-16 ***
I(GDP - hpdata_n)  0.32669    0.11406   2.864  0.00521 **
I(tfp * preymt)    0.14928    0.02415   6.182 1.87e-08 ***
---
Signif. codes:  0 '***' 0.001 '**' 0.01 '*' 0.05 '.' 0.1 ' ' 1

Residual standard error: 786.3 on 89 degrees of freedom
  (1 observation deleted due to missingness)
Multiple R-squared: 0.942,    Adjusted R-squared:  0.94
F-statistic: 481.4 on 3 and 89 DF,  p-value: < 2.2e-16
```

图 4 - 14 1925—2017 年的理性综合经济学模型

资料来源：作者整理。

```
Call:
lm(formula = diffGDP ~ diffymt + I(GDP - hpdata_n) + I(tfp *
    preymt) - 1, data = data_n)

Residuals:
       2        3        4        5
-14.7453  -0.1478   0.3824  23.9009

Coefficients:
                  Estimate Std. Error t value Pr(>|t|)
diffymt             0.8657     0.5185   1.670    0.344
I(GDP - hpdata_n)   1.9081     0.7918   2.410    0.250
I(tfp * preymt)    -2.3496     3.2377  -0.726    0.600

Residual standard error: 28.09 on 1 degrees of freedom
  (1 observation deleted due to missingness)
Multiple R-squared: 0.9192,    Adjusted R-squared:  0.677
F-statistic: 3.794 on 3 and 1 DF,  p-value: 0.3569
```

图 4 - 15 1925—1929 年的理性综合经济学模型

资料来源：作者整理。

（2）第二阶段（1930—1974 年）。1973 年 10 月，第四次中东战争爆发，形成了（第一次）国际石油危机，持续了三年（到 1975 年）的国际石油危机触发了第二次世界大战后最严重的全球经济衰退，对发达国家的经济造成了沉重的冲击，形成滞胀。以 1974 年为时间节点，1930—1974年是凯恩斯主义风头正盛的时期，政府经常从需求侧入手调控宏观经济。

对于这个阶段，理性综合经济学模型的解释性强，潜在经济增长对实际经济增长的贡献度（a）为 0.616 18（见图 4 - 16）；相应地，政府作用部分带来变化的系数（b）为 0.383 82。

```
call:
lm(formula = diffGDP ~ diffymt + I(GDP - hpdata_n) + I(tfp *
    preymt) - 1, data = data_n)

Residuals:
    Min      1Q  Median      3Q     Max
-202.62  -30.84   10.96  111.47  220.47

Coefficients:
                  Estimate Std. Error t value Pr(>|t|)
diffymt            0.61618    0.03738  16.486  < 2e-16 ***
I(GDP - hpdata_n)  0.61002    0.18519   3.294  0.00204 **
I(tfp * preymt)    0.35394    0.04303   8.226 3.25e-10 ***
---
signif. codes:  0 '***' 0.001 '**' 0.01 '*' 0.05 '.' 0.1 ' ' 1

Residual standard error: 116.5 on 41 degrees of freedom
  (1 observation deleted due to missingness)
Multiple R-squared:  0.9463,    Adjusted R-squared:  0.9424
F-statistic: 240.8 on 3 and 41 DF,  p-value: < 2.2e-16
```

图 4-16　1930—1974 年的理性综合经济学模型

资料来源：作者整理。

（3）第三阶段（1975—2017 年）。在这个阶段，新自由主义经济学抬头，日益影响美国政府对经济的干预程度，出现了"里根经济学""克林顿经济学"等自由主义代表。

对于这个阶段，理性综合经济学模型的解释性强，潜在经济增长对实际经济增长的贡献度（a）为 0.713 26（见图 4-17）；相应地，政府作用部分带来变化的系数（b）为 0.286 74。

```
call:
lm(formula = diffGDP ~ diffymt + I(GDP - hpdata_n) + I(tfp *
    preymt) - 1, data = data_n)

Residuals:
    Min      1Q  Median      3Q     Max
-2176.2  -154.8   392.7   813.8  2572.7

Coefficients:
                  Estimate Std. Error t value Pr(>|t|)
diffymt            0.71326    0.07817   9.125 3.21e-11 ***
I(GDP - hpdata_n)  0.32375    0.17165   1.886 0.066734 .
I(tfp * preymt)    0.14881    0.03670   4.055 0.000232 ***
---
signif. codes:  0 '***' 0.001 '**' 0.01 '*' 0.05 '.' 0.1 ' ' 1

Residual standard error: 1175 on 39 degrees of freedom
  (1 observation deleted due to missingness)
Multiple R-squared:  0.9424,    Adjusted R-squared:  0.938
F-statistic: 212.8 on 3 and 39 DF,  p-value: < 2.2e-16
```

图 4-17　1975—2017 年的理性综合经济学模型

资料来源：作者整理。

结合整个历史阶段和分阶段的政府对经济的干预效果（见表4-3），该模型的结果符合预期。在样本量达到一定的情况下，对该模型的系数来说，整体拟合的统计效果较好。下面看系数变化，从全历史阶段看，美国市场与政府对经济的作用约为7∶3的比例；政府对经济的宏观调控作用经历了先低后高，而后接近长期均衡的状态。

表4-3　美国市场与政府作用的系数

历史跨度	时间	阶段	潜在经济增长对实际经济增长的贡献度（a）	政府作用部分带来变化的系数（b）	理性综合模型的F值
1925—2017年	93年	全历史阶段	0.712 96***	0.287 04***	481.4***
1925—1929年	5年	第一阶段	0.865 7	0.134 3	3.794
1930—1974年	45年	第二阶段	0.616 18***	0.383 82***	240.8***
1975—2017年	43年	第三阶段	0.713 26***	0.286 74***	212.8***

资料来源：作者整理。

总之，通过分析，我们大体可以看出美国经济中政府与市场作用的变化过程。在1925年之前，美国政府的作用维持在0～13%，而且长期处于较低水平。1925—1929年美国政府的作用有所扩大，约为13.4%。1930—1974年是美国政府的作用相对较大的时期，这个时期是凯恩斯理论发挥作用的重要时期；相应地，政府作用指数约为38.4%，市场对实际经济增长的贡献度为61.6%。到第三阶段（1975—2017年），新自由主义经济学抬头，日益影响美国政府对经济的干预程度，出现了"里根经济学""克林顿经济学"等自由主义代表。在这个阶段，市场对实际经济增长的贡献度为71.3%；相应地，政府作用指数为28.7%。

（二）宏观调控政策的中国实践

中国对宏观调控的逻辑，并不完全符合西方经济学理论中的凯恩斯主义或供给学派等，也不完全符合马克思通过计划进行供需管理的理论。中国对宏观调控的逻辑，是坚持问题导向，针对不同时期宏观经济运行面临的风险和问题，理性综合地选择"供给侧改革"与"需求侧管理"的组合和力度，相应地给出实施措施，并根据运行结果进行合理调整。

自改革开放以来，我国经历了大体 8 次宏观调控，分别是 1979—1981 年、1985—1987 年、1989—1992 年、1993—1997 年、1998—2002 年、2004—2007 年、2008—2011 年以及 2014 年至今的宏观调控。其中，1998—2002 年和 2008—2011 年这两次宏观调控是扩张性的——通过实施积极的财政政策扩大内需，前面其他五次宏观调控基本是紧缩性的，2014 年至今的宏观调控则强调供给侧结构性改革。从总体上看，这 8 次宏观调控是基本成功的，达到了预期的目标。

1979—1992 年的宏观调控以供给侧改革为主导，辅以需求侧管理。这次宏观调控坚持以经济建设为重心，坚持市场化改革的基本方向，实行家庭联产承包责任制，以解放农村的劳动生产力；推动价格改革，将决定权下放市场，释放企业的劳动生产力；此时，供给侧改革的重点是通过市场化改革释放生产力，而在需求侧方面主要是调整投资结构，抑制过度消费，结合当时的经济状况，使总供给与总需求再平衡。

1993—2007 年的宏观调控以需求侧管理为主导，辅以供给侧改革。1992 年后我国的高速投资增长带来了经济总量的增长，此时的需求侧管理主要是在内需方面用力，但上游产品价格增长引起的通货膨胀，在一定程度上引起了经济过热。为了抑制通货膨胀且不明显损害经济增长，从而引导经济"软着陆"，1997 年后经济增长的主要动力以释放体制改革红利为主。此时，中国的经济发展转变为内部消费结构升级的"双头驱动"模式，需求侧管理主要是鼓励外需拉动。在这个时期，中国的经济发展由国外需求和国内消费结构升级交替推动，而政府主导的基建投资扮演了重要角色。从这个时期的宏观调控特征可看出，需求侧管理主要是对经济短期波动的干预和调节，同时发挥了需求侧管理熨平经济过度波动的作用。

2008—2011 年的宏观调控是在国际金融危机的特殊背景下以需求侧管理为主导。在世界经济深度衰退的情况下，"四万亿"强刺激政策和政府大规模基础设施建设发挥了重要作用。2009 年，我国的宏观调控目标定为"扩内需，保增长，调结构，重民生"的积极财政政策以及适度从宽的货币政策——具有较为明显的凯恩斯主义色彩。我国政府对需求侧的刺激使得中国并没有直接因为国际金融危机而陷入深度衰退之中，并取得了一定的效果。虽然该举措在当时使得中国成功渡过了经济增长失速的危机，但也带来了重复投资和产能过剩的问题，埋下了财政和金融系统的长期风险。

从 2014 年至今的宏观调控是以供给侧结构性改革为主线，同时适度扩大总需求。2015 年 11 月 10 日，习近平总书记在中央财经领导小组第十一次会议上首次提出"供给侧结构性改革"的概念，其含义是"用改革的办法推进结构调整，减少无效和低端供给，扩大有效和中高端供给，增强供给结构对需求变化的适应性和灵活性，提高全要素生产率，使供给体系更好适应需求结构变化"，主要任务是去产能、去库存、去杠杆、降成本、补短板。政府作用中供给侧的冲击与凯恩斯理论的需求管理不同，既可以影响经济的短期波动，又可以影响经济的长期增长或发展。在新常态下，中国的经济增速下降、经济结构有待调整，这些新情况，新变化需要政府及时转换宏观调控视角和手段，从需求调控主导转向供给侧结构性改革为主导。因此，这一阶段的供给侧结构性改革是立足于当前中国国情，可以通过影响全要素生产率来提升潜在经济增长，实现经济转型升级，从而实现经济增长与结构优化两者之间的有机融合。

在宏观调控实践中，中国十分重视调控艺术：一是在总体思路上具有全球眼光与战略思维；坚持"发展思维"，把稳中求进作为宏观调控总基调；坚持"底线思维"，保持稳定增长，守住风险底线；坚持"创新思维"，把提高经济增长质量作为宏观调控的着力点；坚持"全球"思维，把实现国内与国际经济协调作为宏观调控的重要目标。二是实行灵活的调控方式。比如在调控方式上，实施区间调控和定向调控，并把两者有机结合起来。逆周期调控和跨周期调控也是非常重要的创新。三是拓展了宏观调控目标，在实践中提出了新的指标体系。

宏观调控理论是中国宏观调控成功实践的升华，是宏观经济学理论的创新发展，是中国对经济学理论创新的重大贡献，将会对未来宏观经济学理论的突围发挥重要作用。这种探索是让政府这只"看得见的手"发挥较好作用的重大实践和理论创新。建立宏观调控理论模型以及相关的供给侧改革理论模型，为宏观调控理论创新提供了强大支撑。中国实践的成功既是宏观调控理论创新发展的重要基石，又是一个试验场，是检验其有效性的重要园地。我们相信，中国实践对宏观调控理论的创新，不仅适用于中国，而且具有较广泛的适用性，可为有关国家的经济发展实践提供借鉴。

第五章　经济增长理论的演进、变革与新思维

在经济学理论研究中，经济增长理论具有十分重要的地位。首先，经济增长对人类社会福利的改善至关重要（Barro and Salai-Martin，2004）；其次，经济增长呈现出来的时间上的持续性和空间上的差异性，令经济学家着迷。难怪美国经济学家卢卡斯（Lucas，1988）曾有过这样的感叹：如果你开始思索经济增长问题，便无法转向其他问题。长期以来，经济增长理论在潮起潮落中取得了快速发展和丰硕成果，但也存在一些不尽如人意的地方。本章将对经济增长理论的发展历程、重要进展以及未来走向进行探讨。

实际上，伴随着经济学理论的演进，经济增长理论的发展融入了其中。亚当·斯密的《国富论》可以说是经济增长理论的奠基之作。马克思在其政治经济学理论体系框架内较早地提出了相应的经济增长理论。经济增长理论经历了古典增长理论和现代经济增长理论两个重要阶段。有评论认为，拉姆齐（1928）的论文将经济增长理论分为了两个阶段：前一个阶段的经济增长理论一般被视为古典增长理论，后一个阶段的经济增长理论一般被视为现代经济增长理论。也有评论认为，凯恩斯的《通论》将古典增长理论和现代经济增长理论分割开来。概括来看，我们可以将现代经济增长理论大体分为三个发展阶段：第一个阶段以哈罗德-多马模型为代表；第二个阶段以索洛经济增长模型为代表；第三个阶段（也就是现今这个阶段）以新增长理论模型为代表。

第一节 经济增长理论的内涵与基本研究问题

经济增长理论主要以影响经济增长的因素和内在规律为研究对象。一个国家或地区所生产产品以及劳务的总量不断增多，就反映了该国或地区的经济增长。

(一) 经济增长理论的内涵

经济增长通常表现为国内生产总值（GDP）或人均国内生产总值的增长。因此，一个经济体的经济增长水平可以用一定时期内的 GDP 或人均 GDP 的平均增长速度来衡量，相应的计算公式为：

$$GDP_t = GDP_b (1 + r)^n$$

式中，GDP_t 为 t 期末的国内生产总值；GDP_b 为基期期末的国内生产总值；n 为基期至期末的年数；r 为平均增长率。

为了避免物价变动的影响，国内生产总值或人均国内生产总值通常要经过价格调整，采用它的不变价格计算。也就是说，一个经济体的经济增长可以用国内生产总值经价格变化调整后的年增长率来衡量。

经济增长理论以经济增长的内在原因和经济增长的基本规律为主要研究对象，即要深入研究实际经济增长的变动规律是怎样的以及经济持续增长的动力是什么。前者表示对经济增长结果的关注，后者要分析影响经济增长的主要因素，并计量分析不同要素对经济增长的贡献度。不同的经济增长模型旨在从不同的视角分析经济增长的规律并解释促进经济增长的动力源泉。一般来说，影响经济增长的主要因素包括：第一，技术约束。技术水平直接影响生产效率。第二，资源约束。例如，资本存量、劳动力供给、自然资源等。第三，制度约束。制度对收入分配、劳动方式、劳动组织、物质和商品流通等具有重要影响，为经济运行划定了边界。

(二) 经济增长理论的基本问题

"均衡"这一概念在经济增长理论中具有重要意义。均衡是现代主流经济学中的核心概念，因此，现代经济增长理论同样建筑在均衡分析的框架上。在阿罗-德布鲁的静态一般均衡中，其均衡概念继承了瓦尔拉斯的均衡内涵。不过，阿罗－德布鲁构造模型的方法适用于说明静态的一般均衡。

均衡概念从静态条件发展到动态条件是自 20 世纪 60 年代开始的一项重要工作。这项工作不仅有助于使均衡概念动态化，而且促使均衡概念动态化的方法也导致了理性预期学派（实际经济周期学派）的出现。从历史视角看，哈耶克和缪尔达尔很早就开始了这种开创性的研究。随后，希克斯、哈罗德、卢卡斯、普雷斯科特等经济学家通过研究引入了预期概念，将均衡概念扩展至经济增长动态研究中。在静态一般均衡模型中，经济体达到均衡状态意味着各个市场都实现了供求平衡，不再存在帕累托改进的空间，而在现代经济增长模型中，经济体达到均衡标志着整个经济体实现了总供给与总需求相等。

在经济增长理论的"均衡"思想中，已体现了"最优"的特征。当宏观经济达到均衡时，已实现各类生产要素的充分利用，不再具有帕累托改进空间，这显然是"最优"的。

由此可见，经济增长理论中的增长就是通常所说的"平衡增长"，而经济增长理论也分离出了理论视角下的重要特征——市场机制总可以达到出清的最优状态。因此，基于这一假设的现代经济增长理论的确认为均衡情况下的经济增长是最优的，而且不只是在某个时点实现了静态最优，更是在时间推移中实现了最优。但经济增长应是一个动态过程，所以经济学只有从静态均衡概念发展到动态均衡概念，才可对经济增长问题进行深入研究，这本身就是一个矛盾。

（三）关于潜在经济增长与实际经济增长

看似简单的两个概念，但本质上却是一个需要进行深入思考的重大问题：实际经济增长率与潜在经济增长率等价吗？主流经济增长理论多以潜在经济增长率为主要研究对象，这一定合理吗？诺贝尔经济学奖得主库兹涅茨在发表演说时指出："一个国家的经济增长，可以定义为给居民提供种类日益繁多的经济产品的能力长期上升，这种不断增长的能力是建立在先进技术以及所需要的制度和思想意识相应调整基础之上的。"潜在经济增长率代表的是一国生产可能性边界不断向外移动的过程，代表的是生产能力的增长，但只是量上的增长。与此不同，实际经济增长是在一定的基期价格下计算出的实际产出。由此可见，实际经济增长和潜在经济增长实际上是有本质区别的，在一些情况下，两者的差距是巨大的，潜在只是潜在，并不意味着实际。此外，潜在经济增长率也无法通过测量而获得。

第二节　经济增长理论的演进历程

（一）经济增长理论的奠基阶段：古典增长理论

古典增长理论涵盖了古典经济学、新古典经济学两个范式。亚当·斯密、马尔萨斯、李嘉图、马克思等均可被视为古典增长理论的代表人物。早在18世纪，亚当·斯密便在《国富论》中提出了经济增长源于资本积累和劳动分工的重要思想。他指出，资本积累有助于促进生产的专业化分工，而分工协作的出现进一步促进了资本的积累，两者相互促进，共同带动了经济增长。18世纪后期，马尔萨斯论证了人口增长与经济发展的关系。李嘉图则强调了在资本和劳动力受限的情况下，通过发展国际贸易、发挥比较优势，可以提高国民福利，这也蕴含了促进经济增长的思想。马克思提出的以劳动价值论、剩余价值理论为核心的理论分析框架，成为古典经济学中的重要组成部分。熊彼特强调"创造性毁灭"，重视创新对于经济增长的作用及阿伦·杨格强调的"斯密定理"，可视为新古典经济学范式下的经济增长理论。

但是，我们也应该看到，古典经济学虽有了深刻的经济增长思想，但缺乏完整的经济增长模型。古典经济学对于宏观经济的研究比较模糊，也没有提出明确的经济增长理论；应该说，古典经济学只有经济增长和经济发展的思想。《国富论》探讨了经济增长的源泉，其中关于经济增长的思想为："土地是财富之父，劳动是财富之母。"也就是说，劳动和土地是创造财富、促进经济增长的两大重要生产要素。马克思提出的劳动价值论认为，劳动是创造财富的唯一原因，劳动数量以及质量的增加带来了经济增长，带动了经济增长率的提升，而经济增长率的提升来源于技术进步和社会分工的深化，因而要靠专业化生产和技术水平的提高来促进经济增长及经济发展。古典经济学没有将宏观经济学理论做到科学化、定量化，对于经济增长和宏观经济的认识在很大程度上属于感性的。亚当·斯密、马尔萨斯、李嘉图等古典经济学家可以说是研究经济增长理论的杰出先驱，但他们的研究普遍限定在分析经济增长的影响因素和过程上，没有做模型化的量化分析。数理模型化的分析成为现代经济增长理论的重要标志。不过，需要注意的是，继古典经济学范式之后崛起的新古典经济学范式在性质上发生了重大转变，经济学研究的重点转向了"静态市场均衡"，马歇尔引导了这个方向，也就是"供求相等的价格均衡"。这种逻辑促使经济增长理论从新古典经济学的视野中消失了，这种方向的转变存在一定争议。事实上，反倒是一些似乎不属于新古典经济学派的经济学家，如杨格、熊彼特等人提出了重要的经济增长理论。所以，新古典经济学时期是经济增长理论的一个低潮时期。

（二）经济增长理论的成熟阶段——现代经济增长理论

现代经济增长理论是何时开始的？对此，学界有不同的看法。有学者认为，1928年弗兰克·拉姆齐在《经济学杂志》上发表的《储蓄的数学理论》是现代经济增长的起点。20世纪六七十年代库普曼斯和卡斯等人利用拉姆齐的模型范式对索洛经济增长模型进行了新古典主义的改造。但也有学者认为，哈罗德-多马模型是现代经济增长理论的起点，该模型将凯恩斯理论动态化，力图将经济增长纳入短期分析中，并论述了资本积累所能发挥的重要作用。概括来看，现代经济理论的发展经历了三个高潮。

第一个高潮是在20世纪40年代，哈罗德和多马等凯恩斯主义经济学家力求将凯恩斯的短期分析长期化、动态化，促使经济增长理论进入了一个新纪元。这无疑成为经济增长理论逐渐迈向成熟的重要标志，表明主流经济学界已开始将更大的注意力放到了经济增长理论上。该理论认为，经济增长率受资本产出比和储蓄率的影响，要想实现持续的经济增长，经济增长率需要与由资本家集体意愿决定的有保证的增长率相等，还要等于可实现持续充分就业的经济自然增长率。哈罗德-多马模型指出，这几种增长率全部相等只是一种偶然情形，因而在资本主义市场经济体制下，长期稳定的经济增长是难以实现的，经济增长往往会伴随出现大幅波动。长期来看，持续实现充分就业的均衡增长非常困难，而且一旦偏离了均衡增长路径，经济体自身难以实现自我纠正，甚至可能会出现更大幅度的波动。

第二个高潮是在 20 世纪 50 年代中期，由罗伯特·索洛和斯旺提出了具有里程碑意义的新古典增长模型，带动了经济增长理论研究的热潮。诸多西方经济学家对哈罗德-多马模型提出的结论和启示很不满意，认为需要进行大幅修正。索洛和斯旺等学者认为，哈罗德-多马模型以劳动力和资本无法相互替代为重要前提，因而使得资本产出比为定值，这是该模型的重要缺陷。索洛等人假设资本和劳动力是相互替代的，并以此为基础得出索洛模型。该模型认为资本主义市场机制可以促成长期稳定增长，这一结论无疑具有重要意义。

该模型指出，技术进步发挥了不可替代的作用，如果没有技术进步，经济增长将达到稳态，并最终陷入经济增长停滞的状态。然而，技术的不断发展进步，尤其是如果技术进步属于哈罗德中性，宏观经济便可以出现持续增长。该模型建立在新古典经济学分析范式之内，契合了新自由主义逐渐兴起的时代趋势，迅速取代了哈罗德-多马模型，成为西方经济学界的主流理论。

第三个高潮始于 20 世纪 80 年代，代表人物是罗默和卢卡斯。这个理论高潮带动了内生增长理论的兴起。在索洛模型中，技术进步是外生的，无法被模型解释，这显然是经济增长理论的重要缺陷。内生增长理论认为，技术进步内生于经济增长的过程中，因而是对索洛模型的重要修正，并发展成为"知识经济"的重要理论基础。该理论对市场经济能够确保经济增长始终沿最优路径演进表示怀疑，并认为适当的政府干预将有益于维护经济增长，而只依靠市场经济可能会带来经济增长的低效率。

总体来看，相比古典增长理论，现代经济增长理论呈现出两个新的特点：一是从研究方法来看，不同于古典增长理论时期的百花齐放，现代经济增长理论在演进过程中，强调采用标准化、主流化、数理化的研究方法，形成了强调微观个体最优化决策以及重视动态分析的研究传统。二是从研究结论来看，与古典增长理论多样化的结论不同，现代经济增长理论的结论显示了良好的可比性和扩展性，其对经济增长源泉的不同解释可以通过对比不同的生产函数加以判断。因此，不同的经济增长理论可以较为方便地比较彼此之间的差异，同时有利于经济增长理论在现有基础上的进一步深入发展。

第三节　现代经济增长理论的发展与文献综述

哈罗德和多马的研究标志着现代经济增长理论模型化的开始，使经济增长理论研究在主流经济学中得以复兴，而后的索洛新古典增长模型，以及相关的内生增长模型等经济增长模型，则呼应了自 20 世纪 70 年代以来新自由主义思潮兴起的时代趋势。

（一）马克思经济增长理论

回顾经济思想史，马克思首先实现了静态分析的动态化以及短期分析的长期化，在此基础上构建了经济增长理论，并给后来的西方主流经济学家以重要启示。马克思着重研究了具有重要意义的社会总资本再生产这一问题，开创性地构建了重视社会总资本流通和再生产的科学理论框架，并研究了社会总产品在实物形式以及价值形式上应如何补偿等重要问题。他对社会总生产进行了科学、严谨的系统研究，提出了对社会主义社会和资本主义社会均具有重要意义的再生产客观规律。马克思提出的长期动态分析方法以及由此构建的经济增长理论，对现代经济增长理论的发展产生了深远影响。

（二）哈罗德-多马模型

众所周知，哈罗德和多马提出了西方经济增长理论发展史上的首个数学模型，具有里程碑式的意义。在 1929—1933 年"大萧条"后不久，出现了哈罗德-多马模型，该模型将经济增长问题抽象为经济增长率、储蓄率和资本-产出比率三个宏观经济变量之间的函数关系。按照哈罗德-多马模型，一国经济增长率受决定全社会投资水平的储蓄率的正向影响，受资本-产出比率的反向影响。从某种意义上看，哈罗德-多马模型将凯恩斯均衡理论向长期进行了推广。这一点很有意义，它实际上是从政府作用的视角构建了经济增长模型。根据凯恩斯短期国民经济均衡理论，$Y = C + I = C + S$。其中，Y 代表国民收入，两个 C 分别代表消费支出和实际消费，I 代表投资支出，S 代表储蓄。由于两个 C 是恒等的，因而简单的国民经济

均衡实现条件就是 $I=S$，也就是储蓄等于投资。根据凯恩斯理论，存在这样的结果。那么，长期经济增长率是多少？哈罗德-多马模型的逻辑是将凯恩斯的短期模型长期化，长期经济增长率为 S/V，S 代表新增投资，V 代表资产产出率，由此得出了经济增长率。

哈罗德-多马模型给出了一个简单的关系式，经济增长率＝新增投资÷资本产出率；可以说，这是哈罗德-多马模型的核心思想。实际上，为了实现经济的稳定增长，是需要满足一系列条件的，即合意增长率、实际增长率、自然增长率三者应相等。此时，宏观经济才能实现稳定的持续增长，实际的经济增长率就是储蓄等于投资时的经济增长率，在资本产出率确定的情况下，这一点由社会储蓄率决定。合意增长率是指资本满意的增长率。该等式的基本经济含义是，经济增长率恰好增长到资本回报率等于资本的成本。还有一个增长率是自然增长率，就是人口所允许的增长率。哈罗德和多马对这个模型进行解释时说，当实际增长率大于合意增长率时，经济增长会减速，因为资本的边际效率为负了。当合意增长率大于自然增长率时，劳动力供不应求，工资会大幅上升，因而会出现通货膨胀，进而导致经济增长率下降。

哈罗德-多马模型在经济学说史上具有里程碑式的意义：一是用数学模型严谨地分析了影响经济增长的因素；二是突出强调了储蓄率，也就是资本积累率对于经济增长的决定性作用，这一点后来被很多理论家引用，在很长一段时间的中国政策实践中，也能看到相关案例。哈罗德-多马模型也有很多缺陷，最主要的缺陷就是假设条件过于严格，距离现实甚远，同时根据他们的模型，任何经济体都将持续发生波动，这与实际情况不符。哈罗德-多马模型建立在一系列假设的基础之上：一是资本产出系数固定，也就是资本和劳动具有不可替代性；二是社会只生产一种产品；三是不存在技术进步；四是储蓄恒等于投资。该模型的假设存在一些不足：一是假设资本-产出比率为定值，即技术状态恒定，既没有考虑技术进步，又没有考虑资本折旧，显然不够合理；二是在社会生产过程中只考虑了劳动力和资本两种生产要素，而且这两种要素之间不能相互替代。显然，这一生产过程不具备合理的微观基础，与现实生产过程的差距较大。虽然在哈罗德-多马模型中，难以使资本和劳动同时达到充分就业的经济增长，这被称为经济增长过程出现"刀刃"。但需要注意的是，该模型是经济学界利用数学模型解释、研究经济增长问题的开端，在经济增长理论发展过程中具有里程碑式的意义。

（三）索洛的经济增长理论及相关的新古典增长理论

作为当前诸多理论的基准参考模型，经典的索洛模型考虑了一系列假设条件：一是承认萨伊定律的存在，认为供给能够自动创造需求；二是假设具有一次齐次特征的经济模型；三是假设资本与劳动具有完全的相互替代关系。该模型将柯布-道格拉斯函数作为其生产函数。

$$Y = A \times F(K, L) = K^\alpha \times (AL)^{1-\alpha}$$

在该生产函数中，因变量为总产出，自变量分别为资本和劳动力，资本和劳动力的幂之和为1。在哈罗德-多马模型中，经济增长是波动且难以实现长期稳定的，但在索洛模型中，其假设资本和劳动力具有相互替代的关系，从而可确保经济增长是稳定的。索洛模型深入探讨了劳动力或资本的存量增长对经济增长的影响：若劳动力总量不变，但资本存量增加，则人均拥有的资本存量也将增加，从而促进经济增长；若资本存量减少，则可将更多劳动力投入经济运行中，以促进经济增长。

根据该模型，在市场机制的调节下，总可以达到经济增长率、单位劳动力的边际产出、单位资本的边际产出这三者相等的均衡状态。此时，资本和劳动力均已充分发挥潜力，并且不存在分配中的剥削。在现代经济增长理论的发展史中，索洛的经济增长模型具有重要地位，索洛本人因此获得了诺贝尔经济学奖。该模型将现代数学工具引入经济模型，同时巧妙地将柯布-道格拉斯生产函数作为分析的起点。索洛模型的主要贡献有以下几点：一是受其影响，新古典生产函数成为现代经济增长理论中具有基准意义的生产函数，产生了巨大影响。二是该模型认为，整个经济体处于动态一般均衡的状态，这一思想深刻影响了此后的理论发展。三是该模型在给定外生技术水平的条件下，内生出劳动生产率，并提出了著名的代表技术水平的全要素生产率。

由于索洛模型假设劳动力与资本之间存在替代关系，从而有效解决了哈罗德-多马模型中出现的"刀刃"问题，但该模型也存在一些显著的不足：一是该模型认为富国人均资本存量高，将导致资本收益率较低，从而会导致资本由富国向穷国转移，但这与现实不能完全吻合；二是索洛模型预期一国的经济增长会收敛到平衡增长路径上，但并没有说明不同国家是否会收敛到同样的均衡上，也没有说明不同国家之间均衡路径的差异是由什么造成的。在这个经济增长模型中，技术对经济增长仍然没有影响，或者说是一个外生变量，但它把技术进步看成外生给定的，试图通过"假定经济增长"来解释经济增长本身，因而难以解释长期经济增长的真正来源。此外，根据这个模型，经济是不存在衰退的，但事实上，西方发达国家从索洛模型发布以后，经历了一轮又一轮的衰退。

(四) 新增长理论

在 20 世纪 80 年代中期后，以保罗·罗默、罗伯特·卢卡斯为代表人物的新增长理论崛起，使得经济增长理论的发展在陷入近 20 年的停滞后又出现新的高峰。该理论的一大亮点是将新古典增长模型中的"劳动力"概念，由原先的劳动力数量和该国具有的平均技术水平，扩展至劳动力的受教育水平、相互协作能力以及生产技能水平等，这些因素统称"人力资本"。

保罗·罗默（1990）首次提出了技术进步内生增长模型，其主要特征有以下几点：一是强调经济增长的核心是技术进步。二是强调大部分技术进步是在市场机制的激励下由市场微观主体主动获取的。三是认为知识产品的成本是开发过程中所需付出的费用，一旦开发完成，知识产品可重复使用，其边际成本为零。在新增长模型中，生产函数的因变量是总产出 Y，而自变量包括资本 K、劳动力 L、人力资本 H 以及技术进步 t，即 $Y=F(K, L, H, t)$。第一代内生增长理论强调从资本投资中所取得的技术进步与扩散有效解决了资本边际报酬递减的困境，资本成为经济增长的核心因素和动力源泉。阿罗和罗默假定知识是生产过程中的副产品，罗默认为知识在不同的使用过程中是可以分离的，排他性地保证了知识可以作为一个商品进行生产，而外部性确保经济可以出现持续的增长。

除罗默模型、卢卡斯模型和格罗斯曼-赫尔普曼模型等内生增长模型，其他诸多学者从不同侧面提出了新的增长理论。例如，Aghion and

Howitt（1992）的模仿与创造性消化内生增长模型、King and Robson（1993）的知识传播内生增长模型以及 Young（1991）的国际贸易内生增长模型。这些理论虽有不同，但都蕴含了相似的思想，即认为经济增长的最终推动力源于企业。这些模型分析了企业如何积累包括人力资本和创新技术在内的知识成果，主要体现为人力资本的增加、产品质量的提升和新产品的生产。与此同时，这些理论普遍认为，知识创造和积累的过程离不开政府的适当干预。虽然构建于新古典经济学之上的经济增长理论已发展至新增长理论，但其依然隐含了技术水平外生且否认规模报酬递增。与索洛模型相同，如果将经济增长的唯一动力理解为某一外生变量，这样的经济增长理论无疑不能令人满意。该理论的经济思想与核心特征有三：一是所有的新增长理论基本都是以索洛的经济增长理论作为分析的起点；二是他们都建立了现代经济模型来论证自己的理论；三是他们都认为应该将制度、教育、技术等因素纳入模型，普遍认为技术是影响经济增长的重要因素。

进入 20 世纪 90 年代后，对内生增长理论的学术研究继续推进，出现了新的进步。经济增长模型试图构建将全要素生产率内生的模型，并进一步完善原有的内生增长模型。这突出表现在两个方向：一是探讨了技术进步与市场结构之间的关系［比如 Aghion and Howitt（1998）］。例如，依靠对知识的直接研究积累技术、探讨依靠资本投资的外部性、依靠生产和积累人力资本对索洛模型中的全要素生产率进行内生化。二是分析了经济增长与经济结构变化之间的相互关联。例如，John Laitner（2000）提出，在工业化过程中，一个国家的储蓄率将会内生地上升，这将导致经济增长率随之变化。实质上，这探讨了产业政策对经济增长的作用与影响。

（五）新凯恩斯 DSGE 模型下的经济增长结论

由于现实中的价格调整存在障碍，货币变动会有实际效应。动态随机一般均衡模型（DSGE 模型）试图将不完全价格弹性这一微观基础推广到动态的宏观经济增长上。新凯恩斯 DSGE 模型中常见的定价模型包括卡尔沃定价模型、预先决定的价格模型（如费雪模型）、固定价格模型（如泰勒模型）、状态依存定价凯普林-斯鲍勒模型等。这些定价模型都试图从微观角度的价格调整障碍解释价格不完全弹性对经济的实际影响。例如，费雪模型、泰勒模型都假设工资或价格由多期合同或承诺确定，在每个时期，规定工资或价格的某个比例的合同会终止或更新。因此，这两种模型的核心结论是多期合同会导致价格水平对名义扰动只能进行逐步调整，因而总需求扰动具有持续的真实效应。

考虑一个三方程标准新凯恩斯 DSGE 模型，它包含以下三个基本公式：新凯恩斯 IS 曲线说明了利率与产出的负向关系、新凯恩斯菲利普斯曲线表明了通货膨胀与产出的正向关系，以及基于泰勒规则而制定的前瞻性央行利率规则。其中，u^{IS}、u^{π}、u^{MP} 分别代表需求冲击、通货膨胀冲击以及货币政策冲击。

$$y_t = E_t(y_{t+1}) - \frac{1}{\theta} \times r_t + u_t^{IS} \qquad \theta > 0$$

$$\pi_t = \beta E_t(\pi_{t+1}) + k y_t + u_t^{\pi} \qquad 0 < \beta < 1, \kappa > 0$$

$$r_t = \phi_{\pi} E_t(\pi_{t+1}) + \phi_t E_t(y_{t+1}) + u_t^{MP} \qquad \phi_{\pi} > 0, \phi_t \geqslant 0$$

如果假定外生冲击服从 AR(1) 过程并退化成白噪声扰动，那么从这个最简单的模型可以求解得到如下结果：

$$y_t = u_t^{IS} - \frac{1}{\theta} \times u_t^{MP}$$

$$\pi_t = \kappa u_T^{IS} + u_t^{\pi} - \frac{\kappa}{\theta} \times u_t^{MP}$$

$$r_t = u_t^{MP}$$

由此可以得出三个简明结论：一是货币政策冲击能够产生实际效应。具体说来，紧缩的货币政策冲击将导致总产出和通货膨胀都降低。二是需求冲击同样会产生实际效应。具体说来，一个正的总需求冲击会提高产出和通货膨胀率，但不影响利率，因为货币政策是前瞻性的。三是正的总供给冲击或者说通货膨胀冲击只会提高通货膨胀率，而不影响实际产出和实际利率。

第四节　现代经济增长理论的重要进展、局限性与前景展望

现代经济增长理论经过近百年的发展，在理论与模型上都取得了突破性进展，但不论是哈罗德-多马模型、索洛模型，还是由凯恩斯主义发展

起来的新古典增长模型以及新增长理论等，在其获得重要突破的同时，也存在一定的局限性。由于前文已介绍了相关理论的进展，此处仅对新增长理论的重要突破进行分析。

（一）新增长理论的重要突破

（1）新增长理论认为经济增长是内生的，主要是内生技术变化的产物。新增长理论对技术进步的实现机制进行了详细分析，论证了知识积累和技术进步是经济增长的决定因素，相关研究填补了经济理论的空白。该理论将技术视为经济系统的一个核心部分，是"内生"的，因而政府可以通过政策影响人们的行为。新增长理论认为，政府的政策重心应当放在如何促进长期经济增长上，而不应当放在应对经济周期上。技术进步能够提高投资收益，而新增投资又可使技术进步的价值更大，从而产生相互促进的良性循环，持续推动经济增长。

（2）新增长理论承认政府政策的地位与作用。不同于新古典增长理论，新增长理论重新讨论了在经济发展过程中政府所能发挥的作用。该理论对如何实现经济长期持续增长提出了一系列政策主张。新增长理论认为，市场力量不足以促使社会发挥创新的最大效能，政府有责任、有理由进行干预，这可以提高经济增长率。政府应着力支持各类有利于实现技术进步的政策措施，比如保护知识产权、支持开展研发工作、支持发展教育等。

新增长理论承认市场机制失灵的存在以及政府能够发挥相应作用，这是一种进步。然而，新增长理论无法摆脱西方经济学基本原理的窠臼，仍采取了动态一般均衡方法，使得它所取得的进步是较为有限的。该理论承认市场机制是不完美的，由于外部性或垄断的存在，宏观经济难以沿最优路径增长，因而希望借助政府力量化解市场机制的缺陷。该理论希望通过政府干预，使资本主义市场经济实现最优增长，而根据这一点来认识政府的作用，则政府的作用仍是辅助的、不独立的、有局限的。

（3）对知识所发挥作用的关注。在经济增长模型中考虑人力资本、知识等内生因素，是新增长理论的重要突破和亮点。此外，该理论假设要素的边际收益可能是递增的，这使得资本收益率可能维持不变甚至不断增长，人均产出也可持续提升。该模型指出，技术进步不是独立于经济理论的外生变量。人类社会可通过投资推动技术进步，进而促进经济发展。

（二）现代经济增长理论的局限性

第一，在完全不均衡的世界里，为何一定要寻求"均衡"下的经济增长理论，然后再费力地进行动态化？经济增长模型的动态化问题本身就是一个问题，是否必须走先静态再拓展的路径？能否直接建立相应的动态模型？

第二，既然已有实际经济增长这个最好的研究对象，为何学者偏爱潜在经济增长呢？现有的模型以推导平衡增长路径为目标，而路径上的每个点都是对应时间点上的均衡状态，这意味着平衡增长路径不是纯动态的。在现实情况下，要素市场与消费品市场不一定出清，往往也不在均衡状态下进行总生产，所以由模型推导出的路径与实际情况差距很大，因而现有的经济增长模型不符合现实情况。潜在经济增长率不同于实际经济增长率，更多的是一种理论上的概念。当前主流经济增长理论主要探讨的是一种存在于理论中的潜在经济增长率，往往以实际数字进行倒推。此外，当前主流经济增长理论主要研究的是潜在经济增长率或长期经济增长，而对短期经济波动相对不够重视，这或许是自索洛模型以来经济增长理论存在的不足。

第三，政府对经济增长的影响途径与方式。现有的经济增长理论模型普遍是从生产要素出发来构建生产函数，以供给侧这一视角来研究全社会总供给，而鲜有把市场和政府综合起来考虑对总供给的作用，也就是政府对总供给和总需求的作用被忽略了。鉴于政府政策对实际经济增长的作用是明确的、现实的，那么它在模型中就应有明确的位置。一个合理的方式是让凯恩斯理论关于政府对经济增长作用的方式在模型中有相应的体现。

（三）关于内生与外生的科学考量

新古典增长理论利用柯布-道格拉斯函数作为生产函数，将劳动力投入和资本投入作为自变量，建立了经济增长模型，并将技术进步视为外生变量。该理论推导出，由于边际收益递减，长期经济增长将遇到瓶颈的重要结论。与此不同的是，20 世纪 90 年代兴起的内生增长理论提出内生因素才是解释长期经济增长的关键原因，它认为在资本积累的过程中蕴含了研究与开发、创新发明等活动催生出的技术进步，而在劳动力投入中，蕴含着教育、在职学习、培训等积累的人力资本，由此将技术进步内生化。该理论提出，因技术不断进步，要素收益可能会递增，长期经济增长率为正。实际上，诸多经济学家都认识到了技术进步以及人力资本对于促进经济增长的重要作用，但仍将技术进步视为外生因素。新增长理论将技术进步内生化，对经济稳定持续增长的动力给予了有力解释。但是，技术溢出的外部性、技术进步的市场激励作用等问题，仅依靠市场机制难以得到解释，因而内生增长理论并未深入探讨这些问题。有评论认为，内生增长理论在给出技术进步内生解释的同时，指引人们发现了另一个"制度"黑箱。要解开这一"黑箱"，需要将制度分析进一步融入经济增长理论中。新制度经济学将技术进步、制度演进都视为经济发展的内生变量，提出技术进步并非经济增长的根本原因，而适当的制度安排对于促进经济增长具有关键性的作用。这一思想进一步拓展了内生增长理论的研究视野。关于内生和外生的不同逻辑容易导致理论模型中政策含义的差异：尽管人们在经济实践中清晰看到了财政政策能够影响经济增长，但新古典增长理论却提出外生变量决定长期经济增长；换言之，它认为财政政策只能在短期影响经济，无法产生长期效果。与此不同的是，内生增长理论认为影响长期经济增长的一系列内生变量受到政府政策，特别是财政政策的重要影响。既然长期经济增长是由内生变量决定的，那么还应深入研究政府如何影响经济增长率、财政政策对经济增长的影响方式。在现实中，财政政策的有效性是有目共睹的，而理论与现实不符只能是理论本身的缺陷。

（四）经济增长理论的未来变革

既然现实中的实际经济增长状况是非常清晰的，我们研究的对象就没有必要舍近求远，再提出一套假设条件来论证潜在经济增长，而应直接从实际出发，研究动态的实际经济增长、影响因素以及政策效果，从而实现理论和经济实践的统一。

第一，用一个比较简洁的数学模型相对准确地表达经济的动态增长。

我们要让假设基本接近现实，并改变原来从静态模型推广至动态模型的扩展思路，把动态的经济增长直接用动态模型进行表达。让经济增长理论展示出应有的真实面目，切实研究实际经济增长问题，而不是重点研究反映基本趋势的潜在经济增长问题。

第二，理论模型要能体现政府的作用以及科学技术在经济增长中的重要意义。若依照传统的凯恩斯主义观点，政府支出只能影响短期的有效需求，不能产生长期效果，那么许多重要问题（如供给侧结构性改革的重要作用）便难以得到解释。政府的作用除影响短期经济波动外，还可影响长期经济增长趋势。只有充分论证政府能够深刻影响潜在经济增长率的变动趋势，能够影响全要素生产率的提升，才能从理论上论证供给侧结构性改革的重大意义，并能更好地理解自改革开放以来我国劳动生产率出现的巨大提升，更好理顺"有效的市场"和"有为的政府"的理论逻辑。将市场与政府的关系由对立转为统一，有助于实现经济增长理论的重要突破，成为用中国故事影响经济学理论的重要起点。从这一思路出发，并升华至理论层面，可以促进经济理论的模型化和规范化，为中国特色市场经济模式提供坚实的理论支撑。

第三，关于内生变量和外生变量的准确考量。在经济增长的相关讨论中，对于一个变量，如果有学者认为它是内生变量，也有学者认为它是外生变量，不应该两者都对。到底应该是何种情况，我们要有一个清晰的逻辑。我们认为，最重要的变量应该内生于体系，这样才是比较完整的，也是有效的，否则就难以对经济增长进行合理解释。如果一种经济增长理论停留在需要用特殊外部冲击来解释现实经济增长，那么这个经济增长理论一定是不完备的。

第四，将经济增长理论动态化。从马克思主义的增长理论来看，由于资本主义制度无法提供维护经济稳定增长的内在机制，必然会引起宏观经济波动，因而经济增长难以实现稳定均衡。在西方经济学经济增长理论中，除哈罗德-多马模型外，以新古典增长理论以及新增长理论为主要代表的主流经济增长理论，均认为在市场经济的调节下，宏观经济可以持续沿最优路径稳定增长，但由于受到供给侧或需求侧的影响而出现动态的波动。

第五，如何将经济增长的理论研究和应用研究有效地结合起来。经济增长理论必须能够很好地解释现实，不能就理论说理论，两者之间应是基本一致的，并且通过理论模型给出的结果与现实的经济增长图景相近。现实中，我们需要避免在使用潜在经济增长率进行理论分析的同时，使用实际经济增长率数据进行验证，两者的差异很大，通常不具有较强的说服力。

第五节　理性综合视角下的经济增长模型

经济增长是多种因素综合作用的效果，西方学者提出了如下方程：

$$Y_t = F(K_t, L_t, A_t, N_t, S_t)$$

式中，Y_t 为一个经济体的总产出；K_t、L_t、N_t 分别为资本、劳动、人口等的存量；A_t 为全要素生产率；S_t 为制度、政策、环境等一系列因素。

从某种程度上可以说，这就是一个动态的一般经济增长方程。这个方程还可做更重要的一般化表达，其中的自变量可以进行更一般化的理解，赋予更少的特定含义。应该说，任何经济增长模型都应是上述方程在符合某种条件时的特殊情况。下面我们将循着这个思路探索建立理性综合经济增长模型，并进行相应的实证分析。

（一）关于经济增长模型的重要缘起与扩展

在探索构建理性综合经济增长模型的过程中，我们发现：它与现有经济增长理论及相关经济学理论有较为紧密的联系，在此进行简要说明。

（1）亚当·斯密经济增长理论的扩展。实际上，《国民财富的性质和原因的研究》的书名，在某种意义上就可以说是经济增长理论。前述的一般经济增长方程对经济增长及原因的最普遍概括可以用公式来表示，以此为基础可以做进一步考量。有趣的是，基于这个逻辑就可以推导新的方程，不妨做如下假定：只有市场和政府两类因素，再把市场与政府分开，该公式可变为两部分，于是经济增长公式就可以转变为一个两项结合的经济增长方程。如果把政府的作用全部去掉，整个经济属于标准的完全市场经济模式，那么它就成为整个经济增长理论的逻辑基础。

（2）关于混合经济逻辑的扩展。现代市场经济实质上就是混合经济，即市场经济与政府干预经济的混合物。如果是完全市场经济，经济增长的公式可以考虑用索洛模型表达；如果为政府干预经济，则可运用凯恩斯理论的逻辑来表达。将两种经济混合起来，则可以用数学上的加权组合来表达。需要注意的是，索洛模型已经通过技术变革等因素将政府对潜在经济增长的作用考虑进去了。

（3）保罗·萨缪尔森关于中间道路论述的扩展。除混合经济理论外，保罗·萨缪尔森还特别强调了中间道路的逻辑，并认为这是中国的重要选择。他曾在 2009 年初的《中欧商业评论》中发文称，到 2050 年，中国将成为全球最大的经济体。他认为，基于其对经济史的认识和对经济学理论的理解，建议中国走一条"适度中间路线"（limited centrist）。只依靠市场机制，难以实现有效监督，不可避免地会出现贫富分化和宏观经济的剧烈波动。"适度中间路线"要求对企业和市场进行有效的监管。虽然监管不可能是完美的，但它是一个次优选择。中间路线就是既不偏左又不偏右，每个地区和社会都必须为自己设计出中间路线所需的折中方案。这就意味着，保罗·萨缪尔森的基本逻辑既包括理想的市场经济，又包括传统的计划经济，中国可以选择走中间道路。对此，我们可以换一种角度思考，不再把经济模式描述为三种具体模式，而是描述为一般模式并给予相应的数学表达。三种具体模式只是三种特殊情况而已，无论是从理论还是从现实来说，经济发展模式都可以有无数种，这就是另一种全新景象了。

（4）关于经济增长趋势与波动理论的精细化。这是一个我们熟悉的公式和图形。从图 5-1 中我们可以看出，某一时点上的经济增长有三部分，可以看作三部分的叠加：第一部分表示自由放任下的潜在产出，第二部分是政府干预，第三部分是短期经济波动。假如直接运用这种叠加方式来表达某一点的经济增长，那么一个特殊的经济增长公式就呈现在我们面前了。

（5）RBC 模型扩展的思路。该理论告诉我们，经济增长公式的起点大体可以用索洛公式表达，是初期的潜在经济增长率；如果有技术冲击存在，相当于我们可以在公式中加进去一项；如果还有政策冲击，不管实证结果如何，从理论上说，我们也可以把这一项加进来。这样一来，经济增长公式就与三大因素有关，即与初期的潜在经济增长率、相应的技术冲击

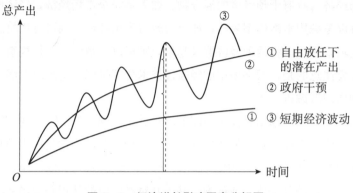

图 5-1　经济增长影响因素分解图

以及政策因素有关。一般来说，我们可以把经济增长表达为一个相应的方程。该方程无须附加多项特别假定，同时政策的作用由相应的变量体现，当然就不会再有类似货币政策无用这样与实际不符的结论了。

（二）理性综合经济增长模型的构建

实质上，经济增长模型就是描述实际经济增长的影响因素及动态运行规律的方程。我们基于宗良和范若滢相关文章①的结果，综合考虑市场作用与政府作用得到的相关方程，实质就是动态经济增长方程。此处，我们借鉴他们提出的模型，见（5.1）式和（5.2）式。

$$\Delta Y_t = (a + b\,\Delta A_t)\Delta Y_t^* + b(\mu_{ss} + \mu_d)(Y_t - Y_{t-1}) + b(\varepsilon_{st} + \varepsilon_{dt})$$
$$(5.1)$$

$$\Delta \hat{Y}_t = \Delta A_t \times \Delta Y_t^* + (\mu_{ss} + \mu_d)(Y_t - Y_{t-1}) + (\varepsilon_{st} + \varepsilon_{dt}) \quad (5.2)$$

（5.1）式中，$\Delta Y_t = Y_t - Y_{t-1}$，代表总产出的变化量；$\Delta Y_t^*$ 表示仅考虑市场条件下的稳态，即经济的潜在产出水平的变化，属于长期趋势的主体部分；参数 a 和参数 b 分别代表市场作用的权重和政府作用的权重，两者之和为 1。（5.2）式代表政府作用产生的效果，不同于凯恩斯理论所认为的政府仅能调节经济的短期波动，即 $(\mu_{ss} + \mu_d)(Y_t - Y_{t-1}) + (\varepsilon_{st} + \varepsilon_{dt})$，

① 宗良，范若滢. 宏观调控理论的创新思维、模型构建与中国实践. 国际金融研究，2018，379 (11).

还可以影响长期的经济增长趋势，即 $\Delta A_t \times \Delta Y_t^*$ ，这两部分的影响分别来自供给侧和需求侧的冲击。

（5.1）式有很深刻的经济学意义：经济运行所表现出的经济增长现象 ΔY_t ，是由长期趋势 $(a+b\Delta A_t)\Delta Y_t^*$ 和短期波动 $b(\mu_{ss}+\mu_d)(Y_t-Y_{t-1})+b(\varepsilon_{st}+\varepsilon_{dt})$ 共同驱动的。其中，长期趋势主要受劳动力、资本等经济基本面因素影响，政府可以影响长期经济增长。这也克服了现有经济增长模型的局限，体现的是经济发展，而不是简单的经济增长。在前面的论述中，相应的可能扩展方程与理性综合思维的逻辑是一致的，这在一定程度上起到了一个很好的印证作用。

（三）理性综合经济增长曲线

如图 5-2 所示，Y_t 是实际的总产出曲线，我们可以看到现实生活中的总产出曲线往往围绕趋势线上下波动，即存在产出缺口，而模型测算出来的是一条平滑的曲线。有经济学家认为，制度创新和技术进步在经济增长中的作用是互动的，制度创新可以使经济运行从生产可能性曲线内部无限趋近生产可能性边界，而技术进步可以使生产可能性边界向外移动。因此，将制度创新纳入经济增长理论模型，也是值得经济学家尝试的领域。

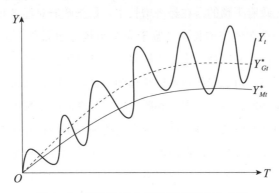

图 5-2　短期波动与长期趋势的变化曲线

一国总产出随时间的变动趋势可分为长期和短期两方面来讨论。短期表现为经济波动，如图 5-2 中的 Y_t 所示，表现出一定的经济周期，产出在峰顶、衰退、谷底、复苏之间循环往复。总产出随时间的长期变动表现出一定的趋势，在纯市场经济的理想化模型下，这样的趋势线可以理解为该经济体的潜在产出曲线。

(四) 理性综合经济增长模型的理论解析

实际经济增长可以用三个重要环节和多种因素进行解释。

(1) 关于重要环节。第一个环节是零政府干预下的潜在经济增长率，也就是纯市场条件下的潜在经济增长率。第二个环节是在政府干预下的潜在经济增长率。目前，人们普遍测算的就是这个潜在经济增长率，也属于经济增长的基本趋势，政府对教育、产业、科技等的政策或改革的实施，可以推动潜在经济增长率发生重大变化。需要注意的是，在这个环节，政府可以发挥制动闸的作用，即从长期视角看，具有转换增长路径的作用，中国推进的改革、五年规划以及中长期规划往往发挥的就是这种功能。第三个环节是宏观调控对短期经济波动的调节，即短期内宏观调控政策对经济波动的影响。从这个意义上说，经济增长实质上是长期趋势与短期波动叠加的结果，因而并无短期和长期之分，是统一的完整体系。只不过在不同的情景下，我们关注的重点有所差异罢了。基本逻辑是：短期看波动，中长期看趋势。

(2) 关于宏观政策等影响因素。实际上，每一个环节都有众多的影响因素：一是无政府干预的潜在经济增长率，是指政府对经济和市场基本不干预情况下的潜在经济增长率。鉴于完全市场竞争条件下的技术进步中性，如果完全以此来解释，则无法解释市场条件下技术进步的存在。此处以市场条件下有相对稳定的技术进步作为条件，反映自然条件下潜在经济增长或长期经济增长的基本态势和路径。二是在政府干预下的潜在经济增长率。上述两个环节的影响因素与现有的潜在经济增长并无差异，包括资本、劳动力和技术等相关因素的影响，所以这类相关分析都是合理的，也是符合现实的，主要区别是我们更强调政府作用的特殊机理。制动闸作用最为重要，政府可通过增加教育投入和科技投入以及推行产业政策等，促进潜在经济增长率向上移动，见图5-3。从这个角度看，我们还可以对随机游走理论进行解释，其作用与新增长理论一致。现实中，一个经济体要实现变革和力挽狂澜，就需要这种作用。中国改革开放的巨大成功以及美国在"大萧条"后采取的凯恩斯主义政策，都符合当时的情况，并取得了巨大成功。三是宏观调控，即保持短期经济平稳增长的相关措施，这与宏观调控部分的讨论是一致的，主要体现为宏观经济政策的相关内容。

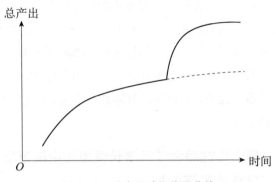

图 5-3 政府制动闸作用曲线

（五）理性综合经济增长模型与人生职业发展模型比较

在现实社会中，没有无政府的经济体，也不存在无市场的纯计划经济。现有经济增长模型基于新古典经济学的逻辑，通常是从名义上考察纯市场情况下的潜在经济增长率，但实际计算的是考虑政府作用的潜在经济增长率，这存在一定局限性。从市场经济的角度看，长期会有一个稳态的经济增长，也就是稳态下的潜在经济增长，它反映了经济增长的长期趋势，可以用市场平稳状态下的潜在经济增长来表示。在考虑政府作用后，就变成新的潜在经济增长率。我们在前文引用了新模型，综合考虑了市场与政府对经济增长的作用，并把两者的作用做了精准化处理和分别量化。在此，我们通过一个生动的例子加以说明。一个人的职业发展就好比一个国家的经济增长，这个人职业发展的好坏是由下述因素影响的，它们的共同作用决定了其职业发展的水平：一是他自己的智商或者天赋，相当于潜在素质，当然也包括他自己的努力程度，相当于市场经济条件下的潜在经济产出。二是学校老师和家长等给予的教育，相当于政府的作用。总的来说，他的潜在素质由天赋决定，在他的努力下，潜在发展趋势会有所提升。如果老师、家长的教育科学有效，那么他的潜在发展能力会有一个大的提升；反之，如果教育的方法不得当，他的潜在素质可能会有所下降；其职业发展的好坏，可能还受各种外在条件（如机遇、时机等因素）的影响，所以他的职业发展会出现波动，这相当于宏观调控的短期作用部分。

事实上，经济增长也是符合这一规律的。一个经济体自身的条件、禀赋，首先决定了最初的潜在产出，而经济体具有的内在技术创新能力可以带来经济增长；如果政府能出台科学有效的相关政策，比如教育政策、科技政策以及产业政策等，特别是发挥好政府制动闸的作用，比如进行改革开放，潜在的经济产出又会明显提升；反之，如果政府的政策无效，可能会造成经济的衰退。此外，经济体的具体总产出又会因为受到很多政策冲击的影响而波动。

第六节　基于理性综合经济增长模型对中国市场与政府作用指数的实证分析

下面主要借助中国改革开放以来的相关数据，论证（5.1）式和（5.2）式或者其变形形式［即（5.3）式］，也就是讨论理性综合视角下的经济增长方程式的合理性及意义：

$$\Delta Y_t = a\Delta Y_{Mt}^* + b(\mu_d + \mu_{ss})(Y_t - Y_{Gt}^*) + b\mu_{sl}\Delta A_t Y_{Mt}^* + b(\varepsilon_{dt} + \varepsilon_{st})$$

$$(5.3)$$

实际上，政府宏观调控对纯市场条件下的潜在产出影响见图 5-2。下面根据 1978—2019 年中国的经济数据来验证（5.3）式的合理性，我们选取了表 5-1 中列示的指标。

表 5-1　各项指标说明

指标	单位	含义
year	年	
GDP	亿元	名义国内生产总值
rGDP	亿元	实际国内生产总值
renkou	万人	中国青壮年和逐渐进入劳动年龄段（15~64 岁）的人口
guzi	亿元	资本存量
ymt	亿元	潜在总产出
hpdata_n	亿元	政府调控后的 GDP，HP 滤波结果
tfp		全要素生产率
preymt	亿元	潜在市场经济增长

（一）各项指标数据的获取

名义 GDP 来源于《中国统计年鉴》，同时获得了 GDP 平减指数，从而计算出实际 GDP。本部分的数据均以 1978 年的不变价格为基准。

中国青壮年和逐渐进入劳动年龄段（15～64 岁）的人口来源于《中国劳动统计年鉴》。这里之所以选择该指标而不是就业人口，主要源于以下两个原因：①就业人口数在人口普查的年份会出现大幅增长，即使进行平滑处理，相关数据依然较为异常，对回归产生较大负面影响；②本部分运用就业人口数主要估算潜在经济产出而不是通常的实际产出，因而运用潜在的劳动年龄段人口更能体现生产函数中的劳动要素。

资本存量的计算方法参考单豪杰的《中国资本存量 K 的再估算：1952—2006 年》，我们选取的折旧率为 10%。

计算潜在经济增长率首先要对潜在经济产出进行估算。前面在估算美国潜在经济增长时，选取了 1925—1929 年的美国经济数据，这是因为在 1929 年经济危机爆发前，美国政府极少干预经济的发展，可以近似看作纯市场经济阶段。遗憾的是，在中国经济发展的过程中，很难找到一个近似纯市场经济的阶段，所有相关的系数只能根据其他学者的研究结果进行估计。目前，国内比较主流的观点是：中国的综合技术水平技术系数在 0.4 左右，资本的弹性系数为 0.6～0.7。考虑到这两个系数会随着经济的发展而变化，此处分别采用 0.37～0.42 以及 0.55～0.7 分阶段进行估计。最后，我们根据索洛模型和此前计算出的劳动力人口以及资本存量数据，计算出潜在经济产出的估计值以及增长率。

$$Y_{Mt}^* = f(M_t, L_t) = \lambda K_t^\theta L_t^{1-\theta}$$

对政府调控过的 GDP 进行估计，此处类似于利用 HP 滤波对 GDP 进行处理，参数选用 100 [Hodrick and Prescott（1980，1997）中使用了年度数据，季度数据填 1 600，月度数据填 1 440，我们采用的是年度数据，故采用 100]。

目前，对全要素生产率的估算主要有四种方法，即代数指数法、索洛残差法、隐形变量法和潜在产出法。这里参考郭庆旺和贾俊雪（2005）的计算流程，运用索洛残差法进行估算。

在所有指标数据计算完成后，我们将对全历史阶段以及三个分阶段分别进行回归，以便进行实证分析。

（二）全历史阶段

该模型的整体拟合效果较好，并且系数显著、可解释性强。在1978—2019 年的全历史阶段，潜在市场经济增长对实际经济增长的贡献度（a）达到了 0.518 55，见图 5-4。

```
lm(formula = diffGDP ~ diffymt + I(GDP - hpdata_n) + I(tfp *
    preymt) - 1)

Residuals:
      Min        1Q    Median        3Q       Max
-0.039775 -0.012694  0.005808  0.026628  0.083102

Coefficients:
                   Estimate Std. Error t value Pr(>|t|)
diffymt            0.518553   0.158335   3.275   0.0023 **
I(GDP - hpdata_n) -0.003318   0.005173  -0.641   0.5252
I(tfp * preymt)    1.464477   0.308593   4.746 3.09e-05 ***
---
Signif. codes:  0 '***' 0.001 '**' 0.01 '*' 0.05 '.' 0.1 ' ' 1

Residual standard error: 0.03148 on 37 degrees of freedom
  (1 observation deleted due to missingness)
Multiple R-squared:  0.895,     Adjusted R-squared:  0.8865
F-statistic: 105.2 on 3 and 37 DF,  p-value: < 2.2e-16
```

图 5-4　全历史阶段的实证分析

（三）分不同的历史阶段

根据经济学家对中国政府政策的研究，我们将 1978—2019 年的中国历史分为三个阶段。

（1）第一阶段，1978—1992 年。1978 年，中国共产党的第十一届中央委员会第三次全体会议在北京举行，会议确认了以经济建设为中心，实行改革开放的新决策。该阶段的潜在经济增长对实际经济增长的贡献度只有 0.297 78，处于较低水平。这是因为，当时我国的经济建设依然遵循党的十二大所提出的"计划经济为主，市场调节为辅"的原则。

（2）第二阶段，1993—2001 年。1992 年，邓小平在南方谈话中提出：

"计划经济不等于社会主义，资本主义也有计划；市场经济不等于资本主义，社会主义也有市场。"由此，我国有力推动了市场经济体制的改革。

在此阶段，我国政府对市场经济发展的影响力有所减少，在发展模式上类似于 20 世纪六七十年代西方国家的情形，但我国依然是以公有制为主体的社会主义国家，政府对市场的影响即使减小了，仍显著大于西方经济体。检验结果表明，该阶段的潜在经济增长对实际经济增长的贡献度为0.537 06（见图 5 - 5）；相应地，政府作用部分带来变化的系数为0.462 94。

```
lm(formula = diffGDP ~ diffymt + I(GDP - hpdata_n) + I(tfp *
    preymt) - 1)

Residuals:
     Min       1Q    Median        3Q       Max
-0.022041 -0.010839 -0.001538  0.016255  0.024945

Coefficients:
                  Estimate Std. Error t value Pr(>|t|)
diffymt            0.53706    0.21767   2.467   0.0486 *
I(GDP - hpdata_n)  0.01713    0.01029   1.664   0.1472
I(tfp * preymt)    0.89436    0.43209   2.070   0.0839 .
---
Signif. codes:  0 '***' 0.001 '**' 0.01 '*' 0.05 '.' 0.1 ' ' 1

Residual standard error: 0.02021 on 6 degrees of freedom
Multiple R-squared:  0.9707,    Adjusted R-squared:  0.9561
F-statistic: 66.28 on 3 and 6 DF,  p-value: 5.437e-05
```

图 5 - 5　1993—2001 年的实证分析

（3）第三阶段，2002—2019 年。2001 年 11 月，世界贸易组织（WTO）第四届部长级会议做出决定，接纳中国加入 WTO，这标志着中国经济发展进入了新的阶段。加入世界贸易组织的好处包括有利于进一步扩大进口与出口和吸引投资、有利于加快国内产业结构的调整和优化、有利于我国全方位参与国际合作与竞争等，但国外对中国宏观经济的冲击加大，使中国宏观经济的风险度明显增加。此外，20 世纪 90 年代粗放的发展方式显然已不适用，我国政府需要加大自身对经济的影响力，充分发挥宏观调控在经济健康发展中的重要作用。

在 2008 年国际金融危机后，以美国为首的西方发达经济体逐渐开始扩大政府在经济发展中的影响力，如美国奥巴马政府连续开启三次大规模的量化宽松、日本安倍政府通过强制贬值日元来刺激经济增长等，并使凯恩斯主义再次盛行。与此同时，这一次经济危机也使我国意识到政府对市场的有效把控和管理是经济体健康发展的必要前提，因而宏观经济政策在实际经济增长中发挥的作用越来越重要。我国也及时调整了经济发展的方向，不再盲目追求经济增长的速度，而是追求经济发展的质量。政府通过扶持政策鼓励产业的转型，通过货币和财政政策防止经济过热增长。

在此阶段，潜在经济增长对实际经济增长的贡献度总体呈现一个不断提升的过程，见图 5－6。

```
lm(formula = diffGDP ~ diffymt + I(GDP - hpdata_n) + I(tfp *
    preymt) - 1)

Residuals:
     Min        1Q    Median        3Q       Max
-0.017510 -0.004063  0.002207  0.005777  0.018182

Coefficients:
                   Estimate Std. Error t value Pr(>|t|)
diffymt            0.515343   0.122395   4.210 0.000873 ***
I(GDP - hpdata_n)  0.001904   0.002455   0.775 0.451038
I(tfp * preymt)    0.794470   0.204137   3.892 0.001628 **
---
Signif. codes:  0 '***' 0.001 '**' 0.01 '*' 0.05 '.' 0.1 ' ' 1

Residual standard error: 0.009445 on 14 degrees of freedom
  (1 observation deleted due to missingness)
Multiple R-squared:  0.991,     Adjusted R-squared:  0.9891
F-statistic: 515.1 on 3 and 14 DF,  p-value: 1.473e-14
```

图 5－6 2002—2019 年的实证分析

如表 5－2 所示，结合三阶段政府对经济的干预效果，该模型的拟合结果符合预期。在样本量达到一定量的情况下，对该模型的系数来说，整体拟合的统计效果较好。再来看系数变化，平均来看，中国政府与市场对经济的作用约为 1∶1 的比例，市场作用略高于 50%；政府对经济的宏观调控作用经历了先高后低，到后面阶段逐渐平稳的状态，后期市场作用系数超过 50%，可以说是市场发挥决定性作用的体现。在国际金融危机后，该比例没有持续提高，主要是受国际金融危机等影响，使近年来各国政府的作用明显增大所致。

表 5-2 中国政府与市场作用的系数

历史跨度	年度数	阶段	潜在经济增长对实际经济增长的贡献度	政府作用部分带来变化的系数	理性综合模型 F 值
1978—2019 年	42	全历史阶段	0.518 55**	0.481 45**	105.2***
1978—1992 年	15	第一阶段	0.297 78*	0.702 22*	28.57***
1993—2001 年	9	第二阶段	0.537 06*	0.462 94*	66.28***
2002—2019 年	18	第三阶段	0.515 34***	0.484 66***	515.1***

注：*、** 和 *** 分别表示在 10%、5% 和 1% 的显著性水平下显著

(四) 主要结论

通过理论模型及相关的实证分析，我们可以得出以下结论：

（1）通过该公式对经济增长进行描述是基本合理的，能够大体描述经济增长的基本规律，在模拟实际经济增长方面基本一致，并可依据该公式进行相邻较短时期的预测，反映的是基本趋势。经数理分析的结果可知，该公式大体可看作经济增长的经验公式，与图形的分析是一致的。

（2）该公式实际上反映了市场指数变化的基本情况，可以看出它在中国改革开放的不同阶段有差异，体现了市场与政府作用的程度。其中，市场经济指数经历了一个逐步提升的过程，也反映了中国市场不断深化的过程。近年来，我国市场经济指数略高于 50%，反映了市场发挥决定性作用、政府更好发挥作用，同时还要深化改革，进一步提升市场化的过程。这也从实证视角验证了理性综合分析的合理性和有效性。

（3）通过将本章与第四章关于美国经济的实证分析进行比较，我们看到：中国的市场经济指数低于美国，反映了中国政府的干预程度比美国要高一些。第四章结合整个历史阶段和三阶段政府对经济的干预效果，美国政府与市场对经济的作用约为 3：7，而中国总体市场经济指数刚过 50%。因此，中国市场经济模式的市场化程度与美国仍有一些差距，从一个侧面反映了中国市场化程度的不足，所以深化市场化改革仍是未来的重要任务。

第七节 基于潜在经济增长率与实际经济增长率实证数据的相关分析

在现实中，由于人们分析的是潜在经济增长率，而且在这个基本趋势中不考虑短期影响的相关因素，但政府可通过影响技术变动或劳动生产率，实现经济增长趋势曲线的移动，因此，根据我们的模型，它们的核心差异是，潜在经济增长率包括两部分：一部分表示一条平滑曲线，并遵从收敛规律；另一部分受技术变动的影响，主要体现政府作用，可以推动经济增长路径的变化。因此，实际的潜在经济增长率就不是一条简单的平滑曲线，而是一条可以通过政府作用发生明显转向的曲线，这种特征也是中国通过改革开放实现经济奇迹的重要理论支撑。因此，潜在经济增长率的测算对于分析实际经济增长仍有深刻意义。

近年来，我们曾测算过潜在经济增长率，现有两种方法可计算潜在经济增长率：一是生产函数法；二是趋势法。这两种方法都要对潜在经济增长率的影响因素有哪些，以及各种因素的相对重要性做出判断。概括来看，使用不同方法得到的结论差异不大，均显示自 2006 年以来，我国潜在经济增长率出现了趋势性下滑。近年来，我国的总需求略显不足。自 2008 年以来，全要素生产率（TFP）增速放缓以及资本积累减速导致了我国经济增速的下降。如果要用生产函数法估算未来的潜在经济增长率（见表 5-3），需要先预估全要素生产率、资本存量、劳动力的变化趋势。就劳动力而言，考虑到老龄化加速、出生率下降等问题，未来劳动年龄人口所占的比重可能持续下降（见图 5-7），导致劳动力难以成为未来拉动经济增长的重要引擎。

通过分析资本存量增速与描述产业结构的第二产业占 GDP 比重这一指标的回归关系，可预测未来资本增速将逐渐降至约 8%，见图 5-8。由于服务业在我国产业结构中的占比可能继续提高，北京、上海等核心城市的资本增速也可能降低。

表 5 - 3　2015—2025 年中国潜在经济增长率估算　　单位：%

年度	乐观情形	平均增长	基准情形	平均增长
2015	7.6		6.8	
2016	7.7		6.6	
2017	7.7	7.5	6.4	6.3
2018	7.5		6.2	
2019	7.4		6.0	
2020	7.2		5.8	
2021	7.0		5.6	
2022	6.8		5.5	
2023	6.6	6.6	5.3	5.3
2024	6.4		5.1	
2025	6.1		4.9	

图 5 - 7　中国的就业人口和就业增长率

　　根据 2005—2014 年各省面板数据进行回归分析，可计算出各因素对 TFP 的影响系数，进一步的分析可发现各要素对 TFP 的影响程度，主要指标见表 5 - 4 和表 5 - 5。

　　研究发现，未来 TFP 的增速可能会达到 1.8%。在乐观情形下，如果城镇化加速推进、基础设施投资加快、人力资本快速积累、科技进步不断发展，我国 TFP 的增速有望升至约 3%。因此，TFP 的增速将受到政

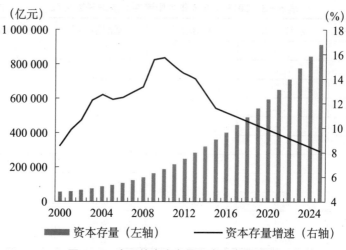

图 5-8　中国的资本存量和资本存量增速

府改革措施的重要影响。

表 5-4　各因素对 TFP 的影响程度

指标	对 TFP 的影响
城镇化率	每增加 1 个百分点，TFP 增长 1.2%
投资率	每增加 1 个百分点，TFP 降低 0.23%
平均受教育年限	每增加 1 个百分点，TFP 增长 0.405%
发明专利授权数	每增加 1 个百分点，TFP 增长 0.04%
政府收入/GDP	每增加 1 个百分点，TFP 增长 1.08%
每平方公里的综合交通设施里程数	每增加 2 个百分点，TFP 增长 0.128%
信贷/GDP	每增加 10 个百分点，TFP 增长 0.268%

表 5-5　1979—2014 年潜在经济增长贡献分解　　　　单位：%

年份	潜在经济增长率	劳动收入份额	资本增速	劳动力增速	人力资本	TFP
1979—2007	9.9	50	4.86	0.87	0.41	3.80
2008	10.6	51	6.49	0.2	0.13	3.76
2009	10.5	52	7.41	0.2	0.13	2.72
2010	9.7	53	7.42	0.2	0.14	1.99

续表

年份	潜在经济增长率	劳动收入份额	资本增速	劳动力增速	人力资本	TFP
2011	9.2	53	7.03	0.2	0.47	1.50
2012	8.5	53	6.72	0.2	0.47	1.09
2013	8.0	54	6.52	0.2	0.47	0.84
2014	7.4	54	5.98	0.2	0.47	0.75
2008—2014	9.1	53	6.80	0.2	0.33	1.81

　　以上研究具有一定的政策价值，建议未来可从稳劳动力、增加资本，特别是提升全要素生产率的角度出发，进一步推动市场化改革，推动潜在经济增长率稳中有升，从而推动经济增长趋势变动曲线向上移动①，同时配合相应宏观经济政策，保持实际经济增长与潜在经济增长的基本平衡，促进中国经济高质量发展。这既要求财政政策、货币政策能够有效配合，又要求有一个相对稳定的外部环境，从而促进实际经济增长与潜在经济增长的基本协调，实现实际经济的高质量发展。

---

　　① 新增长理论否定了新古典增长理论关于市场机制能够保证经济沿着最优增长轨道变动，以及政府的经济政策对经济增长不具有长期影响的观点，认为适当的政府干预有助于促进经济增长。这里指的是经济增长趋势，与我们的逻辑是一致的。

第六章　经济周期理论、经济危机与黄金发展期

　　经济周期是指经济运行中出现的经济扩张与经济紧缩交替更迭、循环往复的一种现象。经济周期研究对经济形势的分析、金融危机的预测和政府宏观调控政策的制定具有重大意义。长期以来，经济周期理论作为经济学理论的重要组成部分取得了快速发展，但也存在一定的局限性。特别是在 2008 年国际金融危机后，动态随机一般均衡（DSGE）模型作为自 20 世纪 80 年代以来宏观经济学的主流经济周期理论和核心分析框架，受到了来自各界的强烈质疑。DSGE 模型饱受诟病的焦点在于它在预测外生冲击和预警金融危机方面的缺陷。这是因为 DSGE 模型的理论内核是外生随机冲击理论，它的前提假设是外生冲击具有随机性和不可预测性。一方面，在 DSGE 模型的分析范式下，经济周期是由外生冲击加上内部传导两部分组成的，忽视了政府在经济周期中的重要作用。经济运行既离不开市场这只"看不见的手"的作用，又无法忽视政府这只"看得见的手"的作用。在经济周期中，市场和政府的作用都是不可缺少的。另一方面，经济学家和政策制定者并没有试图克服 DSGE 模型的理论缺陷，而是将使用 DSGE 模型的主要关注点放在了如何清晰地刻画外生冲击的传导机制及应对外生冲击的政策权衡（trade-off）上，忽视了对经济波动来源的研究和预测。

　　我们首先梳理经济周期理论的沿革与进展，分析现有主流经济周期理论的重大进展与缺陷。在此基础上，我们从"有效的市场"和"有为的政府"有机结合的视角，构建理性综合视角下的经济周期理论模型，用新思

维阐释经济周期与经济危机，探索黄金发展期存在的条件和前景，并从理论上探讨经济周期存在的逻辑，对经济周期的长度进行测算，最后论述宏观经济预测与逆周期管理的方法。

第一节 经济周期理论的发展沿革与进展

经济周期是总体活动水平扩张和收缩有规律的交替过程（陈乐一，1998），其经典定义为，"经济周期是在主要按商业企业来组织活动的国家的总体活动中所看到的一种波动：一个周期由几乎同时在许多经济活动中发生的扩张，随之而来的同样普遍的衰退、收缩和与下一个经济的扩张阶段相连的复苏组成的。这种变化的顺序反复出现，但并不是定时的。经济周期的持续时间在一年以上到十年或十二年。它们不再分为具有接近自己振幅和类似特征的更短周期"（Mitchell and Burns，1946）。常见的经济周期有四种类型（见表6-1）：周期长度为3~5年的基钦周期（Kitchin，1923），又称存货变动周期；周期长度为9~10年的朱格拉周期（Juglar，1862），又称固定投资周期；周期长度为15~25年的库兹涅茨周期（Kuznets，1930），又称建筑投资周期；以及周期长度为50~60年的康德拉季耶夫周期（Kondratieff and Stolper，1925），又称技术周期。在此，我们将依次对这四种周期及其对中国经济的解释力进行综述。

表6-1 经济周期的不同类型

周期名称	周期长短	平均长度	周期来源
基钦周期	短周期	约40个月（3~5年）	企业库存投资波动
朱格拉周期	中周期	约10年（9~10年）	固定投资波动
库兹涅茨周期	中长周期	约20年（15~25年）	建筑投资波动
康德拉季耶夫周期	长周期	约50年（50~60年）	科技创新的周期发展

资料来源：作者整理。

（一）经济周期的长度和类型

根据一个周期持续的时间划分经济周期类型是西方学者的普遍做法。如表6-1所示，西方学者认为：3~6个朱格拉周期构成一个康德拉季耶夫周期，2~3个基钦周期构成一个朱格拉周期。虽然每种经济周期的驱动因素各不相同，但又相互联系。

1. 基钦周期

Kitchin（1923）率先提出存货变动周期的概念。基钦通过分析票据兑付额、物价指数、就业情况和利率波动，发现在 1890—1922 年英、美两国的经济波动中，存在平均长度约为 40 个月的短波周期。

基钦周期的核心观点是，当经济出现积极趋势、总需求增加时，作为应对，企业势必提高产量。当每个企业都增产时，必然出现产能过剩、库存过剩现象，这又反过来促使企业减产，经济开始向下波动。经过 1～2 年消耗库存、调整经济结构、解决产能过剩问题，企业开始增产，经济向好并维持 1 年左右的时间。随后，企业将继续进入库存过剩、经济下行的阶段。基钦周期又称短波周期或库存周期，是由于其周期时间短且库存投资是驱动该周期的主要因素。

2. 朱格拉周期

Juglar（1862）发现，经济生活中存在规律性波动，而且每次波动的周期为 9～10 年。他认为，经济中出现的周期波动是资本主义经济中的正常现象，这种周期波动是有可能被事先预见并采取某些行动加以缓和的，但无法完全抑制波动的发生。朱格拉周期的长度约为 10 年，其波动受固定资产投资驱动，又称中周期。

朱格拉周期的核心思想是，经济周期波动是由三个社会经济运动阶段——繁荣、危机与萧条的反复出现构成的。外部因素（如自然灾害、战争等）不是经济波动的主要原因，只会产生加剧经济波动的作用。

3. 库兹涅茨周期

Kuznets（1930）通过整理美、英、法、德等国 60 种工农业主要产品的产量和 35 种工农业主要产品的价格变动历史数据，发现主要资本主义国家的周期长度为 15～25 年。由于库兹涅茨周期的长度与房价波动的周期长度高度重合（大量研究显示，房价的波动周期平均为 18 年），因而库兹涅茨周期又称建筑投资周期。

库兹涅茨认为，房地产市场的变化是驱动经济周期的重要因素。房地产的周期波动分为复苏、繁荣、危机、萧条四个阶段。当市场度过低迷期（萧条）后，需求增加导致成交量率先上升，这种需求增加很快反映到房地产价格上，房价快速上升（繁荣）；当房价严重偏离稳态时，住房购买力下降、成交量降低、房价下降，房地产市场进入量价齐跌的萧条期。

4. 康德拉季耶夫周期

康德拉季耶夫周期（Kondratieff cycle）是研究了超过一百年的美国、英国、法国等国批发物价指数、利率、煤炭产量与消费量等统计数据，发现经济是以极低的频率震荡的，即出现了一个持续时间为 40～60 年的经济波动周期。

这种持续时间较长的周期波动主要是由于技术发明以及由其引发的产业结构变动造成的，因而这种周期又被称为技术周期。康德拉季耶夫从资本过度投入的视角对经济波动进行阐释：过度投资会导致市场供给过多，然后便是衰退，直到有新的发明带来新一轮投资的大幅上涨。他认为，导致经济复苏、起飞的因素包括高储蓄倾向、在较低利率水平上有相对大规模的流行性借贷资本供给、积累的资本掌握在有能力的企业家与金融集团手中、较低的价格水平等因素。

5. 熊彼特的三周期嵌套理论

熊彼特的三周期嵌套理论是在对基钦周期、朱格拉周期和康德拉季耶夫周期等周期理论进行总结与归纳的基础上提出的，见图 6-1。三周期嵌套理论认为，在周期长度为 50～60 年的康德拉季耶夫周期中，包含了 6 个平均时间长度为 9～10 年的朱格拉周期，以及 18 个平均长度约为 40 个月的基钦周期。三种周期之前呈现相互嵌套且相互制约的关系。其中，康德拉季耶夫周期制约着朱格拉周期的繁荣和萧条程度，朱格拉周期制约着基钦周期的繁荣和萧条程度。

熊彼特研究发现，在 1825—1830 年、1873—1878 年、1929—1933 年这三个萧条程度最大且持续时间最长的萧条时期，都是康德拉季耶夫周期、朱格拉周期和基钦周期的下降阶段在时间上的重合造成的。在现实经济中，存在多个振动同时发生的现象。三种周期的相应阶段在时间上的重叠将产生共振现象，特别是遇到不同周期的繁荣（萧条）阶段重叠时，经济将表现出更加强烈的阶段性特点。

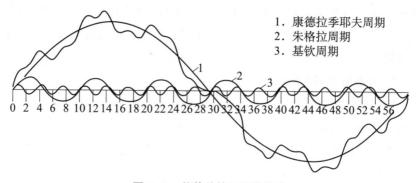

图6-1　熊彼特的三周期模式

（二）主流经济学对经济周期的解释

1. 马克思对经济周期的论述

马克思认为，经济周期是建立在现代机器生产基础上的"货币-商品"经济的产物，始于与现代机器大工业紧密相连的范畴。他把经济周期描述成"现代工业特有的生活过程"。马克思对经济周期的论述，是基于现代机器大工业使生产规模具有巨大的、突然跳跃式的膨胀力和收缩力。这种膨胀力和收缩力是整个社会经济活动扩张与收缩交替的周期运动的物质基础。马克思经济周期概念的内涵是生产相对过剩的危机，与供求失衡密切相关。

2. 凯恩斯学派的经济周期理论

凯恩斯把经济周期归因于资本边际效率递减和边际消费倾向递减。1929—1933年的"大萧条"使凯恩斯主义以刺激总需求为核心的宏观经济学发展起来。但凯恩斯主义将经济的长期趋势与短期波动割裂开进行研究，分别分析两者的影响因素。其中，研究经济增长理论的学者侧重于研究经济的长期增长问题，忽视了经济的短期波动，将决定经济长期增长的动力主要归为三大因素，即人口增长、资本积累、技术进步。研究经济周期的学者只分析去掉长期趋势后的短期波动部分，将技术进步归因于平滑的（线性的）、确定性的（非随机的）、外生的趋势项，并假设技术进步对经济波动不起作用。

3. 熊彼特的创新理论

熊彼特以技术创新为基础研究经济周期运动的理论。1936年，熊彼特在对各种周期理论进行综合分析后提出了他的"创新理论"。熊彼特认为，每一个长周期包括 6 个中周期，每一个中周期包括 3 个短周期。短周期约为 40 个月，中周期为 9～10 年，长周期为 48～60 年。在经济周期处于长波复苏时期，由于技术创新带来了新需求，并对生产设备提出了新要求，因而生产部门进行新的生产、资本部门购买设备、劳动部门提高工资招聘更多人员。此时，经济进入长波复苏期，也就是经济发展持续向好，企业增加资本设备投入、大规模招聘人员，其产能急剧增加，并使经济进入繁荣期。随后，大范围的扩张导致投资过量、产能过剩，企业开始减少雇用，大量的产出无法被消化，经济进入衰退期。在进入衰退期后，消费品需求下降，产能严重过剩，导致经济进入萧条期，直到新的需求产生，经济进入新一轮复苏。创新导致长波周期的变化，革命性创新下渐进性的技术变革导致中波周期的变化，技术变革下的产能波动导致短波周期的变化。

熊彼特以重大的创新为标志，划分了三个长周期：第一个长周期从 18 世纪 80 年代到 1842 年，是"产业革命时期"；第二个长周期从 1842 年到 1897 年，是"蒸汽和钢铁时期"；第三个长周期在 1897 年以后，是"电气、化学和汽车时期"。在每个长周期中，由中等创新引起并形成若干个中周期。在每个中周期中，由小创新引起并形成若干个短周期。

4. 奥地利学派的经济周期理论

奥地利学派的代表人物包括米塞斯、哈耶克等，他们认为：经济周期是由货币因素引起的。中央银行在信用扩张过程中刻意压低利率，导致资本被错误分配并造成了经济周期。这是因为在利率降低后，投资者获得资金的成本下降，因而投资增加。在资本回报率较高、生产周期较短的投资项目的所需资金得到满足后，人们会把资金投入生产过程较长的新增项目，构成了繁荣。但随着时间的推移，人们发现某些生产要素供不应求，而要素价格的上升导致成本上升，这进一步增加了信贷需求。如果此时投资者因为资金问题撤回投资，其后果是已经投入的很多成本无法收回，变成沉没成本，这就造成了资源的浪费。与此同时，与这些资源配套的工作人员将失业，而经济陷入萧条。奥地利学派认为，应对经济危机，首先要停止货币扩张，但不必急剧紧缩，不需要人为控制工资、价格、消费或投资，让经济自动恢复到正常的状态。

5. 真实经济周期理论

真实经济周期理论以技术冲击为核心，将经济波动的原因归结为外生的、随机性的技术冲击，它认为在竞争的经济条件下，技术冲击的动态影响是大多数宏观经济波动的原因。真实经济周期理论试图整合经济的长期增长趋势与短期周期波动，试图同时解释它们。真实经济周期理论在"冲击-传导"机制框架下，把技术冲击从长期趋势中提取出来，作为形成经济波动的冲击源。因此，真实经济周期理论将经济波动的原因归结为供给面的技术冲击，这不同于凯恩斯主义强调的总需求冲击，也不同于货币主义和理性预期学派强调的货币冲击的短期效应。

（三）各经济周期理论对中国经济的解释研究

目前，学术界尚未确定朱格拉周期是否明显存在于中国的经济中。孙小英等（2009）和马家喜（2011）认为，从改革开放后至 2005 年，中国经济经历了长度分别为 9 年、9 年和 10 年的三个经济周期。通过分析经济周期的长度，我们可以发现，固定资本投资驱动了我国的经济周期。因此，朱格拉周期是在改革开放后才出现于中国经济的典型经济周期。安宏宇（2013）认为，企业固定设备更新投资和投资收益波动是朱格拉周期的主要驱动力，我国从 1981 年开始经历了三轮朱格拉周期。但是，另一些学者认为，中国出现的 10 年左右的经济周期并不是典型的朱格拉周期，而是以官员晋升时间构成的"政治性"经济周期。中国以公有制为主体的经济结构和国有企业占据的市场份额决定了政治对中国经济的影响举足轻重，因而"晋升周期"和"宏观调控"相结合组成了中国经济周期波动的主要来源（刘瑞明和白永秀，2007）。

相对于固定资产投资来说，学术界主要研究存货投资与经济周期之间的关系。俞静等（2005）发现，经济波动的外在表现是存货投资波动。纪敏和王月（2009）研究指出，我国工业存货波动表现为顺周期性特征。许志伟等（2012）认为，以前的研究没有区分成品与原材料这两类存货。原材料存货投资具有逆周期性，但成品投资具有顺周期性，存货总投资的顺周期性在很大程度上是由于成品的强顺周期性导致的。

近年来，随着与国际学术界联系的日益紧密，中国学者开始使用以 RBC 模型和 DSGE 模型为代表的真实经济周期理论研究中国的宏观经济波动。黄赜琳（2005）构建了中国三部门真实经济周期（RBC）模型，将政府支出作为外生随机冲击变量，对改革开放后的中国经济进行了实证检验，发现技术冲击和政府支出冲击可以解释 70% 以上的中国经济波动特征。李浩等（2007）将封闭的 RBC 模型推广到开放经济下，发现引入政府购买的开放经济模型对中国经济现状的解释力明显提升。吕朝凤和黄梅波（2012）在 RBC 模型中引入信念冲击和不确定性均衡后发现，政府支出冲击可以解释 60% 的中国经济波动，是宏观经济波动的主要冲击来源。郭杰和郭琦（2015）在 RBC 模型中区分了国有部门和民营部门，他们在引入金融中介后发现，政府的作用使得国有部门提高了投资需求，进而通过金融中介部门的贷款定价行为产生了利率波动，并传导至民营部门，最终改变了宏观经济信贷资金的分配结构与消费水平。作为 RBC 模型的改进，DSGE 模型成为国内学者进行经济周期相关研究的重要工具。刘斌（2008）率先依据我国的实际经济情况建立了 DSGE 模型，并利用我国数据估计了模型参数，用于中央银行政策分析。王国静和田国强（2014）研究金融冲击对实体经济变量和金融变量的动态影响差异，发现金融冲击在解释产出增长、投资增长、债务增长、工资增长和就业波动方面体现出非常重要的作用。何青等（2015）通过构建一个带有名义价格刚性及抵押约束的 DSGE 模型，研究了中国房地产市场与宏观经济波动之间的关系，其结果表明：来自房地产市场的冲击深刻地影响了中国的宏观经济，成为驱动中国经济周期波动的重要因素。杨小海等（2017）在 DSGE 两国模型的框架下，对学术界最新的研究方法进行了改进；与此同时，他们根据经济基本面对当前中国对外股权投资逐渐开放的过程进行政策模拟，并评估其可能存在的潜在风险。随着中国经济进入"新常态"，越来越多的学者使用 DSGE 模型对具有中国特色的经济问题［例如，影子银行（裘翔和周强龙，2014；侯成琪和黄彤彤，2020）、地方政府债务风险（梁琪和郝毅，2019；李力等，2020）、货币政策框架转型（王曦等，2016；卜志村等，2019）等问题］进行了讨论。

第二节　经济周期理论的主要进展与存在的问题

自 20 世纪以来，西方学者对经济周期理论的关注重点由最初的内生经济周期理论逐步转变为外生经济周期理论。在早期，西方经济学家更倾向于研究经济周期发生的内在原因，基于内生经济周期理论的"乘数-加速数"模型取得了较大成功。内生经济周期理论认为，最终产品的需求本身或其变化都会导致中间产品的需求发生变化，最终产生经济周期。虽然以"乘数-加速数"模型为分析范式的内生经济周期理论在解释经济周期的发生方面做出了重要贡献，但 Frisch（1931）的研究发现，"加速数"理论中的微分方程个数小于变量个数，导致加速数模型无法得到确定解。这一缺点在主流经济学不断数学化和强调实证研究的背景下被不断放大。与此同时，宏观经济的周期性所呈现的"繁荣-衰退-繁荣"模式（即经济周期模型）应使用波峰与波谷交替出现的形式逐渐收敛于稳态。DSGE 模型（及其前身 RBC 模型）由一阶随机差分方程组构成，这种数学表达式使 DSGE 模型可以更好地模拟经济周期中波峰与波谷交替出现的周期波动性和持续性。在数学表达形式上的"此消彼长"使外生经济周期理论替代内生经济周期理论成为主流宏观经济分析框架。这导致的直接结果就是，学术界对经济周期的研究也由侧重于解释经济周期产生的原因转变为分析外生冲击在经济体内部的传导过程。

外生随机冲击分析框架与不同时代的经济周期理论相结合，先后发展出了真实经济周期理论（RBC 模型）、新古典经济周期理论和新凯恩斯主义经济周期理论（DSGE 模型）。自 DSGE 模型的前身 RBC 模型诞生以来，各个时代的主流经济周期理论只是在该模型的基本假设和核心结论方面进行不断探索及创新，其背后的分析框架一直沿用外生经济周期理论。外生经济周期理论认为，经济周期和金融危机都是由外生冲击加内部传导两部分共同导致的。其中，外生经济周期理论假设外生冲击具有随机性和不可预测性。在这种假设前提下，经济周期中的短期波动只能被归结为外生随机冲击，无法对产生经济周期的原因进行解释。在 DSGE 模型框架中，经济波动的根本来源还是外生随机冲击，而且外生冲击被设定为随机差分方程形式，以满足 DSGE 模型在受到冲击并偏离稳态后，可以呈现波峰与波谷交替出现的形式，而后重新收敛于稳态。DSGE 模型只通过微观主体的最优化行为和一般均衡框架实现冲击传导机制的内生化，而非冲击来源的内生化。

外生冲击理论认为，没有冲击就没有危机。只有在外生冲击的冲击强度足够大，或者经济体内部恰好存在某种放大这一外生冲击的机制的情况下，外生冲击才会演变为危机。DSGE 模型研究经济在不确定情况下的一般均衡问题，探索实际冲击（如技术冲击、利率冲击）如何传导并引发经济波动，同时描述 GDP、消费、投资、价格、工资、就业和利率等变量的动态变化。由于是在不确定的情况下，因而采用了动态优化的方法对各经济主体的决策行为进行刻画，再加上资源约束、技术约束、信息约束等条件方程和市场出清条件，构造出描述经济运行的方程组。通过求解该方程组，得出一般均衡框架下的经济增长预期（即稳态解）。

这是现有主流经济周期理论和研究范式没有成功预测 2008 年国际金融危机的根本原因：一方面，在 2008 年国际金融危机以前，学术界对金融中介部门影响经济周期的认识不足，主流 DSGE 模型只通过信息不对称引入了金融摩擦（Kiyotaki and Moore，1997；Bernanke et al.，1998），普遍忽视对金融中介部门行为的建模，更低估了存在金融摩擦的经济体面临外部冲击时可能表现出的脆弱性。DSGE 模型起源于实际经济周期（RBC）模型，继承了 RBC 模型使用动态优化方法处理微观主体在不确定性环境下的最优行为方程的研究范式。随后。新凯恩斯学派在此基础上对 DSGE 模型的建模方法进行了拓展，引入了价格刚性、金融加速器等市场摩擦性假设。无论是金融加速器模型，还是信贷约束模型，它们均仍在名义摩擦的层面对金融市场进行宏观分析，缺乏对市场中不同类型金融机构、不同金融市场存在的异质性摩擦的讨论，难以预测由次贷危机引发的金融危机和经济衰退。另一方面，以 2008 年国际金融危机作为转折点，危机以前的政策制定者普遍坚持"事后救援"的主导思想。从理论上看，DSGE 模型代表的外生经济周期理论虽然假设外生冲击无法预测，但通过对冲击传导机制的研究可以发现，经济体内部可能存在对冲击效果具有放大效应的环节。对经济体中的这些环节进行监控，可以对危机发生提出预警。既然外生冲击无法预测，政策制定者所能做的就是静待外生冲击发生，然后对危机产生的负面影响予以救助。但是，2008年国际金融危机爆发的事实表明，存在金融摩擦不仅会提高危机发生的概率，而且在金融危机爆发后还会削弱宏观政策的有效性并增加危机救助的难度和成本，导致了外生经济周期理论和DSGE模型分析框架被学术界全面质疑。

我们认为，各种经济周期理论从不同的角度对解释经济运行中的周期现象发挥了重要作用，但也存在明显的局限性。

（1）关于经济周期的内涵问题。经济周期的内涵是短期趋势围绕长期趋势的波动，还是实际经济活动的周期性波动？从凯恩斯理论的视角看，经济周期突出表现为上升（扩张）与下降（收缩）两个阶段，以及波峰和波谷两个转折点（见图6-2）。从凯恩斯主义的视角来看，经济周期是指围绕潜在经济增长趋势的波动。而前期的多种经济周期理论都是通过实际数据得出的，它们运用的普遍是实际经济增长数据，其内涵自然就是实际经济活动的波动。从RBC理论的视角看，也就是实际经济增长的周期性变动，并且不再区分长期经济增长和短期经济波动，因而RBC理论又是典型的实际经济增长理论。实践中，许多情况存在混用的状况，比如有些理论在讨论时用的是前者，但涉及验证或实际数据时又用后者，那么该问题的核心就是两者中的哪个更为合理？

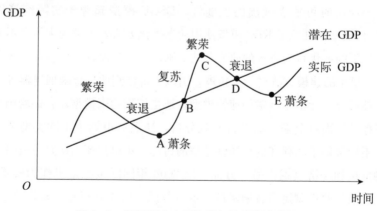

图6-2 凯恩斯主义视角的经济周期曲线图

（2）经济周期理论认为的波动原因是外生因素还是内生因素的问题。我们认为，将周期循环的现象用外生冲击因素解释比较勉强。通过将经济周期的波动原因归为外生冲击，外生经济周期理论解决了经济周期的原因问题。但是，对于外生冲击的实质是什么，以及为什么会在特定的时间发生特定形式的外生冲击等问题，外生经济周期理论无法给出合理的解释，这是外生经济周期理论最严重的缺陷。与此同时，由于外生经济周期理论将经济波动的原因归为外生冲击，因此没有办法捕捉到经济体由于内部变化带来的发展，即经济主体间相互作用、相互促进导致的经济整体质量的提升。这就如同把一些难以解释的现象和因素归为神秘力量。我们认为，有神秘的力量冲击是可以理解的，有波动也是正常的，但神秘力量的周期性那么好是不现实的。如果真有那么好的周期现象，我们可以提高维度再审视，那么周期性的神秘力量自然就不再是外生冲击现象了，而是内在的自然现象。这就如同潮汐现象有很强的周期性，如果仅从地球视角看，它是外生冲击，但如果将月球统一考虑，就是内生冲击，也就可以做出合理的解释了。

　　（3）对中国改革开放实践的成效能否给出合理解释的问题。单纯使用外生经济周期理论和 DSGE 模型是无法解释中国自改革开放以来取得的长时间、持续的经济增长的。如果把改革开放初期的政策红利和外资利用视作外生冲击，根据投入要素边际收益递减的经济学原理，单纯依靠外生冲击推动经济发展（即经济向上波动）难以解释中国经济持续、高速的增长，而且没有出现明显的衰退和萧条迹象。因为外生经济周期理论认为，冲击导致经济偏离稳态，但最终会回到稳态，即经济在繁荣后会进入萧条状态，最终回到冲击发生前的水平。外生经济周期理论忽视了技术进步与经济产业结构的逻辑关系，过分关注外生冲击的不可预测性和随机性，因而该模型的解释力有待提升。与此同时，内生经济周期理论缺乏消费结构升级与技术进步、经济周期波动的内在联系，也没有考虑现实中的诸多约束条件（如需求制约、资源制约等）。基于以上两种逻辑的经济周期理论都无法对中国自改革开放以来取得的巨大经济成就给出全面的、合理的解释，需要使用新的经济周期理论进行解释。

　　（4）多种经济周期理论及周期长度之间内在关系的逻辑基础。熊彼特对各种经济周期长度之间的关系做了一个推测。这里涉及一些很重要的问题：这些周期之间的内在联系及长度关系的逻辑机理是什么？为何它们之间会有一个大体的比例关系？其逻辑机理是什么？

（5）以均衡理论为基础解释经济周期的固有困难。均衡探讨的是某些特殊的状态，而周期强调的是周而复始的变化过程，两者之间存在天然的矛盾：如果均衡很好，周期很可能就不存在；如果周期存在，均衡在某种程度上就失去了意义。

总之，经济周期理论取得的进展是多方面的，但存在的不足也是明显的。我们期待能有一个较为统一的经济周期理论模型，可以比较系统地解释这些问题，通过全方位的分析能够阐述它们的内在逻辑关系和机理，同时能从模型来说明经济繁荣与经济危机出现的情景和条件。这样一来，才能让我们预测宏观经济形势、制定适当的经济政策，进而更有效地调控宏观经济的发展。

第三节　理性综合视角下的经济周期模型

经济周期模型的构建对于创新经济周期理论有着至关重要的作用。下面考虑从理性综合模型的视角建立理论模型，对经济周期问题进行系统分析。

（一）理性综合视角下的经济周期模型

如前所述，我们运用宏观经济学理论的核心成果，将"有效的市场"和"有为的政府"有机结合，建立理性综合模型。该模型的主体部分由以下三个方程构成：

$$\Delta Y_t = a\Delta Y_t^* + b\Delta \hat{Y}_t \tag{6.1}$$

$$Y_t^* = f(K_t, L_t) = \lambda K_t^\theta L_t^{1-\theta} \tag{6.2}$$

$$\Delta \hat{Y}_t = \Delta AS + \Delta AD \tag{6.3}$$

通过推导，得出经济增长方程（6.4），详见本书第四章。从经济周期的视角看，该公式反映的是实际经济增长呈现周期性变化的情况。据此，我们可以对经济周期理论进行解析。

$$\Delta Y_t = a\Delta Y_{Mt}^* + b\mu_{sl}\Delta A_t Y_{Mt}^* + b(\mu_d + \mu_{ss})(Y_t - Y_{Gt}^*) + b(\varepsilon_{dt} + \varepsilon_{st}) \tag{6.4}$$

从上式来看，各行为主体在经济周期中所经历的扩张和收缩阶段，其影响因素来自（6.4）式中的第三项，由总供给与总需求的变动关系决定，而有效需求会发挥重要作用，体现了凯恩斯理论的逻辑。在简单的经济模式下，影响经济周期的核心因素是固定资产投资，此时的经济体表现出明显的朱格拉周期特征，这可视为朱格拉周期被作为主周期的逻辑。第一项和第二项合起来构成长期经济增长趋势，第一项体现市场因素的作用，第二项体现政府因素的作用，两者形成"共振"可视为康德拉季耶夫周期的体现。在极端情况下，AS 与 AD 之间的关系出现急剧失衡，往往属于经济繁荣或经济危机。

（二）对经济周期内涵的分析

在经济周期理论的概念中，经济周期究竟是围绕潜在经济增长趋势的变动还是实际经济增长的周期性波动，并没有一个清晰的解释，在多数情况下两者是混用的。从理论综合视角看，实际经济增长的波动更重要，也更合理。理性综合经济学理论对经济周期的定义是，实际经济活动呈现的周期性变动现象。因为潜在经济增长趋势本身就是不确定的，也就是说，参照系是难以测量的，在平时我们并不知道，以此为标准无疑会带来许多问题。在现实中，主要的经济周期理论普遍是通过对现实经济数据的持续测量而得出的。此外，研究实际经济增长的周期性变动更有意义，可为实际的宏观经济调控和逆周期管理提供更好的参考。当然，如果从我们的模型来看，这两种经济周期的概念也有其来源，长期经济增长趋势相对平稳，而短期经济波动大体就是常见的经济周期形式，也能满足一般的需求。

（三）关于经济周期的内涵及内在关系

从理性综合理论的视角看，经济周期分为两类：第一类主要是受需求侧变动影响的周期，包括基钦周期、朱格拉周期、库兹涅茨周期；第二类主要是受供给侧变动影响的周期，包括康德拉季耶夫周期、熊彼特的三周期嵌套理论；第三类是考量综合变动。RBC 理论实际上包含了对经济周期逻辑的双重理解，兼顾供给侧和需求侧，只是没有展开和进行深层次的模型解析。熊彼特的三周期嵌套理论定性说明了不同类型周期的存在，以及这些周期的长度可能有一种特殊的定量关系。康德拉季耶夫周期与朱格拉周期就有一个大体的比例关系。

经济周期存在的根本原因是供给侧与需求侧相对变动关系的周期性波动。总体来说，第一类周期具体来源于需求侧，此时供给侧可看作常量，其波动主要体现为需求侧的变动。在需求侧的变动中，存货、房地产投资等都是重要因素，但固定资产则体现为一个比较综合的因素。因此，我们可以得出结论：朱格拉周期被称为主周期，这是有理论依据的。第二类周期来源于供给侧，反映长时期的供给侧变动趋势。此时，短期有效需求的波动带来的影响则不予考虑，周期产生的根源可归因于创新因素或技术变革因素，这是熊彼特的三周期嵌套理论和康德拉季耶夫周期理论的依据。第三类可以看作综合理解。RBC理论和熊彼特的三周期嵌套理论实际上都遵从一个逻辑，它们对经济周期的整个体系进行了描述，但未将此分析清楚。特别地，为何两类周期的周期长度有一定的比例关系？这是因为，在一般情况下，反映供给侧的潜在经济增长既与市场条件下的潜在经济增长有关，又与政府作用下潜在经济增长的变化有关，主要与全要素生产率的变化有关，反映的是两类不同因素导致的潜在经济增长处于"共振"状态；也就是说，政府和市场对供给侧或潜在经济增长的影响处于同一"频率"或周期状态下的结果。从数学逻辑上看，我们对政府的作用做了假定，即假定政府作用在供给侧的变化是当期的。实际上，这种变化不是当期的，而是滞后的，我们可以假定是通过当期及滞后一期实现的，那么有政府作用的潜在经济增长率，在基于乘数与加速数原理的条件下，可以构建相应的二阶差分方程，从而可进行系统的情景和条件分析。需要注意的是，真实经济周期理论做出了特别假定：由技术冲击引起经济波动的核心传导机制是劳动供给的跨期替代，即人们在不同时期重新配置自己的工作时间，由劳动供给对外来冲击的反应便形成了经济的周期性波动。从本章随后的讨论看，根据这个假定，确实可推出相应的周期性特征，这是很有意义的。鉴于详细的论证需要较为复杂的数学知识，我们在此只做定性的逻辑分析。

（四）对经济周期的综合解释

由此，我们可以对经济周期理论进行一个总结：从总体上说，经济周期体现为由多种因素引发的经济周期叠加的结果，而不同周期则是这种叠加的显性表现。在某个时期，由于主导因素不同，可能呈现不同的特征，也可以说表现为不同的周期特征。具体结论为：一是从长时期来看，短期的经济波动不会影响长期的经济趋势，康德拉季耶夫周期体现的生产力方面的变革，与市场自发作用以及与政府持续的且符合变革方向的投入密切相关，可以说是工业革命的周期。二是多种因素都可能引起经济增长变动的周期性，但在一般经济条件下，固定资产投资的影响最明显。然而，固定资产投资又有不同的来源，比如存货、房地产等，所以在不同时期，经济周期的显性特征是不同的。在随后的实证分析中，我们可以看到相关的结果。当一个阶段由某一因素引发的周期在经济增长中的作用比较显著时，我们可以把这种周期称为某某周期，比如"猪周期"或"金融周期"就体现为某个阶段的猪肉价或金融因素在经济增长中的作用比较明显。三是经济危机和经济过热是周期低谷或高峰叠加的结果。1929—1933年的"大萧条"被认为是康德拉季耶夫周期、朱格拉周期和基钦周期下降阶段在时间上的巧合造成的。通过比较分析"大萧条"与1825—1830年、1873—1878年的萧条期在不同经济周期中所处的阶段，我们认为：朱格拉周期作为中周期，起到"承上启下"的作用，即在萧条时期，朱格拉周期的复苏有助于把经济拉回正常轨道；在繁荣时期，朱格拉周期的持续繁荣会使经济保持更久的繁荣时间。

第四节　关于经济危机与黄金发展期的理论分析及实证

为了更全面地进行分析，我们从理论和实证角度对经济危机和黄金发展期做进一步的分析。

（一）关于经济危机和黄金发展期的理论解释

根据理性综合模型的经济周期逻辑，我们可以得出结论：大危机或大繁荣是从供给侧和需求侧两方面达到动态的低谷或高峰的具体体现。大危机就是长期潜在经济趋势的低谷与短期经济波动的低谷叠加形成的供给侧与需求侧极度失衡所致，而大繁荣是长期潜在经济趋势的高峰与短期经济波动的峰值叠加形成的供给侧与需求侧的动态平衡所致。总体来说，大危机和大繁荣通常应位于康德拉季耶夫周期的低谷或高峰。应该说，大危机或大繁荣是经济运行中的基本规律，也是客观存在的，但可以通过宏观政策的调整，缓解相关的不利影响，保持更长期的经济繁荣。

根据理性综合模型，我们还可以进一步得出结论：如果在某个时期，一国或全球部分主要经济体的经济发展具有较好的基础和环境，随着供给侧和需求侧的转型升级，能够不断提高全要素生产率，同时没有出现供给与需求的巨大失衡或危机，则可实现较长时间的快速发展。由此可见，从理论上说，无论是全球经济还是单个经济体，如果有需求侧、供给侧的协同升级和发展，并有全球化进程的推进，可望迎来经济的黄金发展期。

（二）关于经济危机和黄金发展期的全景图示解析及实证

从图 6-3 可以看出：工业 1.0 阶段是以机械化为标志的第一次工业革命，主导产业是蒸汽机、纺织、煤炭、钢铁、铁路；工业 2.0 阶段是以电气化为代表的第二次工业革命，主导产业是电气、汽车、石油开采、化工；工业 3.0 阶段是以自动化为标志的第三次工业革命，主导产业是计算机、生物、航天、新材料。预测的大危机时期正好与 1929—1933 年"大萧条"和 2008 年的国际金融危机大体吻合。从图 6-3 还可以看出，目前正处于迈入新起点的关键阶段，或者说正处于黄金发展期的早期，即工业 4.0 阶段，是以智能化为标志的第四次工业革命，主导产业是互联网、新能源、智能技术、5G、量子技术等。

在经济实践中，我们可以清晰地看到黄金发展期。20 世纪 50 年代至 70 年代初期，美、日、西欧经历了经济高速发展时期，国民生产总值的平均增长率为 5%，被称为资本主义的黄金时期。自 1978 年改革开放以来，中国经历了一个黄金发展期。中国坚持改革开放，使供给侧和需求侧持续增长并升级，实现了较长时期的快速发展，1978—2020 年的国民经济平均增长率接近 10%，创造了人类历史上的增长奇迹。改革开放极大地刺激了消费和有效供给，对外开放使我国与全球的经济关系日益紧密。中国经济几十年的持续快速增长不是偶然的，而是必然的，黄金发展期蕴含有深刻的经济运行规律。

黄金发展期在美国的表现也非常典型。美国的黄金发展期由 20 世纪

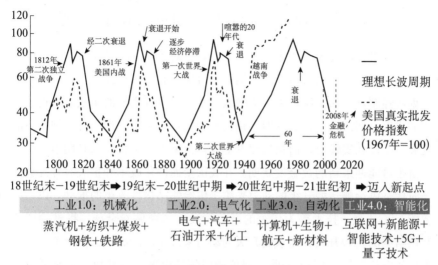

图 6-3　经济周期全景图

中期开始，持续到 21 世纪初，在 20 世纪 80 年代"大缓和"时期达到"高潮"。具体表现为，在长达数十年的时间里，美国经济呈现适度增长、低波动和低通货膨胀的现象。美国的黄金发展期也带动了世界其他国家的发展，这一时期被称为"第三轮世界经济繁荣期"。学术界认为美国出现黄金发展期主要有以下三方面原因：第一，技术进步对于实体经济的正向影响极为显著。信息技术革命对于经济增长的影响是巨大的。特别是自 20 世纪 80 年代以来，美国的"大缓和"时期与第五轮世界技术长周期的繁荣期相吻合，对美国经济发展产生了正向共振作用。第二，稳中有升的资本收益率促进了投资增加。资本收益率的不断走高使"大缓和"时期的实际投资率显著上升，激发了更多的投资热情，而不断提高的投资引致经济持续稳定增长。第三，库存管理模式的改进改变了短周期。"大缓和"时期对库存管理系统进行了大幅改进，使库存管理效率大大提高，改变了以库存驱动的短周期。从理性综合模型下的经济周期逻辑来看，可以说第三次工业革命推动了美国全球第一的技术创新和产品供给能力，欧洲重建、东西方关系缓和（特别是 1979 年的中美建交）等为美国提供了一个巨大的市场，而且美国特殊的地理位置使其能够免于战乱之苦，有一个较好的发展环境，最终促成了美国经济的黄金发展期。

（三）未来供需协调升级和全球化进程助推新的黄金发展期

当今世界正处于百年未有之大变局，这对于正处在复兴崛起阶段的中国来说绝对是重大的战略机遇。第一个百年梦想目标已经实现，"十四五"规划已经制定。如果说过去中国融入了西方制定并主导的体系且取得了巨大的成就，那么新一轮的发展就是在有中国参与制定和运作的新规则下的发展。不仅在实践上，而且从理论上说，在未来一个较长的时期内，中国经济很可能迎来新的黄金发展期。在我国全面深化改革和扩大对外开放的新时代，供给侧转型升级的动力来源于供给侧结构性改革的推动，以人工智能、5G、量子技术等为代表的新一轮技术革命席卷全球，将推动产业和供给侧的转型升级；需求侧升级的动力来源于不断满足人们对美好生活需要的宏伟目标，"一带一路"倡议所引领的全球市场开放将带来需求的快速增长。

在未来，中国不仅是世界制造大国，而且是世界超级市场。中国提出的"双循环"战略不仅促进了自身的发展，而且可以推动世界经济不断向前。中国与东盟已经签署了世界上最大的自贸协定，与非洲、拉丁美洲以及阿拉伯国家联盟等地区的合作也在加强，"一带一路"倡议将为全球带来巨大的需求。全球需求的快速增长与第四次工业革命提供的供给动态对接，将为全球带来一个新的黄金发展期。

一个和平稳定的发展环境是我国走向黄金发展期所必需的，这就需要我们反对贸易保护主义，构建多边全球治理体系，坚持自由贸易。自2018年以来，国际贸易保护主义加剧，呈现出明显的逆全球化趋势，特别是美国的贸易保护主义政策将对全球经济乃至我国经济都会产生一定影响。作为一个发达的西方大国，一个通过自由贸易获取最大利益的国家，美国天天喊自己亏了，一个自称是市场经济样板的国家却走向了贸易保护主义。特别是美国视多边机制和国际规则为儿戏。如果每个国家都用所谓的"301"条款对付其他国家，世界将走向何方？由此可见，要迎来黄金发展期，各国一定要团结起来，坚持和平发展的方向，维护自由贸易机制，稳步推进经济全球化。面对贸易摩擦，中国仍将从国际大局出发，坚持自由贸易和全球多边框架，保持定力，做好自己的事，满怀信心地迎接新的黄金发展期。

第五节 基于乘数-加速数模型的经济周期原理及长度 测算与实证

经济周期是经济运行中出现的经济扩张与经济紧缩交替更迭、循环往复的一种现象，是国民总产出、总收入和总就业的波动。经济周期理论的一个核心问题就是经济周期的长度问题。多种经济周期理论对经济周期长度的度量主要是基于经验数据，或者根据实际数据测算得出。如何建立理论模型并基于现实数据计算经济周期的长度是一个值得研究的重大问题。

在经历了前期的高速增长后，目前中国经济正在转向中高速增长的新常态阶段。中国的经济增长模式也经历了从出口、投资驱动向消费拉动的转变。中国经济的成功实践是宏观经济创新的基础，中国经济的成功是"有效的市场"和"有为的政府"有机结合的产物（宗良和范若滢，2018a，2018b），政府的反周期措施已成为熨平经济的重要手段（梁琪和滕建州，2006）。中国逆周期财政政策经历了准备、萌芽、发展和成熟等一系列发展阶段，对长期经济增长起到了巨大的促进作用（刘安长，2019）。经济低迷期的财政支出乘数是经济繁荣期的 2.3 倍，具有明显的逆周期特征（陈诗一和陈登科，2019）。因此，关于中国经济周期的测算既不能忽视市场的作用，又不能忽视政府对经济运行的引导、指向作用。

关于中国经济周期特点的确定，刘伟和蔡志洲（2019）着眼于经济增长率与通货膨胀率的波动，认为中国的经济增长可以分成四个大的周期。从周期的角度看，目前中国处于第四个经济周期的底部，很可能在不远的将来步入新一轮增长。王俏茹等（2019）将视角投向更微观的省级经济周期的分析，认为中国经济总体呈现出低波动、中高速的经济增长新模式。在中国经济周期的驱动因素识别方面，不同于发达经济体近年来表现的以需求（Stock and Watson，2002）、劳动力（Chari et al.，2007）、信贷约束（Gambetti and Musso，2017；López-Salido，2017）为经济周期的主要驱动因素，中国经济周期的驱动因素以投资，特别是政府投资为主。刘瑞明和白永秀（2007）研究发现，晋升激励体制和中央政府的宏观调控形成了中国经济周期波动的主要成因。陈晓光和张宇麟（2010）通过构建 RBC 模型模拟中国经济周期。他们研究发现，政府消费是中国经济的重要波动源之一。吕朝凤和黄梅波（2012）研究了中国经济周期的特征后发现，投资波动高于消费波动和产出波动。

计算中国经济周期的长度也是学者关注的话题。中国学者主要通过实际经济数据测度经济周期。部分学者尝试运用乘数-加速数模型来预测经济增长，解释经济周期波动。在使用乘数-加速数模型预测中国经济方面，李星伟（2011）将乘数-加速数模型应用于中国经济并做出经济增长的预测。李腊生和关敏芳（2010）利用该模型预测了"四万亿"财政刺激计划的政策效果，认为"四万亿"财政刺激计划可以实现"保增长"，宏观经济矛盾将转向"保就业"。在使用乘数-加速数模型解释中国经济波动方面，庄丽婷（2010）提出了可以运用 OLS 回归确定乘数-加速数模型的参数，在通过显著性检验的前提下，较好地预测了中国经济波动的实际情况。华冬芳和洪敏（2013）利用中国数据，考察了边际消费倾向、加速数与自发投资对经济周期波动的影响，认为边际消费倾向越大，经济周期波动实现收敛的时间越长。纪尧（2017）在传统的乘数-加速数模型中，引入马尔科夫转换模型，解决了时变系数的估计问题，计算出 2003 年后中国的经济周期为 10 年。

学者还不断对经典的乘数-加速数模型进行理论上的拓展，以使其更符合中国宏观经济的运行情况，而内生化政府投资行为是学者重点研究的对象之一。邹至庄和王潇靓（2016）通过计量方法，证实了 2006 年后财政政策对中国宏观经济运行规律的显著影响，传统的乘数-加速数模型并不能很好地描述 2006 年以后的中国宏观经济运行情况。秦宇（2016）在乘数-加速数模型中，将政府支出内生化为政府固有投资和政府预期投资，并利用 1978—2012 年的年度数据对修改后的模型进行了分析，研究发现：持续的支出可以对中国经济增长起到持续性影响，当中国经济偏离合理区间时，政府干预对经济运行的纠偏能力较强。

有鉴于此，我们采用乘数-加速数模型的基本原理解释并计算了经济周期。该研究的贡献主要体现在以下三个方面：第一，扩展了传统的乘数-加速数模型，加入了可变的政府支出和自发消费，丰富了家庭部门和政府部门的行为方程，将政府的宏观调控经济行为内生化。其中，此处强调政府部门对经济的重要作用，使模型更好地体现自改革开放以来我国经济的运行特点，即"有效的市场"和"有为的政府"的双重调节经济增长模式。第二，扩展了乘数-加速数模型，构建出相应的经济周期理论模型，论证了经济周期的存在并计算出其长度。第三，结合模型和计算结果对经济周期形成、经济增速变化的经济含义进行解释，识别了经济周期的驱动因素，在总结我国过去经济增长成功经验的同时，也为此后调控宏观经济、熨平中国经济周期以及推广中国成功经验进行必要的理论探讨和准备。

（一）扩展的乘数-加速数模型

萨缪尔森（1939）从最简单的国民收入方程出发，提出了乘数-加速数模型，试图把内外部因素结合在一起对经济周期进行解释。其中，乘数是指国民收入增加量和自发投资增加量之间的倍数关系，说明了投资对于国民收入增减的作用；加速数表明了资本存量增加量和国民收入增加量之间的倍数关系，反映了国民收入对于投资的反作用。萨缪尔森的乘数-加速数模型是在考虑这些相互作用的关系下建立的一种宏观经济动力学系统，它通过计算真实的数据来体现周期性的波动，从而反映出实际经济的周期波动情况。这种做法强调了投资在经济运行中的作用，符合马克思关于经济周期分析的逻辑，是一个简化的经济学动态方程，对于分析经济周期意义重大。

1. 乘数-加速数基准模型及其局限性

萨缪尔森（1939）基于国民收入方程和乘数加速原理，建立了下述经济运行的动态方程：

$$\begin{cases} Y_t = C_t + I_t + G_t \\ C_t = cY_{t-1} \quad t = 0, 1, 2, \cdots \\ I_t = \dfrac{a}{c} \times (C_t - C_{t-1}) \end{cases} \tag{6.5}$$

其中，Y_t、C_t、I_t、G_t 分别为总收入、总消费、总投资和政府支出。萨缪尔森在这里将政府支出设定为常数，他认为政府不应该对市场进行干预。从长期来看，政府支出将维持在一个均衡水平，即 $G_t = G$。c 为边际消费倾向。a 为加速数，其定义为：

$$a = \Delta K / \Delta Y \tag{6.6}$$

其中，K 为资本存量，加速数 a 为产量增加一单位所需增加的净投资量。

但是，从现代经济学理论和各国的实践经验来看，萨缪尔森（1939）的模型存在两个有待改进之处：

第一，将政府支出设定为常数。在经济实践中，大多数国家的政府支出每年的变化幅度较大，而且支出情况与经济的运行情况和财政状况息息相关。与此同时，许多国家在面对多种类型的经济不确定因素时，将政府支出作为调节经济的重要工具，通过加大或减少公共支出来刺激或稳定经济。政府的支出行为已经对经济运行乃至经济周期的变化产生愈发显著的影响。因此，萨缪尔森（1939）将政府支出设定为一个常数具有一定的局限性，不能很好地描述近年来我国经济下行压力增加、财政支出不断扩大的现实情况。

第二，萨缪尔森的模型认为，投资和消费全部是引致性的。在现代经济学理论看来，这一点是有待进一步探讨的。因为人们即使在没有收入的情况下，也会产生一定的消费用于生存。我们将投资和消费分为自发性和引致性两个部分：引致性投资和消费是指由于人们获得了收入而产生的投资和消费，这一部分与收入直接相关；自发性投资和消费往往是指当收入为零时，人们也将进行的必要的投资和消费，这一部分与收入的变化无关。

2. 加入可变政府支出和自发消费

为体现出政府支出对经济运行的影响，我们把 G_0 定义为政府的初始支出，把 g_g 定义为政府支出的年增长率，政府以每年 g 的速度增加其支出，即

$$G_t = G_0 (1 + g_g)^t \tag{6.7}$$

与此同时，我们从自发性和引致性两个角度对消费和投资进行描述，即

$$C_t = C_{0t} + c Y_{t-1} \quad t = 0, 1, 2, \cdots \tag{6.8}$$

$$I_t = I_{0t} + \frac{a}{c} \times (C_t - C_{t-1}) \tag{6.9}$$

其中，C_{0t} 和 I_{0t} 分别为自发性消费和自发性投资。我们进一步假设 C_{0t} 在一定时期内为常数，即 $C_{0t} = \bar{C}$ ；I_{0t} 为非常数，由初始自发性投资和自发性投资的年增长率 g_i 决定，即

$$I_{0t} = I_0 (1 + g_i)^t$$

综上所述，我们在萨缪尔森模型的基础上建立了改进的经济运行动态方程：

$$\begin{cases} Y_t = C_t + I_t + G_t \\ C_t = \bar{C} + cY_{t-1} \\ I_t = I_0 (1 + g_i)^t + \dfrac{a}{c} \times (C_t - C_{t-1}) \end{cases} \tag{6.10}$$

3. 基于扩展模型的经济周期计算

根据上述方程组可以推导出一个关于总收入的递归方程，从而构造出关于时期 λ 的二阶差分方程，即

$$Y_{\lambda+1} = (c + a)Y_\lambda - aY_{\lambda-1} + \bar{C} + I_0 (1 + g_i)^t + G_0 (1 + g_g)^t \tag{6.11}$$

对上述差分方程进行求解，并通过对应的特征方程的判别式来判断其根的存在情况。其判别式为：

$$\Delta = (a + c)^2 - 4a \tag{6.12}$$

当判别式 $\Delta < 0$ 时，有一对共轭复根：

$$\lambda_1 = \frac{1}{2} \times [(a + c) + \sqrt{\Delta}] \tag{6.13}$$

$$\lambda_2 = \frac{1}{2} \times [(a + c) - \sqrt{\Delta}] \tag{6.14}$$

此时，方程对应的通解为：

$$Y_t = r^t (c_1 \cos\omega t + c_2 \sin\omega t) \tag{6.15}$$

此时，国民收入是一个包含三角函数的、关于时间的方程，可以求得对应的频率和经济周期分别为：

$$\omega = \text{arctg} \frac{\sqrt{-\Delta}}{a + c} \tag{6.16}$$

$$T = \frac{2\pi}{\omega} = \frac{2\pi}{\text{arctg} \dfrac{\sqrt{-\Delta}}{a + c}} \tag{6.17}$$

根据（6.16）式和（6.17）式，经济周期存在的必要条件为 $\Delta < 0$，即加速数 a 满足以下边界条件：

$$A_d = 2 - c - 2\sqrt{1-c} < a < 2 - c + 2\sqrt{1-c} = A_u \qquad (6.18)$$

其中，A_d 为满足经济周期存在的条件下，a 的最小值；A_u 为满足经济周期存在的条件下，a 的最大值。我们根据纪尧（2017）的研究成果和中国的实际经济数据，将边际消费倾向校准为 0.4，即 $c = 0.4$，而后根据校准值，分别计算出加速数的边界条件：

$$A_d = 2 - 0.4 - 2\sqrt{1-0.4} = 0.05 \qquad (6.19)$$

$$A_u = 2 - 0.4 + 2\sqrt{1-0.4} = 3.15 \qquad (6.20)$$

我们使用经济增长率的周期波动来衡量经济周期。图 6-4 展示了不同数值 a 决定的经济增长情况及特征。针对 a 的可能取值，我们分为以下三种情景进行详细讨论。

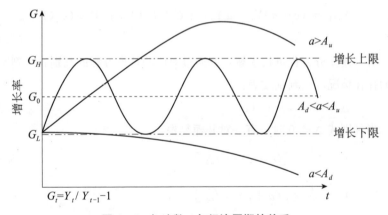

图 6-4　加速数 a 与经济周期的关系

资料来源：作者整理。

情景 1：当投资意愿和投资金额处于合理区间时，a 处于 0.05 的下限和 3.15 的上限之间，即 $A_d < a < A_u$ 的情形，可以看作经济周期运行的临界条件。此时，总需求和投资带来的总供给大致均衡，经济处于平稳运转状态。在短期内，经济运行会出现供求不平衡的波动，但波动处在可控范围内，市场能自发地调节供求失衡现象；在长期，可以实现稳定的经济增长，经济增长率呈现周期性波动。

在理想状态下，通过市场的自我调节和政府的宏观调控，保证加速数 a 处于 $A_d < a < A_u$ 的合理区间，使经济平稳、健康、可持续地增长。

希克斯在其经济增长模型中认为，经济增长上限和下限是因为劳动力资源有限，自发性投资的增长决定了经济平均增长率 G。我们认为，政府支出的增长对经济增长也起到重要作用，经济增长的平均增长率 G 由政府支出 G_t 的年增长率 g_g 与自发性投资 I_{0t} 的增长率 g_i 共同决定，即 $G = f(g_g, g_i)$。

情景 2：当人们的投资意愿过于狂热，投资总额远超正常经济运转所需时，出现了经济过热现象。此时，a 超过了 3.15 的上限，即 $a > A_u$ 的情形。在这种情况下，经济将会脱离经济周期，总供给会因投资的增多而远超总需求，导致供求关系失衡。在短时间内，投资过度增加将带来经济的高速增长，但在长时间内，需求的不足降低了经济增长速度，引发未来的经济萧条。此时，需要政府及时通过宏观调控抑制投资的增长、减少总供给，使加速数 a 降到临界值 A_u 以下，帮助经济增长重回经济周期。

情景 3：当人们的投资意愿过于低迷，投资金额远低于正常经济运转所需投资时，则出现了经济过冷现象。此时，a 低于 0.05 的下限，即 $a < A_d$。在这种情况下，经济同样会脱离经济周期，但原因与情景 2 相反：总供给因投资的减少而远低于总需求，导致供求关系失衡，经济增长速度明显下降，带来持久的经济低迷。此时，需要政府通过宏观调控来刺激投资的增长、增加总供给，使加速数 a 增长到临界值 A_d 以上，帮助经济增长重回经济周期。

综上所述，我们得出结论：投资是影响经济周期的重要变量，也是实施宏观调控的重要手段。当经济处于情景 1 时，经济可以保持相对平衡的状态。当经济处于情景 2 和情景 3 时，经济增长会脱离经济周期，说明一个经济体要正常运行，投资应保持一个合理的限度，不能过分强调扩大消费，某些国家（特别是发达国家）普遍面临这种情况。若遇到经济衰退、经济低迷或新区域开发，启动超常投资是比较有效的手段，有助于实现经济迈上新台阶和培育新经济增长点的目标。

在改革开放初期，中国十分重视投资增长，取得了快速的经济增长。在一些区域（如深圳、上海浦东等）的发展过程中，投资发挥了重要作用。扩展的乘数-加速数模型分析了改革开放的成功经验，分别在理论分析和实践经验两个方面说明了"一带一路"倡议启动基础设施投资等措施的合理性。另外，投资增长可能会引起加速数的变动，这可以看作逆周期调节，并会引发经济周期的某些变化，达到熨平经济周期的目标。

（二）中国经济周期的长度测算：方法、数据与实证结果

1. 中国经济周期的测算方法

对于前述模型中的 $I_t = I_0(1+g_i)^t + \dfrac{a}{c} \times (C_t - C_{t-1})$，我们很难找到合适的方法进行回归，因而先对 I_{0t} 序列进行估计，然后利用 $I_t - I_{0t}$ 计算出 I_{1t} 序列，最后对方程 $I_{1t} = \dfrac{a}{c} \times (C_t - C_{t-1})$ 进行回归。所以，我们建立以下回归模型：

$$\begin{cases} C_t = \alpha_0 + \alpha_1 Y_{t-1} \\ I_{1t} = \beta_1(C_t - C_{t-1}) \\ Y_t = \hat{C}_t + \hat{I}_{1t} + I_{0t} + G_t \end{cases} \tag{6.21}$$

对于该模型，我们可以直接采用三阶段最小二乘法进行参数估计，使用这种方法的好处是可以有效避免经济数据关联性较强所引起的自相关问题。具体方法为：先用最小二乘法对前两个方程进行回归并计算出 C_t 和 I_{1t} 的估计值 $\hat{C}_t$ 和 $\hat{I}_{1t}$，然后用 $\hat{C}_t$ 和 $\hat{I}_{1t}$ 对 Y_t 进行回归（这里的回归系数需要设定为 1），最后利用回归结果将 $\hat{C}_t$ 和 $\hat{I}_{1t}$ 替换成 Y_{t-1} 和 Y_{t-2}，可得：

$$Y_t = f(\alpha_0, \alpha_1, \beta_1; Y_{t-1}, Y_{t-2}, I_{0t}, G_t) \tag{6.22}$$

2. 数据说明

（1）数据来源及异常值处理。我们收集了 1978—2017 年中国国内生产总值（GDP）、居民消费总额、资本形成总额、政府购买、GDP 平减指数的年度数据，所有数据均来自国家统计局发布的《中国统计年鉴2018》。1998 年的亚洲金融风暴和 2008 年的国际金融危机导致邻近年份的数据严重偏离正常水平，因而在使用三阶段最小二乘法估计中国的经济

周期时，我们剔除了1997—1999年、2008年和2009年的数据。

（2）不变价处理。我们以1978年为基期，利用GDP平减指数将总产出、消费、资本形成总额、自发性投资、引致性投资和政府支出的名义值转换为基于1978年价格水平的实际值。实际上，对资本形成总额的不变价格处理最好使用固定资产投资价格指数来进行，但该数据在1990年之前并没有官方的披露，为了保证口径一致，我们选择采用GDP平减指数来替代。

（3）自发性投资和引致性投资的估算。参考韩立岩和王哲兵（2005）的研究，我们将自发性投资定义为弥补上一年的资本折旧消耗而进行的投资。因此，我们需要先计算出每一年的资本存量并设定好资本的折旧率。这里估算资本存量采用的方法是经济学界常用的永续盘存法。首先，对期初资本存量进行估算：

$$K_0 = I_0 \times \frac{g+1}{g+\delta} \qquad\qquad (6.23)$$

式中，I_0为第一年的资本形成总额；δ为资本折旧率。

单豪杰（2008）在对中国资本存量进行计算时，得出的折旧率为10.96%，张军（2003）在估算资本存量时，将折旧率定为9.6%。我们按照单豪杰和张军等人的研究结果，选取10%作为折旧率。g是期初资本存量增长率，可用以下公式进行估算：

$$g = \sqrt[n]{Y_t / Y_0} - 1 \qquad\qquad (6.24)$$

其中，Y_t为给定时期的期末总产出，Y_0为期初总产出。这里选取1978年为期初、1982年为期末，计算出的g为7.41%。我们运用永续盘存法估算出每一年的资本存量，计算公式为：

$$K_t = I_t - \delta K_{t-1} \qquad\qquad (6.25)$$

按照此前的自发性投资的定义，即为弥补上一年的资本折旧消耗而进行的投资，计算出自发性投资为：

$$I_{0t} = \delta K_{t-1} \qquad\qquad (6.26)$$

由于自发性投资和引致性投资一起构成了投资，所以很容易计算出引致性投资：

$$I_{1t} = I_t - I_{0t} \qquad\qquad (6.27)$$

（4）样本回归区间的选择。在研究经济周期时，部分学者采用的方法是利用滤波将经济数据进行分解，而后将分解出的含有周期性的序列提取出来，并通过制图来观察经济的周期性。BK 滤波是一种 Band-Pass 滤波，在计算时会把高频不规则扰动单独分离出来，而 HP 滤波作为一个近似的 High-Pass 滤波，会遗漏高频的不规则运动，因而我们使用 BK 滤波进行处理。具体操作如下：首先，对总产出 Y_t 取自然对数，得到 $\ln Y_t$；其次，求 $\ln Y_t$ 的一阶差分，所得的结果就是 GDP 增速的近似值；最后，对 GDP 增速进行滤波分解。分解结果包含趋势（Trend）和周期（Cycle）两个序列，将周期序列提取出来制图，见图 6-5。

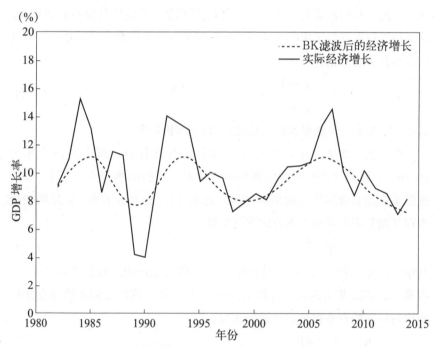

图 6-5　BK 滤波后的经济增长和实际经济增长对比

注：实线为中国实际经济增长，虚线为通过 BK 滤波的经济增长。BK 滤波需要先去掉前后 3 个观测值，加之计算经济增长率需要使用第一个观测值作为基期，因此 BK 滤波后的结果的样本期为 1982—2014 年。

如图 6-5 所示，中国经济增长呈现周期性波动，并且在 1995 年和 1998 年前后呈现出两个不同长度的周期。其中，前半段周期在 11 年左右，其长度较为接近朱格拉周期；后半段在 18 年左右，接近库兹涅茨周期。考虑到房地产在经济周期中的重要作用，我们将总体样本分为 1978—1996 年和 2000—2017 年两个子区间，但剔除了 2008—2009 年的数据。

3. 实证结果

在此，我们使用三阶段最小二乘法估计中国自 1978 年改革开放以来的经济周期情况，结果见表 6 - 2。与 1978—1996 年相比，2000 年以后的边际消费倾向 c 有所减小（从 0.479 减少到 0.380），这是由收入增加导致的，反映出人民生活水平有了明显提升。但是，我国消费者消费习惯的改变需要时间和过程，而且勤俭储蓄的概念仍然影响着中国的消费者，导致这一阶段中国的边际消费倾向相比 1978—1996 年有所下降，直接使加速数边界条件 $[A_d, A_u]$ 略微增大（从 $[0.077, 2.965]$ 增加到 $[0.045, 3.195]$），经济增长的上限有所增加。但是，加速数 a 自身的增长较快（从 2.04 增加到 2.78），已十分接近临界值，导致经济周期 T 显著增长（从 12.8 增长到 19.3）。通过对我国经济周期长度的计算可知，我国的经济周期由固定投资主导的朱格拉周期（10 年左右的中周期）逐渐过渡到由建筑业投资主导的库兹涅茨周期（20 年左右的中长周期）。前期接近朱格拉周期说明该阶段是由固定投资的周期性变动引起的，而后期接近库兹涅茨周期，主要是由于该阶段我国的房地产相关投资在国民经济中发挥了重要作用。需要注意的是，我国在 1998 年首次允许贷款买房，并放开了房地产市场。此后，我国的房地产业逐年成长，对经济周期的影响力也随之增大。随着未来我国的投资更加均衡，房地产投资的地位会有所减弱，我国经济周期的性质和长度也将发生变化。

表 6 - 2　中国经济周期的测算结果

	1978—1996 年	2000—2017 年
c	0.479 *** (0.009)	0.380 *** (0.008)
Beta1	4.271 *** (0.307)	7.300 *** (0.438)
a	2.04	2.78

续表

	1978—1996 年	2000—2017 年
A_d	0.077	0.045
A_u	2.965	3.195
T	12.8	19.3

注：括号内为 t 统计量；＊＊＊、＊＊、＊分别代表 1%、5% 和 10% 的显著水平。

与此同时，我们注意到，尽管经济增长同时取决于投资和政府支出，但加速数的大小只与投资大小正相关。这是因为 $K_t = (1-\delta)K_{t-1} + I_t$，当资本折旧率 δ 为 0 时，$\Delta K = I_t$，此时加速数 a 满足 $a = \Delta K/\Delta Y = I_t/\Delta Y$，表明如果投资 I_t 过热，a 将增大。在边际消费倾向 c 一定的情况下，a 会逐渐接近并超过阈值，从而导致偏离经济周期。

在 2000 年以后，随着边际消费倾向的减小，我国的经济发展越来越依赖投资的推动。特别是在 2008 年国际金融危机后，由于全球经济衰退拖累出口，消费低迷引致内需不足，我国政府推出了"四万亿"经济刺激计划。这次财政刺激政策有效维持了经济的平稳增长，但也间接增大了加速数。不过，如表 6-2 所示，目前我国的加速数仍低于阈值，经济依然处于平稳状态。但是，随着我国经济的转型，在未来，消费将逐渐取代投资成为我国经济增长的关键，即边际消费倾向将有增大趋势，从而导致加速数的边界条件变小。如果加速数依然处于高位，经济增长很有可能偏离经济周期，此时政府需要进行积极的宏观调控来抑制投资的过热。与此同时，我们应该考虑政府支出对私人投资的挤出效应。当政府扩大支出时，私人投资将减少，并将在一定程度上抑制加速数的过大。此外，由于总产出是投资和政府支出的增函数，即 $Y = f(I_t^+, G_t^+)$，所以政府增加支出并抑制投资的有效调控依然可以维持经济的增长；此时，由于分子减小、分母变大，加速数也将减少。

目前，我国的经济增长速度下降（即 ΔY 减小），投资总额逐年上升（即 I_t 增大），a 逐年增大并接近阈值，表现为经济周期显著拉长，同时周期性变弱。未来几年，由于我国经济增速可能进一步降低，a 将继续增大，而短期内边际消费倾向一定、阈值上限一定，所以 a 将存在很大的风险超过阈值并使经济脱离经济周期。一旦 a 冲破阈值，在短期，总供给将远超总需求，导致供求关系失去平衡；在长期，经济增速由于需求的疲软将进一步下滑，进入经济萧条阶段。所以，我国政府需要积极发挥宏观调控手段：一方面，以增大政府支出的方式刺激经济，抑制私人部门的投资过热，使 a 一直保持在合理范围；另一方面，需要继续扩大内需，保证总需求和总供给能够互相匹配，维持在一个相对均衡的水平。

4. 结论及政策建议

我们立足于对中国经济周期的理解和测算，在萨缪尔森（1939）乘数-加速数模型的基础上，加入了可变的政府支出和自发消费，建立了改进的经济运行方程，对我国经济周期进行了测算，取得的主要结论如下：

第一，经济周期是客观存在的，也有其边界条件，经济周期的长度是不断变化的，而且由于主导因素不同，在不同阶段可能呈现不同的特征。经济周期是各种主导因素周期叠加的显性结果，经济周期的存在也是有临界条件的。一旦投资过快或过慢，超出一定的边界条件，就会失去基本的平衡，这在一定程度上可以看作市场失灵的条件。

第二，经济周期由加速数 a 和边际消费倾向 c 共同决定。投资是影响经济周期的重要变量，也是实施宏观调控的重要手段。加速数 a 决定了总体经济周期的平稳性：过热的投资将会导致加速数过大并使经济增长失去周期性，也就是短期内的总供给将远超总需求，而长期将引发经济萧条；较低的投资会使加速数 a 过小，也就是短期内的总供给远小于总需求，带来持久的经济低迷。我们以扩展的乘数-加速数模型的结果分析中国提出的"一带一路"倡议可知，该倡议从基础设施投资出发是比较合理的。投资增长可能会引起加速数的变动，从而引发经济周期的某些变化，可在一定程度上实现熨平经济周期的目标。

第三，中国的经济周期可以分为两个阶段，而不同阶段的驱动因素和经济周期各具特点。第一个阶段是从 1978 年到 1998 年，这一阶段的经济周期接近朱格拉周期，主要受固定投资波动的影响；第二个阶段是 1998 年以后，由于我国实施了贷款买房政策，所以建筑和房地产业飞速发展，同时经济周期逐渐增长，呈现出库兹涅茨周期的特征。通过回归计算出的 1978—1996 年和 2000—2017 年的加速数数值及经济周期长度显示，与 1978—1996 年相比，2000 年以后中国的边际消费倾向有所减小、加速数增大，经济周期趋于变长。

我们的研究具有重要的政策含义：第一，将投资保持在合理区间是维持中国经济平稳运行的重要保障。投资过度和投资不足可能引起加速数的增大或减小，不利于经济的基本稳定。在世界经济复苏缓慢、内外部经济形势复杂多变的情况下，需要注意避免加速数超出阈值带来的风险，将投资保持在一个相对合理的范围内，为经济的平稳增长奠定基础。第二，政府要积极发挥调控作用，兼顾经济的短期和长期增长目标。在短期，为了防止经济增长偏离经济周期，需要积极发挥政府的宏观调控，保持三大需求的基本平衡，推动投资和政府支出平稳增长。在长期，仍要扩大内需，利用减费降税等手段，使我国由投资导向型经济体发展成消费导向型经济体，支持中国经济的高质量发展。

第六节　理性综合视角下的周期预测与逆周期管理

经济运行是市场与政府双重作用的结果，两者缺一不可。近年来，崇尚市场经济的西方经济体频繁发生经济危机，呈现出持续时间长、损害程度高和政策施救难等特点，并且政府救助已成为主要的政策选项。由此可见，国家对经济的宏观调控具有重要的意义。

国家对经济的宏观调控需要建立在精准预测的基础上，不仅要承认经济发展的长期性、周期性和复杂性，而且在规划长期的经济增长目标时，还要关注经济中以生产力及社会关系急剧变化为代表的跳跃式改变。在这里，我们在理性综合视角下仔细考虑了经济动态非线性的特征，并探讨了逆周期经济政策的实施。

（一）预　测

运用理性综合视角对宏观经济进行预测的目的是把握未来经济运行趋势，提供未来经济活动轨迹的潜在方向，以长期视角制订最优化的经济发展方案。目前，以数据驱动的时间序列预测方法是宏观经济预测的主流方法。该方法以历史数据为基础，其前提假设是过去发生的事物未来也有可能发生，即事物的过去和未来是存在联系的。在此基础上，该方法通过对历史数据的统计分析，预测经济的发展趋势。但是，时间序列预测方法也存在不可避免的误差或缺陷，这是由于时间序列无法考虑外部因素的影响，一旦经济中出现较大的外生冲击，预测就会出现较大偏差，因而时间序列预测方法在预测中短期经济波动方面的效果好于预测长期经济增长。预测的时间跨度越长，外部环境发生变化的可能性越大。如果只考虑时间因素而忽视外部因素对经济主体的影响，那么预测结果可能会与实际情况出现较大偏差。

理性综合视角下的经济周期理论，仍以理性综合模型框架中的基准方程为基础，既考虑了市场经济这只"看不见的手"发挥的作用，又考虑了政府这只"看得见的手"调控的重要性。在用于预测时，基于理性综合经济周期的理论拥有更好的预测能力，这是因为其基于内生逻辑的建模技术有助于克服以时间序列模型为代表的外生模型在进行经济预测时出现的不足，可以考虑经济动态非线性的情况。在这一分析框架下的预测有助于提供更可靠的计划和政策工具。（6.28）式就是理性综合模型的预测方程，为了分析的需要，下面再次引用该公式：

$$\Delta Y_t = a\Delta Y_{Mt}^* + b\mu_{sl}\Delta A_t Y_{Mt}^* + b(\mu_d + \mu_{ss})(Y_t - Y_{Gt}^*) + b(\varepsilon_{dt} + \varepsilon_{st})$$
$$(6.28)$$

根据该方程进行分析，我们可以得出以下结论：经济增长是由长期趋势和短期波动共同驱动的，经济周期就是实际经济增长的周期性波动。其中，第一项和第二项是综合考虑了市场与政府作用后的长期趋势，康德拉季耶夫周期在这部分体现。$\Delta \hat{Y}_t$ 表示政府作用部分带来的总供给和总需求之间的相对变化，也可看作除康德拉季耶夫周期外的其他周期相互作用的结果。在经济运行中，资本和劳动等市场要素的变化及政府发挥的作用、以技术创新投入和长期产业政策为代表的全要素生产率的变化都在影响着经济增长的长期趋势。来自供给侧和需求侧的暂时性复合冲击是经济增长中短期波动的主要来源。其中，临时性产业政策和外生随机冲击等构成了供给侧冲击，财政政策、货币政策的变动和其他不可知因素构成了需求侧冲击。

我们在利用理性综合模型进行预测时，兼顾了各个周期的相互关系。根据熊彼特的三周期嵌套理论，三种周期之间呈现相互嵌套且相互制约的关系。长周期和中周期、短周期之间存在相互作用、相互依赖的关系。中周期、短周期之间的相互作用影响了长周期的作用机制，长周期影响了中周期、短周期的繁荣和萧条程度。长周期、中周期、短周期之间的相互依赖关系也对预测产生了影响，前面已对这种关系的逻辑机理进行了分析。可以说，在纯市场经济和完全计划经济中，短周期和中周期的结构是相同的，中周期主要起局部作用，不会对经济活动的各个领域同时产生影响。在预测中，为了准确预测经济体未来的长期运行趋势，除了捕捉来自中短期的外生随机冲击（来自供给侧和需求侧的短期外生冲击）和充分考虑经济波动向前的基本特征外，还要考虑由中周期、短周期量变引发的长周期质变效应，即发挥局部作用的中周期能诱发全国性的长周期变动，其动力是一个国家科技潜力的大规模提升和经济结构的重大变化。在理性综合模型的预测中，既考虑了由于经济政策（金融政策、税收政策等）决定的中周期、短周期变动趋势，又考虑了供给侧变动导致的长期技术进步带来的整个经济周期形状的变动，将成为我国未来经济运行、政策制定的重要参考。

（二）逆周期管理

2008 年国际金融危机的爆发让学界、业界和监管部门意识到，如果政府秉持事后救助的原则，不仅会因为忽视金融市场中存在的薄弱环节而使金融危机的发生概率大幅提升，而且在危机爆发后，被忽视的薄弱环节还会削弱宏观经济政策的有效性，增加危机救助的难度和成本。因此，逆周期管理对于减弱经济非正常波动的破坏性、保证危机时宏观经济救助政策的效力、让经济快速回归正轨，具有十分重要的意义。

对逆周期管理的理论研究一般包括以下两个方面：一方面，部分学者致力于构建动态的宏观调控理论模型，用以探究逆周期管理政策。通过理论模型的构建和推导，宏观调控的规范性和实用性得到了显著的加强。例如，有效需求不足是凯恩斯宏观经济模型的理论基础，其研究方法包括静态分析和比较静态分析。但是，在经济数据体量呈指数级增长、数据维度不断丰富的今天，经典的凯恩斯宏观经济模型难以较为精确地比较分析经济发展过程。因此，愈发复杂的经济现实促使理论界不再将需求侧视作宏观调控的重点，而是探讨宏观经济政策如何兼顾调整供给侧和需求侧，实现总供给和总需求的动态平衡。另一方面，部分学者试图建立起反映宏观经济理论新发展的政策框架体系，用以研究逆周期管理政策。当前，宏观经济理论已经发展到总供求模型，但宏观经济理论依然建立在 20 世纪三四十年代 IS-LM 模型的基础上。为了反映最新的经济学理论进展，更准确地刻画当下经济运行现状，迫切需要构建新的政策框架。在理性综合视角下，宏观调控是一个有机结合供给侧和需求侧管理的体系，而把握经济总量与结构性问题之间的矛盾是解决问题的关键。政府应当灵活调节政策倾向，协调各经济主体在不同经济周期中表现出来的异质性需求，有效解决结构性矛盾，最终实现宏观调控的目标。

在此，我们应基于理性综合模型的逆周期管理理论框架，通过细致分析和理性协调政府、市场的作用，以非均衡研究代替均衡研究，以动态研究方法考察经济总量的变动情况，依据前述完整的动态方程，丰富逆周期管理的内涵。逆周期管理实质上是宏观调控的具体表现形式，旨在熨平经济周期的波动，保持宏观经济的平稳运行。它主要有两种模式：

模式一：通过调控总需求，熨平经济周期的波动。这种模式将凯恩斯理论作为调控的主导思想，通过调控短期总需求来达到经济增长，实现经济的相对平稳运行，属于狭义的宏观调控政策。在总供给明显大于总需求、总需求可以基本决定产量、需求不足是突出问题的经济环境中，适合使用该模式进行宏观经济调控，这种宏观调控模式的核心是财政政策。

模式二：基于 AD-AS 模型，是兼顾了调整供给侧与需求侧的模式。这种模式通过综合运用供给侧与需求侧的措施，实现经济运行的平稳增长，属于广义的宏观调控政策的一种重要方式。当总供给与总需求的失衡程度较低时，若总供给和总需求都存在一些问题，可以通过调节总供给和总需求的动态平衡实现经济平稳、持续的增长。在这种情况下，政府调控不仅会对经济的短期波动产生影响，而且会作用于经济的长期趋势，影响长期经济增长。因此，在这种模式下，政府调控不仅要关注具有双重重要性的货币政策与财政政策，而且要关注影响供给侧的相关政策，特别是与供给侧改革相关的跨周期政策有可能发挥一定的作用。

总之，经济周期应体现为实际经济增长及经济活动的周期性波动。由于各经济周期的产生因素不同，导致各经济周期的长度不尽相同，但每个经济周期都交替出现繁荣与萧条，这是经济周期之间的共同点。基于乘数与加速数相互作用及扩展而引起经济周期是解释经济周期的较好理论模型，也是对现实经济运行的一个很好简化，其内生化的分析方法也很有意义，可以说是对经济周期进行的理论论证。经济呈现周期性波动的根源在于经济体系本身，而不是由其他因素引起的。从理论上说，相关因素的影响具有一定的延迟效应是存在经济周期的重要基础。也就是说，只有内生变量才能驱动经济周期，外生变量只能通过影响内生变量间接对经济波动产生影响。一国政府在供给侧推进的改革会影响一国潜在经济增长的长周期，同时短期干预经济的政策可缓解经济周期的波动。保持供给侧和需求侧的动态平衡，是实现经济平稳运行的重要保障。

第七章 "中等收入陷阱"理论模型的构建
与实证分析

    "中等收入陷阱"是指一个国家发展到中等收入阶段（人均国内生产总值约为 4 000 美元）后，其发展前景可能出现两种结果：一是持续发展，逐渐成为发达国家；二是经济发展徘徊不前，落入"中等收入陷阱"。因此，对"中等收入陷阱"的研究十分重要。从实践方面看，它关系到许多发展中经济体的未来，进而也关系到全球经济的发展前景。从理论方面看，现有文献对"中等收入陷阱"的研究不深入，难以从理论模型上论证"中等收入陷阱"的存在并进行情景分析。经过 40 余年的高速增长，2019—2020 年中国人均 GDP 连续超过 1 万美元，已接近高收入国家标准，并且确立了 2035 年达到中等发达国家的重要目标，这为理论研究提供了一个很好的对象。我们将在分析"中等收入陷阱"的内涵、国际经验的基础上，构建相关的"中等收入陷阱"理论模型，从理论上揭示可能存在的不同情景和条件，并进行实证分析，为我国及有关经济体顺利跨越"中等收入陷阱"、迈进高收入国家行列提供参考。

第一节 "中等收入陷阱"理论综述

（一）"中等收入陷阱"的概念

    2006 年，世界银行在《东亚的复兴》中首次提到"中等收入陷阱"的概念。该报告提到："一国人均收入进入中等水平后，无法顺利转变经济发展模式，经济失去持续增长的动力，从而导致经济发展长期处于停滞状态。"与此同时,该报告还提醒:"东亚地区普遍存在收入分配不均的问题,这导致贫富差距进一步扩大,阻碍地区经济发展方式的转型升级。"因此,要警惕"中等收入陷阱"问题。

2008年,世界银行首次对"中等收入陷阱"公布了量化细分标准,此后几乎每年更新一次。《2008年世界发展报告》提到:低收入国家的标准为人均国民收入905美元以下;下中等收入国家的标准为人均国民收入905~3595美元;上中等收入国家的标准为人均国民收入3595~11115美元;高收入国家的标准为人均国民收入达到11115美元以上。

2020年,世界银行最新修订的标准为:低收入国家的标准为人均国民收入1036美元以下;下中等收入国家的标准为人均国民收入1036~4045美元;上中等收入国家的标准为人均国民收入4045~12535美元;高收入国家的标准为人均国民收入达到12535美元以上。

(二)"中等收入陷阱"的实质

"中等收入陷阱"的实质是一个国家在从低收入阶段跨入中等收入阶段后面临的经济转型与社会转型的双重困难。进入中等收入阶段的国家往往面对人口红利消失、环境资源约束、经济增长缺乏新动力等一系列问题。一个国家在从低收入阶段跨入中等收入阶段后,通常面临以供给结构向上刚性为核心的结构失衡问题。在产业结构上,低端产能持续过剩而高端产能还没有跟上;在空间结构上,区域发展与城乡发展均存在不平衡现象;在社会结构上,阶层固化的同时收入分配差距还在加大;在总体结构上,实体经济与金融经济存在不匹配甚至脱节的现象。

要解决上述问题,一方面,需要进行经济转型,培育经济增长新动力。经济增长主要有两个来源,即要素积累的增加和全要素生产率的提高。当一国进入中等收入阶段后,前期依靠大量投入生产要素和以扩张的方式发展经济已不可持续,需要促进经济结构的转型升级,提高全要素生产率,最终实现经济增长。另一方面,需要实现社会转型,完善社会制度。经过前期经济的快速增长和社会财富的积累后,社会的收入差距不断拉大,社会阶层日益分化。如果不能进行及时有效的改革,将会导致社会矛盾层出不穷,甚至可能会出现矛盾、冲突的集中爆发期。从生活必需品时代向耐用消费品时代过渡，对于国家的社会结构和社会制度提出了全新要求，社会需要鼓励中产阶级的壮大，并完善社会保障和福利制度，同时形成鼓励创新的市场体系。为了实现这样的社会结构和制度转变，顺利跨越中等收入阶段，就必须针对利益关系、分配格局、治理水平等一系列社会问题进行全面深入的改革。

在通常情况下，落入"中等收入陷阱"的国家并不是处于绝对停滞的状态，往往还具有一定程度的发展。一方面，这种发展表现为增长速度缓慢，高投入、低产出的经济增长模式往往难以为继，巨大的社会成本、不可逆的环境代价造成了经济长期畸形增长；另一方面，这种发展还表现为社会的畸形发展，传统的社会发展模式越来越难以获得认同，经济领域以及社会、政治、文化领域之间由于发展的不平衡和不同步，导致矛盾和冲突日益激烈。

面临"中等收入陷阱"的国家需要实施有关政治、经济、社会等综合性因素的转型升级，才能避免落入"中等收入陷阱"。这说明想要顺利跨越"中等收入陷阱"，需要综合实力的变革，其中包含国内外的政治、经济因素，还有历史、文化背景，因而在改革过程中出台的对内货币政策、财政政策或是对外贸易政策、汇率政策，均需结合本国国情综合考虑。一项经济政策的出台，其背后往往是所在国家各因素综合博弈的结果，这项政策的运行效果也会因国而异。

第二节 主要研究进展与存在的问题

(一) 关于"中等收入陷阱"是否存在的争议

2006年，世界银行在《东亚的复兴》中首次提出"中等收入陷阱"的概念，而后针对"中等收入陷阱"课题的研究开始引起广泛关注，甚至有研究从理论上质疑"中等收入陷阱"的存在。多种研究认为"中等收入陷阱"问题与经济发展战略变革高度相关。比如2010年，世界银行在名为《强劲复苏与风险积累》的报告中强调："各经济体从低收入经济体成长为中等收入经济体的战略已经不适用于它们进一步向高等收入经济体迈进，原有增长机制不能继续支持经济增长，国家很容易陷入长时间的经济停滞徘徊期，人均国民收入难以突破1万美元的上限。落入'中等收入陷阱'的国家普遍具有以下特征，经济增长停滞、失业率高、社会动荡、金融体系脆弱、腐败现象严重、贫富差距扩大、城市化畸形发展、社会公共服务短缺等。"

在"中等收入陷阱"的概念上，研究人员的观点分两类：一种观点认为落入"中等收入陷阱"的主要原因是人均收入差距增大。在国内，蔡昉等学者通过统计学手段分析相关案例，证明两者确实存在一定相关性。一个国家在进入中等收入阶段后，难以维持高速的经济增长，会出现缓慢增长甚至停滞。经济合作与发展组织关于拉美国家中产阶级的研究报告、国际上总结的拉美国家落入"中等收入陷阱"的教训、安第斯发展集团有关基础设施的报告，这些研究均提到在拉美国家的人均收入达到一定水平后，因贫富差距过大而引发社会动荡，阻碍经济发展乃至发展停滞的结论。大野健一认为：跨越"中等收入陷阱"需要经历四个阶段，即市场驱动、要素驱动、效率驱动和创新驱动。"中等收入陷阱"的实质是"国富模式"无法跨越到"民富模式"，以及"传统发展型国家"无法跨越到"福利型国家"。另一种观点认为，一个国家落入"中等收入陷阱"不一定是收入分配差距所导致的。彭刚和苗永旺认为，在陷入"中等收入陷阱"的国家案例中，经济结构、产业结构、技术革新、人力资本、宏观经济政策等问题都是跨越"中等收入陷阱"的障碍。

饶龙先认为，"中等收入陷阱"的实质是发展陷阱，即单纯追求经济增长而忽略了生产方式的变革，一国只有完成一定的积累才能形成有意义的技术革命和产业升级。刘福垣认为，每个国家的收入水平都要经过中等收入阶段，分配不公这种结构性问题不一定意味着收入水平的总量有问题。

（二）落入"中等收入陷阱"的原因分析

现有研究普遍选择拉美国家作为研究对象，并从不同视角开展研究。菲利普等人就收入分配和经济增长的关系展开研究。他们认为：当机构投资受约束或资本市场不完善时，很难兼顾效率和公平；当发生革命性技术进步时，国际贸易关系就会发生变化，收入差距就会进一步增大。分析拉美各国落入"中等收入陷阱"的原因，除了早期的"中心-外围"说之外，法塔斯等还提出了经济增长和制度质量的关系，包括路径依赖、权贵资本主义、发展战略失误等。此外，收入分配差距大、产业结构制约、外贸失衡、金融风险等也是主要研究方向。

林毅夫在对"拉美化"进行解析时就提到了发展战略失误的观点。他认为：拉美国家为了保护本土产业，实行进口替代工业化战略，造成市场价格扭曲，阻碍了拉美国家的工业化正常发展。操纵国家权力的拉美政要，利用拉美殖民地的历史，引导群众抵制外资、积极推行资本国有化。刘洪认为，"巴西成本"是导致巴西陷入"中等收入陷阱"的主要原因，该成本包括过度保护导致国内产业缺乏竞争力、利率提升导致债务成本过高、工资固化和货币疲软导致恶性通货膨胀。

方浩认为，拉美国家落入"中等收入陷阱"的核心在于既得利益集团的阻碍。为维持现有利益分配和价格垄断，利益集团不惜阻碍技术进步和产业革命，从而阻碍了市场的良性竞争。拉美国家希望参照发达国家的福利制度，然而国内收入分配却越来越失衡，这导致政府治理水平下降、社会矛盾凸显、社会经济发展乏力。苏京春认为，劳动力市场缺乏流动性造成结构性失业问题，而失业劳工的大量累积使非正规部门空前扩大，这使得单纯追求福利赶超的行为无法得以实现。

中国银行国际金融研究所相关课题组认为，要想跨越"中等收入陷阱"，中国需要面对四大挑战，即传统增长动力减弱、人口红利消失、收入分配不合理、资源环境面临较大约束。陈亮认为，中国在劳动力、土地等基础要素禀赋上的比较优势正在快速消失，原有的比较优势所发挥的作用越来越小。刘伟认为，中国面临"中等收入陷阱"的关键原因是缺乏创新和科技发展。胡鞍钢认为，中国面临"中等收入陷阱"的主要原因是贫富差距变大，改革不能深化的原因是腐败问题未能解决。

中国社会科学院经济研究所课题组指出，在攻克贫困阶段，政府与企业的目标一致，在达到中等收入水平后，政府转向福利支出目标，这与企业的逐利目标产生冲突，这种冲突可能会严重阻碍经济转型升级，使国家落入"中等收入陷阱"。马克认为，经济转型主要面临两大问题：一是市场是否发育成熟；二是政府转型是否成功，是否与市场发展相吻合。

（三）如何顺利跨越"中等收入陷阱"

从国外的研究经验来看，孙章伟和乔俊峰等分别对日、韩的经验进行了分析，他们认为需要采取公正的收入分配政策来保障社会稳定，而自由贸易环境和科学技术创新可以为经济转型升级提供新动力，促进国家跨越中等收入阶段，迈进高收入阶段。也有人认为，日、韩的发展与美国的同盟关系和特殊的地缘政治环境有关，但过早福利化对其劳动市场产生了不利影响。窦宝国认为，智利的改革经验是在权威统治下实行自由市场，而后通过经济改革是可以实现经济持续增长的，但在改革过程中，需要均衡市场和政府的力量，经济建设是复杂的系统工程，需要政治体制的健全和社会环境的稳定。

关于中国的对策方面，林毅夫认为，中国若想跨越"中等收入陷阱"，需要进行产业升级、缩小贫富差距、保持资源和环境的可持续发展。辜胜阻认为，改革不能局限于短期行为，不能停留在部门内部的修修补补，应该主动打破部门利益对改革造成的约束。他认为中国需要从低端产业转为高端产业，从工业化导向转为城镇化导向，从制造业大国转为消费大国。中国需要从商品输出向资本输出的方向转变，政府需要大力发展公共服务保障，严肃处理腐败问题，打破阶层固化，缩小贫富差距。

中国银行国际金融研究所相关课题组强调，顺利跨越"中等收入陷阱"需要处理好四个问题：一是收入分配公正合理和具有包容性的增长；二是保障能源和资源的供应、发展低碳经济、注重环境保护；三是经济结构的优化和升级，重点解决结构性失衡问题；四是改变经济增长的方式，发掘新动力并顺利实现新旧动力的转化。该课题组认为，中国未来经济社会发展的战略核心是注重分配均衡、优化产业结构、鼓励科技创新和保护生态环境。陈亮从国际分工视角进行分析，认为产业转型可以帮助提升一国在国际分工中的地位，因而需要加大科研创新投入，发展新兴产业，打破机制、体制障碍，以战略性贸易政策保障经济发展。

中国社会科学院经济研究所课题组强调，政府不能依靠债务融资来推动福利发展，其福利支出应该与社会经济发展水平相匹配，通过市场的自由竞争来激发创新和优化资源配置，实现经济的可持续增长。张茉楠认为,美元陷阱使新兴市场的经济金融安全被美国债务风险拖累,新兴经济体通过货币互换建立主权货币结算是未来的发展方向。孙立平等认为,权力与市场的博弈是转型的关键,打破僵局的办法是减小社会力量差距,包容性地发展经济。世界银行对包容性增长的解释侧重于机会公平、分配公平、规则公平等。

第三节 理性综合视角下的"中等收入陷阱"模型

研究"中等收入陷阱"问题实际上是研究长期国民收入问题,长期国民收入有两个主要决定因素:一是国民收入的长期增长趋势;二是国民收入围绕长期趋势的周期性波动。在通常情况下,趋势成分反映的是长期经济增长的结果,周期成分反映经济波动。总需求波动造成的经济周期是短期的,通常只有几个季度或几年,而且是趋势平稳的,而来自供给方面的冲击可能具有长久效应,如技术进步,由此形成的经济周期通常是十几年甚至几十年,如熊彼特所说的康德拉季耶夫周期。纳尔逊和普洛瑟的研究表明,总产出的波动既有可能来自持久性的冲击,又有可能来自短期的冲击,但主要受持久性冲击的影响。长期的经济增长或发展不是一个趋势平稳的过程,而是一个差分平稳的过程,具有随机游走模型的特征。这些探讨与我们构建理论模型要进行的分析是一致的。

(一)理性综合视角下"中等收入陷阱"的理论模型构建

根据我们构建的理论模型,可以获得理性综合视角下的经济增长方程:

$$\Delta Y_t = a\Delta Y_{Mt}^* + b(\mu_d + \mu_{ss})(Y_t - Y_{Gt}^*) + b\mu_{sl}\Delta A_t Y_{Mt}^* + b(\varepsilon_{dt} + \varepsilon_{st})$$

经济运行表现出的经济增长现象 ΔY_t,由长期趋势 $(a + b\Delta A_t)\Delta Y_t^*$ 和短期波动 $b(\mu_{ss} + \mu_d)(Y_t - Y_{t-1}) + b(\varepsilon_{st} + \varepsilon_{dt})$ 共同驱动。其中,经济基本面影响长期趋势,资本、劳动力、政府、技术进步等为主要影响因素。短期波动受供给侧的暂时性冲击和需求侧的暂时性冲击共同影响。但它们的核心差异在于,由于趋势部分源自两部分叠加,政府可以通过相关政策推动转向,这就使问题发生了性质变化,并且在讨论"中等收入陷阱"这一长期问题时,可以先不考虑短期波动。因此,我们可以用以下方式进行简单处理。

假设总产出 Y_t 的变化趋势可以用以下方程描述：

$$Y_t = \alpha + \beta t \tag{7.1}$$

其中，α 和 β 表示常数，（7.1）式表示每一单位时间内总产出增加 β 个单位。

$$Y_t = Y_{t-1} + \beta \quad 或 \quad \Delta Y_t = \beta \tag{7.2}$$

如果将外部冲击用一个随机变量 u_t 来表示，引入上式，可以得到反映冲击效应的总产出方程。

$$Y_t = \alpha + \beta t + u_t \quad 或 \quad \Delta Y_t = \beta + u_t - u_{t-1} \tag{7.3}$$

$$Y_t = Y_{t-1} + \beta + u_t \quad 或 \quad Y_t = \alpha + \beta t + u_{t-1} + u_{t-2} + \cdots + u_0 \tag{7.4}$$

（7.3）式表示冲击效应只持续一段时间，此后就会向趋势线回归，（7.4）式则表示对总产出的任意一次冲击都具有积累效应或持久影响。符合（7.4）式的变量称为"差分平稳"的变量，而且差分平稳的过程受永久性冲击的支配；趋势平稳的过程主要受短期冲击的影响。持续稳定增长的经济能够给该经济区的居民提供更多的福祉，GDP 能衡量国家或地区的经济发展，也能反映和描述国家或地区物质产品的丰富程度。

因此，我们需要设置模型来考察增长率这一概念。

用 Y_t 表示 t 时期的总产量，Y_{t-1} 表示 $t-1$ 时期的总产量，总产量意义下的增长率为：

$$g_Y = \frac{Y_t - Y_{t-1}}{Y_{t-1}} \tag{7.5}$$

若用 y_t 表示 t 时期的人均产量，y_{t-1} 表示 $t-1$ 时期的人均产量，则人均产量意义下的增长率为：

$$g_y = \frac{y_t - y_{t-1}}{y_{t-1}} \tag{7.6}$$

考察一些国家的人均 GDP 增长率可知，随着时间的推移，GDP 增长率高的国家，其收入水平可以达到更高。用 y_t 和 y_{t+n} 分别表示一国 t 时期和 $t+n$ 时期的人均 GDP，则该国的人均 GDP 在 n 期的平均增长率为：

$$g = \left(\frac{y_{t+n}}{y_t}\right)^{\frac{1}{n}} - 1 \tag{7.7}$$

经济增长是人类福利进步的基础,事实上,即使增长率仅有微小的差别,经过长期积累也会导致国民之间显著的生活差异。表7-1和图7-1显示了七个国家在不同增长率下的收入水平差异,人均收入水平均以1 000美元作为起点,在不同的增长率下,导致50年后不同国家的收入水平差距较大。

表7-1 跨越"中等收入陷阱"的情景测算表(增长率=g)

单位:美元

年数	国家 1 g=1%	国家 2 g=2%	国家 3 g=3%	国家 4 g=4%	国家 5 g=5%	国家 6 g=6%	国家 7 g=7%
0	1 000	1 000	1 000	1 000	1 000	1 000	1 000
10	1 100	1 220	1 340	1 480	1 630	1 791	1 967
20	1 220	1 490	1 800	2 190	2 650	3 207	3 870
30	1 350	1 810	2 430	3 240	4 320	5 741	7 612
40	1 490	2 210	3 260	4 800	7 040	10 277	14 974
50	1 645	2 692	4 384	7 107	11 467	18 420	29 457
60	1 817	3 281	5 892	10 520	18 679	32 988	57 946
70	2 007	4 000	7 918	15 572	30 426	59 076	113 989

资料来源:作者计算。

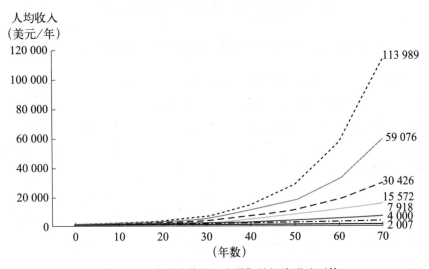

图7-1 跨越"中等收入陷阱"的经济增速测算

资料来源:作者绘制。

在某一时期，一国实施重要的宏观调控政策并使影响因素发生显著改变，这会改变本国的经济增长路径。如果一个经济体能通过改革以及技术创新等转换增长路径，将潜在经济增长率提升到一个较高的水平，同时配合相关的宏观经济政策及配套措施，使得经济能够实现较长时期、较高速度的稳定增长，就可成功跨越"中等收入陷阱"，见图7-2。下面按照世界银行的相关标准，通过具体数据，进行相关的情景测算。

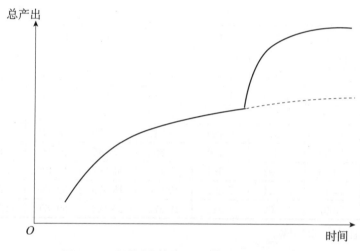

图7-2 跨越"中等收入陷阱"的可能路径图

（二）经济体能否跨越"中等收入陷阱"的情景假设

总体来看，一个经济体能否跨越"中等收入陷阱"依赖于基期经济发展水平、增长速度和年限，从表7-1可以看出一个理论上的大致临界位置：一个国家的人均GDP从1 000美元增长到10 000美元以上，至少要保持4%的经济增速60年；从2 000美元增长到10 000美元以上，至少要保持4%的经济增速40年；从4 000美元增长到10 000美元以上，至少要保持4%的经济增速20年。从理论上说，保持4%的经济增速应能跨越"中等收入陷阱"。一国跨越"中等收入陷阱"所需时间长度与基期经济发展水平、增长速度和年限有关。相对而言，如果基期条件好一些、增长速度高一些，则需要的时间短一些；如果基期条件差一些、增长速度低一些，则需要的时间长一些。需要注意的是，随着经济的发展、人均

GDP 的提高，保持较高经济增长速度的难度会逐步提高。比如一旦进入发达国家，经济增长速度多数会处于 2%～3%。

通过分析，我们可以给出下列情景及条件。在衡量经济增速能否跨越"中等收入陷阱"时，需要考虑世界银行给出的分类标准是动态变化的，晚发展的国家想要跨越"中等收入陷阱"比早发展的国家需要实现相对更高的经济增长率。（在模型中，为了便于分类，我们对此进行了简化处理，但在实际国别分析中将给予考虑。）

情景 1：能够跨越"中等收入陷阱"，主要条件是：一个发展中经济体的基期条件，比如人均 GDP 已达 4 000 美元，年均潜在经济增长速度可达 6% 以上，同时有政策配合，外部环境也能保持稳定，实现了实际经济增长的长期持续发展，那么跨越"中等收入陷阱"的时间为15～20 年。如果一个发展中经济体的基期条件为人均 GDP 1 000 美元左右，那么至少需要 40 年。需要注意的是，政府通过改革、教育投入、科技投入、产业政策等推动潜在经济增长率曲线的上移至关重要，可以适当减少相应的时间。

情景 2：处于"中等收入陷阱"的临界区间内，主要条件是：一个发展中经济体具备一定的基期条件，但仅能维持 4%～6% 的平均经济增长速度 40 年，那么此时就存在两种可能：一是可以跨越"中等收入陷阱"；二是无法跨越"中等收入陷阱"。在这种情况下，对政府的要求较高，关键看政策的方向能否有效推动实际经济增长。如果能够做到政策和外部环境保持稳定，实现实际经济增长的长期持续发展，则有一个较好的结果；反之，将落入"中等收入陷阱"。与此同时，如果基期条件处于人均 GDP 为 1 000 美元左右的水平，那么跨越的机会就很小。如果人均 GDP 已经处于 2 000 美元左右的水平，跨越"中等收入陷阱"的机会就比较大，只是经济增速慢将使跨越时间略长一点。

情景 3：无法跨越"中等收入陷阱"，主要条件是：一个发展中经济体的经济增长速度长期在 4% 以下，初始条件比较一般，比如人均 GDP 只有 1 000～2 000 美元的水平，那么几乎可以肯定它无法跨越"中等收入陷阱"。假如不采取重大的改革或技术创新举措，推动潜在经济增长率的急剧提升，那么即使采取措施在短期推动经济增长，也无法维持经济持续增长。与此同时，政策和外部环境需要保持稳定，使其实际经济增长能够实现。

(三) 经济体能否跨越"中等收入陷阱"的解析与预测

表7-2展示了部分国家的经济发展与跨越"中等收入陷阱"的关系。

表7-2　部分国家的经济发展与跨越"中等收入陷阱"的关系

国家	快速发展时间段 （40年）	平均经济增速 （g）	是否跨越 "中等收入陷阱"
美国	1916—1955年	4.96%	是
德国	1924—1963年	6.77%	是
日本	1948—1987年	7.10%	是
韩国	1961—2000年	9.04%	是
巴西	1941—1980年	7.07%	是
墨西哥	1941—1980年	6.20%	否
阿根廷	1903—1942年	4.18%	否
印度尼西亚	1950—1989年	4.15%	否
马来西亚	1901—1940年	5.39%	否
泰国	1953—1992年	6.48%	否
印度	1980—2019年	6.10%	未知
中国	1963—2002年	9.57%	未知

注：在计算过程中剔除了第二次世界大战结束时德国（1945年、1946年）以及美国（1946年）的极端数据。

结合实际数据来看，美国在20世纪20年代成为中等收入国家，在50年代中期成为高收入国家，跨越中等收入阶段用了近40年时间，平均经济增速仅为4.96%，其具有一定的特殊性：一是美国在太平洋战争前后拥有10年的超高速经济发展期，这10年的平均经济增速高达10.48%；二是1946年布雷顿森林体系的建立使美元成为国际货币，这是其他国家难以比拟的，也确保了美国位列发达国家之首。德国在20世纪40—60年代跨越中等收入阶段，用了20年左右的时间，平均经济增速为6.77%。日本在20世纪60—70年代跨越中等收入阶段，用了不到20年，平均经济增速为 6.9％（由于世界银行关于低、中、高收入国家的分类标准最早是在 2008 年给出的，而老牌发达国家多在 20 世纪 70 年代之前就已成为发达国家，所以考虑了通货膨胀因素进行估算）。韩国在 1976 年的人均 GDP 为 834 美元，1994 年的人均 GDP 为 10 385 美元，跨越中等收入阶段用了不到 20 年的时间，平均经济增速为 9.04％。巴西在 1973 年的人均 GDP 为 775 美元，2010 年达到 11 286 美元后不久就发生回落，2019 年的人均 GDP 为 8 717 美元，其间经历了漫长的 50 年，平均经济增速为 7.07％。2019 年，巴西选择放弃发展中国家地位，勉强迈入发达国家行列。

然而，即使在经济增速最快的 40 年里，阿根廷、印度尼西亚的平均经济增速也没有超过 4.5％，因而长期困于"中等收入陷阱"之中。墨西哥、马来西亚、泰国的平均经济增速为 4.5％～6.5％，由于没有长期稳定的国内政治、经济环境，这些国家未能顺利跨越"中等收入陷阱"。

据相关预测，印度跨越"中等收入陷阱"的难度要大于中国。印度在 2007 年的人均 GDP 首次达到 1 000 美元以上，此后 13 年的平均经济增速为 6.46％，2019 年的人均 GDP 为 2 100 美元。在未来 20 多年的时间里，印度的平均经济增速至少要维持在 8％以上，才有可能跨越"中等收入陷阱"。中国在 2001 年的人均 GDP 达到 1 000 美元以上，此后 19 年的平均经济增速为 9.04％，2020 年的人均 GDP 为 10 973 美元，距离 2020 年世界银行给出的高收入国家人均 GDP 12 536 美元的水平还差一些，预计中国很快会迈入高收入国家行列。中国只要在未来 15 年的平均经济增速保持在 5.5％以上，即可顺利达到中等发达国家水平。

（四）经济体能否跨越"中等收入陷阱"的差异分析

为什么经济增长率在各国存在巨大差异？我们需要实证检验各类因素对一国经济增长所起的作用，拟使用一国实际经济增长率对潜在经济增长率及各类主要因素进行回归。为进行这一回归，我们需要获得潜在经济增长率的数据，因而先估算潜在经济产出序列。

$$Y_t = AK_t^{\alpha}L_t^{\beta} \tag{7.8}$$

$$\ln Y_t = \ln A + \alpha \ln K_t + \beta \ln L_t \tag{7.9}$$

假定经济产出满足柯布-道格拉斯函数，设为（7.8）式；对（7.8）式两边同时取自然对数，得到（7.9）式。选取需要验证国家的实际经济产出 Y_t、资本存量 K_t、实际就业人口 L_t 的时间序列数据，根据（7.9）式进行回归，得到各国对应的参数值 α 和 β。我们认为，估算潜在经济产出应依据资本存量和潜在就业人口。

$$P_t = \text{hptrend\_}P_t + \text{hpcycle\_}P_t \tag{7.10}$$

$$\frac{L_t}{P_t} = R_t = \text{hptrend\_}R_t + \text{hpcycle\_}R_t \tag{7.11}$$

$$\text{LP}_t = \text{hptrend\_}P_t \times \text{hptrend\_}R_t \tag{7.12}$$

为获得潜在就业人口序列，考虑对经济人口 P_t、实际就业人口占经济人口的比重 R_t 分别进行 HP 滤波，得到（7.10）式和（7.11）式。提取其中趋势项 $\text{hptrend\_}P_t$ 和 $\text{hptrend\_}R_t$，根据（7.12）式得到潜在就业人口 LP_t。

$$\ln \text{YP}_t = \ln A + \alpha \ln K_t + \beta \ln \text{LP}_t \tag{7.13}$$

将资本存量、潜在就业人口、参数值及常数项代入（7.13）式，得到各国潜在产出的对数值 $\ln \text{YP}_t$。

$$Y_t = C + \alpha_0 Y^* + \sum_{i=1}^{6} \alpha_i X_{it} + \varepsilon \tag{7.14}$$

最后，根据（7.14）式对经济增长影响因素进行实证检验。Y_t 代表一国实际经济增长，Y_t^* 代表一国潜在经济增长，X_{it} 代表影响一国实际经济增长的各种因素，C 为常数项，ε 为残差项。

在某一时期，一国实施重要的宏观调控政策并使影响因素发生显著改变，则会改变本国的经济增长路径。在原路径下，A 国（发展中国家）的产出增长路径 Y_1^A 要低于 B 国（发达国家）的产出增长路径 Y_2^B。在 Q_{t1} 时刻，B 国实施了积极的宏观调控政策（或者贸易保护主义政策），短期表现为提高了 B 国的净出口（$\Delta T_{tBA}^G - \Delta X_{tAB}^G$），长期体现为该政策的实施可以提高 B 国的全要素生产率，导致潜在产出路径增长至 $Y_2^{B'}$；此时，如果 A 国仍保持在原产出增长路径下发展，就会与 B 国之间的差距越来越大，更难实现经济增长的追及。在图 7-3 中，如果 A 国选择在 Q_{t2} 时刻进行有利于长期经济增长的供给侧改革，如优化资源配置、优化产业结构、优化分配结构等，有为的政府将通过调控提高 A 国的全要素生产率，使 A 国的产出增长路径实现跨越式升级，并提高至 $Y_1^{A'}$。随着时间的推移，A 国将在 t^* 时刻的 V 点实现综合动态竞争优势的转换。

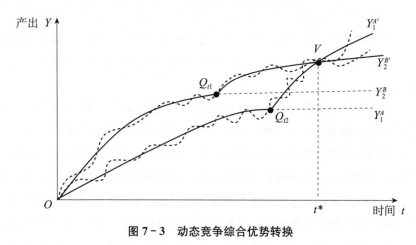

图7-3 动态竞争综合优势转换

第四节 "中等收入陷阱"的国家案例分析

（一）拉美地区经济发展模式分析

1. 拉美地区的经济发展过程

从 19 世纪中叶至第二次世界大战前夕，拉美国家在实现民族和国家独立后，利用原宗主国建设的单一经济基础，探索出以初级产品出口为核心的发展道路，并进一步走上以初级进口替代为核心的工业化道路。在第二次世界大战后，拉美国家开始积极调整经济发展战略，分为以下三个时期：

第一个时期是广泛推动进口替代工业化发展。从 20 世纪 50 年代起，拉美国家进入了进口替代工业化的最佳时期，国民经济保持了较长时期的高速增长，人均 GDP 增长率在 20 世纪 50—70 年代实现了从 1.7% 到 2.2%，再到 3% 的"三级跳"。拉美主要国家先后基本完成了工业体系的架构和建设，工业生产总值在 GDP 中的占比达 30%，大多数拉美国家成功迈进中等收入阶段。

第二个时期是债务危机和自由化改革后"失去的十年"。在拉美国家进口替代工业化发展进程中积累下很多问题，国内方面存在收入差距扩大、高度市场保护、生产效率落后等问题，国际方面面临未能有效承接发达国家向外转移的劳动密集型产业，错过吸收资本和技术的时机，最终被排除在国际分工体系之外。由于在20世纪80年代债务危机爆发后应对不力，拉美国家开启自由化改革，对发达国家和国际资本的经济依赖程度加大，同时国内问题集中爆发、经济增速回落，导致拉美国家经历"失去的十年"。

第三个时期是实施后进口替代战略。20世纪90年代拉美国家不得不接受不合理的国际分工，采取出口导向和进口替代相结合的方式，在一定程度上回归了依赖资源出口的发展道路，部分国家培育出针对美国市场的出口加工平台。与此同时，中国等新兴国家的发展带来了资源价格持续上涨，拉美国家的经济增长开始有所加速。尽管拉美国家的总体经济有所回暖，但其国内问题依然突出，又数次受到金融危机的不利影响，暂未探索出新的具有长期竞争力的发展道路。特别是拉美地区极端的政局动荡和社会矛盾，可以说是制约相关国家国民经济长期平稳发展的最重要因素。

2. 拉美地区落入"中等收入陷阱"的表现

根据世界银行的报告，拉美地区落入"中等收入陷阱"具有以下三个特征：一是包含众多中等收入国家。在拉美地区33个经济体中，达到中等收入水平的经济体有28个。其中，中上等收入国家占比68%，中下等收入国家占比32%。二是经济增速长期低迷。进入20世纪80年代，拉美地区的年均经济增速为1.2%，人均经济增速为−0.9%，20世纪90年代这两个指标分别恢复为3.2%和1.4%，至21世纪又有所上升。然而，其经济增速既达不到新兴国家的增速，又未能恢复自身30年前的水平。三是长时间滞留在中等收入水平。部分拉美国家早在20世纪70年代初就已达到中等收入水平，截至2019年，主要拉美国家陷入"中等收入陷阱"的时间普遍已超过40年。其中，巴西44年，墨西哥45年，哥伦比亚40年，阿根廷则超过50年。

拉美国家在城市化过程中出现的问题被称作"城市病"。由于农村人口大规模移居城镇，经济社会的承载力和城镇公共服务水平提高的速度无法满足城市化的要求。拉美地区最初的城市产生于被殖民期间，囊括一定数量的人口和商业体系；然后，在各个拉美国家刚刚独立时，通过对外出口初级产品带来的福利促进了城市的繁荣，到20世纪50年代，拉美国家的城镇化率达到40%以上，超过同期国际上不足30%的平均值；到了进口替代工业化时期，在经济繁荣发展并能提供充裕物质支持的基础上，社会对城市的发展建设和人口规模具有较大需求。即便是在"失去的十年"，拉美国家的城镇化趋势也未见放缓，到21世纪其城市化率已达到80%，甚至高于欧洲的水平。

3. 拉美国家落入"中等收入陷阱"的主要原因分析

拉美国家工业化进程转变失败被认为是陷入"中等收入陷阱"的主要原因。导致拉美国家4次发展转型不顺利的主要因素有：一是基于发展初始条件产生的路径依赖；二是地缘政治形势和外部需求状况与东亚存在差异；三是国内经济体制与利益团体的偏好；四是境外资本的干预。当然，也不能片面地全盘否定拉美国家的工业化历程。

在20世纪30年代以前，拉美国家所选择的出口初级产品的发展道路，源自被殖民时期的特殊经济结构，并随着民族独立而进一步拓展，这一发展道路符合当时国际社会对拉美地区初级产品的广泛需求。拉美国家凭借向全球出售初级产品获得的收入以及引进的国外资本，建设并完善了铁路网、港口等基础设施，可以更充分地发挥拉美国家资源丰富、劳动力充足的比较优势。在1929—1933年"大萧条"期间，国际需求疲软，拉美国家的初级产品出口遭受致命打击，被迫选择走进口替代工业化道路以利用国内市场。外部需求萎缩造成拉美国家的初级产品出口下降、贸易收入减少，从而制约了拉美国家的进口能力，使拉美国家无力继续实行金本位制度。因此，拉美国家采用了下述方法：一是实施积极的货币政策和财政政策，同时提供信贷、税收等优惠政策，加强国内基础设施建设，鼓励进口替代工业部门及其配套产业发展，用以全力推进进口替代工业化；二是实施针对进口消费品的汇率管制措施，同时采取贸易保护政策减少进口，为国内相关弱势产业的发展创造条件。

在20世纪50年代进口替代工业化的早期，拉美国家的年均经济增长率约为5.1%，工业增长率高达6.9%，进口替代工业化战略成效明显。然而，在度过早期的"蜜月期"后，进口替代工业化模式的固有缺陷开始显现：第一，国内市场总体规模有限，约束工业进一步发展；第二，工业部门所需生产设备和原料需要进口，外汇短缺愈发严重；第三，政府主导的工业化道路以及基础设施建设给财政带来了巨大压力；第四，过度保护使得国有企业缺乏市场竞争意识和实力，严重依赖垄断收益，无力参与国际竞争与扩张。虽然拉美国家尝试推动出口来改变现状，然而进口替代工业化发展道路具有相当大的惯性，而且该模式以往取得的经济增长成绩较好，加上国内既得利益团体的坚决反对，所以转向出口导向的过程极其缓慢和曲折。

在 20 世纪 70 年代初，拉美国家的矛盾已经积累和发展到了非常尖锐的地步，转型迫在眉睫，然而突发事件强行缓解了矛盾的爆发，再次延缓了转型的步伐。这一突发事件是全球石油危机。该危机给拉美国家的初级产品，特别是石油带来新的机遇。由于美元大量回流、财政收入再次丰裕、国际资本涌入、资金成本降低，因而进一步削弱了拉美国家优化财政收支结构、开放国内市场、参与国际市场竞争的意愿和动力。拉美国家在进口替代工业化的道路上一去不返，进一步发展耐用品、资本品的深度进口替代。在 20 世纪 80 年代债务危机爆发后，相关国家和国际组织迫使拉美国家全面改革以往模式，施行新自由主义框架下的系列政策。发展模式和政策体系的全面快速转型，给拉美国家的经济、社会造成严重冲击，最终将拉美国家带入"中等收入陷阱"。

许多研究指出，除了工业化发展模式选择失误，收入分配失衡是拉美国家陷入"中等收入陷阱"的另一重要原因。探究拉美国家贫富差距产生的原因，以及贫富差距是如何固化并进一步扩大的，对于深刻理解贫富差距悬殊给拉美国家经济社会造成的不利影响具有重要意义。从国家政治经济体制变迁的角度看，贫富差距的持续受到三个因素影响：

第一，严重的土地兼并为贫富差距的产生奠定了基础。在 20 世纪初，拉美国家占农民总人数约 1.5% 的大地主，占据了超过 50% 的耕地。以墨西哥为例，当时仅 5% 的农户能够占有耕地，而占据耕地面积位居全国前 200 的大地主合计占据了全国约 25% 的耕地，加上后续土改不到位，而且对土地和农业问题缺乏关注，拉美国家在建国初期就产生了严重的贫富差距，不同阶层的矛盾锐化，并成为历史遗留问题。

第二，拉美国家集权和官僚主义严重。受原宗主国的影响，拉美国家在政治作风上存在严重的集权意识和官僚主义问题，这就导致既得利益团体倾向于维持当前利益结构，市场难以充分发挥配置资源的功能，国民经济无法主动适应国内外的新状况，底层人民难以分享增长红利并改善收入状况。

第三，激进且短视的经济政策带来的不良后果由底层人民承担。拉美国家政府为使选举成功，经常采取十分激进的经济政策来短期缓解贫富差距和经济转型衍生的问题，比如大幅增加预算、短期极度扩张的财政政策、政府主导的财富再分配等。过度积极的财政政策和货币宽松使个体的短期收入显著增加，但富裕阶层从政府项目中的获益更丰，并进一步收购资源，致使经济和政治权力继续隐性地向富裕阶层转移，最终造成高失业和恶性通货膨胀，而底层人民的实际收入反而降低，形成恶性循环。

债务危机的形成通常是因为国内财政赤字和国际收支赤字，而拉美债务危机形成的原因是后者，并与拉美地区的工业化发展道路密切相关。美国作为世界和美洲地区大国，始终将拉美地区当作后花园，持续在拉美地区经营其政治经济影响，以达到掌控拉美地区丰富资源和巨大市场的目标。"大萧条"期间，美国在美元外交政策的指导下，积极支持拉美国家渡过第一次债务危机。但与此同时，美国资本借机逐步掌控了拉美国家的国债发行、贷款来源和外商直接投资，使拉美国家对美国资本的依赖程度逐渐上升。然而，"大萧条"造成拉美国家出口下滑、收入减少，偿还国际债务的能力日渐丧失，再加上国家收入减少导致进口下降，关税收入也大幅损失，拉美国家不得不向进口替代模式转变。随后，拉美多国宣布没有能力继续履行债务契约，随后拉美国家爆发了第二次债务危机。

在拉美债务危机期间，拉美国家被迫在新自由主义框架下实施经济政策，以及推进一系列制度改革。在推进改革的过程中，拉美各国的国内资本和外国跨境资本发现了利益的交汇点，推动了国内外资本融合。国外资本通过融合实现了对拉美国家资源的更强掌控，严重制约了拉美各国的国内工业发展。在拉美债务危机爆发后，债权国和贷款银行对拉美国家提出开展紧急调整的要求：一是大力推动初级产品的出口，扩大国际贸易收益规模以偿还外债；二是收紧进口、约束内需，导致本就受经济疲软影响而大幅缩减的国内投资集中流向农产品、原油、矿产等初级产品生产行业，使制造业资金严重匮乏，一大批制造业企业经营困难甚至破产，造成拉美国家初级产品出口快速扩张、工业制成品出口大幅减少，并使拉美国家处于全球产业链中供给初级产品的地位被进一步固化。

拉美国家的私有资本也积极利用债务危机的机会攫取社会财富并据为己有。第一，开展金融投机。在危机初期金融市场震荡期间，它们利用低汇率政策开展金融投机操作，并大规模向海外转移资金。在 20 世纪 80 年代末，拉美国家的资本外逃现象极端严重，外逃资本占一国外债量的比重居高不下，甚至远超外债量，仅巴西、阿根廷、墨西哥和委内瑞拉 4 国的外逃资本额就达 2 190 亿美元。第二，低价收购国有企业和资源开采权。利用私有化改革，联合国外资本大肆收购国有资产，增强对经济命脉的掌控能力。第三，从资源出口扩大中获益。掌握资源开采和出口，利用出口支持措施获益，通过稀缺的外汇进行套利。第四，提升资方相对于劳动者的地位。工资增长速度相对落后于国民收入增长，工会的议价能力大幅弱化。

4. 拉美国家陷入"中等收入陷阱"的教训和启示

我们可以从拉美模式的实践思考政府如何指导经济发展。从拉美国家经济发展失衡、陷入"中等收入陷阱"的政策实践中，我们可以总结出相关经验和教训：第一，国家的自然禀赋资源确实能为国家发展提供助力，但不应局限于静态比较优势，特别是自然资源型、劳动力资源型的国家，必须积极培育新的动态比较优势；第二，在二元经济结构下，推进工业化绝不能对"三农"问题避而不谈，必须统筹城乡均衡发展；第三，不断改革，形成符合当前经济社会需求的土地制度是解决"三农"问题的核心；第四，坚决走外向型经济发展道路，进口替代等内向型道路最终将面临市场规模有限、参与国际竞争不足和严重垄断，给改革造成巨大困难；第五，华盛顿共识是对政府功能的严重误导，政府能够利用调控资源的能力促进经济发展和升级，但应该避免短视行为和赤字导向型政策；第六，在经济转型升级过程中会出现财富和资源的重新配置，必须严密防范部分群体借机抢占公共资源，控制贫富差距悬殊；第七，稳定是发展的前提条件，要平稳推进经济发展和升级，必须维持稳定的政治和社会局面，避免转型过程中出现的问题被放大和恶化,最终影响到经济转型的大局。

(二)东南亚经济发展模式分析

1.印度尼西亚的经济发展困境

1945年印度尼西亚独立,该国以农业为主的经济结构逐渐演变为以工业和服务业为主的结构,国民收入持续提高,贫困率不断下降。印度尼西亚的经济发展经历了四个阶段:1945—1955年的恢复阶段,1956—1966年的进口替代阶段,1967—1997年的出口导向阶段,1998年亚洲金融危机后的结构调整阶段。

早在1989年,印度尼西亚的人均GDP就达到了1 200美元,接近中等收入国家门槛,1998年的亚洲金融危机给印度尼西亚的经济造成了严重打击,其经济陷入严重衰退,印度尼西亚盾的币值一泻千里,股市、楼市全线崩溃。到1998年,印度尼西亚的人均GDP下降到435美元,一度成为世界上最贫困的国家之一。印度尼西亚的社会贫富差距导致社会矛盾突出,民族矛盾与宗教冲突严重。在亚洲金融危机后,印度尼西亚政府进行了一系列调整经济结构的政策举措,包括进行银行体系改革、调整投资政策、改善投资环境、调整经济发展模式、平衡区域经济发展、升级产业结构等。这些改革有助于维持经济平稳发展,避免经济持续下行,同时也推动了经济发展模式的转变,使印度尼西亚的经济重新获得增长活力。近几年,印度尼西亚的人均GDP增速保持在5%左右。尽管如此,2018年印度尼西亚的人均GDP为3 932美元,仍处于中等收入国家水平。

印度尼西亚具有优越的自然资源禀赋,而且人口数量位居全球第四,提供了充足的廉价劳动力,为经济增长创造了良好的条件,但印度尼西亚在经济发展中仍存在一些重要问题,包括严重的失业和贫困率、区域发展失衡、金融体系市场化改革不彻底、经济结构不合理等。

(1)区域发展不均衡问题严重。1976—2006年印度尼西亚的失业率从2.5%上升到10.5%,失业人口上升到1 093万,失业率长期高位运行造成印度尼西亚低收入人群的生存状况无法得到有效改善,每日生活费不足2美元的人口接近全国总人口的一半。从区域角度看,虽然爪哇岛的面积占印度尼西亚国土面积的6%,但生产总值却占56%,人均生产总值是其他地区的 6.8 倍,吸收国外资本占全国总吸收资本的 63%。

(2) 金融体系的市场化改革不彻底。政府投资在经济发展中起主导作用,银行被掌握在政府手中,然而政府未按照市场需求投放贷款,造成不良率增多,通过超发货币缓解银行坏账状况的措施进一步引起政府收支失衡和恶性通货膨胀,因而印度尼西亚的经济曾面临全面崩盘的风险。虽然后来进行了利率市场化改革,但市场过于自由以及监管制度不全导致过量信贷,坏账占比率一直居高不下,而不健全的金融体系也是导致东南亚国家容易出现经济危机的主要原因。

(3) 国内产业结构不合理。国民经济支柱产业以密集投入劳动力资源的出口加工行业为主,高新技术产业的发展相对落后,自主创新能力不够,主要的高科技装备依赖进口,服务业的占比较低。产业结构升级从2005 年至今呈现相对停滞状态,支撑国民经济的工业部门发展滞后,过早出现的去工业化加重了印度尼西亚经济增长的负面影响。印度尼西亚当局正在积极推动基础设施建设、加速审批程序、优化投资空间,积极应对激烈的国际投资竞争环境,希望经过一系列的经济结构调整能够实现经济增速提高,争取早日跨越“中等收入陷阱”,但收效甚微。

2. 菲律宾的经济发展困境

菲律宾是亚洲最先启动工业化发展的发展中经济体,20 世纪 60 年代菲律宾的经济实力在亚洲仅排在日本之后,1978 年菲律宾的人均收入就已达到中等收入国家水平。然而,到了 80 年代,菲律宾开始了长期的经济停滞,10 年期间的平均经济增长率仅为 1.7%,整个 90 年代菲律宾的人均经济增长率不到 3%。2019 年,菲律宾的经济增长率为 5.9%,人均GDP 仅为 3 300 美元。菲律宾是全球最主要的劳动力输出地区之一,海外劳工人数占总人口数的 10%,海外劳工的现金汇款相当于国内生产总值的 9%左右,海外劳工汇款带动了国内消费,海外就业是社会稳定的重要因素。然而,投资在 GDP 中所占的比例较低一直是菲律宾的发展障碍,也是国内失业率高的主要原因。

菲律宾长期积累下来的经济、政治及体制等方面的结构性矛盾,严重制约了经济发展。在西班牙殖民时代后,庄园仍集中在少数人手中,多次土地改革收效甚微。随着生产技术的提高、农业机械的推广运用,减少了对农业工人的需要,除了从事菲佣、成为贫民外,还有一部分人组成了反政府武装。不稳定的政治环境无法吸引投资和游客,进而经济的可持续发展也难以实现。1986年马科斯下台,菲律宾再次回到民主选举模式上,采取各政党交替执政方式,但在大选期间经常出现贿选等事件。

3. 泰国的经济发展困境

20世纪50年代泰国政府以建立健全国有经济体系为目标,开始推动工业发展规划,1959年成立国民经济和社会发展委员会开展五年计划。在1961年后的10年时间内,泰国依据两个五年计划发展进口替代工业,最高达到年均经济增长率8.4%、工业增长率11%,这一时期被称作泰国的工业革命时期。1985年"广场协议"后美元大幅贬值,日本和"亚洲四小龙"货币升值,在出口工业制成品方面失去优势,而泰国获得了大量劳动密集型产业投资。巨额境外资本的流入促进了泰国经济的迅猛发展,1987—1990年的年均经济增长率为11.6%,1991—1995年的年均经济增长率为9%,1995—2005年的年均经济增长率为8.5%,经济增速位居世界前列。1996年泰国就已进入中等收入国家群体,而后的经济增速开始放缓。2006—2016年泰国的年均经济增长率为6.5%,2018年泰国的人均GDP为7 273美元,仍与发达国家相距甚远。

制约泰国经济发展的主要原因是政局动荡、贫富差距悬殊、中产阶级力量薄弱。此外,泰国的经济发展存在严重的区域不均衡现象,除经济和政治中心曼谷以外,其他地区的经济发展水平均比较落后,这形成了小部分人十分富裕、大部分人生活拮据的局面。泰国的贫困人口占全国总人口的9.6%,主要分布在北部和东北部地区。泰国的中产阶级尚未形成独立的政治力量,自1932年民主化以来,统治精英划分为军人、文职军官、国王三大派系。在中产阶级缺失的情况下,军职人员和文职官员的斗争激烈。

4. 东南亚国家陷入"中等收入陷阱"的教训和启示

(1)技术创新和人才相对不足使得经济转型难以实现。与东亚国家相比,东南亚国家都经过了或长或短的较快的经济增长期,但全要素生产率的增长速度一直不够快。全要素生产率是衡量技术创新和推动经济增长的重要指标。1970—1994年菲律宾的全要素生产率为负值,印度尼西亚的全要素生产率没超过 1％，泰国的全要素生产率在 1.5％左右。目前，这种状况仍未得到改变。2018 年，印度尼西亚、泰国、菲律宾的科研经费占 GDP 的比重均不足 0.5％，每百万人中的研发人员数目，泰国不足 400 人，印度尼西亚和菲律宾均不足 100 人。

（2）收入分配严重失衡，贫富差距加大。在东南亚国家的经济起飞阶段，贫富差距开始产生，而随着经济停滞，这种贫富差距更加严重。泰国的收入分配不均主要体现在地区之间和城乡之间，城乡之间的差距主要与泰国的经济发展战略有关，泰国在经济发展中的进口替代和出口导向发展战略忽略了农村、农业的发展，致使农村的收入水平较低。2019 年，泰国的基尼系数为 0.44，菲律宾的基尼系数为 0.48，均超过国际警戒线 0.4。

（3）腐败严重和政局不稳拖累经济发展。短暂的经济起飞并没有在东南亚国家发展出中产阶级，也没有建立起成熟的宪政体制，这使得政府权力缺乏制约、腐败问题严重。腐败问题与社会分配不公相互作用，加大了社会混乱。印度尼西亚缺乏有效的法律监督机制，政府执政能力较弱，地方权力强大，这些使印度尼西亚存在腐败问题。自 21 世纪以来，泰国的政局不稳，直接冲击了泰国的支柱产业旅游观光业的发展。

（4）外部竞争环境的挤压，使其很难摆脱陷阱。20 世纪 70 年代欧美经济迅速增长，拉动了世界对初级产品的需求，有利于实行出口导向战略的东盟各国。在 20 世纪 80 年代，相对于先进的日本，韩国和中国台湾地区的中小企业在东南亚的投资扩张也促进了东盟的经济增长。在 90 年代后期，亚洲金融危机以及中国、印度的崛起使东盟国家承受了巨大的压力，各国依赖传统产业保持经济增长的可能性下降，而各国的政治和社会环境又不利于经济转型，这使得东盟国家很难走出"中等收入陷阱"。由此可见，产业结构的转型升级是经济体跨越"中等收入陷阱"的必经之路；在此期间，政治和社会力量的变动以及对经济转型的影响是决定一经济体能否跨越"中等收入陷阱"的重要因素。

（三）欧美主要国家经济发展模式分析

1. 美国跨越"中等收入陷阱"的过程及经验

19 世纪末，美国在完成第一次工业革命后，引领了电力革命的研究和发展，并使经济获得了惊人的增长。1869—1898 年美国的煤炭产量增加了 800%，铁路总里程增加了 567%。1890 年，美国工业生产总值遥遥领先其他国家，在全球工业产值合计值中的占比超过 30%。1920—1929 年美国的工业生产总值相当于英、法、德三国工业产值合计值的 79%，成为首屈一指的世界强国。

美国经济强劲而又持续的增长主要得益于产业结构调整、技术进步、制度创新和合理城市化。在产业结构调整方面，1860 年的南北战争给美国带来了工业革命，北方工业资本取得了胜利，废除了奴隶制度，建立了统一大市场，美国也因此获得了稳固的世界第一大国地位。在第二次世界大战后，美国的工业经济进一步成熟，逐步成为服务业比重最大的社会。在教育投资方面，美国的教育投资急速增加，从 1870 年至 1916 年美国民众在基础教育事业上的花费增加了 8 倍，高校数量由 563 所增加到 1 000 所。在企业制度创新方面，现代企业制度的发展和成熟也是美国经济长盛不衰的重要原因之一。1819 年，联邦最高法院首席大法官约翰·马歇尔确立了公司的法律地位，公司在法律上被看作具有永久生命的法人，有限责任的推广成为推动公司在美国迅速普及的原因之一。1882 年、1890 年和 1914 年美国国会分别制定了《反托拉斯法》、《谢尔曼法》和《克莱顿法》，这标志着联邦政府对私人公司严格意义上的管制。在城市化方面，19 世纪美国开始了从农村社会到城市社会的转变，城市的空间结构由发展早期的紧密聚集型结构，逐步转向若干中心分散结构。1860—1920 年城市人口比例由 19.8%上升至 51.2%，这标志着城市化基本完成。随着铁路网的完善，特别是横贯东西大铁路的修建，资本、劳动、物质条件等逐渐流向潜力巨大的西部市场，推动了工业化和城镇化逐步覆盖西部地区。

对于美国的历史进程，从经济制度上大致可以划分为两次大转变：第一次是从 1870 年至 1920 年的"镀金时代"和"进步时代"，是从自由竞争模式下的资本主义逐步转向垄断模式下的资本主义；第二次是从 1930 年至第二次世界大战，"罗斯福新政"使美国经济从垄断资本主义向福利资本主义过渡。这两次大转变使美国从生活必需品时代向耐用品时代过渡。第一次大转变奠定了经济基础，第二次大转变奠定了社会基础。"镀金时代"的技术创新与产业革命推动经济高速增长，产业结构与社会结构均出现急剧变化，导致贫富差距扩大、社会矛盾突出、腐败问题严重，美国陷入整体性信用危机。"进步时代"表明垄断资本主义确立，经济继续增长，金融寡头控制经济命脉，经济上反对托拉斯、强调自由竞争，政治上扩大参与、打击腐败，社会上积极推行进步运动。"新政时代"通过更彻底的制度调整和更全面的社会建设，制约成本、保障民生，抓住窗口期扩大生产，在第二次世界大战后形成了较稳定的中产阶级，逐渐具备了从以消费生活必需品为主的模式，向以消费耐用品为主的模式过渡的客观条件。

2. 英国跨越"中等收入陷阱"的过程及经验

英国是全球首个实现工业化的国家，其产业结构调整相对缓慢：1820年，英国的工业产值超过农业；在1851年前后，英国工业的就业人数超过农业；到1914年前后，英国的第三产业在产值和劳动力两方面才超过第二产业；1998年，英国的产业结构调整才基本完成，英国的产业革命发展了近150年。

20世纪20年代"英国病"开始显现。因国内市场需求下降和出口困难，煤炭、纺织、造船工业部门发展停滞，同时英国国内的工人阶级斗争高涨，国内矛盾激化。20世纪30年代美国的经济危机影响到英国，而外来冲击使英国国内的各种矛盾进一步激化；到1932年中下旬，英国的失业率达到23%，失业人数达300万。在第二次世界大战后，英国对殖民地的控制力被削弱了很多；与此同时，英国出口品的竞争能力没有改进，国际贸易逆差扩大，1949年英镑宣布贬值30.5%。在第二次世界大战后，英国奉行凯恩斯主义，并用财政政策和货币政策对经济加以干预，其结果是既为英国创造了短期繁荣，又导致了政府支出负担过重、财政赤字显著，企业面临难以承受的税收负担。这导致企业的生产积极性不高、就业率回落、物价飞涨、贸易赤字严重，英国经济进入了滞胀阶段。20世纪70年代末英国国有经济的占比上升至12%，在通信、邮政、电力、燃气、铁路等工业部门的占比高达75%，因而政府职能僵化、经济干预过度、缺乏竞争机制、资源配置不合理问题凸显。

20世纪80年代英国开始了大规模的产业结构优化，主要发展金融、市场服务、房地产、专利、版权、商标和设计等新兴产业，服务业占GDP的比重不断提高。1979年，撒切尔政府助推自由经济，大刀阔斧地改革政府管制，打击工会力量、吸引投资。英国以减少国有份额为重点开始结构调整和改革，通过建立创新体制来增强经济竞争力，较有效的政策途径主要有以下三类：一是股份制改革，包括内部参股和外部参股，使企业由原来的单一国有形式转变为私人形式或混合所有形式，有助于引入市场机制，预防政府的过多行政干预；二是以协议方式将中央或地方政府所执行的行政或服务职能转变成由私人执行和经营，在降低成本的同时大大提高了效率和服务质量；三是国有加私人捆绑式投资经营，对于投资力度大、回报周期长的建设，在所有权归国家的基础上引入私人投资、管理和经营来提高利润。1988—1989年英国经济走出了危机，但撒切尔政府因为侵害了中下阶层的利益而竞选失败，此后的布莱尔、布朗、卡梅伦政府以"第三条道路"兼顾中下阶层利益而寻求英国的改革和创新。它既不是任由市场支配一切经济活动，也不是政府僵化、过度的干涉，探索中立或中左的"第三条道路"让英国恢复了经济增长。

1998年，在英国的GDP中，农业占2%，工业占31%，服务业占67%。经济结构调整给经济效益低下的国有企业带来了震荡，但对新兴产业而言则是发展的机会。例如，通信业、计算机业以及相应的服务业在这一时期迅速发展，经过市场的竞争历练，这些产业增加了国际竞争力，国际竞争力又反过来促进国内产业进一步创新升级，这种良性循环使产业结构不断优化。英国的发展显示，在社会转型时期，经济结构调整和社会矛盾的积累都处在波峰阶段，一个国家能否顺利从工业化后期进入高收入阶段的基本条件包括：能否顺利推动技术进步，以技术进步为引擎拉动产业结构优化调整，改革市场机制和对外贸易体系，通过制度改革促进社会公平，使社会保障体系与现实的经济发展水平相匹配，有效地规避"福利陷阱"。

3. 德国跨越"中等收入陷阱"的过程及经验

与英国相比，德国开启工业革命的时间较晚，而工业发展速度快。在19世纪末，德国进入第二次工业革命，借助以钢铁、化学、电力为代表的关键产业，带动了工业化的加速发展，进入集群创新时代，就业增加趋向于新兴行业，特别是向水电、化工、煤气等行业集中。经历两次世界大战后，德国经济受到重创，直到马歇尔计划、舒曼计划的刺激，才推动了德国经济的重新复苏，走上社会市场经济的发展道路。在20世纪50年代末，德国经济进入起飞阶段，这一阶段是德国从工业化国家进入高收入福利国家的主要阶段，也是社会市场经济道路逐步成熟的关键时期，对科技创新与教育的尊崇带动了产业结构优化，可以追求社会和谐、均衡发展。

在产业升级与技术创新方面，德国主要通过如下五个方面得以实现：一是通过贸易自由化政策推动产业重组。从20世纪50年代开始，德国实行对外贸易自由化，促进了商品出口和工业发展的正相关增长，使贸易出口大幅上升。1970年，德国重工业在工业总产值中所占的比重达到74%。二是集中研发，确立产业地位。在20世纪70年代后，由于石油危机来袭、国际重化工市场需求疲软，德国开始逐步淡出钢铁、船舶、炼油等高投入、低增加值的传统重化工业，转而对车辆、飞行器等相对低能耗、高附加值的重工业进行研发和创新。与此同时，第三产业在国内生产总值中的比重也不断增加。三是实行产业绿色转型等战略，以高科技对抗经济衰退。在20世纪90年代，面对来自美、日高附加值产品的挑战以及新兴市场廉价商品的竞争，德国政府开始强调开发生物技术、微技术等高新技术，提升产业结构，在新一轮产业调整升级中形成国际竞争优势。四是为中小企业发展创造良好条件，鼓励技术创新。德国促进产业转型的手段是政府政策与市场力量的有机融合，在不干预企业技术经济活动的前提下，联邦政府制定了各类政策，在政府层面制定了明确的科技发展战略以及实施计划，引导企业发展和社会科研。五是分散化双轨制职业教育。德国相继建立了多所世界一流大学，配备最好的技术和商务教育体系，使各层次劳动者的文化技术水平得以提高。多样化的教育体制为公民提供了大量发展机会，促进了行业的技术进步，同时防止对高学历的盲目追求，为分散择业打好基础。

德国能够顺利跨越"中等收入陷阱"的很重要的原因就是建立了兼顾效率与公平的收入分配制度。在第二次世界大战前，德国的基尼系数一度超过0.4，直到1970年后，基尼系数才逐渐缩小，基本控制在0.3以内。德国对收入分配的基本原则是效率为主、公平为辅，有效干预分配的主要手段包括：一是协调劳资关系，促进就业。劳资双方结成了稳定的社会伙伴关系，在协调劳资关系上具有社会和企业两个层面的相对完整机制，劳资双方通过充分的谈判签订就业协议、确定工资水平。如果出现劳资分歧和冲突且无法和解，相关行政部门或社会团体组织将按照公平的原则前往调解和仲裁。二是实行高税率的税收制度，旨在缩小收入差距。现行德国税制中征收最广泛的为个人所得税，占整个税收收入的40%以上。个人所得税采取累进税率，收入越多缴税越高，收入低者少缴税甚至免税。中产阶级占德国居民的绝大多数，橄榄形的社会结构也是德国社会稳定发展的重要因素。三是通过财政手段推动地区经济平衡发展。在第二次世界大战后，德国出台了相关政策法规以保障各地区的经济均衡发展，确保不同地区的居民能够获得大致相同的物质生活条件。财政平衡措施在水平方向上以各州之间的财政转移支付为核心，在垂直方向上以联邦政府的财政转移支付为补充。四是完善了社会保障体系。德国是目前全球福利最发达的国家之一，可以让90%以上的居民获益。其社会保障制度以社会保险为主，包括法定养老、医疗、失业等。此外，德国的社会保障制还包括家庭补贴和社会援助。五是德国拥有"法治经济国家"的美誉。德国成为世界上经济最发达、最有效率、最有秩序的国家之一，离不开德国政府为改革、调整和管理国民经济而颁布的大量经济法律法规，形成了与社会市场经济相匹配的经济法律体系。

4. 西方发达国家的历史进程为我们提供的启示

西方发达国家的历史进程为我们提供的启示为：一是转变经济发展模式，提升技术创新和人力资本的拉动作用。二是重视教育，工业专业化首先要人才专业化，劳动力的专业化素质和劳动生产率的提高在经济增长过程中起了至关重要的作用。三是为企业发展营造公平公正的竞争环境，切实保证中小企业与大企业作为平等的参与主体，在同等市场条件下平等地参与市场竞争与合作。四是产业结构的动态调整为城市化提供了持久动力，城市化必须建立在工业化的基础上，但工业化发展到一定阶段后，其对城市化的推动效果下降，而第三产业的蓬勃发展会加速城市化的发展。五是需要缓解人均收入差距的进一步扩大，重视落后地区的经济发展，建立公平、规范的与市场体制相匹配的制度框架，在经济发展中着力保障社会大众的相关利益。

（四）东亚经济发展模式分析

1. 日本产业政策的发展

日本是东亚模式中最先成功发展起来的国家，具有"领头雁"的示范效应。纵观日本的近现代史，可以发现日本与英、法、德等欧洲国家有显著的不同。日本的整个官僚体系相对稳固，但日本上层官员的变动较为频繁，其首相和主要官员经常更换。日本的官僚体系与社会各阶层是相对独立的，它们之间是相互利用的关系，而不是富豪或大商社的利益代表。国家利益和官僚阶层利益是政府实施政策主要考虑的因素。倒幕运动的主力是藩士阶层，该阶层的出身绝大多数是各藩的武士。在这个过程中，底层民众和农民并未成为革命的主力军，他们一直是被统治的对象。因此，明治初期的社会改革是一场自上而下的社会变革，具有明显的精英政治特征。

明治四年，为学习西方的先进体制，使日本的改革顺利推进，日本派出了庞大的政府代表团去考察欧亚最开化、最昌盛的国家，认为振兴实业、厚殖民产是国家发展的根本。1874年，日本内阁正式提出了《关于殖产兴业的建议书》，决心大力推行"殖产兴业"政策：一是开发矿山资源，扩充运输网络和通信网络；二是使进口产品国产化，鼓励生丝、茶叶等出口产业，创立近代棉纱纺织业，尽量缩减基础产品的进口。这些政策在当时取得了一定的效果，但日本的"殖产兴业"政策最终还是失败了，主要原因是本位货币白银外流和财政困难，日本的政治精英把重点放在扩张产业规模上，这种做法导致了财政支出远超财政收入的后果。从财政收入的角度看，日本政府通过免征税收、发放低息或无息贷款、国家无偿转让固定资产等方式扶持工业的发展，其范围涉及矿山、炼钢、纺织、运输等诸多领域，导致财政收入明显不足。从财政支出的角度看，山形道路的维修实行一官二民的措施，主要依据当地的户数标准分摊义务教育学费，通过征兵制避免了传统势力的破坏，但这种措施也伴随着弊端，使得家庭失去了主要劳动力，同时这些措施加重了财政支出和家庭支出的负担。但在殖产兴业期间，日本政府建立了众多模范工厂，培育了一批工业技术型人才，为日本企业的未来发展奠定了人才基础。

由于日本的国内资源严重匮乏，所以在军政方面一直试图寻找别的解决方法，并寻找机会对外扩张。在内部殖产兴业失败后，日本正式开始了军事对外扩张。"富国强兵"的政策使日本走上了错误的外向型侵略发展道路，除了在政治架构上维持绝对君权外，在经济政策上也开始为对外扩张做准备。首先，政府的经济政策由富民向富国转移。其次，民党向政府妥协，牺牲了所代表企业的部分利益，而政府提供修建铁路、水利工程、电信电话的机会给企业，并许诺分享对外战争的盈利。最后，全力发展军工相关产业。在此期间，日本的军工厂迅猛发展，发展最快的是钢铁和机械行业。1879年东京和大阪成立炮兵工厂，1887年成立横须贺造船厂，但民间机械工业并没有得到显著发展。至此，日本走上了通过战争牟取暴利的道路，其投资、资源和科技均转向支持军事发展。在甲午中日战争中，日本获得了2亿两白银的赔款，这使日本在币制上有能力确立金本位制。一时的战争成功让日本尝到了好处，使日本走向了对外侵略的深渊。然而，一国想要持续发展，不仅需要由上到下的精英政策，而且需要由下到上的底层民众的支持。

在第二次世界大战前，日本的探索经验对战后经济发展有以下几点启示：一是在发展战略的选择上，明确了"外向型的经济发展战略"是未来日本摆脱资源限制的发展出路；二是应该以市场发展为主导，政府的产业政策对集聚经济资源、加快经济发展有积极作用，但政府应起到引导作用而不是越俎代庖，民营企业比官办企业更有生命力；三是"民富"是"国富"的基础和前提，但不能单纯为追求"国富"而压榨底层民众。

在第二次世界大战后，日本政府的政策与企业发展相配合。在第二次世界大战后，日本进入了飞速发展阶段，这受益于对第二次世界大战前发展道路的反省，以及对当时内外部环境的准确判断。在第二次世界大战后，日本产业政策的成功大多数是因势利导，如"韩战特需"带动工业的发展，重点是第二次世界大战后政府的产业政策与企业发展实现了很好的融合。

下面以日本的汽车产业为例进行说明。当时，世界的汽车工业已经很发达，而日本的汽车工业刚刚起步。在最开始的阶段，由于福特和雪佛兰等进口汽车的存在，日本汽车的销量很不好。日本汽车工业经历了"引进-模仿-创新"的过程，而民营企业一直是汽车工业发展和创新的推动力量。1955年，由于日本加入了《关税及贸易总协定》，日本市场全面对外开放，在面对世界市场的大环境下，日本缺乏国际竞争力的产业逐步被淘汰。

日本的消费革命与技术革新构成了经济发展的主要动力。虽然个人轿车的需求量扩大，但在巨大的市场面前，日本汽车工业的羽翼未丰，同时还面临国外汽车的竞争压力。当时，日本选择采取的三种措施如下：首先，大规模扩大生产。1958—1964年丰田公司的投入由49亿日元增加到将近300亿日元。在1959年12月，其元町工厂的汽车产量首次突破1万辆。其次，降低汽车价格。1959年，丰田汽车通过把11种畅销汽车的价格控制在5万日元左右的方式把这些汽车作为重要推广对象。日本政府于1961年宣布推出减少物品生产税政策，此举使得其国产汽车的价格大幅下降。为了提高自身产品的国际竞争力，1963年丰田公司决定把除"大众"之外的其他车型降价1万～4万日元。最后，企业合并重组。丰田与日野、大发开展研发合作，大大提高了产品的竞争力。

由于日本采取了上述措施，在日本轿车实行进口自由化后，日本的国产轿车企业并未被挤垮。与此同时，日本汽车在性能和价格上的优势凸显，这为未来日本汽车进军海外市场做好了准备。1973年石油危机爆发，日本汽车因为油耗小而在欧美市场上大受欢迎。在这种情况下，日本汽车企业抓住机遇不断改进品质，逐步迈入中高档汽车生产行列。

因此，日本产业政策的核心是进行资金支持、技术保护和建设基础设施，垄断市场不是进行企业保护的合理方式，而是应在政府提供有限保护的基础上，为企业创造发展条件，实现本国汽车企业国际竞争力的提升。

2. 韩国的转型跨越之路

在20世纪50年代，韩国还是一个落后贫穷的国家，后来由于经济结构和社会结构的顺利转型，韩国实现了30多年的高速经济增长，而且很快跨越"中等收入陷阱"，迈入高收入国家行列。1961—1994年韩国经济的年均增长率超过8%，在经济高速增长的同时，韩国的人均收入水平不断提高。克鲁格曼曾指出：在加大劳动力和资本投入后，"东亚奇迹"实现了增长，但这种增长并不是效率提高的结果,因为生产要素的边际收益递减,所以东亚国家在技术方面仍与西方国家存在较大的差距。世界经济的重心并没有向西太平洋转移。从具体案例来看,后发国家实现现代化需要经历必不可少的四个发展阶段:低收入阶段——外国直接投资增加,国家进入一般制造业阶段;中等收入阶段——吸收国外技术,形成制造业支柱;高收入阶段——拥有独立的技术创新能力,并且掌握了高端制造业技术和管理方式;全球领先阶段——具备全球领先的研发、生产、销售和服务能力。

从目前来看,处于第四阶段的有美国、西欧的一些国家和日本,韩国总体上处于第三阶段,但其部分产业已开始步入第四阶段,具备第四阶段的特征。由此,从日、韩的发展经验可以看出,跨越"中等收入陷阱"的重要因素是拥有较强的自主创新能力,同时"政府为辅、企业为主"的发展分工很重要。韩国政府在推动社会自主创新方面起到了重要作用。1948年大韩民国成立,在当时位于世界上最不发达的国家之列,但自20世纪60年代起,开始推行出口导向型经济发展战略,此举使韩国的经济发展迅速,出现了"汉江奇迹",并使韩国步入上中等收入国家行列,其经济发展水平逐步接近高等收入国家。

在该阶段,政府和企业起到了不可或缺的作用,主要体现在以下四点:一是符合国家长远利益的发展目标的制定。二是朴正熙、全斗焕、卢泰愚等领导人起到的重要领导作用,他们致力于消除贫困,坚定进行工业结构转型升级,大力推动工业化改革发展。三是教育水平较高的官僚集团官员高效助力经济发展。四是韩国政府跟日本政府类似,在推动经济发展的过程中培育了一大批企业财团,大力发展资本密集型产业,扶持超大规模企业财团。2000年后,大型企业财团在创新方面的规模优势逐渐发挥了出来。

然而,韩国的长期工业化导致从劳动力开始缺乏。1988年,韩国颁布了《最低工资法》,明确了工资标准和涨幅的法律规定。自此,韩国制造业工人的工资在随后6年的时间里上涨超过90%。大规模的"涨薪潮"致使劳动密集型中小企业被大量压垮,而且韩国的国际生产线开始向国外流失。1980年,韩国开始发展高端制造业,并确立了科技立国的战略,随后知识密集型产业开始取代劳动和资本密集型产业。

韩国政府在鼓励科技创新、城镇化、社会保障、法制健全、教育、医疗等方面采取了一系列措施：韩国为了推动社会自主创新的发展，对官、产、学、研进行了有序的分工和整合；颁布了《科学技术基本法》，避免盲目的科研投资产生浪费；设立以总统为首的国家科学技术委员会，把分散在政府各部门的科研机构分离出来，共同组建科学技术创新本部，在这个部门中按照领域划分为"基础研究会"、"公共技术研究会"和"产业技术研究会"。科学技术创新本部负责国家战略技术储备开发，高等院校负责基础研究，企业负责各类相关技术的实用转化，官、产、学、研共同协调发展，最终形成了完整的创新系统。在《经济学家》的全球排名中，韩国 IT 产业的竞争实力仅次于美国和日本，位列全球第三名；可以说，韩国已经基本实现了科技立国的发展转型。在教育方面，韩国分别于 20 世纪 80 年代和 90 年代普及高中教育和大学教育，并推行教育均等化政策。对于贫困学生，韩国大学会对他们采取优先录取措施，并提供奖学金和免费住宿。与此同时，韩国重点招聘海外科技人才，以促进工人综合素质的提高。在税收方面，韩国增加了对不动产和土地财产的税收，提高了个人所得税的免征额度；对于企业，研发投入可以允许在一定程度上抵税。在社会保障上，韩国的各种产业振兴法和《均等就业法》相继出台，同时实施全民医疗保险、最低工资制、国民年金制三大社会福利和健康保险、年金保险、雇佣保险、产灾保险四大社会保险。韩国政府将精密电子、化学、航空航天等产业定为战略产业，将新材料、生物工程、信息等产业定为未来产业，并将这些产业作为重点扶持对象。与此同时，韩国政府还出台了《公务员伦理法》，对官员财产实行公示制度，以此减少腐败问题的发生。

3. 中国台湾地区城市化转型中的土地制度改革

土地问题是农村问题的关键，解决好农村问题是经济持续发展和国家进入较高收入发展阶段的保证。在"东亚模式"中成功的国家或地区都通过细致的土地制度改革，在解决土地问题上起到了重要的作用。日本在第二次世界大战后进行了两次土地改革，推动了《农地调整法》、《农地调整法改正法律案》和《自耕农创设特别措施法》，实施的《农地法》和《土地利用增进法》使耕者有其田转变为农地所有权与使用权分离。众所周知，中国台湾地区有着严重的土地矛盾。在工业化初期，存在着土地资本向产业资本转移、劳动力身份问题、工农业争地等问题；在工业化后期，农村劳动力外流、乡村农业发展落后等问题凸显。对此，中国台湾地区采取了"三七五减租""富丽农村"等措施，基本解决了"三农"问题，为助力经济转型起到了重要作用。

日本、韩国等东亚经济体和中国台湾地区的经济起飞始于土地改革，做好土地改革的主要作用有以下几点：首先，为社会发展提供稳定环境；其次，避免劳动力大规模迁移，即由农村涌向城市，给城市发展带来负担；再次，土地改革使得农村人口逐步有序地向城市转移，为城市工业发展提供了大量的劳动力资源；最后，农民普遍拥有土地，这就为财富的公平分配提供了保障。

中国台湾地区于1950年6月推广"三七五减租"，也就是地主的地租不能超过农民总收获的37.5%。另外，针对地主可任意夺佃、押租金、预收地租、租期短等陋规，都进行了明令禁止。与此同时，实施地利归公等一系列土地治理政策，严格规定地主自留的耕地面积，强制征收地主超额的耕地并发放给农民耕种，保障耕者有其田。这些措施的主要成果如下：一是大部分农民获得了自有耕地，调动了农民的劳动积极性，可以加快推广新技术，以达到提高劳动生产效率的目的。二是明确界定土地产权。这促进了收入分配公平，在一定程度上缓解了资本要素对于劳动要素的剥削。三是对地主采取土地补偿，如十年偿付的土地债券，水泥、农林、工矿行业的股票，引导资本投向由土地资本转向产业资本，使得民间资本为国家工业化发展贡献力量。

与此同时，该土地措施也是一把双刃剑，存在如下不良影响：一是随着工业化的发展，机械化、规模化的生产方式成为主流，然而土地的大量分割使得机械化生产面临重重困难，导致生产成本增加、本地农产品缺乏竞争力。二是过低的补偿措施使二百多万人口的小地主群体陷入贫穷，不得不低价出售政府补偿的股票，这些股票被富人趁机低价买入，这使得社会财富集中在少数人手里的局面难以扭转，存在着收入分配差距。三是当局推出的"肥料换谷"政策，间接压低了粮食的价格，并通过这种方式侵占了农民的生产剩余，用来供养公职人员。由于耕种收入微薄，更多的农民涌向城市。

中国台湾地区的这次土地改革支持了当地的工业化进程。1986 年，中国台湾地区工业对经济的贡献比例高达 40％以上，创历史最高水平。此后，中国台湾地区工业对经济的贡献逐步下降，而服务业对经济的贡献却逐步增加。1990 年，主导经济的主要产业由工业转变为服务业，人均 GDP 达到 8 325 美元。然而，此时的农业和农村衰落严重，劳动力大量流失，导致农业和农村的发展问题更加突出。1991 年，台湾当局出台了《农业综合调整方案》，遵循"三农"理念，建设富丽农村。在加入 WTO 后，《农业中程施政计划》提出塑造农村新风貌，建设农村新生活：一是推动农村社区整体发展，坚持以民为主、以民为本，为农民谋福利，打造舒适的农民生活圈；二是优化乡村环境，发展农业休闲旅游产业，构建农村休闲旅游圈；三是注重因地制宜，根据各地区的特色发展资源，建设现代农村产业，构建农村产业特色发展圈。

2004 年，中国台湾地区城市与乡村居民的恩格尔系数大抵持平，但在土地集约制度上，中国台湾地区仍未找到合理有效的解决方案。"耕者有其田"政策导致了农地制度的僵化，严重制约了土地流转制度的改革。为此，台湾当局不再规定私有农地所有权的受让人必须为自耕农，期望为土地流转扫清法律上的障碍。由于优良农地可以自由买卖，可能会成为非农用地，这可能会造成农业土地资源的大量消失；有些地方的民意代表选择与财团相结合，在开放农地自由买卖的政策条件下，首先买下土地，而后变更土地用途，在农用地上投资建设房地产，因而私有土地制度的漏洞助力了土地投机活动的盛行。

4. 东亚模式的发展启示

1993 年 10 月，世界银行发表的专题研究《东亚奇迹：经济增长与公共政策》首次提出"东亚模式"的概念。"东亚模式"主要是指亚洲"四小龙"（韩国、新加坡、中国台湾、中国香港）和日本的发展模式。其中，从下中等收入阶段进入高收入阶段，日本用了 15 年（1966—1981 年），韩国用了 18 年（1977—1995 年），中国台湾用了 16 年（1976—1992 年）。从上中等收入阶段跨越到高收入阶段，新加坡和中国香港均花费了 7 年时间。

《东亚奇迹：经济增长与公共政策》将"东亚模式"的基本特点归纳为：与国际经济接轨，能够适应国际化的发展路径；经济发展战略正确，政府干预成功有效；注重人力资源的开发与人才的培养；积极利用本地区的高储蓄率和外商直接投资，实现较高的投资回报率；崇尚以儒家文化为核心的东方价值观体系。世界银行认为，日本是第一个跨越"中等收入陷阱"的案例，随后是地处东亚的韩国、新加坡、中国台湾、中国香港，这些国家和地区成为世界经济中发展成功的典型案例。

世界银行在《世界发展报告》中指出，东亚模式是一种强势政府结合自由市场的发展体制。从历史上看，各种成功案例几乎都是政府和市场形成合作关系，即在市场发挥主要作用的基础上，政府及时纠正失灵问题。以罗伯特·韦德为代表的制度学派学者认为，东亚国家基本上都是以经济建设为主要发展目标，倡导以经济立国，将追赶欧美作为国家战略的中心任务，实行出口导向型发展战略，正是东亚独特的国家和企业制度相互配合才实现了高速发展。有了政府产业政策的支持，东亚国家通过引进外资、技术等推动了外贸经济的发展，并带动了经济增长。在这里，政府主要起到对市场的引导作用，但它不能替代市场。

虽然东亚模式创造了经济发展奇迹，但也带来了不可小觑的问题，比如日本军国主义以及因为过度福利化导致的福利陷阱。一方面，因为国家或地区在经济高速发展阶段的对外依存度过高且内需不足，随着国家或地区经济实力的发展，贸易摩擦不断加剧，货币升值的压力也在不断增大，从而在一定程度上降低了长期竞争力；另一方面，货币升值伴随较高的储蓄率将使物价不断上升，同时资产价格也越来越高，通货膨胀随之而来。一旦资产泡沫破裂，它的金融体系必然遭受严重的破坏。此外，通货膨胀和资产价格的高涨导致的生活成本提高，间接降低了人口生育率，而随着老龄化问题的日益严重，人口红利逐渐转为人口压力，进而又抑制了消费和投资。以上问题在韩国、日本及中国台湾成功跨越"中等收入陷阱"后渐渐凸显。但目前，中国尚未进入高收入阶段就已不得不面临这些问题。

第五节 "中等收入陷阱"模型的实证分析——基于国际经验视角

分析各国的案例可以发现，拉美、东南亚等国陷入"中等收入陷阱"的主要原因是社会结构畸形、创新不足、转型不畅、低效的行政能力、利益关系失衡、社会保障匮乏等，而欧美发达国家和日、韩等东亚国家的经验表明，成功进入高收入阶段的条件是城乡均衡发展、科研优势明显、高等教育普及度高、顺利完成产业转型升级、形成了稳定的中产阶层等。与此同时，各国的经验表明：中等收入阶段和高收入阶段需要不同的社会条件，那些在中等收入阶段支持经济高速增长的社会条件通常无法再支持高收入阶段的经济增长，仅靠要素驱动和效率驱动很难使国家避开"中等收入陷阱"，而创新驱动是迈进高收入阶段的主要发展措施，因而跨越"中等收入陷阱"需要面对国家各方面的转型压力，需要更加细致地研究城镇均衡发展、互联网普及、高等教育发展、科研水平的提高、服务业占社会总产值的比例、收入分配均衡等深层次问题。

我们分别就美国、英国、德国、法国、日本、韩国、巴西、墨西哥、印度尼西亚、马来西亚、泰国、菲律宾、阿根廷、印度、中国共 15 个国家的实际经济增长，选择对潜在经济增长、城镇化率、高等教育入学率、服务业占 GDP 的比重、互联网用户覆盖率、科研投入占 GDP 的比重、贫富差距共 7 个主要影响因素根据（7.14）式进行回归，借以分析这些因素对这些国家经济增长所起的作用，见表 7-3 和表 7-4。

表 7-3　部分国家相关发展指标汇总

衡量指标	美国	英国	德国	法国	日本	韩国	巴西	墨西哥	印度尼西亚	马来西亚	泰国	菲律宾	阿根廷	印度	中国
城镇化率 60% 以上	＋	＋	＋	＋	＋	＋	＋	－	－	－	－	－	＋	－	＋
互联网用户覆盖率 80% 以上	＋	＋	＋	＋	＋	＋	－	－	－	＋	－	－	－	－	－
高等教育入学率 60% 以上	＋	＋	＋	＋	＋	＋	－	－	－	＋	＊	－	＋	－	－
科研投入占 GDP 的比重在 2.5% 以上	＋	－	＋	＋	＋	＋	－	－	＋	＊	＋	－	＋	＋	＋
服务业占 GDP 的比重在 60% 以上	＋	＋	＋	＋	＋	＋	＋	＋	－	－	－	＋	＋	－	－
基尼系数在 0.4 以下	－	＋	＋	＋	＋	＋	－	－	＋	－	－	－	－	＋	－

资料来源：世界银行、Wind、中国银行研究院。

注：指标满足条件标记为"＋"，不满足条件标记为"－"，数据缺失标记为"＊"。

表7-4 实证结果

国家	Y_t^*	X_{1t}	X_{2t}	X_{3t}	X_{4t}
美国	0.333 4*	0.063 3**	0.001 5*	−0.009 6	0.001 2***
英国	0.527 8***	0.007 7	0.000 4	0.015 3**	0.001 0
德国	0.518 0***	−0.010 9	0.002 3	0.000 8	0.001 6**
法国	0.565 5***	−0.007 3	0.002 7***	0.019 7***	−0.000 4
日本	0.181 2***	0.005 2***	None	−0.003 0	0.001 4***
巴西	0.050 6***	0.062 8***	−0.000 8	−0.003 6	0.051 0
墨西哥	1.328 6***	−0.015 7	0.004 4	−0.000 7	None
阿根廷	0.701 7***	0.133 1**	−0.009 0**	0.001 7	0.001 3
马来西亚	0.798 5***	0.016 9	0.002 1	−0.008 7*	−0.000 8
泰国	0.195 0***	0.013 7**	0.003 7	−0.004 7	0.006 3**
菲律宾	0.497 2	−0.062 9	0.050 1*	0.083 6**	−0.005 2
印度	0.000 1***	−0.092 6*	−0.002 9**	−0.018 4***	0.006 1***
中国	0.323 9	0.056 8**	−2.952 9*	2.946 5*	0.001 0

国家	X_{5t}	X_{6t}	C	经调整的 R^2
美国	0.073 7	−0.001 2	14.905 8***	0.996 6
英国	0.018 9	0.002 0	12.914***	0.988 1
德国	0.007 8	−0.001 1	14.443 1***	0.988 2
法国	0.078 8***	0.006 9	9.461 3***	0.998 6
日本	−0.030 8	0.006 2	23.816 6***	0.979 5
巴西	None	−0.008 4**	8.92***	0.998 8
墨西哥	−0.299 0**	−0.000 7	−7.847 7*	0.990 6
阿根廷	0.078 3	None	−3.637 0	0.994 8
马来西亚	−0.041 4	0.005 1	4.547 6**	0.999 1
泰国	−0.005 6	−0.008 7***	20.723 0***	0.995 0
菲律宾	−5.173 6*	−0.003 4**	10.566 3	0.979 8
印度	0.126 9**	−0.014 0**	26.502 5***	0.999 7
中国	−0.135 0	0.003 9	17.529 8**	0.998 7

注：Y_t^* 代表一国潜在经济增长，X_{1t} 代表城镇化率，X_{2t} 代表高等教育入学率，X_{3t} 代表服务业占 GDP 的比重，X_{4t} 代表互联网用户覆盖率，X_{5t} 代表科研投入占 GDP 的比重，X_{6t} 代表贫富差距，C 为常数项。*、**、*** 分别代表 10%、5%、1% 的显著水平。None 表示由于该类别数据的缺失，不能获得结果。

计量结果显示，虽然促进各国经济发展的主要因素各不相同，但这些主要因素在已跨越"中等收入陷阱"的发达国家中对本国经济的促进作用更加显著。在发达国家中，城镇化发展、高等教育入学率提高和互联网的发展显著促进了本国经济发展；英国的服务业发展在很大程度上促进了本国经济发展；德国的互联网发展对经济发展至关重要；法国的提高高等教育入学率、发展服务业和加大科研投入对本国经济发展的帮助较大；日本的高等教育入学率提高、互联网发展对本国经济发展有明显的促进作用。在陷入"中等收入陷阱"的国家中，仅泰国和菲律宾的结果表现较好，城镇化和互联网的发展对泰国经济起到明显的带动作用；菲律宾的高等教育入学率、服务业发展对本国经济起到带动作用；巴西的城镇化率提高促进了本国经济发展；阿根廷的城镇化发展能够促进经济发展；墨西哥、马来西亚没有显著促进本国经济发展的动力因素；此外，数据显示，巴西、泰国、菲律宾的贫富差距问题已严重影响本国经济发展。

将当今世界普遍关注的两个发展中国家印度和中国作为对照组进行检验后发现，目前印度的互联网发展和科研投入给国家的经济发展带来了较有利的帮助，而落后的城镇化水平、高等教育入学率、服务业和巨大的贫富差距是妨碍经济发展的重要原因。中国的城镇化率和服务业发展对经济的带动作用明显，而高等教育入学率存在明显不足，在互联网普及、科研投入、贫富差距缩减方面并没有明显优势来带动经济发展。

第六节　中国跨越"中等收入陷阱"的路径选择

通过国际比较研究并结合理论模型分析，可以得出以下结论：中国经济要保持稳定增长、跨越"中等收入陷阱"，就必须全面分析相关制约因素，并从发展战略调整、缩小收入差距和提高创新能力等方面做好工作。

（一）制约中国跨越"中等收入陷阱"的主要因素

（1）劳动人口和城乡结构的变化。自 1978 年以来，我国 GDP 实现了持续的高速增长。从我国的人口数量和年龄结构在近年的趋势上看，适龄劳动人口的数量及占比在不断增加，而且与我国 GDP 的趋势大致有着正相关的关系。自 20 世纪 70 年代起，我国人口就进入了增长通

道，特别是适龄劳动人口①，2019 年适龄劳动人口数量约是 1978 年的
1.77 倍，见图 7－4②。

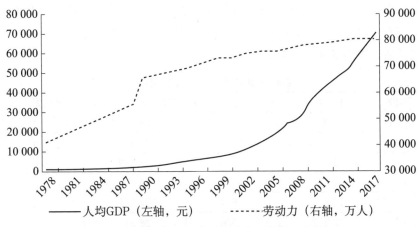

图 7－4　1978—2019 年我国劳动人口数量与人均 GDP

资料来源：Wind，中国银行研究院。

　　然而，我国正在逐渐失去人口红利：一方面，近年来我国的农民工人
数增长缓慢，虽然农民工人数从 2010 年的 2.42 亿增长到 2019 年的 2.91
亿，但农民工的供给增量呈持续下降态势（见表 7－5）。从收入角度来
看，农民在 2019 年的平均月收入为 3 962 元左右，较 2010 年增长了
230%，年均增长 8.9 个百分点。我国农村已不再有足够的适龄劳动力输
出，城乡二元结构对人口红利的促进已临近瓶颈。此外，我国是个人多地
少、人均资源相对短缺的国家，又因为城市化的发展，农村耕地资源不断
减少，土地质量也持续下降：一方面，导致农民收入停滞不前，农村经济
发展缓慢；另一方面，给我国粮食安全带来了严重隐患。土地供给的压力给
我国城市化和工业化进程带来了越来越多的问题，已逐渐成为制约社会发展
和人民生活水平提高的重要因素之一。

　　2019 年，中国三次产业就业结构的构成依次为 27%、28%、45%，
三次产业增加值构成依次为 7%、40%、53%，不同产业收益率上的巨大

---

①　指年龄在 15~64 周岁的劳动年龄人口。

②　以 1978 年的 GDP 为基数，通过 CPI 指数对每年的 GDP 进行调整。

差距反映了中国收入分配的巨大差距，农业发展明显成为中国经济的发展短板，跨越"中等收入陷阱"的难点在于农村、农民发展不充分。2019年，中国常住人口城镇化率首次超过60%，但农村地区常住人口仍有5亿左右，即新时代的农村发展成为主要矛盾，而推动城乡融合发展成为解决矛盾、缩小贫富差距的必然选择。

表7-5　2001—2019年农民工与城镇就业人数变化

年份	农民工人数（万）	年增长率（%）	城镇就业人数（万）	年增长率（%）
2001	8 399	7.0	23 940	3.4
2002	10 470	24.7	24 780	3.5
2003	11 390	8.8	25 639	3.5
2004	11 823	3.8	26 476	3.3
2005	12 578	6.4	27 331	3.2
2006	13 212	5.0	28 310	3.6
2007	13 697	3.7	29 350	3.7
2008	14 041	2.5	30 210	2.9
2009	14 533	3.5	31 120	3.0
2010	24 223	5.4*	34 693	3.5
2011	25 278	4.4	35 914	3.5
2012	26 261	3.9	37 102	3.3
2013	26 894	2.4	38 240	3.1
2014	27 395	1.9	39 310	2.8
2015	27 747	1.3	40 410	2.8
2016	28 171	1.5	41 428	2.5
2017	28 652	1.7	42 462	2.5
2018	28 836	0.6	43 419	2.3
2019	29 077	0.8	44 247	1.9

资料来源：国家统计局、中国银行研究院。

*表示2010年的数据按新的统计口径计算。

（2）教育投入情况。实践证明，人力资本对劳动生产率有重要影响，但我国人力资本虽然规模庞大但质量参差不齐，因而制约我国人口红利的关键因素之一是国民的受教育程度。据统计数据显示，我国财政支出中的教育支出占国民生产总值的比重已从2010年的3.66%上升至2019年的4.04%，并且已连续几年保持在4%以上。但与部分发达国家相比，我国在教育方面的投入还存在提高空间（见表 7-6）。从中国城乡结构、人口年龄结构和教育投入三个角度来看，我国人口老龄化问题日益严重，人口红利正在逐步消失，甚至可能转为"人口负债"。因此，倘若我国不能实现人口红利的转化和经济结构的转型升级，未来很可能会陷入"中等收入陷阱"，从而引发一系列的经济问题与矛盾。

表 7-6 2010—2019 年部分国家或地区财政性教育经费占 GDP 的比例

单位：%

年份	2010	2011	2012	2013	2014	2015	2016	2017	2018	2019
中国	3.66	3.93	4.28	4.30	4.10	4.26	4.22	4.14	4.11	4.04
美国	—	—	—	4.93	4.96	—	—	—	—	—
冰岛	6.98	6.82	7.60	7.50	7.69	7.51	7.50	7.66	—	—
韩国	—	—	—	—	—	—	4.33	—	—	—
英国	5.70	5.60	—	5.53	5.60	5.56	5.43	5.44	—	—
OECD	5.39	5.11	4.99	5.14	5.14	5.11	5.01	4.99	—	—
世界平均	—	4.21	4.05	4.29	4.30	4.42	4.36	4.43	4.51	4.19

资料来源：Wind、中国银行研究院。

（3）经济增长动力不断衰减。自改革开放以来，中国经济保持了多年的高速增长，2010 年中国经济总量超过日本，成为世界第二大经济体，在总量上大大缩小了与发达国家的差距（见图 7-5）。但在经济高速发展的同时，我们也认识到中国经济增长的动力正在减弱，同时增长模式亟须改变。

中国经济快速增长的一个重要支撑力量是投资在经济增长中发挥了重要作用。从图 7-6 可知，在按支出法划分的经济结构比例中，农村最终消费的占比不断下降，城市居民最终消费的占比不断上升，而政府支出较为稳定；再看资本支出，除 1975—1980 年的资本支出占比快速下降外，其余各个时期都在不断上升；此外，近年来我国的净出口保持了正值。从另一组数据来看，我国的最终消费率已从 65%（20 世纪 80 年代）降至不足 50%（2006 年以后），从 2010 年开始逐步回升，近年维持在 55% 左右。同期的资本形成率反而从三成增长到四成以上，这是因为，自中国加入世

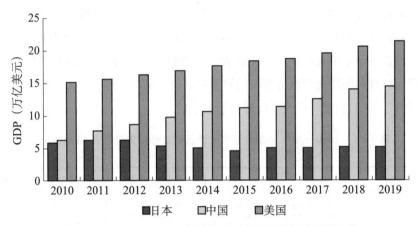

图 7 - 5   2010—2019 年中国与主要发达国家经济总量比较

资料来源：Wind、中国银行研究院。

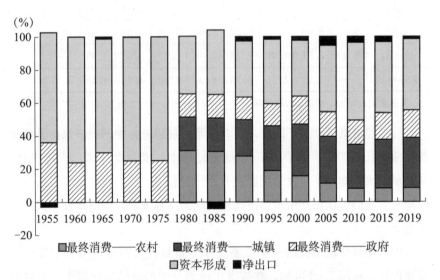

图 7 - 6   1955—2019 年中国经济总量按支出法核算的比例

资料来源：Wind，中国银行研究院。

界贸易组织以来，投资已成为中国经济增长的主要拉动力。但经济增长的最终目的是提高人民生活水平，因此，无论是何种因素对经济增长起主要作用，都要回归到一切为了人民的根本目的中来。所以，在百年未有之大变局下，中国政府提出要构建以国内大循环为主体、国内国际双循环相互促进的新发展格局。从消费规模上看，中国在 2019 年已成为全世界商品零售规模最大的市场，同时也是消费潜力最大的市场；从投资上看，越来越多的行业已接近投资瓶颈。因此，以消费带动经济增长逐步替代以投资拉动经济增长已然具备了必要性和可行性，而以消费促增长将成为我国经济可持续发展的关键。

（4）收入分配差距持续拉大。世界银行的数据显示，中国在改革开放初期的基尼系数为 0.20，但 2019 年已增至 0.47，并且连续几年大于国际警戒线——0.40。相比之下，日本和欧洲相对平稳，都在 0.24 至 0.36 之间。1988 年，我国收入排名在前 10% 的人是排名在后 10% 的人的 7.3 倍，而这一数据在 2019 年已陡增至 30 倍；如果加上隐性收入，实际比例比该值还要高。《2019 年中国家庭金融调查报告》显示，我国排名前 10% 的高收入家庭的储蓄率为 60.6%，其储蓄金额占总储蓄金额的 74.9%。目前，中国仍属于一个底层群众较多、其他层次群众较少的社会结构，而世界公认的最稳定、最幸福的社会结构是以中产阶层为主体的"橄榄形"社会结构。所以，扩大中产阶层的数量是我国未来社会结构优化的一大任务。

（二）跨越"中等收入陷阱"的路径选择

（1）走新型城镇化道路。城镇化是经济社会发展的必然产物，标志着工业化和现代化的发展。积极稳步推进城镇化发展，是解决"三农"问题、促进中国经济可持续发展、全面建设小康社会的重要战略。城镇化发展既包括城镇规模的扩张，又包括全面提高城镇化的质量，后者为重点。具体来看：一是要增大城镇产业的规模和技术创新能力；二是城市和农村产业相融合，通过技术创新合作带动农村产业技术水平提高；三是伴随城乡产业融合，教育、社保、户籍等壁垒被消除，最终实现城乡资源共享；四是引导传统农民向现代化农民转变，缩小城乡生活方式的差异；五是城乡生态环境共同改善，人与自然和谐发展。

新型城镇化是一项复杂的系统化工程，它涉及城市管理、土地制度、区域发展、农业现代化等。推进以人为本的新型城镇化是一项复杂的工程，需要考虑社会主义初级阶段的基本国情，涉及土地制度、城市管理、区域发展、农业现代化等多方面。我们要遵循发展规律，顺势而为，坚持以人为本，推进以人为核心的城镇化建设；促进大、中、小城市和各乡镇合理分工，协同发展，全面优化产业布局；贯彻"绿水青山就是金山银山"的发展理念，着力推进绿色发展，坚守低碳发展，支持生态文明建设；发展有地域特色、民族文化、历史记忆的美丽城镇，坚持推广文化传承与保护城镇特色。

（2）全面提高教育质量。中国教育部的数据显示，2019 年我国各种形式的高等教育入学率已达到 50％，已进入国际规定的大众化教育阶段。未来，中国教育的发展目标应该转向提高教学质量，朝着结构多样化方向发展。现代经济发展对高等教育改革提出了新要求。随着经济的全面发展，国家对人才的需求已从单一化逐步转向多元化，不仅需要各行业中高级别的技术和管理人才，又需要中级技术人才；目前来看，对中级技术人才的需求更为紧迫。科教端与生产端的融合是经济、科学和高等教育综合发展的产物，高等教育必须面向现实社会经济，服务于现代社会经济发展的需要。要加强交叉学科人才培养和紧缺行业人才培养，鼓励高校与科研机构、事业单位、行业企业共同培育人才，使教学与应用相融通。

我国要优化教育结构，补齐区域短板：建设世界一流大学和一流学科，培养拔尖创新人才，加强具有行业特色的高校建设，重点办好农林、水利、地矿、石油、建筑、交通、资源、医药、环境、师范、服务业等相关专业的建设；均衡区域间的教学质量发展，关注中西部高校办学水平，提升中西部高校的教学基础设施建设、师资力量等，对口支援西部高校，促进高等教育在区域间均衡发展。

我国要提升教学能力、保障教育质量：持续开展教师能力提升培训课程，进一步完善国家、省、高校三级的教师培训系统；提高教学水平和创新能力，推进教学方法的改变和学习方式的变革，大数据、云计算、互联网等 IT 要与教育教学深度融合，推出一批新的优质在线开放课程，建立线上与线下教学有机结合的教学运行机制，支持优质教育资源的共享，惠及更多的学习者。

（3）加快服务业的发展。我国服务业的发展仍有潜力待开发，要不断增加服务业增加值在 GDP 中的比重，逐渐形成以服务业为主导的经济结构。具体措施为：一是引导城乡居民消费多样化，拓宽消费领域，通过扩大消费规模、优化消费结构，促进服务消费的比重提升；二是以人口城镇化为载体，促进生活性服务业的发展，从而加快以服务业为主导的经济新常态；三是促进制造业转型升级，为生产端提供内在动力。

中国服务业的发展要以市场调节为主，以政府调控为辅：一方面，不断发挥市场在资源配置中的主体作用；另一方面，不断加强政府的宏观调控能力。与此同时，发展服务业首先要建立和健全服务体系、树立高质量标准，并不断扩大服务范围。例如，我国应进一步提高和完善物流运输、餐饮、邮政、旅游等行业的服务标准。从监管角度来说，建立公平、公正、合规的服务业监管制度在扩大服务消费的社会氛围中尤为重要。例如，保护自主创新和专利申请，严厉打击侵犯知识产权的行为，维护消费者的合法权益；取消各种不合理的收费，对行政事业性收费的监督和管理也有待加强——不合理的收费要予以取缔，同时要提高各项收支的透明化、公开化，随时接受社会监督检查。

联合高等院校、职业学校、科研院所、相关企事业单位共同培育人才，培育适应市场需求的技术型人才、熟悉国际规则的开放型人才以及具备创新能力的科研型人才。与此同时，通过国际交流与合作，建设具有国际竞争力的人才服务机构。在就业方面，我国要鼓励就业服务机构的建设与发展，不断完善就业服务体系，为我国高校毕业生等待就业人员提供相关的就业指导。与此同时，我们要积极应对农村剩余劳动力转移、城市下岗职工再就业等问题，做好他们的职业培训等工作，并培育高质量的劳动力队伍为服务业的发展提供人才保障。

（4）鼓励扶持高科技产业发展。当前国际环境竞争激烈，科技产业扮演着基础性和跨越性作用。若想跨越"中等收入陷阱"，拉近与发达国家之间的差距，我国需要积极扶持高科技产业，鼓励研究机构合作，以便形成规模优势，促进产、学、研紧密相连。目前，中国的大部分研究集中在公共技术研究和产业技术研究，缺乏基础研究和实际应用类研究，这导致中国的大部分研究因缺乏基础资料而专业性不够、研究成果的转化率较低、对社会发展的帮助意义不大，因而加强政府、高校、企业的协同创新是中国研究机构改革的方向。

我国应积极扶持高科技产业，并以高科技产业带动其他产业的发展。

我国在制定决策时可以多倾向产业化前景广阔的领域，积极扶持具有未来发展潜力的朝阳产业，如新能源、新材料、新医药、信息产业、生物育种、节能环保产业等，建立起一批具有优势的高科技企业，为高科技产业的初期发展提供保护政策，争取在重点技术领域取得突破性进展。为了鼓励企业自主研发，我国可参照发达国家的模式，由政府与企业签订协议，政府将研发性项目交予企业，而企业可得到政府的政策和资金支持，借以壮大企业的自主研发能力。在国际层面，要打造我国高科技产业的国际形象，培育一批具有国际影响力的高科技企业，为高科技企业开拓市场提供良好的支持政策和外交帮助，以维护我国高科技产业的形象与利益。

我国应将战略新兴产业加快培育成先导和支柱产业，提升战略新兴产业在产业结构中的比重，辅以新兴产业作为经济增长新动力。例如，鼓励新信息技术产业、新互联网核心设备、新智能终端的研发；鼓励发展生物产业，提升生物制药水平和产业化；推动高端装备制造业，强化基础配套能力；发展新能源产业，因地制宜开发利用生物智能，实现可持续发展；发展新材料产业，实现资源利用替换；着力推动新能源汽车产业的研发，推进高能效、低排放节能环保汽车的研发、生产和推广。在与互联网相关的新兴产业中，除了人工智能、生物科技、虚拟现实等热门领域外，互联网金融的发展也很引人注目。我国应鼓励互联网金融的发展，包括网上银行、网上期货、网上支付、网上结算等金融业务。中国的互联网金融发展侧重于金融模式的革新，重点是开发新型金融产品，在互联网上发布资金供需信息并进行相应的匹配，背后的利率、汇率市场化等金融体制改革也为互联网金融模式的创新提供了基础动力。

（5）缩小贫富差距，建设和谐社会。近年来，中国居民的收入差距不断扩大，这使得不同群体间的利益矛盾深化。城市与乡村之间、沿海地区与内陆中西部地区之间的基本公共服务差异仍然较大，乡村社区的公共服务设施依然较落后，低收入群体和进城务工人员享受的公共服务水平低。缩小中国的贫富差距主要可以从以下方面入手：

第一，大力发展经济，在经济发展过程中解决问题。由于经济发展使贫富差距扩大，所以要想解决贫富差距，必然要到经济发展中去寻求解决办法。只有经济发展上去了，才能实现部分富裕带动共同富裕的目标，真正缩小收入差距。但我们不能因为怕贫富差距问题而停止发展经济，要坚持以经济发展为中心不动摇。经济基础是许多问题的根源，在经济发展后才能加大科研投入，并依靠科技进步发展生产力，进而不断提高生产效率、积累财富，这样才能为缩小贫富差距奠定必要的先决条件。

第二，平衡中国各区域间的收入差距，关注农民的收入水平。中国各省份之间的发展水平高低不一，人均收入水平大体上呈现为东部高于中部，中部高于西部的情况。中西部农村的劳动力流失严重，经济模式相对单一，容易受天气和政府扶持等因素的影响。中国过去的城乡二元发展模式也是城乡间收入差距大的重要原因。在我国经济发展的初级阶段，我们可以依靠东部地区的城市发展来发展经济，要想跨越"中等收入陷阱"并达到高收入水平，就必须重视中西部偏远地区的经济发展。

第三，加强法制建设，实现效率优先、兼顾公平的发展原则。在改革开放后，我国法制建设正在逐步完善和加强，但有法不依、执法不严的现象仍有发生。这不仅影响社会经济效率，而且会造成很多的社会不公问题，由此激发各种社会矛盾。有鉴于此，法制健全、违法必究、执法必严成了经济可持续发展、社会和谐稳定必不可少的保障。

第四，完善社会主义保障体系，提高底层民众的最低生活保障水平。政府可以通过社会保障制度为劳动者提供物质帮助和社会服务，并通过这种方式尽量缩减收入分配差距，未来还要进一步完善社会保障制度。与此同时，我国要进一步完善基本养老保障、医疗保障、失业保险、最低生活保障制度，以促进城乡共同发展，使广大人民群众都能分享经济社会发展带来的福利，建设社会利益共同体。这样才能化解社会矛盾，实现社会稳定，为未来的经济发展提供有力保障。

第八章　改革理论模型的构建、解析与中国实践

　　1978 年，党的十一届三中全会拉开了中国改革开放的序幕，经过 40 多年的探索，我国基本建成了社会主义市场经济机制，这是一场前无古人的制度变革。从总体上看，我国幅员辽阔、民族众多、经济基础薄弱，但在国内与国际矛盾交织的复杂环境中，用相对较短的时间完成了人类历史上罕见的体制转型，实现了经济腾飞和工业化目标，因而必然有值得总结的经验。从国际视角看，许多国家也推进过类似的转型或市场化变革，但大多数国家仅取得了短暂的繁荣，许多国家的变革遭遇了较大的挫折或失败，因而中国改革开放的成功经验更为珍贵。

　　总体说来，改革是经济模式的重大调整，旨在通过对供给侧和需求侧等相关领域的调整，实现从一种经济模式向另一种经济模式的转换。改革能否成功的关键条件是：改革带来的效益能否超过成本，这是改革方案能否得到支持的重要因素。改革的路径主要有两种：一种是休克疗法，即在短期内急剧向目标模式转换的过程；另一种是渐进方式，即采取渐进方式逐步向目标模式转换的过程。由于模式转换是一个中长期任务，涉及供给层面的结构性调整，不是总需求简单的短期调整，因而在实践中，渐进式改革的效果更好。这与一些西方经济学家所认为的渐进式改革比急速改革可能更糟的结论是不一致的，但与中国成功的改革开放实践是相符的。鉴于改革的复杂性，对于改革探讨的维度很多，但总体集中于定性总结分析，运用模型并进行量化分析的较少。我们将改革的内涵集中于经济体制改革，并力图通过建立量化理论模型的新视角，对改革的目标、原则、路

径和举措等进行综合分析。

第一节 改革——中国迈向市场经济的推进器

中国改革开放 40 多年的历程表明：改革是一个将减法、加法以及乘法和除法相结合的系统工程，难以做到完备的"顶层设计"，因而改革设计跟不上实践是常态。早期，邓小平"摸着石头过河"的表述为改革指明了路径。长期以来，中国坚持"摸着石头过河"与"顶层设计"相结合的决策思路，这是既包含深刻哲理又比较有效的途径，并为改革的成功推进奠定了坚实的基础。

在党的十一届三中全会以后，改革率先在农村和局部地区铺开，使农村生产力迅速提高，农产品逐渐丰富，并取得了较为明显的效果。相比较而言，同期的城市经济因改革后延而未见明显起色。1984 年 10 月，党的十二届三中全会提到了公有制基础上的有计划的商品经济为社会主义经济。此后，经过不断探索，1992 年党的十四大和 1993 年党的十四届三中全会明确了建立社会主义市场经济体制的目标和基本框架。2013 年，党的十八届三中全会提出发挥市场在资源配置中的决定性作用，从实质上确认了市场经济的一般规律。党的十九届五中全会通过《中共中央关于制定国民经济和社会发展第十四个五年规划和二〇三五年远景目标的建议》，明确提出应全面深化改革，建设高水平社会主义市场经济。这是基于我国国内、国际形势深刻变化的重大选择，也是中国社会主义市场经济体制建设进入新的历史阶段的伟大标志。

改革开放推动了中国市场经济模式的建立，同时为经济学理论创新提供了源泉。中国 40 多年的改革不是简单的单一历史事件，而是一个复杂的历史事件集合；既是中国的改革，又是人类社会的一项伟大试验。实践表明，只有不断发展才能解决经济问题，而经济社会发展离不开改革，在保持社会稳定的基础上，改革将为经济发展注入强大动力。改革的核心是理顺政府与市场的关系，稳步推进市场化改革，不断简政放权，从而形成了中国社会主义市场经济模式，并在实践中推动了经济学理论创新。

第二节　关于改革的相关经济学理论简述

自改革开放以来，中国开启了对现代西方经济学理论"中国化"的重要探索，既为社会主义市场经济理论的发展和完善提供了重要历史参照，又为中国经济的改革发展提供了客观的理论指导。总体而言，中国的改革并没有受限于任何一种经济学理论或思想，而是多种理论的理性综合与升级，并以实践中的效果作为判定标准。应该说，在中国 40 多年的改革实践中，多种经济学理论（包括马克思主义政治经济学、新古典经济学、发展经济学、制度经济学、转轨经济学等）都具有相当大的参考性。在此，我们就中国改革实践中涉及的主要经济学理论进行简单梳理。

（一）马克思政治经济学视角下的改革

马克思政治经济学起源于 19 世纪欧洲，其研究对象为生产关系。马克思政治经济学是经济学理论的重大创新，也是国际共产主义运动的精神源泉，同时为社会主义建设提供了科学的逻辑方法。马克思政治经济学理论是与时俱进的理论，中国的经济专家及各界人士系统地学习了马克思政治经济学理论，并结合中国的具体国情，为中国的改革开放和经济社会发展提供了重要指导。

（二）新古典经济学视角下的改革

新古典学派以市场资源配置为核心，集中分析了市场这只"看不见的手"在资源配置中的重要作用。"看不见的手"就是通常所说的市场作用机制，它明确了通过优化经济要素配置来推动经济增长是市场经济机制的核心内容；政府的宏观调控可理解为"看得见的手"，其推动经济增长的方式是增加要素资源投入。以建立社会主义市场经济体制为出发点，通过借鉴新古典学派的全球经济一体化和自由贸易理论，为中国的改革开放提供了重要的理论依据。

（三）凯恩斯理论视角下的改革

从亚当·斯密到凯恩斯，西方经济学源远流长，形成了一个庞大的体系，包括增长理论、货币理论、国际贸易理论、创新理论及发展理论等。凯恩斯主义（Keynesianism），特别是其"有效需求理论"和与之相联系的宏观经济政策，在改革实践中具有重大影响。其中，影响最大的应该是萨缪尔森在《经济学》中阐述的内容。该理论对于西方经济学和市场经济实践在中国的普及与传播，以及西方经济学在经济领域的影响是十分明显的。该理论的核心是市场经济理论和宏观调控理论，这对中国的改革产生了重大影响。中国社会主义市场经济模式，特别是宏观调控理论体系的形成，在一定程度上借鉴了凯恩斯的理论。

（四）发展经济学视角下的改革

发展经济学形成于 20 世纪 40 年代，旨在为贫困或欠发达国家和地区实现现代化、工业化以及走向富裕提供新的发展路径。其中，经济学家张培刚、舒尔茨、刘易斯等都是该学派的重要代表人物。在新中国成立初期，虽然经历了社会主义改造，但经济发展基础依然比较落后，直至改革开放前期，中国仍是工业化水平较低的农业国。因此，中国的改革开放事业离不开发展经济学相关理论的重要指导。

（五）制度经济学视角下的改革

自改革开放以来，中国经济快速增长的基本动力就是经济机制的变革。从传统计划经济转向社会主义市场经济，改革开放带来了经济体制的重大变迁。制度经济学研究始于科斯的《企业的性质》，它研究了企业和市场在经济交往中的不同作用。我国的国有企业改革也借鉴了制度经济学的相关理论。中国经济制度的变革实现了"自下而上的制度革新"与"自上而下的制度改造"的有机结合。

（六）转轨经济学视角下的改革

中国经济体制的转型在一定程度上来源于转轨经济学的理论指导。转轨经济学以中东欧和中国等经济体为重点，研究了计划经济体制向市场经济体制的转换。波兰、捷克、匈牙利以及南斯拉夫等国都形成了相应的经济改革理论，而且重点探讨了很多问题，如渐进式改革、边际替代、权力解放以及示范效应等。这些理论的代表人物有兰格（Oskar Lange）、锡克（OtaSik）、布鲁斯（Virlyn W. Bruse）、科尔奈（Janos Kornai）。其中，科尔奈的短缺经济学理论在 20 世纪 80 年代中后期对中国经济学界产生了较大的影响。这些主要来自东欧国家的改革理论，在某种意义上也影响了中国改革开放的政策选择。

（七）供给经济学视角下的改革

20 世纪 70—80 年代美国里根政府和英国撒切尔政府推崇供给经济学，以应对美欧经济滞胀问题。供给学派反对凯恩斯主义：一是坚持萨伊定律，主张供给创造需求。该学派认为不提高社会生产力而单纯刺激需求，只会带来通货膨胀，无法提高产出。二是主张降低企业和个人的税负，以提高企业的投资能力和投资积极性，同时增加个人的工作主动性和储蓄能力。三是主张货币发行量要与经济增长相匹配，由于货币超发会引发通货膨胀，因而应进行货币管理。四是主张降低社会福利支出和政府支出。他们认为过高的福利支出导致自愿失业的人群增多，是高失业率的主要根源，也是凯恩斯经济学派的不足之处。

供给学派主张降低政府干预程度，加强市场经济建设和市场竞争。他们反对旨在刺激短期需求的政策，而是注重长期价值和创新发展，以增加生产要素的有效供给和合理利用。供给学派的主张成功地指导了中国的改革实践。应该承认，尽管当前中国深入推进的供给侧结构性改革与供给学派的政策主张有较大差异，但它无疑具有一定的借鉴意义。

第三节　中国改革进程中涉及的若干重大问题讨论

中国的改革开放用了 40 多年时间，在经济领域完成了发达国家百余年的现代化进程，是从传统社会向现代社会、从农业社会向工业社会、从封闭型社会向开放型社会快速跨越的伟大历程。这样的历程必然充满各种未知的机遇与挑战，对于社会稳定也是一把双刃剑。历史经验表明，在社会转型期通常会面临多种矛盾和冲突，如果处理得好就会催生变革的动力，但如果没有解决矛盾与冲突的机制，很可能会触发危机。中国的改革实践就是一个很好的实例，在改革实践中对所涉的重大问题也存在一个讨论或争论的过程。

（一）关于改革目标的确立

在改革开放初期，中国的领导人和经济学家普遍认识到必须进行改革，但如何推进中国的改革以及推进的具体方式都不清楚，当然也就不存在明确的路线图，更没有从传统计划经济向市场经济转型的战略目标。在改革实践中，中国坚持"摸着石头过河"的方式，这是一个不断学习和探索的过程，也是一个依靠实践推动改革不断前行的过程——发挥市场机制的作用为改革开辟新径，通过实践实现在观念和政策方面的突破，"与时俱进"或者说是"顺势而为"则推动着改革不断向前发展。

经过 10 多年的探索，建立社会主义市场经济成为 1992 年中国改革的核心目标。邓小平给出的观点是："市场经济或者计划经济并不是区别社会主义和资本主义的主要标志。"实际上，自由放任的市场经济不存在，愈来愈多的所谓市场经济国家加强了政府的作用。中国进入的是一个市场和政府作用同时存在、相互影响、此消彼长的历史阶段。在实际经济运行中，完全的市场经济和完全的政府干预经济都是不可想象的。当宏观经济出现问题的时候，期望厘清究竟是市场经济失灵所致，还是政府干预市场失误所致，是相当困难的。

应该说，中国突破了市场经济和计划经济两者非黑即白的分野，实现了两者的协调统一。社会主义市场经济已超越了简单的完全市场经济逻辑，不是只选择市场或者只选择政府，而是既要市场经济，又要更好发挥政府作用，还要防止政府干预市场的权力过大，从而实现经济活动的良性运行。尽管中国在改革过程中关于政府与市场关系的变革是巨大的，但西方一些国家对于这种演变是难以理解的，并出于价值观的判断标准，所以出现了拒绝承认中国市场经济地位的争论。

（二）关于计划与市场的早期争论

在 1978 年国务院务虚会上，许多经济学家认为应更多地发挥价值规律的作用，批评了要求消灭商品、货币关系的"左"倾观点。1979 年 3 月 8 日，陈云在《计划与市场问题》的提纲中提出："整个社会主义时期都必须有计划经济和市场经济这两种经济。"1979 年 11 月，邓小平在接见美国不列颠百科全书出版公司副总裁等人时说到："市场经济不能说只是资本主义的。市场经济，在封建社会时期就有了萌芽。社会主义也可以搞市场经济。"由此可见，邓小平与陈云同志的主张是基本一致的，都强调在计划经济中引入市场调节和竞争，为中国推进经济改革与开放指明了方向。

市场化改革缔造了中国经济的奇迹，但至今仍有人还有疑问，凡事预则立，不预则废，难道做事情、搞经济有计划不对吗？应该说，计划经济的实质不在于有无计划，而在于它是一种管制经济模式，这是传统计划经济的根本缺陷。与此同时，也有人基于计划经济能够"集中力量办大事"的特点，对传统计划经济模式予以支持，这很容易混淆人们的认识。中国逐步建立社会主义市场经济体制的目标，其意义是极其深远的。市场经济的实质是各类市场主体的自主活动，是市场活力的重要源泉，市场经济的改革目标不可动摇。

中国改革开放的成功打破了一系列按照西方主流经济学范式做出的预期，是一个市场构建和开放协同推进的过程。从产品的计划定价到市场决定产品的价格，从产品、生产资料的计划分配到通过市场的自由交易，从生产要素的统一配置到通过要素市场实现自由流动，所有这些重大变化都是通过双轨制形式实现的，即通过计划渠道与市场机制的逐步过渡以及两者间的此消彼长实现的。总体来说，中国主要市场的建立经过了一个特殊的过程，在这个过程中，政府逐步退出对经济活动的直接参与，转而通过再分配实现社会的良性发展。当然，这需要做大量的细致工作，包括多种市场主体及价格机制的形成、要素市场的构建、宏观调控方式的变革等都要通过改革来解决，这需要一个过程。

（三）关于是否坚持改革的争论

改革不是一帆风顺的，有时还可能是一个充满争议的过程。比如随着放权让利改革的逐步推进，它的功能和效用趋于弱化，同时由于改革必然会触碰原有的利益格局，并对传统社会主义的观念形成冲击，因此改革必须寻求新的突破点、探索新的路径。从国内的情况看，1988 年价格市化改革受阻，价格闯关以失败告终。当时，国有企业承包制的效益普遍低下，救活企业存在较大难度，而此时国家"让利"的空间却已经见顶。在20世纪90年代初期，由于体制外各种经济的竞争，宏观经济环境较差，国有企业亏损较为严重。从国际环境看，东欧剧变和苏联解体也促使人们开始考虑社会主义的未来，对改革的争论变得相对激烈。相对而言，支持改革的一方因改革受阻面临较大压力，社会对"官倒"现象和物价的表现极为不满；反对改革的一方则对改革提出了重大质疑，即对于要不要改革开放以及改革开放可能带来的结果提出质疑。反对市场化改革的声音相对较大，改革持续前进的动力明显减弱，社会上也弥漫着焦灼的情绪。

然而，改革取得的成效已经让人们逐步认识到坚持改革的好处，持续推进的改革开放已形成一种不可逆转的形势。地方政府和企业都是放权让利的受益者，各种非国有经济（如城镇集体企业、个体工商户、三资企业等）都取得了快速发展。此时，亟待有人振臂一呼、凝聚共识，跨过改革开放的门槛。

1992年，邓小平的南方谈话正是在这样一个背景下发表的，该谈话的意义十分巨大。邓小平从全球经济形势和全球格局的视角出发，旗帜鲜明地支持改革，强调指出："不坚持社会主义，不改革开放，不发展经济，不改善人民生活，只能是死路一条。"南方谈话强调，只有发展经济、改善民生，社会主义才能稳定。市场经济不是资本主义，计划经济不等同于社会主义，社会主义也可发展市场经济。

1992年，党的十四大确立了社会主义市场经济的目标，标志着我国市场化改革向前跨出了重要一步，使中国的金融市场体系初步建立起来。2001年，中国加入了世界贸易组织，形成了与世界贸易相同的体制。在20世纪90年代中期，以"抓大放小"为核心的产权改革和资产重组开启了"国家撤退、民营先行"的过程，形成了产权多元化的市场经济基础。自此，国有企业改革进入了需要寻求突破的新阶段。20世纪90年代改革的成果突出表现为社会主义市场经济框架基本形成，中国融入经济全球化的进程不断加快。中国坚定推进的市场化改革和经济持续开放进程协同推动了中国经济的快速增长。中国实现了前所未有的经济腾飞，快速发展成世界第二大经济体。

(四) 关于改革的路径选择：渐进式改革与"休克疗法"

中国是最大的发展中国家，要实现这个经济体的市场化，同时保持政治凝聚力和广泛的社会稳定性，改革的路径选择十分重要。中国是选择渐进式改革，还是选择激进式改革，一直是经济学家争论的核心问题。渐进式改革具有在时间、速度和次序选择上的渐进特征，是一种演进式、分步走的体制变迁方式。激进式改革是在较短的时间内完成大规模的整体性体制变革，又称"休克疗法"，是一种具有明显跳跃性的制度变迁方式。

经济学界在渐进式改革和激进式改革的成本-收益比较中取得了许多有意义的成果，但没有达成统一的结论。哈佛大学经济学教授杰弗里·萨克斯（Jeffrey Sachs）是"休克疗法"的代表人物。萨克斯提出"休克疗法"，源于他在拉美国家（如玻利维亚等）进行政策咨询的经验。他认为，苏联与东欧国家应该果断而迅速地采取行动，从中央计划经济向市场经济转变，一步到位地实施激进的改革策略。他给出的理由是：一是经济体制改革是一个紧密的网络，将影响整体。零碎的办法行不通，因为改革的每一部分都会影响其他部分。二是这种转型策略可以减少行政体制的阻力和压力。三是就制度变迁所需的调整规模而言，也要进行根本性的体制变迁。四是苏联与东欧国家严峻的经济形势要求迅速实现经济转型，阿根廷、巴西、秘鲁在应对通货膨胀时遇到的困境就是渐进主义无法成功的明证。萨克斯认为，中国式改革是一种类似"局部均衡"的改革，主要是在经济领域进行的，不可能长期维持。俄罗斯式改革是一种更接近"一般均衡"的改革，在经济、政治等领域同时推进，是可以持续的。然而，麦金农（McKinnon，1994）等其他经济学家反对萨克斯过分夸大结构性因素的观点。他们认为，中国的改革方式和策略是解释中国改革效应的核心变量，尽管"初始条件"是一个必须考虑的因素。但 Leseke Baserovich（2004）认为，从"中国模式"的情况看，不能支持渐进式改革，也不能反对激进式改革，主要原因在于：一是初期的宏观经济形势不同。中国在20世纪70年代末开始改革时，仅面临相对温和的宏观经济失衡。二是中国经济改革的成功主要与改革的特殊初始条件有关。由于80%左右的农业人口和农业种植的可分性更容易推进私有化，因而基于中国经济改革成功的逻辑支持渐进主义是一个严重的方法论错误，它没有真正看到特殊初始条件以及特殊因素在经济发展中的重要作用。

林毅夫等（1993）认为，"试验推广"的局部性改革方式保证了整个改革过程的可控性和稳健性，并且降低了改革风险。然而，地方改革的推进依赖于国家的强制性以及行政在不同领域、不同地区的分离，导致了不同地区、不同经济部门在竞争机会和市场环境上的差异，而市场机制的完整性被割裂，引起不同地区、不同经济领域的改革发展不平衡及收入不平等。樊纲（1993）从制度变迁成本的成因和特征出发，将制度变迁成本分为实施成本和摩擦成本。他认为，在实施成本和摩擦成本的比较中，激进式改革和渐进式改革各有利弊。相对而言，激进式改革可以在短时间内完成制度的变迁和经济转型，成本相对较低；渐进式改革更加注重全过程的可控性和稳定性，强调各利益群体之间的利益均衡，从而有利于改革措施赢得广泛社会支持。相较来说，渐进式改革比激进式改革更具优势，在中国实践中的效果更加明显。不同学者对激进式改革和渐进式改革持不同观点，学者难以从理论上判断和说明哪一种改革方式具有明显的优越性，也无法让人们从理念上接受和坚持某一种改革方式，但中国渐进式改革的成功实践对此给出了清晰的答案。这种模式可以被其他发展中国家或转型经济体所借鉴，在美国高校和华盛顿智库宣扬的市场原教旨主义和"休克疗法"之外，提供了一种被实践证明的、切实可行的替代性方案。对于中国而言，既实现了从计划经济体制向市场经济体制的转型，又保持了高经济增速以及广泛的政治和社会稳定。本章将从理论模型视角讨论这种合理性。

第四节　改革理论模型："有效的市场"和"有为的政府"的结合

实质上，改革是经济体制变革的一个过程，是一个不断从现有经济模式向理想经济模式过渡的过程。改革的目标就是未来较为理想的经济模式，而确定这个目标模式至关重要。改革是一个系统工程，就是要回答去哪儿、怎么到达和要把握什么原则的问题。从中国的改革实践看，就是在确定了改革目标和原则后，再通过合理的路径和措施，推进经济体制平稳转型，是"有效的市场"和"有为的政府"相结合的市场经济模式逐步形成的过程。下面通过建立改革理论模型来回答这些问题。

（一）确立改革的目标——中国市场经济模式

依据宗良和范若滢（2018）构建的理性综合经济模型（或混合经济发展模型）分析，该模型综合运用了宏观经济学理论的核心成果，将"有效的市场"和"有为的政府"有机结合，建立了理性综合经济模型，即现代市场经济的综合模型。该理论模型的基本公式为：

$$\Delta Y_t = a\,\Delta Y_{Mt}^* + b\mu_{sl}\Delta A_t Y_{Mt}^* + b(\mu_d + \mu_{ss})(Y_t - Y_{Gt}^*) + b(\varepsilon_{dt} + \varepsilon_{st})$$

$$(8.1)$$

根据宏观经济增长动态模型，在计算实际经济产出增长 ΔY_t 的（8.1）式中，a 为市场作用系数，b 为政府作用系数，μ_d、μ_{ss} 和 μ_{sl} 分别为政府调控需求侧系数、供给侧短期系数、供给侧长期系数，ε_{dt} 和 ε_{st} 分别为来自需求侧和供给侧的不可观测的随机冲击。考虑到市场占主导、政府作用可控的体制就是较好的也是比较有效的市场经济体制，我们可确定改革的目标模式是建立市场经济机制（宗良和范若滢，2018）。在数理模型中，参数 a、b 的权重大小不同，表示在现实经济中市场作用与政府作用的程度不同。对于不同的市场经济模式而言，市场经济的成分有高低之分，比如分别为 60%、70%、90%不等，但应不低于 50%的比重。根据我们所做的相关测算，大体来说，市场占比 70%左右就是一个很好的市场经济模式。

在一个经济体的变革过程中，可能很难一下子找到准确的目标，只能先确定一个大体的方向，然后在改革过程中逐步"聚焦"。从图 8 - 1 可以看出，经济发展的理想模式不是一成不变的，它既与社会总供给和社会总需求的基本关系密切相关，又与社会发展阶段密切联系。需要注意的是，经济模式的变革是一个动态发展过程，它是不断变化的，但在一个特定发展阶段，它又具有相对稳定性。也就是说，人类社会发展中的经济发展模式是逐步演变的。相对而言，奴隶社会是一种低层次的市场经济，到封建社会，政府的干预力度呈增大趋势，但到资本主义社会，政府的干预力度又相对小一些。我们从经济发展模式的历史演变和实践中还可以看出，市场经济模式是其中理想的经济发展模式，可以看作经济改革的目标。

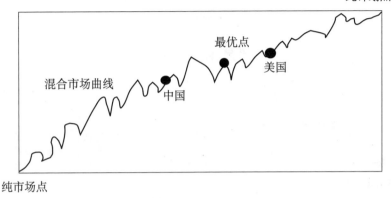

图8-1　经济发展模式的动态变革曲线

中国社会主义市场经济目标的确立就是一个不断探索的过程，我们可以通过图形展现改革的目标。从图8-2可以看出，中国经济的初始模式在 A 点附近，理想目标位于 B 点附近，中国的实际改革走向了 O 点附近。目标包含两层意义：第一层意义是基本方向和理想的目标，即从 A 点到 B 点。但在初期可能无法清晰确定理想目标，而只能确定一个基本方向，在实践中可能是先走到了 O 点附近。第二层意义是从 A 点逐步接近理想目标 B 点的过程。其原因是在初期，B 点既无法准确确定，又难以在实践中达到。"摸着石头过河"意味着在坚持基本方向的基础上探寻 B 点的过程，而"顶层设计"则是大体确定了 B 点的位置，同时又体现了中国关于"改革永远在路上"的深刻含义。

（二）明确改革的原则和路径

改革的原则相当于给改革确定了一些约束和标准，主要包括：一是坚持有利于生产力发展的原则。也就是说，坚持实事求是，而不是以是否符合某理论或经验进行评判；要能够做大蛋糕，取得更大的实效；凡是能够带来明显效益的，就是好的改革举措，而没有效果的，就不是好的改革举措；"不管黑猫白猫，抓到老鼠就是好猫"，就像医生，能治好病才是好医

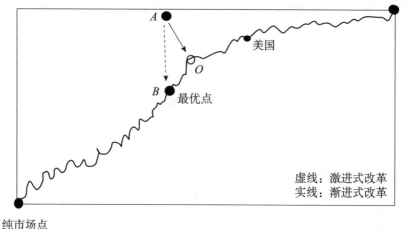

图 8 - 2　改革的目标

生。二是坚持改革能够弥补成本的原则。推进可做可不做的改革意义不大，也难以取得很好的效果。通常说来，改革可以从效益较好而阻力较小的地方开始，然后再进行一般难度的改革，最后再进行攻坚，以解决最难的问题，类似于临门一脚或最后一公里。三是坚持选择改革路径时权衡风险和收益的原则。从改革的视角看，各种改革措施通常是对现有利益的重大调整，因而在事先对风险和收益的权衡十分重要。在改革过程中，改革的措施或方案首先要保证能够带来总收益的明显增加，并要求损失位于可控的范围，特殊的损失应通过适当的政策进行弥补。这样一来，改革的阻力较小，并且随着改革成果的出现，也会让更多人拥护改革，为改革的持续推进提供良好的环境。

　　下面讨论渐进式改革或激进式改革的路径选择。经济模式、市场主体和要素市场的形成通常不是一蹴而就的，难以一下子就建立起来。从图8-2可以看出，在从 A 点到理想目标 B 点的过程中，会有两种改革方式：一种是激进式改革，即虚线所示，表示不需要过程；一种是渐进式改革，即实线所示，表示需要一个过程。改革通常是一个不断变化和接近目标的过程。从理论上说，渐进式改革与激进式改革各有所长，要从问题的性质上看，采取何种方式更有效。相对而言，对于短期问题、局部市场或者周期性问题来说，激进式改革可能更有效。然而，如果涉及比较复杂的改革，比如经济结构和模式的变动是一种长期趋势变动，则渐进式改革更有效。中国改革推进的路径是：在坚持渐进式改革的基础上，可以将两者有机结合起来。类似于一个孩子的成长，无论采用什么样的方法，他也不会瞬间长大，而是需要一个逐步适应的过程，并且在这个过程中也形成了自己的个性特征，但在关键时刻又要采取有针对性的措施。此外，由于激进式改革放开过快，不利于评估风险，也难以预计改革可能带来的效益，以及这些效益流向何方，从而失去对过程和未来的主导权。这类似于面对一湖的鱼，如果一下子放开，那么谁抢走多少、效果怎么样都不知道。渐进式改革可以做到收放自如，让不同的利益群体都获得适当的"鱼"，这是比较有效的途径。激进式改革意味着有一个突变，而渐进式改革体现出明显的过程（见图8-3）。

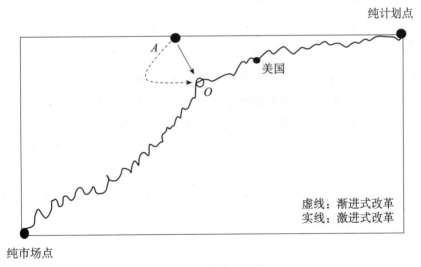

图8-3 改革的路径

第五节 基于理论模型对改革的目标、举措等进行解析

目标不同，改革的措施也不同。就建立市场经济模式来说，主要措施如下：

（一）理顺政府与市场的关系

经济模式变革既是一个动态发展的过程，又是相对稳定的。从前面的模型中可以看到，这是最核心的关系。因此，改革要对其中最重要的关系，即市场与政府的关系进行分析，大体确定市场作用与政府作用的合理临界点。在通常情况下，我们遇到的情况是，政府干预可能相对较多，这就要求逐步放权。也就是说，简政放权是一个基本的方向，从而营造一个较为理想的市场环境。我们应以市场的标准来评判哪些是合理举措、哪些是不合理举措，进而实现结构优化。我们应分析在特殊情况下，哪些是市场比较有效或失灵的，哪些是政府必须做的，哪些是政府不必做的，以厘清政府作用和市场作用的大致边界。

（二）建立健全市场机制

市场机制的建立是比较复杂的工作，从前面的模型中可以看出，这由（8.1）式的第一项决定，主要包括：一是建立健全市场，让价格机制发挥重要作用。市场主要包括产品市场和要素市场，而要素市场可以进一步细分出金融市场等。二是解放市场主体。企业和个人都是市场主体，按照理性经济人的假设，他们都会为了自己的利益而参与市场的竞争。三是完善营商环境，优化竞争机制。市场要正常运作，需要相应的营商环境，这样才能给良性的市场竞争奠定基础。四是制定市场运作规则和标准，严格履行契约和诚信精神。对于制定的市场运作规则和标准，各市场主体都要遵循，同时对不规范的市场竞争必须予以打击。

（三）建立并完善调控机制

对此，前文已有专门的讨论，这里仅作简要说明。从前面给出的模型看，属于（8.1）式的第三项，其核心就是如何在市场经济条件下，让政府作用能够有效弥补市场作用的不足，也就是建立健全供给侧与需求侧有机结合的调控体系。实际上，这就相当于将凯恩斯的宏观经济理论上升到了更高的高度，并与萨缪尔森综合考虑总供给和总需求的逻辑一致。中国的实践实现了供给侧和需求侧调控政策的结合。依据前面模型推出的宏观调控的政策组合表，既考虑了经济结构的变化，又考虑了经济周期因素，即综合考虑了结构性问题与周期性问题的叠加。因此，在经济上行期、下行期，结构性问题与周期性问题的解决路径是相反的，这与凯恩斯理论只考虑需求侧的政策是不同的。近年来，在中国宏观政策的实践中，不同时期对需求侧和供给侧的灵活搭配就是一个很好的实践。

（四）技术进步对持续经济增长至关重要

前面模型中的第二项直接与全要素生产率或劳动生产率有关，它是经济实现跨越式增长的重要条件，可以通过"有为的政府"的作用实现长期潜在经济增长率的上移，进而为实现持续的实际经济增长及重大变革提供条件。政府推动技术进步可从两个层次来说明：一是创造良好的创新环境，比如通过税收的调节鼓励市场主体进行创新，并投入一定的科研经费，支持基础研究和技术创新，对市场中新兴的较弱行业给予一定支持等。二是根据前面关于经济增长理论的分析，政府还具有制动闸的作用，可以推动整个经济增长路径的转换，甚至是摆脱经济危机，走上健康发展的轨道。如果没有这一项，潜在经济增长率则按照相对固定的路径变动，呈现明显的收敛态势。类似于一列火车在遇到风险时，将会转换到安全的方向。这与我们经常看到的"第二曲线"的逻辑是一致的。

第六节　改革理论模型与中国改革实践解析

实践证明，传统的计划经济模式有明显不足，自由放任的市场经济模式也存在缺陷。中国的改革可以说是一个社会主义市场经济机制不断建立的过程，是一个"有效的市场"和"有为的政府"的作用机制逐步完善的过程。中国改革开放的成功，是政府与市场关系的中国探索，是中国经济成功的发展模式，它验证了政府与市场的关系从对立转为统一的新趋势。自改革开放以来，中国创造出世所罕见的经济快速发展奇迹，能够满足10多亿人口的生存与发展需要，根本原因在于社会主义市场经济体制焕发出的神奇力量。党的十四大确立了社会主义市场经济体制为经济体制改革的目标。随后，从党的十五大到党的十七大，我们始终坚持这一方向，不断从理论和实践上把市场化改革推向深入，基本形成了社会主义市场经济的微观基础、竞争机制和价格机制，优化了资源配置的基础性作用以及市场调节产品供求的功能，在增强经济活力、促进经济持续快速发展方面发挥了重大作用。中国的改革实践与我们的理论模型所做的分析是基本一致的。

（一）确立改革目标和判断标准

自改革开放以来，中国的经济发展实现了两个重要变革：一是体制转型，实现了从传统计划经济向社会主义市场经济的改变；二是增长方式转变，实现了由粗放型增长向高质量发展的转变。1992年，党的十四大明确提出了我国经济体制改革的目标为建立社会主义市场经济体制，其基本框架由相互联系、相互制约的五个重要环节构成，包括企业制度、市场体系、分配制度、社会保障体系和宏观调控体系。

自改革开放以来我国经济社会所发生的最直观变化，便是由传统的计划经济体制转变为社会主义市场经济体制。这一转变不仅极大地解放和发展了社会生产力，而且配合了社会经济关系的系统性变革，这些变革是对改革开放以来我国社会经济形态和经济结构变化的全面刻画，也是我国经济改革实践的集中体现。

（二）坚持"发展是硬道理"及效益的相对平衡分配

中国十分重视改革、发展和稳定的关系。从20世纪80年代起直到2008年的国际金融危机，中国绝大多数年份的GDP保持年均10％左右的增长速度。在2008年后，中国的经济增速逐步减缓，直至降到当前的6％左右。每年，各级政府通常会设定经济增长目标，主要是追求GDP增长率，虽然成效明显但也受到一定质疑。只要保持较高的经济增长率，中国就可以扩大就业，增加社会财富的存量，提高国民收入的分配基数，改善民众福祉，使改革得到更广泛的支持。此外，较高的经济增长率可以带来政府财政收入的持续增加，这对于中国早期的经济发展尤其重要。但近年来，这种状况正在发生变化，中国经济的增长模式正在发生转变，从主要依赖劳动投入和资本投入转变为更加依赖科技进步与创新，从外生因素处于主导地位转变为内生因素处于主导地位，从追求GDP的数值转变为追求 GDP 的高质量增长。依照中国改革开放的逻辑和经验，我们判断改革成功的标准是，经济得到快速发展、人民生活水平得到改善。相关制度安排应能合理分担实际的改革成本，实现改革红利广泛分享，因而中国的改革开放赢得了比较广泛的支持。另外，由于中国仍然存在制度转型和结构升级的空间，所以具备经济增长潜力，一些经济学家担忧的"中等收入陷阱"不会轻易发生，中国跨过"中等收入陷阱"是大概率事件。

（三）率先推进农村改革

20 世纪 70 年代末和 80 年代，中国的农民和农村首先成为改革主角。安徽省凤阳县小岗村农民创造的"家庭联产承包责任制"，冲击了原有的人民公社制度，实现了农村改革成功，奠定了中国改革持续前行的基础。在此期间，家庭联产承包责任制的实行，解决了长期存在的农业劳动与经营的动力问题，同时赋予并逐步扩大了农户的自主权，使其能够获得劳动剩余。农村改革极大地增加了城市农产品的市场供给，富裕和稳定了广大农民，也为后续改革创造了较好的条件。其中，最有活力的群体先后离开了农村，转变为受雇于基础设施建设和制造业的农民工、劳动力市场的打工群体，从而为工业的发展提供了重要的劳动力资源。

农村改革推动了中国社会结构的巨大变迁。在 20 世纪 80 年代末，多次"民工潮"引发了我国历史上大规模的人口流动浪潮。长期封闭的人口管理积聚了大量农村剩余劳动力，这些劳动力的集中迸发和进城冲动引发了"民工潮"。农民工的流动是中国经济奇迹的主力军。中国能够成为"世界工厂"，离不开农民工的功劳。不仅如此，"民工潮"还为缓解城乡二元结构提供了持续的动力，极大地推动了中国的城市化进程。城镇化率从 1978 年的 17.9% 提高到 2011 年的 51.3%，到 2019 年常住人口的城镇化率首次超过 60%。当然，中国城镇化还有一条很长的路要走，其核心在于实现权利平等，让进城农民真正转变为市民。

农村改革的突破具有全局性意义。农村改革是基层农民探索和地方政府推动的结合，以及双方在逐步达成共识后形成全国性政策的过程。初期的农业政策并未将体制革新提上议事日程，而党的十一届三中全会之后比较宽松的政治环境，为农村管理体制和运营方式的重大改变提供了良好条件。例如，取消了对农民的禁令，放宽了农村经济政策，使农民获得了更多的选择权和自主权。与此同时，我国政府不断调整农业政策并让利于民，鼓励农民获得更多的利益激励。因此，大多数农民选择了包产到户和包干到户。如果把集体化比作筑堤，那么包产到户就可看作势不可挡的决堤。

这一趋势在农村地区引发了广泛争议。在传统的观念里，坚持集体经济是社会主义的核心价值观之一，对于"包产到户是否还是社会主义"，反对的声音也比较明显，但支持者更多，包括许多中央和地方官员。然而，农村改革极大地提高了美誉度，一大批农民富裕并稳定了下来，决策者可以在稳定的环境中继续从容推进改革。农村改革取得突破的意义在于它推进了市场化的重大趋势：一是出现了专门从事商品生产经营的专业户，包括从事经营的大户，使民营经济迅速发展。二是开拓了长途贩运、异地经商和各类市场。三是乡镇企业的出现是农村改革的重要成果。乡镇企业不仅是 20 世纪 80 年代推动中国经济发展的引擎，而且是市场经济转轨的重要动力。

（四）稳步推进国有企业改革

国有企业改革几乎伴随中国改革的全程，从放权让利到"利改税"，再到承包制，直到股份制改革、建立现代企业制度，国有企业改革历经较长时间的探索。对国有企业改革的讨论必须与整个改革紧密联系。1978年，我国启动了以放权让利为主要内容的企业改革。当时，企业改革的主线包括：一是逐步赋予和扩大国有企业的经营自主权，直至建立现代企业制度。二是推进国家向企业让利，增强企业作为市场经济主体的动力。三是允许和鼓励非公有制经济的发展，积极引进外资，促进市场的良性竞争。

20 世纪 80 年代的城市企业改革打破了"铁饭碗"和"平均主义"，工人是普遍拥护的，也是改革的积极参与者和受益者，但到了 90 年代，伴随大量国有企业的"关停并转"、企业破产，以及在民营化浪潮下，相当大部分的工人下岗、自谋出路。另外，随着年龄的增长，当年的下岗工人逐渐丧失了再就业能力，成为社会保障制度的依赖者，因而这部分人面临较大的风险，并形成了一定的改革阻力。

我国坚持建立现代企业制度的改革方向。公有制与社会主义市场经济相结合是中国持续探索的重大课题，必须坚持"产权清晰、权责明确、政企分开、管理科学"的企业改革方向。加强党的建设是国有企业改革中的一个重要内容，我们必须全面理解和执行党的领导，这并不是一件容易的事。然而，加强党对国有企业的领导，也不等于事无巨细都要管，而是党委要把方向性的大事管住管好。加强党对国有企业的领导，就是要在党的领导下，有效发挥董事会、股东会、职工代表大会和经管班子的积极性、主动性和创造性，不断提高企业的经济效益和产品质量、创新能力、竞争力，这样才能真正实现党的领导。

（五）努力为各种所有制市场主体创造公平的竞争环境

在马克思主义政治经济学中，所有制是一个极重要的概念，已形成了一种特殊的思维定式。在中国看来，公有制是中国经济保持特色且不可分割的有机体。在改革开放之前，我国公有制的主要组成部分是全民所有制和集体所有制，后者集中体现为农村的人民公社制度。在西方经济中，同样将所有制放到特别重要的地位，却把国有企业置于"异类"的位置。在中国的改革实践中，既要保持国家所有制的地位，又要努力为各种所有制建立相对公平的竞争环境，即在坚持国有企业改革的同时，充分发挥各种所有制企业的重要作用。党的十八大重申了"两个毫不动摇"："毫不动摇巩固和发展公有制经济"和"毫不动摇鼓励、支持、引导非公有制经济发展"。鼓励公有制和各种所有制经济的共同发展，这是社会主义市场经济的重要特征，也是在中国社会主义实践中探索和创造出的重要经验。

我们应该看到，在改革进程中，中国在承认国有经济优势甚至主导地位的前提下，非常希望非公有制经济得到较大的发展，彼此之间达到某种平衡，发挥好各市场主体的作用。在改革之前，我们对于公有制的理解相当简单，即全民所有制和集体所有制的总和。全民所有制是指全体人民就是最终所有者，不存在其他类型股东，全体人民的代表是国家的行政主管机构。全民所有制企业不过是国有企业的一种特定形态。1988年公布、2009年修订的《中华人民共和国全民所有制工业企业法》体现了这样的改变，而以国有经济替代全民经济的深刻内涵值得注意。按照马克思主义政治经济学理论，社会主义和资本主义在所有制方面的根本区别就在于有没有全民所有制，而不是国家所有制。在 21 世纪初，以股份制经济改革为主导的国有企业进入全面发展的历史时期，其重要标志是在中国加入世界贸易组织（WTO）后所实施的国有银行股权改造和整体上市。此时，国有企业改革仍是改革的主题，但与 20 世纪 80 年代改革初期有着根本的不同，现在的国有企业主要体现为股份比例的不同。在改革前，集体所有制是集体劳动者共同占有生产资料和实现劳动产品平等分配的一种公有制形式，而改革后则出现了分化和转移。

非公有制经济的发展很好地发挥了它们作为市场经济主体的作用：一是各种非公有制经济快速成长，包括私营经济、个体经济、外资经济等。1999 年 3 月通过的《中华人民共和国宪法修正案》明确：非公有制经济是社会主义市场经济的重要组成部分。二是个体经济的发展与分化。在激烈的市场竞争中，部分个体户发展壮大起来，也有部分个体户没有得到成长和壮大的机会。三是在广东、浙江等民营经济较为集中的地区，民营企业家成为改革的重要参与者和影响群体。四是外资企业家、金融家和银行家在中国改革的不同阶段，既经历过被捧为"座上宾"的超国民待遇，又经历过个别相对困难的时期。但总体来看，由于外资企业大多来源于成熟市场经济体，它们有成熟的市场运作经验，在中国改革的进程中既是参与者，又是推进者，还是受益者之一，并取得了较快的发展。未来，我们将进一步激励各类市场主体的活力，既要通过深化国有企业改革，激发国有企业的活力，把国有资本、国有企业做大做强，又要坚持鼓励、引导、支持各种非公有制经济的发展，不断优化营商环境，促进多种经济形式的稳健发展。

（六）积极推进放权改革，不断提高市场化程度

中国在改革的过程中，十分重视引入市场机制和竞争，旨在调动积极性、搞活经济。放权让利是一个重要举措，可以增加经济的活力。在改革早期，邓小平同志提出：允许一部分人"收入先多一些，生活先好起来"。在追求共同富裕是社会主义国家核心价值的背景下，这是一个大胆举措。他勇于承认差距，第一次将经济利益而不是"革命精神"作为经济发展的

主要动力，最终实现所有人共同富裕的目标。这一举措有效激发了人们长期以来的利益动机和致富愿望，为经济发展注入了新的活力，也成为经济改革的重要驱动力。

简政放权改革有利于提高市场化程度，是健全社会主义市场经济体制的必然要求。多年来，中国不断推进简政放权改革，国务院各部委行政审批项目大大减少。目前，需要中央政府批准的企业投资项目数量已经十分有限，由中央定价的项目屈指可数。简政放权改革对解放和发展社会生产力、推动经济平稳增长、增进社会公平正义发挥了重大作用。

党的十九大报告强调，必须加快完善社会主义市场经济体制。为此，要求坚决破除制约市场在资源配置中发挥决定性作用的体制与机制弊端，牢牢抓住简政放权的"牛鼻子"，通过政府的减权和限权，不断激发市场主体的活力和社会创新活力，增强经济发展的动力，推动实现更高质量、可持续的发展。此外，深化简政放权改革也是优化营商环境、提高国际竞争力的重大举措。

（七）高度重视技术进步的重要作用

中国在改革实践中非常重视技术进步的作用，高度关注技术进步对经济增长的重要贡献。在改革开放初期，我国的教育、知识、技术水平与美国、欧洲、日本、韩国的差距很大，因而技术进步对经济增长的贡献率特别高。但进入 20 世纪 90 年代后，技术进步对我国经济增长的边际贡献递减。随着中国加入 WTO、推进新一轮对外开放，技术进步对我国经济增长的贡献率呈持续上升趋势。从 20 世纪 80 年代开始工业化到 2007 年，我国经历了以引进先进设备、产业技术改造为主的早期阶段，后期随着资本投入的快速增加，以及城市化、房地产和工业化的发展，技术进步对我国经济增长的贡献率逐步提高。与此同时，我国在教育、科技、研发以及新兴产业上稳步增加投入，并取得了较好的效果。可以说，人口增长、城市化、房地产和重化工业促使相关资本大量投入，再加上技术进步和加入WTO 后的出口拉动，推动了 1997—2007 年中国经济的持续、快速增长。

目前，我国正着力推动经济向创新驱动型过渡。"十三五"规划提出"创新是引领发展的第一动力"。近年来，我国推动大众创业万众创新的政策连续出台，比如制造业高质量发展和"互联网＋"行动计划不断推进，而新兴产业引导基金、自主创新示范区正在加快设立。经过多年的努力，中国科技和创新的水平相比过去有了明显提高，研发人员数量居于世界前列，研发支出占 GDP 的比重提高到 2017 年的 2.12％，高铁、核电、第四代通信、特高压输变电等一系列重大技术取得突破。我国巨大的市场规模、完备的产业体系和基础设施为技术、产品和产业创新提供了广阔的空间。

（八）建立健全宏观经济管理和调控政策

自改革开放以来，我国以逆周期调节为主的宏观调控体系逐步完善，无论是应对亚洲金融危机还是 2008 年国际金融危机，以及在对抗疫情影响中，中国的宏观调控政策都取得了明显成效。传统逆周期调节政策的理论基础是 20 世纪 30 年代凯恩斯的有效需求不足理论，而后需求管理政策成为世界各国普遍奉行的宏观调控圭臬。然而，中国实施的宏观调控政策不是简单的对有效需求的政策调节，而是包含总供给和总需求两方面的合理运用。相对于传统的逆周期调节而言，中国实施的宏观调控政策更为系统、综合和理性，可以说是对宏观调控政策的重大创新。中国较为有效的宏观调控政策为经济的平稳运行注入了强大动力，使中国成为在 2008 年国际金融危机后率先实现经济复苏、发展的国家，其效果十分明显。2020 年，中国新提出的"完善宏观调控跨周期设计和调节"，是党中央基于新时代国内、国际经济金融环境，为促进经济高质量发展而做出的重要战略选择。从经济高质量发展的视角提出宏观调控的新思路，是一项重要的政策创新，也有较强的理论意义。完善宏观经济治理的核心就是要处理好政府和市场的关系，充分发挥市场在资源配置中的调节作用，更好地发挥政府的作用。

（九）重视改革与开放的协同推进

在完善社会主义市场经济体制的新阶段，我国面临风险较大、配套性强，并且触及深层利益关系的改革。政治体制、文化体制、社会体制方面的改革与经济体制的改革紧密地联系在一起，导致改革的整体推进和统筹协调要求更高。中国的改革之所以取得成功，就因为它是在一个开放的环境下展开的。在早期，中国的改革没有清晰的路线图，相对而言，开放方向明确，基本方向是对发达国家或地区（特别是美、欧、日等）开放，充分利用资金、技术、市场和管理经验，推动中国经济的快速发展。应该说，当时中美建交和中日缔约为对外开放创造了良好条件，中国获得了进入世界主体市场的重要通道。中国的改革、开放都采取了循序渐进的方式。对外开放不仅引进了外资，而且引进了新的规则、制度和管理经验，并将国际竞争带入中国，为改革提供动力。

（十）全面深化改革，完善社会主义市场经济体制

中国持续推进的市场化改革促进了经济的快速增长，创造了"中国奇迹"。关于"中国市场化的改革模式"，国内外学者也有差异较大的解读。从中国改革的特点来看：一是在次序方面遵循先经济、后政治，保证政府能够有效控制改革进程和协调相关方面的利益。二是通过不断试验，稳步推进改革，基本方式为"摸着石头过河"，允许对不同选择进行比较、竞争，综合考虑改革措施的社会承受能力，努力通过改革让大多数人受益。"体制外改革"就是一个很好的体现。在体制的主体部分难以做出重大改革时，可以重点扶持私营企业、个体经济以及三资企业等的发展。这些经济形式以市场为导向，并在传统的计划经济体制之外。由此可见，在市场经济体制中的不同所有制具有中性的基本特征。到 20 世纪 90 年代，中国体制内与体制外经济几乎可以说是"平分秋色"了，从而形成了较为激烈的竞争态势，反过来倒逼国有企业改革。这就是中国改革实际走过的道路，而全面深化改革是未来发展的重要任务。2021 年初，国家发布的《建设高标准市场体系行动方案》提出：通过 5 年时间的努力，基本建成统一开放、竞争有序、制度完备、治理完善的高标准市场体系。建设高标准市场体系可以推动"有效的市场"和"有为的政府"更好地结合，是加快完善社会主义市场经济体制的重要内容，也是"十四五"时期中国经济发展的重要方向。

第九章　全球化理论创新与国际贸易规则重构

　　全球化让世界变成了一个人们可以频繁往来的地球村。在过去的几百年里，全球化的发展有坦途也有坎坷，但基本保持了不断深化的大方向，为全球的经济金融稳定与发展提供了重要动力。目前，全球化到了一个重要的关口期：是继续向前，还是开"逆全球化"倒车？这已成为一个难以回避的问题。2019年底暴发的新冠疫情，一方面加剧了某些"逆全球化"的动向，另一方面也让世界看到了全球化发展的新动力。此时，如果理性地极目远眺，可以发现全球化4.0就在前方，我们应该更好地回应当今世界变革的现实和需求。我们只有一个地球，有责任让世界变得更加富裕和美好。中国提出的"一带一路"倡议，不仅是一个重要倡议，而且蕴含了丰富的哲学理念，为全球化4.0树立了一个光辉典范。近年来，西方发达国家卖力挥舞起了贸易保护主义的旗帜，特朗普执政期间更是在"美国优先"的理念指导下打响了"全球贸易战"，试图通过贸易谈判、调整贸易政策等方式重塑国际经贸格局。全球经济格局的变革迫切要求理论的升级，需要更符合现实情况的国际贸易理论框架，以便更好地对全球贸易的新动向、新形势进行解释与判断。因此，我们应顺应时代要求进行全球化理论创新，重构国际经贸规则，为新型全球化提供重要支撑，维护全球经济金融的稳定与发展。

　　虽然我们将从广义视角讨论全球化的相关理论观点，但核心是讨论经济全球化理论，或者说是国际经贸理论。它通过对生产、贸易、投资、金融等活动的全球化，实现了产品、资本和劳动力等生产要素在全球范围内的最佳配置，是当代世界经济的重要特征之一，也是世界经济发展的重要趋势。实际上，经济全球化过程中所产生的新的贸易现象与问题，迫切需要得到国际经贸理论的合理解释，也引起了众多经济学家的理性思考。我们的相关理论及创新都是以此为基础展开的。

第一节　全球化的演进历程和基本格局

经济全球化由来已久，最早可以追溯到 15 世纪的地理大发现，至今已有超过 500 年的历史进程。纵观 19 世纪以来的经济全球化进程，其往往是在一个或者数个经济和军事强国的主导下推进及发展的。尽管在进程中出现过各种挑战，但从目前来看，经济全球化的进程似乎不可逆转，只是其形式和内容发生了某些变化而已。

（一）全球化的发展历程

15 世纪欧洲的航海活动拓展了海上新航路，为其向美洲、东方以及世界其他市场扩张提供了必要的条件。16 世纪文艺复兴运动的兴起极大地解放了思想，人类的眼界和思维界限得到极大突破。在工业革命前，货物流和信息流的成本高昂，全球贸易以跨区域交易最终消费品为主。早期的荷兰和英国东印度公司将亚洲的茶叶、丝绸和香料运往欧洲中心消费市场，促进了东西方文明的交流，也产生了巨额的贸易利润。从 18 世纪 60 年代至 19 世纪中叶，第一次工业革命爆发，资本主义国家的生产能力不断发展，同时技术突破促进了劳动生产率的极大提高，经济全球化的发展步伐开始加快。工业革命使英国成为 19 世纪全球经济和军事的最强国家，也是全球自由贸易的主导者，但其在向海外扩张的过程中常使用"殖民和炮火"的方式推动国际贸易。直至第一次世界大战前夕，工业革命推动的全球化进程都保持着较快的发展。这一时期的全球化主题是运输航路的重大突破。

随后，由于两次世界大战的爆发以及受到 1929—1933 年"大萧条"的影响，各国纷纷实行了维护国内市场发展的贸易保护和关税等政策，致使经济与贸易的全球化发展受到了限制。直到第二次世界大战结束，国际经济环境才逐渐稳定下来，和平与发展成为时代的主题，各国政府将关注的重点重新转向促进经济发展，随后在相关政策的鼓励下，生产和贸易效率快速提升。全球产业链的分工进一步细化，跨国公司主导下的资本投资在全球范围内展开，也令新兴市场加速融入经济全球化体系，同时各产业之间的竞争和合作关系也更加多样化、精细化。两次世界大战间接促使美国超越欧洲成为全球经济的轴心。作为当时经济实力和军事实力最强的国家，美国主导了世界经济和政治秩序的重组，构建了全球市场的资源分配、贸易规则以及以美元为中心的国际货币金融体系。这一时期的全球化主题以国际组织与规则为导向。

20世纪后半期互联网信息技术得到快速发展，信息技术革命极大地促进了各国间的贸易互通，在全球经济价值链中逐渐分化出具有不同技术特征的经济体，如资源优势型、生产加工优势型、服务贸易优势型、技术和消费优势型等经济体，并潜移默化地影响了世界经济格局。在信息革命的推动下，经济全球化呈现爆发式发展，价值链理论得到了广泛传播。凭借技术革命的推动，生产、贸易和金融等领域实现了更广泛的社会价值。麦肯锡咨询公司的调查显示，2009—2014年互联网对发达国家GDP增长的贡献率高达21%，其中75%的增长来自技术以外的行业，即利用信息通信技术发展的传统行业。国际电信联盟研究显示，信息通信技术的发展与收入增长之间相关性明显，先进技术（如宽带技术）的运用也证实了这一特征。这一时期的全球化主题为信息成本的降低。

第四次工业革命以提高资源生产率、减少污染排放和智能化为目标，它的技术突破口为石墨烯、量子信息技术、生物基因技术、人工智能和虚拟现实等。这是一场全新的绿色工业革命，将带领全球化以更高效、更环保的可持续方式进一步发展，也使全球化的进程从单纯的快速扩张转为质的提升。2019年1月在瑞士举行的达沃斯论坛年会的主题为"全球化4.0：打造第四次工业革命时代的全球架构"，标志着世界经济全球化步入4.0时代，其主题概念与第四次工业革命的概念一致。技术的发展和创新使人类迫切需要全面合作，因而新时期的全球化主题为高效、环保的发展。全球化的发展需要更低的生产和运输成本，而技术进步是生产和运输成本下降的终极源泉，商品和要素在更低的生产及运输成本下更具市场流动性。在人类文明史上，四次工业革命大幅降低了国际生产和贸易的成本，从根本上推动了经济全球化的蓬勃发展。

1995—2019年全球经济自由度指数见图9-1。

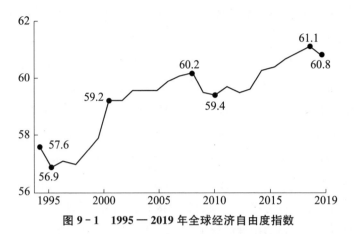

图 9-1　1995—2019 年全球经济自由度指数

资料来源：Terry Miller，Anthony B. Kim，and James M. Roberts，*2019 Index of Economic Freedom*，Washington：The Heritage Foundation，2019.

（二）经济全球化的发展格局

来自经济学人智库的《ICT（information communication technology，信息通信技术）全球化指数调查报告（2014）》显示，在当前的全球化进程中，欧美走在全球前列。虽然各国的发展程度仍有较大差距，但大部分北欧国家的 ICT 行业全球化指数较高，其中英国、荷兰、德国分别位列前三名；南欧国家，如意大利、西班牙等的 ICT 贸易开放度和信息技术开放度则相对落后。美国的 ICT 行业全球化指数相对较高，位居全球第四位。与此同时，新兴市场国家在 ICT 全球化指数中的排名相对落后，部分原因在于新兴市场国家的 ICT 基础设施建设相对薄弱，从中获得附加利益的条件尚不成熟。在金砖国家中，中国的 ICT 行业全球化指数最高，但仅位列全球第12 位。ICT 贸易的开放程度是通过衡量贸易壁垒的数量以及 ICT 行业的进（出）口量在贸易总量中的占比计算得出的，能够用来指代各经济体在多大程度上愿意并能实现自由贸易。在这项指数的排名中，中国排名第二位（2014 年），仅次于荷兰。显然，中国的整体 ICT 贸易量弥补了它在贸易壁垒方面的不足，并且中国已在 2004 年超越美国成为全球最大的 ICT 商品及服务出口国。但是，在涉及 ICT 行业的外国投资开放程度方面，中国的排名靠后（第18 位），说明中国对外商投资仍有一定的壁垒。在研发的全球化程度方面，加拿大和美国的指数排名较高，澳大利亚位列其后，中国位列第 9 位。

美国传统基金会（The Heritage Foundation）将经济自由度指数定义为人力资源和组织的世界紧密合作程度，用来综合衡量一国的经济自由程度，其衡量要素包括法律制度（财产权、司法效率、政府诚信）、政府规模（赋税、政府支出和财政状况）、管理监管效率（商业自由度、劳动力自由度和货币自由度）和市场开放程度（贸易自由度、投资自由度、金融自由度）；其出版的《2019 年经济自由度指数报告》显示，在涵盖全球 180 个国家和地区的数据排名中，中国香港连续 14 年蝉联第一名，评分达 90.2；评分达 80 分以上的国家和地区有新加坡、新西兰、瑞士、澳大利亚和爱尔兰；经济自由度评分在 70 分以上的国家和地区有 35 个，占比达到 19.4%；经济自由度评分在 50 分以下的国家有 21 个，占比为 11.67%；因此，有 68.9% 的国家经济自由度评分在 50 分至 70 分之间。其中，中国在 2019 年度的经济自由度评分中排名第 100 位，得 58.4 分。但总的来说，2019 年全球的经济自由度指数比往年稍微有所下降，见图 9-2。

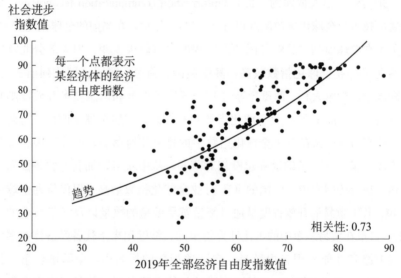

图 9-2 2019 年经济自由度指数的总体表现

资料来源：Terry Miller, Anthony B. Kim, and James M. Roberts, *2019 Index of Economic Freedom*, Washington: The Heritage Foundation, 2019, and Legatum Institute Foundation, *The Legatum Prosperity Index 2017*, 2017.

注：图中所列的经济体中，有 146 个经济体在 2019 年经济自由度指数和 2017 年列格坦繁荣指数中均有出现。

不同机构对全球化的定义和评分体系不尽相同，在列格坦（Lega-tum）研究所公布的 2019 年全球经济开放指数的评分中，中国香港仍位居第 1 位，其次是新加坡和荷兰。中国香港被认为具有对企业发展最有利的条件，即使在市场准入和投资环境的排名中，中国香港也位居全球第 3 位。作为世界第二大经济体和人口最多的经济体，中国的经济开放指数排名在第 51 位，相较 2019 年上升了 13 个位次。因为具备大量的技术劳动力，中国的企业创新环境很好，而且中国政府正在优先发展城市群，其中最大的城市群集中在珠江三角洲、长江三角洲和京津地区。

当今世界，生产的国际化和贸易的全球化已经深入几乎世界的每一个角落，并成为日常生活的重要组成部分。在全球范围内，产业分工乃至产业内分工已经不断细化。各国依据自身的比较优势，促使其产业链跨越国界趋向最优，逐渐表现出生产要素、产品、生产过程和科学技术的国际化特征。全球自由贸易不断降低产品与服务的贸易壁垒与限制，帮助参与全球化的各国在国际市场中找准自己的优势定位，更充分地利用自身的比较优势和资源禀赋。世界银行的数据显示，2018 年全球商品货物贸易占全球 GDP 的 46.12%。生产国际化和贸易自由化结合后生成倒逼机制，促使各国经济结构调整和产业转型，对效率和生产力水平较低的部门进行了改造升级，为经济体系注入了新的活力。与此同时，资本的全球流动有效弥补了发展中国家的资金不足，在吸引资本进入的同时，引进了外来先进技术和管理经验，有力地促进了发展中国家的国内人才培养，推动了生产力水平的提升，而资本伴随所在国的产业和经济发展获得了丰厚的回报。

（三）经济全球化的问题和困境

1. "逆全球化"现象

20 世纪后半期信息革命的快速发展和全球价值链理论的广泛传播，让贸易、生产、金融和劳务等经济全球化方式获得了极大的发展，全球范围内物资运输往来的频繁性和便利性也将世界各国更加紧密地联系在一起，而且相互融合、相互影响。但在经济发展的历史进程中，通常会出现各种不确定现象和危机，导致全球化进程受阻，甚至发生倒退，我们可以称之为"逆全球化"现象。就历史事件来说，比如 1997 年的亚洲金融危机、2008 年的国际金融危机、2009 年以希腊主权债务危机为导火索的欧洲债务危机等，都体现出危机的广泛破坏性，而经济一旦陷入停滞，其损失将波及全球更多的国家。

发生在 2008 年的国际金融危机，令经济全球化的步伐有所放缓，甚至导致了"逆全球化"现象的出现。美国前总统特朗普上台后，推行"美国优先"的发展战略，表现出了明显的贸易保护主义态势。与此同时，美国在全球范围内发起了"退群"节奏：先后退出了跨太平洋伙伴关系协定（TPP）、巴黎气候协定；将北美自由贸易协定（NAFTA）替换为美墨加自由贸易协定；发起了与全球多个经济体的"贸易战"。在欧洲方面，2021 年初英国正式完成了"脱欧"，但仍有许多复杂而困难的问题亟待解决。这一系列以美国为代表的资本主义大国的"退群"事件，都是典型的"逆全球化"操作。

2019 年底在全球暴发的极具传播性的新冠疫情给全人类的生命和健康带来了威胁，而便利高效的交通运输方式也令此病毒的传播更快、更广。据世界卫生组织于 2021 年 4 月 13 日公布的数据，截至北京时间 2021 年 4 月 13 日，全球累计确诊新冠肺炎病例 13 629 万余例，累计死亡 294 万余例。令人瞠目的是，自由民主的欧美国家成为流行病毒的重灾区。此外，因疫情导致的经济影响也逐渐显现出来：2020 年 3 月，美国股市出现历史性的四次"熔断"暴跌；2020 年，除中国外的主要经济体的 GDP 增长均为负值，经济恐慌情绪在数据高度透明的环境下迅速蔓延开来，已经演变成全球化历史进程中对人类发展的重大挑战。当然，21 世纪先进的全球物流和机器设备也解决了全球物资调配问题，中国在对本国疫情实现合理有效的控制后，及时援助了其他重灾区国家。面对危机，处于全球一体化之中的人类社会需要理性思维，需要勇气、智慧和齐心协力，才能更好地保护各国和全球人民的重大利益。

2. 国际经贸理论创新与规则重构问题

几百年来，作为经济理论的重要分支，国际贸易理论一直备受关注；发展至今，学者已提出了许多成形的贸易理论和框架体系，以期指导各国实现贸易和产出的增长及福利提升。有理论认为，伴随经济全球一体化的推进，稀缺要素拥有国将倾向于反对自由贸易，反而采取保护主义政策，用以维持本国稀缺要素的价格，保护国内市场环境。根据 H-O 理论，当一国出口商品价格上涨时，该国相对稀缺要素的真实回报率会下降，而该国相对丰富要素的真实回报率会上升。因此，国际贸易使相对丰富的要素获得了更好的回报，而相对稀缺要素的回报则变差了。例如，欧美等国的非熟练工人数量相对缺乏，人力资源和物质资本相对丰富，国际自由贸易增加了欧美等国的收入，但降低了非熟练工人的工资，使收入分配不均衡现象更加严重。因此，出于维护国内就业机会、减少贸易赤字等原因，一些反对全球化和自由贸易的声音一直存在。特别是一些发展中国家比较重视经济全球化给本国产业结构带来的非均衡冲击，为了保护国内产业的发展而执行贸易保护措施。这些由社会利益导致的政治决策是全球化进程中的重大挑战。

在经济全球化背景下，双边和多边贸易问题一直是各国谋求发展时的关键所在。近年来，个别发达国家的贸易保护主义盛行，比如美国前总统特朗普领导下的政府，其指导理念是基于"美国优先"的原则，在贸易谈判和贸易政策调整中试图重塑国际经济贸易格局，这无疑对国际经贸理论和规则产生了重大影响。为了维护美国在经济全球化发展中的利益，美国甚至不惜打响"全球贸易战"，影响更多国家和地区的经济利益。2019 年中美贸易战的打响，实际上是大国之间的利益争夺过程，但其带来的影响却渗透到各个国家。一国若想在贸易战中获益，则必有其他国家在贸易战中受到损失，而利益相关国都要在贸易战中对其利益进行权衡，并将损失降到最小。这种不断变化的全球经济格局对现有贸易理论形成了重大挑战，迫切要求国际贸易理论升级，同时要求各国提出更符合现实情况的国际贸易理论新框架，以便更好地对全球贸易现象进行合理解释与政策判断。

3. 新冠疫情对全球化的影响

在全球化进程面临重要关口的关键时期，新冠疫情无疑对全球经济交流、全球供应链协作、人员物资流动等方面产生了严重的冲击，给全球化的发展前景蒙上了一层荫翳，也让人们开始思考全球化走向何方的问题。应该说，史无前例的新冠疫情确实给全球化带来了巨大的冲击，其对全球化进程的影响不仅是短期的，而且对全球化的长远发展也将产生影响。世界经济低迷叠加新冠疫情的影响，使得某些国家既对未来经济发展形势比较悲观，又加剧了其对全球化的质疑。新冠疫情在全球范围内的传播，暴露了生产全球化情况下的全球供应链与分销网络的脆弱性。从国家安全的角度出发，各国可能会调整应急物资储备体系，从而导致"有限全球化"的出现。谨慎地看，新冠疫情有可能加剧全球民粹主义风险，导致全球化的阻力增大。作为一种周期性社会现象，民粹主义一般出现在社会的转折期，并常在新的社会历史条件下与新的社会问题相结合。

但我们也应看到，推动未来全球化的新动力正在发挥越来越大的作用。新冠病毒可能是人类历史上最难应对的灾难，对全球化产生了重大冲击，需要全球共同面对。新冠疫情下全球支援抗击疫情，凸显出全球化的必要性。疫情促进了全球合作和为遏制疫情进行的共同努力，使得世界更为紧密地连接在一起。无论是应对疫情的医学或流行病决策，还是经济、政治选择，都会由一个国家影响到整个世界，谁都不可能置身事外，最终大家都在一条船上。共同努力想办法是比较现实的途径，企图把别人推下船来保护自己的做法，很可能会导致自己先掉下船而无人愿意搭救的情景。我们认为，各国应正视疫情对于全球化的冲击，但疫情不会宣告全球化的终结。全球化仍是当今时代的基本特征，全球化的总趋势不会改变，但全球化的形式和内容会发生变革。

第二节　全球化理论综述

（一）对"全球化"概念的理论探讨

全球化是指人力资源、物质资源、文化资源、信息资源和技术进步等要素在各国不同部门、公司、政府之间互相融合的动态过程。全球化不仅包括经济全球化，而且包括政治全球化和文化全球化。在当前的研究中，经济全球化是全球化问题研究的热点和关键，将世界资源视为一个整体进行研究和探索，已成为经济问题研究中越来越重要的一环。现代意义上的"全球化"概念始于20世纪70年代，主要包括商品市场的一体化、劳动市场的一体化和资本市场的一体化。2000年，国际货币基金组织（IMF）将全球化定义为四个基本方面：贸易和国际往来、资本和投资的流动、人口流动和知识的传播。

早在 17 世纪，经济全球化理论就已在西方逐渐发展并形成了不同的流派。自 20 世纪 90 年代以来，全球化的浪潮已经渗入人类文明发展的各个方面，并不断深化和扩展，为人类生活带来了巨大便利。马歇尔·麦克卢汉（Marshal Mcluhan）在其 1964 年出版的《理解媒介》中提出的"地球村"一词，被认为是最早系统化地提出"全球化"概念的用语。他认为：当代社会的全球化是通过媒体传播至每个人生活中的，旧的、孤立的价值体系和制度将在全球化进程中不断被取代，人人参与的"新型地球村"正在出现。1983 年，"全球化"一词在美国经济学家西奥多·莱维特（Theodore Levitt）的 The Globalization of Markets 一文中被首次公开刊登和使用，并被详细赋予了含义，即生产、贸易和资本在世界范围内不断发展与流动，科学技术取得了巨大的发展并成为全球的共享资源，世界经济在全球化的影响下发生了巨大的变化。

早期学者对全球化的理解建立在资本主义的生产关系中，并将全球化的起源与资本主义的历史进程相联系。他们认为，20 世纪 70 年代资本的国际自由流动，拉开了经济全球化的序幕。美国学者阿里夫·德里克（Arif Dirlik）从体制角度构建理论，将经济全球化视为全球资本主义，是资本主义生产关系在世界市场上的自由发展和灵活生产。更进一步，英国学者莱斯利·斯克莱尔（Leslie Sklair）提出的经济全球化概念更加具体。他认为：经济全球化是指以资本主义生产方式为核心的经济体系在全球范围内蔓延和扩展的过程。但全球化的过程不仅是一个经济扩张过程，而且是一个促进政治、文化和经济三者统一的过程。甚至有学者将全球化视为资本主义生产关系中的特有权力，并强调全球化仅为资产阶级的国际化。

（二）对"全球化"性质的理论探讨

西方大多数学者认为，经济全球化的本质就是"无国界经济"，并强调经济全球化的超阶级性和超国家性。部分学者提出了对经济全球化过程的担忧。例如，新自由派经济理论家罗伯特·赖克认为：经济全球化将加强各国和地区在经济、政治和文化方面的往来，促进国际经济组织、制度和世界经济秩序的改革及扩张。各国现存的经济、政治结构受全球化的影响开始向新态势改变，而且从削弱国家经济自主性、加强国际组织的作用等方面对各国的权威产生挑战。汉斯-彼得·马丁和哈拉尔特·舒曼则提出：自 1960 年以来，世界上最富有的国家与世界上 1/5 最贫穷的国家之间的差距扩大了一倍，经济全球化在一定程度上增加了两极分化与社会不稳定。

但更多的学者能够认识到经济全球化的"双刃剑"特征。例如，罗伯特·萨缪尔森认为，经济全球化加快了经济增长的速度，提高了新技术的传播，平衡了贫富国家之间的生活水平，但也存在侵蚀一国传统经济文化和威胁社会稳定的过程。美国学者郎沃斯表示：在经济全球化的进展下，人们都能享用来自其他地区的低成本新商品和服务，控制经济信息的、受到高等训练的工人能够得到丰厚的薪水，贫穷国家的工人们也有机会提高生活质量和收入。经济学家约翰·H. 邓宁提出了下述观点："除非发生天灾人祸，全球化经济活动是不可逆转的。因为企业获得的技术普及和技术进步本身就是不可逆转的过程。"新自由主义经济学者认为：各国和地区均存在各自的比较优势，可以生产特定的商品和服务进行贸易，从而促使世界经济朝向共赢的方向发展，而不是零和结果，即使原本存在的利益集团也会在世界竞争中受到一定的打击和限制。

（三）全球化理论的主要西方学派观点

当今西方探讨全球化理论的主流学派就是新自由主义学派，该学派主要强调市场在全球化中的作用，即在生产力发展需求的推动下，生产要素在世界市场上开始自由流动和组合，从而合理优化了资源配置。资本对外扩张的需要导致技术和信息等要素跨越国界，在全球化国际分工模式下，生产要素在世界范围内得到了合理的配置和组合，创造出更多的利润和价值，推动了经济的快速增长。新自由主义学派主张对经济实施放松管制，鼓励国际资本的自由流动，对资本的全球化扩张进行合法的维护和辩护，从而推动了西方的资本在全世界范围内蔓延。20 世纪 50 年代丹尼尔·贝尔在《意识形态的终结》中提出："无论是资本主义的发展，还是自由贸易与世界市场的膨胀，都不是当今世界的症结所在，国与国之间、民族与民族之间的对抗和冲突与资本主义全球化的主题相悖。"新自由主义学派的代表人物弗朗西斯·傅山提出：自由主义是起到支配作用的意识形态，自由民主的历史可能就是人类最后的历史。

西方左派对经济全球化的研究主要持质疑态度。例如，英国学者林达·维斯认为：新自由主义对经济全球化积极作用的过度渲染并不是客观和科学的陈述。政府和市场的调控职能不可因过度强调经济全球化的作用而被忽视，发展中国家和落后地区也不能因此盲目地解除管制，使整个社会失去了必要的保护机制。20世纪70年代盛行一时的依附理论，对全球化进程中的边缘落后国家和地区的发展前途持相对悲观的态度。它认为：只要以西方发达资本主义为核心的现存的世界经济结构不发生改变，则相对不发达国家依附发达国家的贸易模式就不会发生改变。这种依附导致发达国家的发展与相对不发达国家的发展在本质上就有区别。

全球化理论中的秩序转型主义论认为：经济全球化是推动社会、政治和经济转型的主要动力，并在推动现代社会世界秩序的重组（Giddens and Castells，1996）。全球化现象并非揭示了一条道路，每个个体和政治体都是全球化的一部分，并遵循全球化的规则。经济全球化产生的"转型"力量，导致了世界秩序的剧变，充满了偶然和变数，谁都无法预测到其发展方向和所构建的未来新世界经济、政治秩序的真实样貌（Ruggie，1996）。

当前在学术界影响较大、对经济全球化基本问题进行研究和探讨的世界体系理论，以美国历史学家和社会学家伊曼纽尔·沃勒斯坦为代表。他以世界整体观为研究基础，认为在世界是一个整体的前提下，人类历史上的各民族和国家都不是孤立存在和发展的，而是相互联系、依赖和制约的。该理论注重分析各国经济、政治和社会关系对彼此的相互影响，注重各国剩余价值的转移和资本积累，认为"资本积累"的本质是决定资本在全球的扩张过程，而"不等价交换"造成了不同国家在全球经济体系中所处的不同位置。世界体系理论的观点，是相对符合世界发展客观事实的，但它过于强调相对不发达国家的外部因素，而忽视了在经济全球化进程中特定人类发展历史进程的内部因素和特殊过程，导致世界体系理论缺乏实用性。

（四）全球化理论之马克思主义的世界历史观

马克思从唯物史观的角度研究资本主义和共产主义的发展问题，其研究出发点是对生产力和生产关系的探讨，并在此基础上分析了资本的跨国流动、国际贸易和世界市场等概念，形成了世界历史理论。世界历史是指人类历史的整个发展过程，并伴随着社会生产力的发展和世界市场的形成，各国和各民族在相互制约和依赖的发展条件下，逐渐促进了世界一体化的进程。

马克思主义理论认为，世界历史的进程是由于资本主义的发展而开创的，形成了世界历史的物质基础和前提条件，但世界历史的最终形成和发展目标是共产主义。马克思主义的世界历史理论与西方的经济全球化理论存在本质的不同，前者认为资本主义只是世界历史的起点，共产主义才是发展的终点，而后者不具备解放全人类的根本目的，只是把经济全球化等同于世界历史的完成。Stephen Gill and S. Amin（1995，1996）是经济全球化理论的新马克思主义派代表。他们的观点为：当今的经济全球化代表了西方发达资本主义国家推行的资本主义生产方式，西方帝国主义化的全球扩张在当代取得了胜利，这一结果必然会导致不公平、不公正的国际经济和政治秩序，导致贫富两极分化的现象更为严重，政府将沦为国际垄断资本的代理人。

第三节　国际贸易理论的演进、发展与难题

国际贸易理论是经济全球化理论的核心，也是国际经贸合作和一体化的重要基础。作为经济学理论的重要组成部分，国际贸易理论的发展与推进被长期关注。迄今为止，国内外已提出了多种贸易理论和框架体系，用以指导各国的生产与贸易，实现经济增长和福利提升。从国际贸易理论的演进来看，学者的分析已经涉及贸易要素禀赋优势、成本优势、贸易竞争条件、贸易模式和贸易政策措施等多个方面，逐渐形成了拥护自由贸易，或拥护保护贸易，或辩证看待两者结合的不同派别。不同派别提出的贸易理论，各有其优势，也有其局限性，需要进一步梳理。

(一) 国际贸易理论的演进历程

国际贸易理论源于重商主义，在本质上也是自由贸易和保护贸易的相互结合。论起古典自由贸易理论的标志性起点，肯定是亚当·斯密（Adam Smith，1776）在其著名论著《国富论》中提出的绝对优势理论。在此基础上，大卫·李嘉图（David Ricardo，1817）又发展出了比较优势理论，其观点为：在某国生产产品的全部成本都低于他国生产产品的全部成本的情况下，各国只要生产和出口成本相对较低的产品，进口成本相对较高的产品，这样便可以通过贸易交换实现相互得利。自由贸易理论的基础是市场经济制度，其核心则是比较优势。早期的经济全球化理论，在以亚当·斯密和大卫·李嘉图为代表的古典贸易理论中有所体现，在绝对优势理论和比较优势理论的基础上，他们鼓励进行国别间的自由贸易、倡导贸易自由化以及自然禀赋的国际再分配，逐步发展为西方各国国际贸易增长和全球化理论的发展基础。需要注意的是，从亚当·斯密的分工理论、绝对优势理论与李嘉图的比较优势理论得出的结论是全球化，无法推出贸易保护主义的结论，也就是当今世界的"逆全球化"和贸易保护主义潮流与市场经济鼻祖的逻辑是相悖的。

比较系统的要素禀赋理论是赫克歇尔和俄林（1934）提出并总结形成的，其强调了不同国家的产品是具有差异的，或为资本密集型产品（K/L 较高），或为劳动密集型产品（K/L 较低）。两国间的贸易建立在出口要素禀赋优势产品、进口要素禀赋劣势产品上，从而为全球化理论模型的构建奠定了要素分析的基础。在 H-O 理论的基础上，萨缪尔森（Samuelson，1949）证明了在生产要素能充分自由流动的前提下，各国间的要素价格、产品价格将逐渐趋于均等。里昂惕夫（Leontief，1953）提出了投入产出理论，该理论以美国为主要研究对象，发现美国属于资本-劳动比率高的资本密集型国家，但出口了更多的劳动密集型产品，由此得出"里昂惕夫之谜"这个似乎矛盾的现象。

自 20 世纪 60 年代以来，越来越多的学者逐步放松了新古典理论中的假设条件，开始强调不完全竞争（Kravis，1971；Melvin and Warne，1973）和规模经济（Balassa，1966；Grubel and Lloyd，1975）等概念对国际贸易发展的重要性。Either（1979）认为，各国间的规模经济发展比国内的规模经济发展更重要。新贸易理论的集大成者——克鲁格曼（Krugman，1979，1980）系统地将不完全竞争和规模经济融入了传统贸易理论的模型中，并逐步演化出了能够替代产业间贸易理论的产业内贸易理论，即产业内的不同企业可以实现的资源优化配置（Krugman，1979；Falvey，1981）。布兰德与克鲁格曼模型（Brander and Krugman，1983）以国家间贸易进行古诺博弈为前提假设，并对博弈中达成的局部均衡进行分析。作为新贸易保护主义的典型代表，克鲁格曼（1979）主张贸易自由化并不能提高企业的生产效率，但会促使低效率的企业被淘汰、高效率的企业得到发展。他强调：各国之间需要认清"公平贸易"的事实。

再进一步，新新贸易理论被提出了，其主要代表为异质性企业贸易理论（Melitz，2003；Yeaple，2005）和企业边界理论（Antras，2003；Grossman and Helpman，2005）。梅里兹（Melitz，2003）提出的异质性企业贸易理论，对克鲁格曼（1979）的同质性企业假设和生产率的外生性等条件约束进行了放宽。他认为贸易自由化会促进低效率企业的淘汰，并推动高效率企业的发展，从而提高了整体的平均生产率水平。安特拉斯（Antras，2003）提出的企业边界理论引入了产权和不完全契约，采用动态一般均衡框架解释了国际契约的不完全性导致的产品周期的出现。

自由贸易主义是经济全球化理论的先导，19世纪的萨伊定律表明，必须实行自由贸易竞争政策，才能促进市场本身达到总供需的均衡。生命周期贸易模型（Jones，1990）表明，贸易自由化有利于物质资本积累和经济持续增长，并逐步促进发达国家与发展中国家之间的经济增长率逐步迈向趋同。异质性企业贸易理论（Melitz，2003）同样认为，自由贸易可以鼓励企业提高创新的力度，也有利于提高国内企业的生产效率。因此，贸易自由化不仅有利于实现产业内、企业间的资源优化配置，而且有利于实现企业内、产品间的资源优化配置（Mayer，2011）。自由贸易主义理论的发展，为经济全球化在世界市场中所需的自由开放交易提供了理论指导，肯定了全球化对世界经济发展的积极作用。

与自由贸易不同，保护贸易往往是相对弱势的一方需要对其利益进行适当保护，或者强势的一方希望获取超额利益，从而形成的一套贸易理论政策体系。古典贸易保护理论的代表李斯特（1841）认为，国家减免关税有利于鼓励复杂产业的进口，加征关税可以在一定程度上保护国内尚未成熟的幼稚产业。在1929—1933年"大萧条"后，凯恩斯（1936）提出了超贸易保护理论，用于保护当时国内产业的竞争力。该理论强调，贸易顺差应能扩大国内市场的有效需求。战略贸易政策论（Brander and Spencer，1984）对政府应发挥的作用进行了强调。该理论认为：企业在贸易市场上进行竞争时，政府应给予辅助和补贴，或支持企业的抢占市场动机。

客观来说，贸易保护主义的观点对不同国家在经济全球化大环境下进行合理竞争提供了理论指导，将政府和企业在全球化竞争中的作用显现出来。在全球化的市场竞争中，各国企业和政府不仅要看到世界市场环境下的"丰沃"利好，而且要看到全球化竞争中存在的问题和陷阱，要提高在全球化市场竞争中的保护意识和能力。

另外，新结构经济学对国际贸易理论的贡献是非常重要且不容忽视的。该理论认为，国际贸易理论中的要素禀赋结构与对一国的宏观经济分析具有同样重要的作用（林毅夫，2013）。不同发展程度国家的要素禀赋结构，虽然在每一特定的时点上是给定的，但随着时间的不断推移，资本、人口等要素禀赋的结构也会发生潜移默化的变化。其结果是，当一国技术和产业的发展与国家原本的要素禀赋结构相适应且匹配的时候，企业的生产成本就会比较低，因而产生了"比较优势"，进而有利于国家竞争力的提高（林毅夫，2017）。新结构经济学旨在解释：为什么发展中国家可以通过"后发优势"取得比发达国家更快的产业技术升级。

（二）自由贸易与保护贸易之争

一般来说，对于自由贸易和保护贸易，各国在不同时期表现出了不同的观点倾向。先看自由贸易，其观点认为：自由贸易可以提高效率，促进资源的优化配置。因此，国家不应对本国进出口贸易和服务设限，也不应对本国进出口贸易和服务提供优待特权；认为"自由贸易"是产生福利最大化的唯一途径。支持自由贸易的理论包括古典贸易理论、新古典贸易理论、要素贸易理论、规模经济论、生命周期论、产业内贸易理论等。在萨伊定律中，同样表述了必须实行自由贸易竞争政策。另外，从"干中学"（Arrow，1962）与规模经济学的角度来看，劳动力丰富的欠发达国家可以通过自由贸易积累大量的人力资本（Young，1991）。Jones（1990）的生命周期贸易模型表明，贸易的自由化对物质资本的积累和经济的增长是有利的，能促进发达国家与发展中国家经济增长率的趋同（Fisher，1995）。异质性企业贸易理论（Melitz，2003）认为，自由贸易鼓励企业提高创新力度，有利于提高国内企业的生产效率。

持贸易保护主义观点的学派认为，国家应提供相应的政策措施，为本国的进出口贸易提供优惠政策，或施加限制条件，以达到保护本国产品市场需求的目的，同时需要减少本国产品在国际竞争中可能受到的损失。李斯特贸易保护理论强调了关税在保护一国幼稚产业时的作用。凯恩斯的超贸易保护理论强调，贸易顺差能扩大国内市场的有效需求。20 世纪 70 年代中后期，受石油危机的影响，强调"公平贸易"的新贸易保护主义主张又在全球范围内掀起浪潮，同样以美国为首（Krugman，1979）。该理论将一国的生产率视为外生给定，并不随着贸易成本的变化而变化；其结论是，贸易自由化并不能提高企业的平均生产率。Brander and Spencer（1984）提出了战略贸易政策论，主张政府辅助企业在贸易市场上参与竞争，给予补贴或支持企业抢占市场。

许多理论和实证研究都证明，要素的自由流动与自由贸易带来了巨大的优越性。但在贸易政策的博弈中，无论是发达国家还是发展中国家，都会针对实际形势选择相应的贸易保护主义政策，以保护国内产业的国际竞争优势。特别是自国际金融危机以来，贸易保护主义行动开始增加（Georgios，2016）。从长期来看，自由贸易政策利大于弊，但在经济衰退阶段，出现短暂的贸易保护主义政策是正常现象（Suhail，2010）。随着经济全球化和国际贸易一体化的发展，自由贸易理论和保护贸易理论又呈现出趋于统一的新特征。

从早期的重商主义，到亚当·斯密的自由贸易理论和李斯特的贸易保护理论，再到凯恩斯的超贸易保护理论和新自由主义的贸易理论，可以看出不同阶段自由贸易理论和保护贸易理论的演进、对立及融合的过程。马克思、恩格斯关于自由贸易和保护贸易的理论观点，辩证地论述了两者结合的重要性。马克思对保护关税制度对于形成现代工业体系、发展生产力的作用表示了认可，但在社会大发展、社会革命的角度上，马克思依然对自由贸易表示了赞同。恩格斯认为，保护关税制度在国家起步阶段的实行具有必要性，在国家发展到一定阶段后，只有通过自由贸易才能获得更充分的发展。萨缪尔森在《充满灵性的经济学》一书中，明确表示了对贸易保护主义的反对，但在《主流经济学眼中的全球化：李嘉图-穆勒模型给出的证明》一文中，萨缪尔森通过挑选特殊生产力状态开展数字实验，对自由贸易表示了质疑，他的这种质疑一度成为美国部分贸易保护主义者的重要依据。这种质疑实质上反映了无论是自由贸易还是保护贸易，都难以有效解释国际贸易的实际情况，强大的美国实行的也是自由贸易与保护贸易相结合的政策。

（三）国际贸易理论的主要优势、不足与变革方向

从总体上看，国际贸易理论在贸易基础、逻辑体系、理论模型等方面取得了重大进展，并在推动国际经贸架构形成和促进经济全球化发展中发挥了重要作用，应该是经受了检验。其主要优势体现为：

（1）比较优势理论和要素禀赋理论决定或影响着国际贸易的基础，奠定了当今制定国际贸易规则的理论基础，并在静态分析基础上进行了动态的探讨，把单一的比较优势发展为综合性竞争优势，更加符合实际情况。

（2）形成了系统的自由贸易和保护贸易理论体系，并形成了各自的相应政策工具，特别是对两者融合的理论体系进行了探讨。

（3）探讨了各种理论模型，从不同侧面进行了逻辑相对严谨的分析。在国际贸易理论的演进过程中，异质性企业、规模经济和不完全竞争等假设条件被逐渐放宽，以期构建更加符合现实情况的理论模型。

（4）新结构经济学从发展视角探讨了一个后起国家超过另一国的可能性和条件，论述了技术因素、相关产业政策等的重要作用。

国际贸易理论存在的不足：

（1）难以解释现实情况。现实情况是，国际上没有国家实现了完全的自由贸易，也很少有国家愿意完全实行贸易保护。单纯用自由贸易理论或保护贸易理论均不能完全解释现实面临的贸易政策差异问题。

（2）无法合理解释自由贸易和保护贸易的矛盾与冲突，而且在理论上无法自洽。自由贸易可以促进福利最大化的结论与国际上贸易保护主义盛行的现实状态存在明显矛盾。大多数国家采用的是自由贸易与保护贸易相结合的政策操作。

（3）国际贸易理论尚缺少一个完整、综合的理论体系，也就是一个统一的体系，因而未能解释理论与现实情况的偏差，这是我们进行理论探索的思考重点。

（4）缺乏动态的理论模型。基于一般均衡框架的国际贸易理论，通常集中讨论某一特定状态，从而对动态的实际贸易问题缺乏解释力，对后起国家追及他国感到困惑。现有理论认为，两国贸易产品是由要素禀赋决定的，若按照这一逻辑，一国可能永远生产飞机，另一国可能永远生产衬衣，也就是这种情况是固定的，无法改变的。但现实中，各国的地位是不断变化的，可能出现相应的轮换，中国有一句广泛流传的谚语可以用来描述这种情况，即"三十年河东，三十年河西"。

面对一系列的难题和挑战，现有的全球化理论、贸易理论并不能有效解决现存的国际贸易问题，因而需要结合国际贸易的新形势、新兴经济体的新实践，理性地推动理论体系的积极发展和变革。鉴于以促进福利最大化为主旨的自由贸易理论与现存的国际贸易保护主义不断兴盛的现实状态存在明显的矛盾，因此提出一套新的国际贸易理论模型是客观需要，可以更好地解释全球一体化贸易中存在的现实问题，为国际经济发展和贸易的平稳运行提供依据。

国际贸易理论变革的方向如下：一是提出一套新的国际贸易理论模型，以便更好地解释国际贸易现实，从而为国际贸易的平稳运行和解决分歧提供依据。二是解决国际贸易中究竟是自由贸易、保护贸易，还是两者结合的问题。这个重大的问题不解决，就无法确定相对单一的标准，必然是双重标准或多重标准。可以说，自由贸易理论与保护贸易理论并不是截然对立的关系，而是存在一定的互补性，即自由贸易理论与保护贸易理论在一定程度上的统一是未来的发展方向。三是合理说明贸易的动态决定因素不断变化的问题。对于一个经济体而言，要素禀赋在一个时点是给定的，它可以随着时间的推移而发生变化，从而使比较优势发生改变。两国的贸易产品不应是简单地由要素禀赋决定的，而是由两国动态综合竞争优势决定的，是可以相互变换的，因而一国的某产品实现超越是一种常态。四是解决追及问题及实现条件问题。有效的市场是各种要素的价格能够充分反映其相对稀缺性的市场，是按照比较优势发展经济的制度前提。有为的政府能够在一国要素禀赋发生变化时因势利导，促进产业的潜在比较优势变成竞争优势，从而打破"低端锁定"，实现对另一国的追及。一国政府可以通过改革或相关政策不断提升相关产品的全要素生产率，从而改变产品的动态综合竞争优势。

第四节　理性综合下的国际贸易理论模型与动态综合竞争优势

我们将在梳理和总结现有国际贸易理论优势和不足的基础上，基于自由贸易与保护贸易相结合的视角，构建新的国际贸易理论模型。我们创造性地提出：动态综合竞争优势是国际贸易的基础，并且两国贸易产品的动态综合竞争优势不是固定的，而是不断变化的，可以随着动态综合竞争优势变化；在超过临界点后，两国的贸易关系会发生逆转，也就是一国发挥后发优势追及另一国的条件。

（一）创新贸易理论的路径与基础

我们知道，在当前的国际贸易规则下，一国执行单纯的自由贸易或保护贸易政策是不存在的，主要分歧不是有无问题，而在于保护贸易政策执行的强弱程度。因此，未来研究的基本思路应突破原有的"循环往复性"的分析模式，不再局限于自由贸易与保护贸易的循环争论，而应提出一套更加综合、符合实际的贸易理论模型，从而形成一套以自由贸易为主导、与有限保护措施相结合并基于国际规则的理论体系。我们对创新思路下的贸易理论及其理论模型的构建将按照图9-3的路径展开，即把自由贸易和保护贸易的观点结合起来讨论。

理性综合经济模型认为，"有效的市场"和"有为的政府"是统一的。依据宗良和范若滢（2018）构建的理性综合经济模型（或混合经济发展模型），整理后的模型基本公式为：

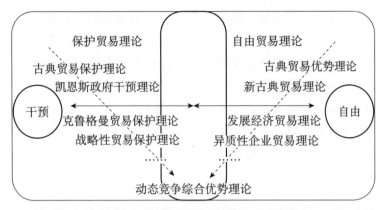

图 9-3 国际贸易理论的派别和演进

资料来源：作者整理。

$$\Delta Y_t = a\,\Delta Y_{Mt}^* + b\mu_{sl}\Delta A_t Y_{Mt}^* + b(\mu_d + \mu_{ss})(Y_t - Y_{Gt}^*) + b(\varepsilon_{dt} + \varepsilon_{st})$$

$$(9.1)$$

该公式被称为动态宏观经济增长模型（宗良和范若滢，2018）。在 (9.1) 式中，因变量 ΔY_t 表示在 t 时刻实际经济产出增长 Y 的变动；a 为市场作用系数；b 为政府作用系数；μ_d、μ_{ss}、μ_{sl} 分别为政府调控需求侧系数、短期供给侧系数、长期供给侧系数；ΔY_{Mt}^* 为市场作用下的自然产出增长；ΔA_t 为技术进步的作用；$Y_t - Y_{Gt}^*$ 为政府作用下自然产出增长的偏离；ε_{dt} 和 ε_{st} 分别为来自需求侧和供给侧的不可观测的随机冲击。从现实经济出发的解释为，处于某一阶段的国家存在一种合理的"有效的市场"和"有为的政府"的搭配比例，但确定最佳状态是非常困难的，各国普遍处于偏重自由市场或偏重政府作用的中间状态。我们构建国际贸易理论创新思维模型的思想，是基于供给侧调控措施既影响短期经济波动又影响长期潜在经济增长路径的基础之上。

（二）构建国际贸易新理论模型的创新思维

国际贸易源于两国产品以及要素禀赋和生产率水平的差异。在全球一体化的今天，拥有国际贸易理论创新思维的意义重大。我们知道，自由贸易不仅可以使国家之间的资源优势互补，而且可以提高两国的消费效用和福利水平，是国际贸易的基础。但在现实中，各国普遍采取了一些保护本国产品贸易竞争条件的相关政策，所以发挥政府调控的优势也有其存在的逻辑。因此，自由贸易与保护主义的有机结合是未来理论创新的重要路径。

从一个 $2 \times 2 \times 2$ 的简单贸易模型出发：假设世界经济体系中仅存在两个国家，发展中国家 A 和发达国家 B；仅存在两种要素禀赋，劳动 L 和资本 K；每个国家生产和贸易唯一的一种产品 Y_i $(i = 1, 2, \cdots)$，产品 i_j 由各国的禀赋结构 $\frac{L}{K}$ 决定。例如，两国的要素禀赋结构是 $\frac{L_A}{K_A} > \frac{L_B}{K_B}$，则 A 国是相对劳动密集型要素禀赋结构，B 国是相对资本密集型要素禀赋结构。具体说来，假设 A 国生产纺织品（$i = 1$，$Y_1 = X$），纺织品 X 的生产函数为：

$$X = f(L_A, K_A) = \lambda_A \times \left(\frac{L_A}{K_A}\right)^{\alpha} \tag{9.2}$$

B 国生产技术品（$i = 2$，$Y_2 = T$），技术品 T 的生产函数为：

$$T = f(L_B, K_B) = \lambda_B \times \left(\frac{L_B}{K_B}\right)^{\beta} \tag{9.3}$$

其中，λ 代表产品的生产技术。两国生产的产品总量一部分用于自给自足，另一部分用于出口；产品生产均遵循规模报酬不变、完全竞争市场的假设。这样，A 国仅生产（并贸易）要素丰富的纺织品 X，B 国仅生产（并贸易）资本要素丰富的技术品 T。在 t 时刻，两国的产出可以表示为以下两个公式：

$$\Delta Y_{1,t}^A = \Delta X_t = \Delta X_{t,A} + \Delta X_{t,AB} \tag{9.4}$$

$$\Delta Y_{2,t}^B = \Delta T_t = \Delta T_{t,B} + \Delta T_{t,BA} \tag{9.5}$$

其中，$\Delta X_t = X_t - X_{t-1}$，表示产品 X 的产量在 t 时期较上一时期的变化；因此 ΔX_t 和 ΔT_t 分别表示在特定时期内（从 $t-1$ 期到 t 期）A 国生产的纺织品 X 的数量和 B 国生产的技术品 T 的数量。进一步，在等式右边，$\Delta X_{t,A}$ 表示 A 国生产的用于本国消费的纺织品数量，$\Delta X_{t,AB}$ 表示 A 国生产的出口给 B 国的纺织品数量；同样，$\Delta T_{t,B}$ 表示 B 国生产的用于本国消费的技术品数量，$\Delta T_{t,BA}$ 表示 B 国生产的出口给 A 国的技术品数量。与此同时，我们假定两国生产的所有产品 Y_i 刚好满足消费和出口的所有需求。

假设两国遵循同样的消费效用函数 $U_h (h = A, B)$，则 A、B 两国的消费效用函数可以如下表示。

A国:

$$U_A = X_A^\theta T_{BA}^{1-\theta} \tag{9.6}$$

B国:

$$U_B = (X_{AB})^\theta (T_B)^{1-\theta} \tag{9.7}$$

此消费效用函数表示,A国与B国消费者的效用仅来自纺织品和技术品的使用。如果两国的进口量与出口量相等,那么两国进行贸易的国际收支均衡方程可以表示为:

$$P_{t,X}\Delta X_{t,AB} = P_{t,T}\,\Delta T_{t,BA} \tag{9.8}$$

该方程表示,在一个时期内和两国模型下,A国向B国出口的纺织品数量与B国向A国出口的技术品数量之比等于技术品与纺织品的价格之比($\Delta X_{t,AB}/\Delta T_{t,BA} = P_{t,T}/P_{t,X}$),即A国向B国出口的纺织品价值($P_{t,X}\Delta X_{t,AB}$)与B国向A国出口的技术品价值($P_{t,T}\,\Delta T_{t,BA}$)相等。另一种情况为,如果进口量与出口量不相等,则存在贸易差额,有如下方程:

$$P_{t,X}(\Delta X_{t,AB} - \Delta T_{t,AB}) = P_{t,T}(\Delta T_{t,BA} - \Delta X_{t,BA}) \tag{9.9}$$

其中,$\Delta T_{t,AB}$ 表示A国从B国进口的技术品数量[①],差额项 $\Delta X_{t,AB} - \Delta T_{t,AB}$ 表示A国(向B国)的出口量减去A国(从B国)的进口量后的净出口量,可以表示为 $\Delta\,\mathrm{PureImput}_{t,A-B}$,或 $\Delta\mathrm{PIm}_{t,A-B}$;$\Delta T_{t,BA} - \Delta X_{t,BA}$ 表示B国(向A国)的出口量减去B国(从A国)的进口量后的净出口量,可以表示为 $\Delta\,\mathrm{PIm}_{t,B-A}$,即两国贸易是建立在净出口价值等价交换规则下的公平交易。然而,国家政策的调整和对贸易保护的市场干预会影响两国贸易的平衡状态,一国的净出口总量包含自然状态下的潜在净出口和政府政策影响下的净出口两个部分,对这一部分的具体体现和分析详见后文。

(三)国际贸易新理论模型下的动态综合竞争优势转换点

根据前面给出的新国际贸易模型的框架,在宗良和范若滢(2018)的

---

① $\Delta T_{t,AB} \leqslant \Delta T_{t,BA}$,即A国从B国进口的技术品不大于B国出口的技术品,在两国模型下可以认为存在浪费等福利损耗。(9.8)式重点突出了两国贸易的净出口价值等价交换原则。

动态宏观经济增长模型的基础上，结合对国际贸易条件的分析，可以给出在开放经济条件下包含贸易产出波动的趋势模型。为了对复杂的现实要素做理论模型的规律总结，需要先将一国的多要素环境降维，然后在假设条件下给出经济运行的基本逻辑公式。该理性综合模型的假设条件为：①每个国家仅产出一种产品，A 国生产并交易产品 X，B 国生产并交易产品 T；②影响经济产出波动趋势的宏观因素分为两大类，即自然状态下的市场潜在产出增长波动 ΔY_t^* 和除自然状态下的产出增长路径外的其他所有影响产出增长波动的因素，主要体现为政府的影响 ΔY_t^G（$\Delta Y_t^G = \Delta Y_t - \Delta Y_t^*$）；③国际贸易的影响因素（净出口 ΔPIm）作为独立因素讨论分析。A 国的产出波动趋势模型为：

$$\Delta Y_{t,A} = a(\Delta Y_{t,A}^* + \Delta \text{PIm}_{t,A-B}^*) + b\,\mu_{sl}\,\Delta A_{t,A}(\Delta Y_{t,A}^* + \Delta \text{PIm}_{t,A-B}^*)$$
$$+ b(\mu_d + \mu_{ss})(\Delta Y_{t,A}^G + \Delta \text{PIm}_{t,A-B}^G) + \varepsilon_A \tag{9.10}$$

在国际贸易分析的框架下，同样可以给出 B 国的产出波动趋势模型：

$$\Delta Y_{t,B} = a(\Delta Y_{t,B}^* + \Delta \text{PIm}_{t,B-A}^*) + b\,\mu_{sl}\,\Delta A_{t,B}(\Delta Y_{t,B}^* + \Delta \text{PIm}_{t,B-A}^*)$$
$$+ b(\mu_d + \mu_{ss})(\Delta Y_{t,B}^G + \Delta \text{PIm}_{t,B-A}^G) + \varepsilon_B \tag{9.11}$$

（9.10）式和（9.11）式表示了在考虑国际贸易的情况下两国产出波动趋势的组成。产出波动趋势计算公式的具体组成部分如下，以 A 国为例，根据（9.10）式，$a(\Delta Y_{t,A}^* + \Delta \text{PIm}_{t,A-B}^*)$ 来自仅考虑完全市场情况的产品 X 的潜在自给产出和潜在净出口波动，体现一个国家的要素禀赋。$b\,\mu_{sl}\,\Delta A_{t,A}(\Delta Y_{t,A}^* + \Delta \text{PIm}_{t,A-B}^*)$ 表示来自政府的供给侧改革的长期效果对全要素生产率 ΔA_{tA} 的影响，此项表示了一国某产品的综合动态竞争优势可通过适当的政府供给侧改革而发生转变。具体说来，政府对综合动态竞争优势的影响可以表现在两部分：①实现 A 国纺织品的潜在自给产出和潜在出口增长路径趋势的改变；②政府作用的影响甚至可以提高 A 国的产出增长路径，实现对原本处于高产出增长路径上的 B 国的超越，这一超越点可以称为动态综合竞争优势的转换点（V 点），见图 9-4。① $b(\mu_d +$

---

① 从先发优势和后发优势的角度来说，（9.10）式的第一项可理解为一国的先发优势，由要素禀赋决定，第二项可以理解为后发优势，由全要素生产率的变动决定。政府的作用在于能够创造条件，实现一国的后发优势，通过第二项达到动态综合竞争优势转换点 V。先发优势和后发优势只是一种可能，而不是必然，需要相应的合理政策才可实现。从这个视角可以更好地理解林毅夫的新结构经济学关于后发优势的分析。

μ_{ss})$(\Delta Y_{t,A}^{G} + \Delta PIm_{t,A-B}^{G})$表现为政府调控的短期影响，即政府政策对两国间供需平衡的调整。具体说来，政府政策可以影响纺织品的出口波动和技术品的进口波动。例如，A国执行提高关税的贸易保护主义措施，将会减少技术品的进口，即$\Delta PIm_{t,A-B}^{G}$上升，短期产出波动上行。

为了更直观地表示两国在开放经济条件下的产出波动趋势，可以根据（9.10）式和（9.11）式描绘出各自的产出增长波动路径。在原本路径下，A国（发展中国家）的产出增长路径Y_t^A要低于B国（发达国家）的产出增长路径Y_t^B。在Q_{t1}时期，B国实施了积极的宏观政府调控政策（或者贸易保护主义政策），短期波动表现为提高了B国的净出口（$\Delta PIm_{t,B-A}$），长期体现为该政策的实施可以提高B国的全要素生产率，导致潜在产出增长路径的变化为$Y_t^{B'}$。此时，如果A国仍保持在原有的产出增长路径下发展，就会与B国之间的距离越来越大（虚线表示A国原本的无调控状态下的产出增长路径），导致A国更难实现对B国经济增长的追及。在图9-4中，如果A国选择在Q_{t2}时刻进行有利于长期经济增长的供给侧改革，重新配置资源和禀赋结构，通过"有为的政府"发挥长期调控作用来提高A国的全要素生产率，就会使A国的产出增长路径实现跨越式升级，并提高至$Y_t^{A'}$。随着时间的推移，A国将在t^*时刻的V点实现动态综合竞争优势的转换。

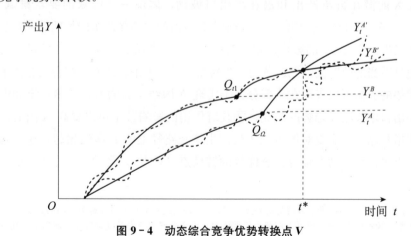

图9-4 动态综合竞争优势转换点 V

资料来源：作者整理。

　　国际贸易理论的动态综合竞争优势转换点和创新思维的主旨是：两国交易的产品不是简单地由要素禀赋决定的，而是由两国相关产品的动态综合竞争优势决定的。动态综合竞争优势主要取决于：一是一国在初期拥有的要素禀赋优势；二是政府调控政策对全要素生产率或技术创新的促进，导致劳动生产率的提升，从而促进了相关产品的竞争力提升，即宏观政策对出口产品竞争力的影响等。动态综合竞争优势是可以改变的，并且存在一个转换点。动态综合竞争优势转换点的意义在于：在某一行业，一国在最初可能不具有另一国的要素禀赋优势，但如果此行业的全要素生产率在该国具有较大的提升空间，就可从供给侧为该产业的发展创造有利的环境，提升该产业的全要素生产率，从而改善产品的动态综合竞争优势，使其成为重要的贸易产品。这意味着一国具有比较竞争优势的产品或行业并不是可以持续保持或不可超越的，在合理的政府调控政策作用下，实现产业的追及和超越是正常现象，不可能存在某国一直优越的情况。

　　从动态综合竞争优势的角度来分析，两国政府一般是在国际规则许可的条件下，通过调控、改革或合理保护提升相关产品（纺织品或技术品等）的竞争力，创造有利于产品发展的供求环境，提升产品的全要素生产率，以改变产品的动态综合竞争优势。这与两国可以在国际规则许可下，通过各种训练措施提升其球队的竞技水平类似。在模型中的转换点前后，两国的贸易产品将发生结构性变化，即优势产品是可以相互变化和转换的，一国产品可以实现对另一国产品的超越。以前文的例子来说，在初期，A 国主要生产和贸易的产品为纺织品，B 国主要生产和贸易的产品为技术品，但在转换点之后，资本要素禀赋密集的 B 国生产并出口劳动密集型产品更有动态综合竞争优势，劳动要素禀赋密集的 A 国生产并出口资本密集型产品更有优势，产出路径的走势将表现为 A 国实现对 B 国的超越，这是一个正常的状况。① 对相关产业也一样，一国某产业实现追及与超越是正常的，不是某国一直好下去。

---

　　① 1953 年，里昂惕夫曾指出：美国在第二次世界大战后应出口资本密集型产品、进口劳动密集型产品，但实证分析却发现情况刚好相反，由此出现了"里昂惕夫之谜"。我们的理论刚好也印证了这一观点，资本要素禀赋密集的国家同样可以出口劳动密集型产品、进口资本密集型产品。

(四) 新模型视角下的国际投资思考

以上分析假定了只存在贸易的情况，解释了与贸易相关的政策或规则，我们可以将问题进一步扩展至两国的投资项。在经济全球化的背景下，国际投资与贸易是同等重要的战略性发展手段。资本要素自由流动的意义在于，可以通过投资全球基础生产链，助力投资国相关产业链的升级，并直接获得资本利润。此外，一国还可以通过引进外资获得大量的资本要素和先进的技术支持。所以，对外直接投资、企业并购交易、金融证券投资等会因一国的需求自由流动，而投资量的多少是一国综合竞争力的体现，政府出台的外商投资限制和审查规定会影响一国投资的自由流动。我们进一步的分析为，放宽两国生产产品的数量，假设 A 国可以生产 Y_i （$i=1$，3，5，…）种产品，B 国可以生产 Y_j （$j=2$，4，6，…）种产品，国际贸易市场条件放宽至更符合现实情况的规模经济和不完全竞争市场，存在差异化同类产品的垄断竞争。将国际收支均衡方程 （9.9）结合禀赋生产函数 （9.2）式，可以得到：

$$\Delta Y_i = P_i \left(\Delta \lambda_A \left(\frac{L_A}{K_A} \right)_{BA}^{\alpha i} - \Delta \lambda_B \left(\frac{L_B}{K_B} \right)_{BA}^{\alpha j} \right) \quad i \neq j \qquad (9.12)$$

总的来说，一方面，短期资本流动会通过影响汇率等方式影响产品价格，从而间接影响两国产品的进出口数量；另一方面，长期的外商直接投资可以改善一国要素禀赋的初始状况，还会促进该国全要素生产率的提高，并使生产和竞争力提高。总的来说，国际直接投资会影响贸易产品的价格、实现资本要素互补、提高产品生产技术等，进而改变一国对外贸易的价值 ΔY_i。

我们通过拓展前面的两国模型来具体分析，在两国的产出增长路径经历了动态综合竞争优势转换后，发展中国家 A 生产（并出口）的优势产品信息产品 $O = Y_3$ 与 B 国生产并出口的技术品 $T = Y_2$ 之间存在竞争。此时，为了保护本国产品的竞争优势，B 国实施了影响市场汇率的政策，令 A 国的货币升值，导致 A 国产品的出口成本上升，从而降低了 A 国生产并出口的信息产品 O 在 B 国市场上的竞争力，导致 A 国信息产品 O 的净出口量下降（即 $\Delta Y_i^A \leqslant 0$），出现了贸易逆差；与此同时，由于 B 国货币相对贬值，B 国技术品 T 在 A 国市场上的相对成本下降，有利于 B 国技术品的贸易量上升（即 $\Delta Y_j^B \geqslant 0$），因而 B 国实现了贸易顺差。考虑到投资项后，又会有一系列针对投资的措施，旨在影响两国产品要素流动、产品竞争力和市场等，包括市场准入、技术转让限制、并购条件、要素流动、反垄断措施等。为了维护本国合理的竞争地位，相对不具有优势的发展中国家应采取有效政策应对，保护本国出口产业免受他国政策干预造成的损失，或与多国达成双边或多边贸易合作，以保证发展的路径平稳达到综合竞争优势转换点为目的，逐步缩小与发达国家之间的经济增长差距。

（五）国际贸易理论的主要创新点

（1）自由贸易与保护贸易理论的有机结合。自由贸易不仅能使国家间的资源优势互补，而且能提高两国的消费效用和福利水平，是国际贸易的基石。但在现实中，各国又普遍采取了一些保护本国产品竞争力的措施，将这些措施完全取消并不现实。因此，将自由贸易与严格限定的保护贸易相结合，是发展理论创新的重要路径。

（2）关于国际贸易决定因素的升级。两国交易的产品，并不是简单地由其要素禀赋决定的，而是由其动态综合竞争优势决定的。动态综合竞争优势的影响因素包括初始期的要素禀赋、全要素生产率的可能变动以及相关政策的配合等。需要注意的是，动态综合竞争优势是可以改变的，并且存在一个转换点。一国具有比较竞争优势的产品或行业并不是不可超越的，在合理的调控政策作用下，实现产业追及和超越是正常现象。

（3）关于国际贸易规则的公平、公正运用问题。国际贸易规则用于促进国际贸易的顺利运行和利益的基本平衡。自由贸易是全球互联互通的必然要求，有限的保护可以针对各国的核心利益实施，但这些保护措施必须有严格的条件和程序。公平贸易不等于一国利益的最大化，需要在国际规则的约束和协调下进行，一国法律也不能超越国际规则并施加到其他国家之上，这才能保持国际贸易体系的大体平衡，避免出现恃强凌弱的局面。实际上，先进经济体应主动让渡一些技术给落后经济体，以促进落后经济体的发展，而不应该以国内法的名义进行保护，这是实现国际公平①的一种重要方式。

基于新理论模型，我们重点分析了贸易和投资，而两国间的经贸交往涉及贸易、投资以及技术和金融等更广泛的领域。也就是说，两国之间的平衡也不是简单的贸易和资本差额问题，而是包含多个项目的综合，但这两方面是经贸联系的核心和主体。从原理上看，两国的经贸联系和调整措施与国际规则及经贸金融联系密切，但基于规则的自由贸易应是国际贸易的基石，基于规则的有限保护要有严格的条件和程序。公平贸易不能是一国利益的最大化，不允许某一国的法律超越国际规则在全球运用，也不能以国内法名义进行保护。由此可见，理论创新还是坚持自由贸易、反对贸易保护主义的有力武器。例如，就中美贸易来看，虽存在较大的国际贸易顺差或逆差，但综合考虑起来，实际上是平衡的。"一国优先"理念的倡导，实质上是对其他国家最大的不公平，也是对国际规则的破坏。究其根本，合作共赢、为人类谋福利才是国际贸易的最终诉求。面对贸易保护主义强权政策，中国应充分利用好资本、劳动等资源禀赋优势，积极促进全要素生产率的提高，培育具有动态综合竞争优势的产业，进一步扩大全面深化改革和国际贸易的良性互动，继续坚持"走出去"和"一带一路"倡议，推动中国经济的持续稳定发展。

第五节　运用新理论模型分析中美贸易摩擦

(一)"中美贸易战"图景

自中国与美国建交以来，不断发展贸易和投资合作，双方逐步发展为重要的国际合作伙伴，实现了优势互补和互利共赢。但近年来，中、美却逐渐拉开了贸易战的序幕。2018 年 3 月，美国特朗普政府打着"中方窃取美国知识产权"的由头，要求对从中国进口的估值达 600 亿美元的商品

---

① 发展经济学家刘易斯（1967）曾提出：发达国家在占据贸易有利条件的基础之上，会通过国际贸易吸收发展中国家的剩余劳动力并输出资本，以提高本国的资本利润率，这会增大发展中国家在国际竞争中的劣势。这也要求发达国家进行适当的技术转让，以实现国际公平。

加征关税，挑起了中美双边贸易摩擦的第一回合。第二轮加税起于 2018 年 7 月，美国又要求对价值 340 亿美元的中国出口美国商品加征 25% 的额外关税。对此，中国商务部在同日做出了反制措施，声明会对价值 340 亿美元的美国出口中国商品加征 25% 的额外关税，其中包括了美国向中国出口最多的货品大豆。贸易摩擦期间，两国曾达成暂时的贸易休战协议，在 2018 年 12 月召开的 G20 布宜诺斯艾利斯峰会上，中、美两国领导人达成短暂共识，通过了举行为期 90 日谈判的决议，并协商达成了在谈判期内暂停新增贸易措施等内容。但好景不长，美国于 2019 年 5 月发起了第三轮贸易加税战，特朗普在推特上宣布对另外价值约 2 000 亿美元、合计 2 500 亿美元的中国出口美国商品征收 25% 的关税。同年 8 月，因对中国政府对于美国农产品的购买进程表示不满，特朗普又在推特上宣布将自 9 月起，对余下价值 3 000 亿美元的所有中国出口美国商品加征 10% 的关税。2019 年 8 月 6 日，美国财政部宣布将中国列为汇率操纵国，人民币兑美元汇率跌破 7 的关口。其后，中国政府宣布暂停购买美国农产品，并于 2019 年 8 月 24 日宣布对约 750 亿美元的美国出口中国商品加征 10% 或 5% 的关税，并且决定自 2019 年 12 月 15 日 12:01 起对美国汽车及其零部件恢复加征关税。发展至 2020 年 1 月 16 日，中、美两国签署了第一阶段贸易协议，美国取消了对中国"汇率操纵国"的认定，贸易战至此告一段落，见表 9-1。

表 9-1　中美贸易战事件的时间进程

发展阶段	时间进程	美国	中国
争端起源	2018 年 3 月 22 日	特朗普称"中国偷窃美国知识产权和商业秘密"，要求对估值达 600 亿美元的商品加征关税。	中国商务部发布"针对美国进口钢铁和铝产品的中止减让产品清单"，并对原产于美国的 7 类 128 项进口商品中止关税减让义务。
一轮加税	2018 年 4 月 4 日	美国政府的加征关税商品清单：对中国出口美国的 1 333 项、总计 500 亿美元商品加征 25% 的关税。	中国国务院关税税则委员会决定对原产自美国的大豆、汽车、化工品等 14 类 106 项商品加征 25% 的关税。

续表

发展阶段	时间进程	美国	中国
初次谈判	2018 年 5 月	中、美双方曾达成短暂的暂停贸易战共识，而且发表联合声明寻求和解。	
二轮加税	2018 年 7 月 6 日	美国对 340 亿美元的中国出口美国商品加征 25％ 的关税，标志着特朗普对华关税政策的正式实施。	中国商务部同日出台反制措施，对价值 340 亿美元的美国出口中国商品加征 25％ 的关税，包括了大豆等货品。
暂时休战	2018 年 12 月 1 日	在 G20 峰会上，两国领导人达成举行为期 90 日的谈判，并在谈判期内暂停新增贸易措施的协议。	
三轮加税	2019 年 5 月 5 日	特朗普政府宣布对另外价值约 2 000 亿美元、合计 2 500 亿美元的中国出口美国商品加征 25％ 的关税。	2019 年 5 月 13 日，中国国务院关税税则委员会宣布，自 2019 年 6 月 1 日起，对原产于美国、价值 600 亿美元的部分进口商品加征 5％ 至 25％ 的关税。
恢复谈判	2019 年 6 月 29 日	两国领导人在 G20 大阪峰会上举行会谈，同意重启经贸磋商，美国不再对中国商品加征新的关税。	
四轮加税	2019 年 8 月 1 日	特朗普政府不满中国对美国农产品的购买进程，在推特上宣布将从 2019 年 9 月 1 日起，对余下价值 3 000 亿美元的所有中国出口美国商品加征 10％ 的关税。	中国政府宣布暂停购买美国农产品，并于 2019 年 8 月 24 日宣布对约 750 亿美元的美国商品加征 10％ 或 5％ 的关税，同时宣布在同年 12 月对美国汽车及其零部件恢复加征关税。
局势缓和	2019 年 10 月 10 日	中国国务院副总理刘鹤率团访问华盛顿，进行第十三轮中美经贸高级别磋商。此后，美国财政部长宣布，白宫暂停原定于 2019 年 10 月 15 日生效的对价值 2 500 亿美元中国商品的关税从 25％ 到 30％ 的提高。	
一阶段协议	2020 年 1 月 16 日	中、美两国签署第一阶段贸易协议，即《中华人民共和国政府和美利坚合众国政府经济贸易协议》。	
签约之后	2020 年 2 月 10 日	美国贸易代表宣布，不再认定包括中国、印度、南非与巴西在内的共二十五个国家为发展中国家。自 2020 年 2 月 28 日起，中国将对 65 种美国进口商品进行额外关税的豁免。	

资料来源：根据维基百科资料整理。

中美贸易战的爆发令两国的经济和贸易往来出现较大的不确定性。贸易战不是零和博弈，其结果是"双输"乃至"多输"，对两个国家和全人类都会造成损害。面对中美贸易战的爆发，许多国际组织发声，试图提醒大国间的贸易战会引发全球化进程的衰退。2018年4月，国际货币基金组织总裁克里斯蒂娜·拉加德表示：中、美两个全球最大的经济体相互威胁加征关税，将对全球经济产生温和的直接影响，但此举可能带来不确定性，进而阻碍投资。若加征关税的举措生效，对企业信心的打击将是全球性的，因为供应链在全球范围内相互关联。2019年5月，国际货币基金组织首席经济学家吉塔·戈皮纳特率领的研究团队在其研究报告中指出：中美贸易的紧张局势对两国的消费者及许多生产商均会造成负面影响。关税导致中美贸易减少，但双边贸易逆差基本没有变化。中美贸易战引发的紧张局势升级可能会严重挫伤商业和金融市场情绪，扰乱全球供应链，进而危及2019年全球增长的预期复苏。2019年5月，联合国秘书长安东尼奥·古特雷斯表示：贸易冲突没有赢家，只有输家，继续通过多边对话与合作解决贸易冲突至关重要。一个以规则为基础的、非歧视的和平等的贸易体系不仅对保障最贫穷和最脆弱经济体的利益十分重要，而且符合所有贸易伙伴的利益。

（二）传统贸易理论视角下的中美贸易战

1776年，亚当·斯密在《国富论》中提出的绝对优势理论，标志着自由贸易理论的兴起。随后，李嘉图发展了亚当·斯密的构想，在其《政治经济学及赋税原理》中提出了比较优势理论，标志着自由贸易理论的跨越式发展。这两本书均有对贸易保护主义的分析。亚当·斯密的主要观点包括"以高关税或绝对禁止的办法限制从外国输入内产货物，则可以确保国内市场的独占，这对享有独占权的产业是巨大的鼓励，且能促进社会中的劳动和资产转用到本产业中来，但这将导致国家的劳动由较有利的用途改到较不利的用途"。李嘉图的观点表明，贸易保护虽然使部分产业得到了保护，但本国消费者和其他制造商必须支付额外增加的价格，这种做法并不正确。此外，这样做会导致资本流入本不该流入的行业，而且减少了产品的总产量。

在中美贸易战中，美国倡导的提高关税、限制进口的行为，会在短期内带来政府税收收入的增加，但会使国内该产品的一般价格水平提升。从生产者的角度来说，相关企业的营业收入和生产者剩余增加了，但从消费者的角度来说，他们不得不在购买该产品时花费更多的价钱，对该产品的需求量也会降低，因而美国消费者的消费者剩余会遭受损失。另外，美国国内市场的竞争活力和产品多样性也会受到冲击，令一些不具备有效生产能力的企业被过度保护，损失了这些生产要素在其他行业可能创造的更大社会价值，从而导致资源配置失灵。

1970 年诺贝尔经济学奖得主萨缪尔森的早期理论表明，他是一个坚定的自由贸易主张者，但他在 2004 年发表的《主流经济学家眼中的全球化》一文中，认为李嘉图和穆勒模型中存在对支持全球化的主流经济学家的反驳，并持有中美贸易发展会对美国利益造成持久性损害的观点。该观点被认为是这次美国政府发动对华贸易战的理论依据。

萨缪尔森以中美贸易为研究对象，分析了在自由贸易的条件下将导致的情况，主要分为三个方面：第一，在相对自给自足的条件下，中、美两国依靠自身比较优势进行自由贸易，并通过专业化分工协作，实现了两国人均实际收入的提高。第二，在出口偏向型贸易状态下，中国原本具有比较优势的生产部门发生技术进步，世界产出会提高，而美国也将成为中国技术进步的受益者，其实际人均收入也会提高。但是，该产业的技术进步可能会导致中国的人均收入下降。第三，中国原本处于比较劣势的产业发生了技术进步，可称为进口偏向型技术进步，然后进行自由贸易。如果该产品与美国生产的相同产品产生了竞争，并且降低了美国在该产业的产出，中国成为受益者，而美国却因原本具有比较优势的产品被瓜分市场而遭受损失，甚至是长期在该产业上遭受损失。在萨缪尔森的这一理论发表后，美国担心未来中美贸易会导致美国吃亏，因而将其作为理论支持并实施贸易保护，甚至将其作为理论依据发动了中美贸易战。

然而，仅靠两三个部门对生产率做演化计算的理论分析并不能说明全部的实际问题，而且会夸大理论结果的现实应用性。从长期来看，自由贸易对中、美两国的收入增长绝对是利大于弊，不能单纯以个别时间点发生的事件作为普适性答案，不能依据两三个部门的特殊事件而过分强调美国在自由贸易中"吃亏"了，而应该连续地、动态地考虑事件的发展过程，理性考虑自由贸易为美国带来的更多利好。中国的科技进步和生产率的提升，对中、美双方的长期发展都是更有利的，也会促进全球的生产收入提升。虽然中国在部分领域的科技进步显著，但这是中国在全球化的今天努力谋发展的必然结果，是全球化市场竞争演化的必然结果，而自由竞争也能使美国在该领域的科技研发向更高层次的目标发展，而不应是仅对该阶段的研究成果进行过度的保护。

（三）理性综合模型视角下的中美贸易战

通过前述关于新理论模型的分析，我们可以将一国达成贸易目标的主要决定因素归纳为：①自然要素禀赋特征。这是指包括资本、劳动等在内的要素禀赋，构成了一国竞争力的重要组成部分，往往代表了一国的先发优势。②全要素生产率的提升。这是达成两国贸易产品动态综合竞争优势的关键，"有为的政府"可通过技术创新等政策促进一国潜在产出增长，从而达到动态综合竞争优势转换点。总体来看，美国在高技术领域仍保持较大的竞争优势，中国在一些领域已经取得了临近转换点的优势。③市场及调控政策的配合。国际贸易以两国的市场为基础，两国市场配合度的高低将直接导致贸易竞争的利得或损失，甚至是全球市场贸易福利的增加或损失。

$$\Delta Y_t = a(\Delta Y_t^* + \Delta \text{PIm}_t^*) + b\mu_{sl}\Delta A_t(\Delta Y_t^* + \Delta \text{PIm}_t^*)$$
$$+ b(\mu_d + \mu_{ss})(\Delta Y_t^G + \Delta \text{PIm}_t^G) + \varepsilon_t \qquad (9.13)$$

依据理性综合模型（宗良等，2019），中、美两国的动态宏观经济产出增长依循（9.13）式中的波动路径，主要包括两国要素禀赋导致的自然产出和净出口波动，以及政府政策（如宏观供给侧改革）对产出的短期影响、对社会需求的影响和对技术进步（全要素生产率）的长期影响。因此，两国政府的宏观财政政策会影响产出的波动路径，即对动态综合竞争优势产生影响。作为发展中国家，中国以廉价的劳动力为要素禀赋优势，并在制造业方面享受高产低价，而且具备出口优势。但伴随中国产业结构的不断优化，中国的高新技术产品发展迅速，而且在出口份额中的占比不断提升。参考中国商务部发布的《中国对外贸易形势报告（2019）》，2018

年中国机电产品出口 9.6 万亿元，占出口总额的 58.8%；高新技术产品出口 4.9 万亿元，占出口总额的 30.1%。近年来，中国的高新技术产品表现出了快速增长的趋势，而且出口能力不断增强，反映了中国的出口贸易结构不断优化升级。结合图 9 - 4，美国发起中美贸易战、实施贸易保护主义的措施表明，美国想要在 Q_{t1} 时期保护本国的高新技术产业，打击中国的高新技术产业在出口方面的优势，以提高美国净出口增长率和全要素生产率。此时，如果中国仍保持在原有的产出增长路径下发展，就会与美国的距离越来越大，并使中国在高新技术产业方面遇到发展瓶颈。因此，中国需要及时采取有利于长期经济增长的供给侧改革，重新配置资源和禀赋结构。"有为的政府"发挥长期调控作用可以提高中国的全要素生产率，使中国的产出增长路径实现跨越式升级，并在不久的将来实现 V 点的动态综合竞争优势转换。中国只有通过供给侧改革的调整才能达到动态综合竞争优势转换点，才能不被美国在某产业持续打压并造成损失，实现经济上的追及。

美国实施的主要贸易竞争手段属于贸易保护主义政策。美国政府打着"公平贸易"和"对等开放"的旗帜，否定两国尚且存在差异的发展阶段、资源要素禀赋和比较优势产业。在"美国优先"的口号下，美国强调单边的贸易保护和霸权主义政策，无视世界贸易组织强调的利益互惠和平衡的规则，从贸易、投资、汇率等多方面阻碍中、美的公平交易，试图拉大我国与美国在产出发展路径上的差距，延迟或抑制中、美相关领域动态综合竞争优势转换点的到来。

从具体实施路径来说，美国贸易保护措施主要分为以下几个方面：第一，自 2017 年以来，美国通过施加关税壁垒和进口配额等限制措施，对我国有利的贸易产品执行全面征税政策，旨在减少中国的贸易顺差。第二，与此同时，美国对自己存在比较优势的行业提供了大量的补贴①，扭曲了市场，阻碍了国际市场的公平竞争。在投资方面，美国以"国家安全审查"为由，限制中国企业对美投资并购，干涉中国企业在美国的正常投

---

① 享受美国政府补贴的行业非常广泛，包括航空航天、军工、汽车、计算机和半导体、农业领域等 49 个美国优势行业。

资活动，阻碍中国优势企业的正常海外发展。第三，美国政府以产业损害和知识产权保护为由，绕开了世界贸易组织的争端解决机制，单纯根据美国国内法挑起贸易摩擦，利用《贸易扩展法》《出口管制改革法案》等先后发起针对中国的"301""232"调查，将一国法律施加于国际贸易规则之上，破坏了国际经济秩序。第四，美国甚至违背了契约精神，对中国进行不实指责，并要求进行强制技术转让，试图掩盖美国是技术合作中最大受益者的事实。第五，特朗普政府还试图指责中国为汇率操作国，以达到抬升中方贸易成本、削弱中国产品竞争力和稀释美国债务等目的。

透过现象看本质，我们对美国发起贸易战的基本目标进行剖析后可知：这不是简单的中美贸易平衡问题，而是如何在较长的时期甚至是永远保持其竞争优势的问题。坦白地说，美国希望在若干重要领域实施干预，达到中、美动态综合竞争优势转换点的后移或消失的目的。另外，中、美两国发生贸易摩擦的实质是：两国都希望获取相对有利的国际贸易竞争条件，以便争取各自在主要领域的综合竞争优势。因此，为了保持和维护各自相对有利的综合竞争优势，两国便会积极采取各种政策措施，以保护各自国家的贸易和投资交易，使其达到一种相对平衡的状态。

中国需要的应对措施为：第一，兼顾原则性与灵活性，将两者统一起来。需要慎重对待中美贸易战，争取将中美贸易战控制在经贸领域，而不是全方位的中美竞争。第二，坚持战略定力，既不要出现过于乐观的倾向，又不要出现过于悲观的倾向，增强措施的针对性和效力，重点采取非对称的效果比较明显的措施。第三，坚定维护国家尊严和核心利益，坚持技术创新，发挥政府对全要素生产率的正向引导作用，逐步减小与发达国家在增长路径上的差异，尽快移动到动态综合竞争优势转换点。第四，针对中美贸易战的升级程度制定预案，综合考虑高级、中级和低级三种情况，从贸易、投资、技术、金融以及国际规则和外交等多方面分析可能的工具及相应利弊，在适当的时机使用相应的工具，稳健地推出相应政策。第五，坚持深化改革，扩大对外开放，保持中国经济的平稳健康发展。与此同时，加强金融资本监管，防范国际资本不合理流动引发的金融市场系统性风险蔓延，实现经济持续稳定增长、人民福利最大化等目标。第六，加强国际合作，努力创造良好的国际环境。我们应坚定维护和完善多边贸易体制，积极促进与有关国家、发展中国家的合作共赢，保护外商在华的合法权益和华商在外的合法权益，发挥我国大市场的重要作用。

第六节　国际贸易规则重构前景展望

当今的世界格局正在发生百年未有的巨大变革，"逆全球化"潮流涌动，单边主义、贸易保护主义甚嚣尘上；历经百年逐渐建立起来的多边贸易组织、贸易合作组织也面临较大压力。WTO框架下的贸易规则是贸易全球化的重要基础，但其对当前世界经济增长发挥的影响力正在趋于减弱。这一系列迹象都表明，当今的国际贸易规则正在迎接变革，并需要根据现实重新构建，世界需要更合理的国际贸易规则来维持秩序。在当前全球化的贸易格局下，国际贸易规则重构在本质上是发达经济体与新兴经济体之间的动态博弈，也是双方对制定贸易规则话语权的争夺。作为当今世界经济的领先者，美国试图主导国际贸易规则的重构，同时转移区域贸易协定平台，以维护自己的经济霸主地位。面对新的国际贸易规则环境，中国应该在冷静分析局势的情况下积极寻找对策，推动未来的国际贸易规则的构建，使之更加公正、合理。未来的国际贸易规则重构走向何方是国际社会的一个重大课题，也是一个艰难的过程，将对全球经济金融产生重大而深远的影响。我们期待各方能够从维护全球贸易发展的大局出发，进行理性对待。

（一）国际贸易格局更加多元、平衡，但规则竞争仍是焦点

在全球化与数字信息化等时代特征的推动下，当今的世界贸易格局正在经历百年未遇的大变革，国际贸易的规则变化也是全球贸易需求转变的时代体现。国际贸易规则需要重塑，以适应科技信息时代下高质量、高标准的国际贸易需求。近年来，美国、欧盟、日本以及中国等都通过双边及区域谈判布局，或使用提案与声明等方式，积极提升和增强各自在全球贸易体系中的重要性及影响力。世界贸易组织自1995年成立以来，极大地促进了世界各国在贸易自由化方面的便利程序，积极协调和解决了各国在贸易方面发生的争端，具备监督贸易政策和审议的作用。但以世界贸易组织为核心的多边贸易体制并不完美。面对全球信息数字化的新时代需求，

世界贸易组织的成员逐渐认识到了现有体制存在的缺陷和不足，以及进行时代改革的必要性和紧迫性。例如，自 2018 年以来，美国、欧盟、加拿大等成员先后就 WTO 改革开始发表书面意见，中国商务部根据事实提出了符合本国立场的三大原则和五项主张，以明确中国对 WTO 改革的态度和意见，这实际上展示了人们正在积极进行国际贸易规则重构的情景。经过一系列的国际磋商和谈判，新的国际经济、贸易及投资规则正在酝酿和形成中，并表现出了鲜明的时代特征。面对世界贸易组织改革的未来方向，欧、美、日等发达经济体对 WTO 改革有明确的核心诉求，主要体现在提高本国的竞争力和制定数字化国际贸易规则等方面。这些发达经济体认为，现存的 WTO 规则削弱了美、欧、日企业的竞争力，需要加快制定针对数字经济和服务贸易等快速增长领域的国际贸易新规则。

（二）自由贸易与保护贸易仍将并行存在，但自由贸易还是主流

近年来，随着信息科学技术应用的推广与国际贸易模式的变革，全球贸易自由化、一体化程度不断提高。2017 年正式生效的《贸易便利化协定》（TFA）是国际贸易自由进一步发展的重要标志，也被视为 21 世纪最大的贸易便利化举措之一，它有利于国际贸易成本的大幅降低，不仅提高了 WTO 成员的经济利益，而且有利于拓展发展中国家和最不发达国家的收益空间。WTO 估计，全面实施 TFA 可以使全球产品出口增加 1 万亿美元，其中发展中国家增加 7 300 亿美元，并平均减少 14％以上的贸易成本。但与此同时，世界上也刮起了以美国为首的单边主义、保护主义歪风，表现为限制性贸易政策、保护性贸易政策的强度加大，比如 G20 国家主动实施新的贸易限制措施以大幅提高关税成本、实行进口禁令、制定新的出口海关程序等。自 2018 年以来，美国加紧实施了针对中国的"301"条款、"201"条款、"实体清单"等非常规贸易保护措施。此外，这种贸易保护主义的风向表现出向投资领域扩散的迹象。

目前可能存在的客观事实是，在世界贸易规则中，在自由贸易发展到一定的阶段后，保护贸易的做法就有可能出现抬头的迹象。如果保护贸易的壁垒森严，自由贸易的呼声就会高涨。世界贸易就是在这种两极的碰撞与摩擦中讨价还价，在相互妥协中曲折发展。由于不同国家存在不同的比

较优势和不同的利益，一国通常希望借助自由贸易开拓市场，而通过保护贸易保护本国市场，但市场经济逻辑告诉人们，自由贸易应是主流。与此同时，各国在一定程度上的保护将持续存在。有鉴于此，国际贸易规则不应纠结是采用自由贸易还是保护贸易，而是应找到一个合适的结合点。

（三）"三零规则"成为一个重要原则，但难以避免"双重标准"的使用问题

"三零规则"（零关税、零壁垒、零补贴）为当前欧美等区域自由贸易协定的重要谈判内容，也预示了未来在更大范围内国际贸易规则的改革方向，体现了自由贸易应占主导地位的逻辑。但是，"三零规则"并不预示着完全取消经贸区与经贸区之间的关税壁垒，而是代表了国际贸易规则的变革趋势，旨在最大限度地降低扰乱市场价格的关税壁垒和产业补贴。这一特征的主要证据包括：2018 年 9 月，被认为是 WTO 规则颠覆者的美墨加（USMCA）自由贸易协定达成。USMCA 协定涉及的主要条款包括：三国间的农产品贸易实现零关税，汽车配件实现零关税，不对出口到对方市场的产品使用出口补贴或 WTO 特殊农业保障措施等。可以说，USMCA 协定与 WTO 的目的、原则和治理机制迥异，USMCA 确立的国际贸易规则是对现行 WTO 规则的根本性颠覆。2019 年时任美国总统的特朗普在七国集团（G7）加拿大峰会上提出"三零目标"，并在美欧联合声明（2018 年）中写入了欧美之间的非汽车工业商品关税、补贴和非关税壁垒的目标措施。除此之外，2019 年 2 月 1 日日本与欧盟签署的欧日EPA（即欧盟-日本经济伙伴关系协定）正式生效，标志着该自由贸易区由此诞生。欧日 EPA 共覆盖 6 亿多人口，两大经济体占全球经济总量的近 30％，约占全球贸易总量的 40％。根据欧日 EPA，其内容涉及取消关税、破除非关税壁垒及扩大服务贸易、开放服务市场和电子商务等多个方面，欧盟将逐步取消将近 99％的自日本进口产品的关税，而日本也会逐步取消将近 94％的自欧盟进口产品的关税（大米、小麦、牛肉、猪肉、乳制品和糖料作物除外）。"三零规则"看起来美好，相当于完全自由贸易，但实际上是很难行得通的，比如美国在与欧、日讲"三零规则"时，一定会将汽车等列入例外，而欧盟也无法将农产品放在里面，也就是采用

"双重标准"——自己竞争力很强的就要求适用"三零规则",而自己竞争力不强又是核心利益的领域就要求例外。由于不同国家存在全球竞争力的差异,而各国又有其核心利益,因而在未来较长的时间内,国际贸易规则必然是自由贸易与保护贸易的结合,只不过是在不同情况下的表现有所差异而已。发达国家都有各自的优势,同时它们的发展水平相对较高且比较接近,但也长期存在一些核心利益和差别。所谓"三零规则"只是自由贸易的程度更高、保护贸易的范围和程度更低而已。

(四) 全球化数字贸易成为全球贸易的潮流

以世界电子商务贸易平台(e-WTP)为特征的数字贸易发展形式可望成为潮流。在 2016 年 3 月的博鳌亚洲论坛上,阿里巴巴首次提出了建立世界电子商务贸易平台的概念,即建立一个由私营部门发起的,由政府、民间和企业三方共同参与的世界电子商务贸易平台。世界电子商务贸易平台的建立,有助于推动全球跨境电子商务的"普惠式"发展,即帮助更多的发展中国家、中小企业进入和参与全球市场。应该说,这代表了未来国际贸易的发展方向。

作为全球最大且最具影响力的贸易组织,WTO 已开启了电子商务谈判进程,以弥补其在数字贸易领域的规则缺位。2019 年 1 月 25 日,在瑞士达沃斯电子商务非正式会议上,包括美国、中国和欧盟等在内的共 76 个世界贸易组织成员,签署了《关于电子商务的联合声明》,表明在世界贸易组织现有协定和框架的基础上,启动与贸易有关的电子商务议题谈判。

数字贸易将成为国际贸易新规则的竞争焦点,数字贸易规则的构建任重道远。信息科技的进步令数字化投资和贸易在国际贸易领域中的地位越来越突出,各国立足于自身利益和经济发展情况,纷纷在这一轮国际贸易规则制定中提出了符合自己价值理念的数字贸易立场和主张。数字贸易国际规则的制定主要围绕 21 世纪数字贸易发展中表现出的新需求、新标准,特别注重数字贸易时代的知识产权保护、跨境数据自由流动和个人信息保护等。具备数字贸易竞争优势的欧美等发达国家正在积极主动地寻求在数字贸易国际新规则的制定中占据主导地位,当前主要体现在美、欧等发达经济体引领制定的区域贸易协定中。例如，当前由 WTO 公布的、涉及数字贸易的 40 多个区域协定中，有 32 个协定将数字贸易（电子商务）单独设章；其中，美国主导了 13 个协定，欧盟主导了 7 个协定，其余的协定基本是由已与美欧签署协定后的国家或地区互相签署。

作为信息技术的世界领先者，美国不仅是数字贸易强国，而且正在强势引领新时代国际贸易规则的修改和制定，以确保其竞争优势地位的稳固。在美国主导的区域贸易协定中，关于数字贸易规则的制定并没有局限在电子商务环节，而是涉及知识产权、信息技术、投资和跨境服务贸易等多个方面。例如，在以美国为主导修改制定的美墨加自由贸易协定中，明确提出了数据自由流动、非歧视待遇数字产品、强制性的本地化要求需禁止等要求。欧盟-日本经济伙伴关系协定中表现出的欧盟在数据跨境流动和数据本地化方面的要求，相对美国来说，表现得相对谨慎，反而没有关于禁止数据本地化的条款，关于数据跨境自由流动也设置了 3 年的评估期。但是，2018 年欧盟实施的一系列《一般数据保护条例》和《非个人数据自由流动条例》表明，未来欧盟在其签订的自由贸易协定中很可能会加入类似 USMCA 中的相关条款。

（五）经济全球化迈向标准化、结构化模块组合的新形态

随着经济全球化的不断发展，国际贸易理论研究的范围与内容得以丰富与拓展，从而使国际贸易理论更贴近现实，也能合理地解释经济全球化背景下的国际贸易现象，充分展示了经济全球化对现代国际贸易理论演进与发展的推动。

经济一体化已有相对标准的四种形态：自由贸易区（FTA）、关税同盟（CU）、共同市场（CM）和经济联盟（EU）。未来，全球可以形成几个标准化的模块，各国可根据自身条件进行选择，并根据其特殊情况适当调整相关参数来实现，从而达到共同制定国际贸易准则、构建国际经济新秩序、促使全球共同发展的目标。

从结构上说，全球化的基本框架大体可以分为三个层级，各国可以根据自身发展状况和意愿选择进入某个层级。类似于欧洲的分层经济合作模式，不同层级具有不同的权利与义务。其中，A 级（即高级）合作框架可

以引领国际贸易潮流；B级（即中级）合作框架是对贸易和投资领域的重要安排；C级（即普通级）合作框架是基于目前各国易于达成共识的安排。具体说来，A级合作框架是在当前多边贸易体制面临压力、各方难以达成新协议的背景下，让代表新型全球化发展潮流的国际贸易和投资规则先行先试，但应着重体现公平、公正的原则。B级合作框架大体与RCEP（即区域全面经济伙伴关系协定）相当，C级合作框架是较为一般的区域合作关系。在未来，当一个经济体参加某组织时，其权利和义务是比较标准的，也不用进行复杂的谈判，就可以直接做出选择。

（六）中国在国际贸易规则重构中的角色更加重要

作为最大的发展中国家及新兴经济体的代表，中国应该积极参与国际贸易规则制定的进程，赢得属于自己的话语权。习近平总书记指出："在新的历史条件下坚持和发展中国特色社会主义……必须顺应世界大势。"这一思想体现了中国在百年未有之大变局中应该坚持的基本原则和方向，构建人类命运共同体的思想，以及对发展和平道路的坚定决心。面对WTO改革以及区域贸易协议的发展，中国应努力在国际贸易规则重构中发挥建设性作用，为维护全球经济金融稳定做出应有的贡献。

第一，积极支持WTO等组织的变革，坚持多边、双边、区域多层次推动国际贸易规则变革。在《中国关于世贸组织改革的立场文件》（2018年）中，中国明确表明了"中方支持对世贸组织进行必要改革，以增强其权威性和有效性，推动建设开放型世界经济，构建人类命运共同体"的态度，并提出了"世贸组织改革应维护多边贸易体制的核心价值"等改革的基本原则。中国积极推动贸易投资的自由化、便利化，进一步完善国际贸易争端的解决机制，以及推动数字贸易、服务贸易、电子商务等贸易规则的改革。

当前，一些国际贸易规则的变革，比如北美自由贸易协定向美墨加自由贸易协定（USMCA）的转变，明确预示对协议外国家壁垒的增加，甚至出现影响相关国家主权的类似"毒丸"条款。应该说，它们在短期内或许对中国有负面影响，但如果从更长期的角度来考虑，就未必意味着预期损失。中国经济经过改革开放40多年的市场洗礼，已有了长足发展，特别是在新兴科技、数字信息领域，基本具备了较强的国际竞争力，更加激烈的国际竞争和贸易战会令中国市场遭受一定程度的外部冲击，但其影响应是有限的。面对国际贸易规则的改变，中国应着眼未来，既要看到在短期可能要付出的一些成本，又要坚信在未来的潜在收益，与时俱进地看待发展中国家条款的效应，积极参与并推动国际贸易规则的变革进程。

第二，加强区域经济金融合作，努力打造区域合作样板。当前，国际上多个大型区域自贸协定都是由发达国家主导的。从地域上说，这些协定基本覆盖了主要的发达经济体以及活跃的新兴经济体。作为重要的发展中大国，中国应积极推进并参与区域经济合作进程。区域全面经济伙伴关系协定（RCEP）和中欧双边投资协定的签署就是一个很好的标志，对于巩固与扩大相关区域合作将发挥重要作用。中国应与有关国家和地区一道，打造 RCEP 和中欧双边投资协定的全球样板；应积极推进更高水平的对外开放，积极推动全球要素市场的自由流动和充分利用；继续挖掘我国高新技术产业的发展潜力，逐步缩小与国际产业的差距。

第三，着眼未来，密切关注数字化产业的发展。在未来全球化经济发展格局中，数字化产业将成为重要的经济驱动力，我国应采取适当的以市场为主导的政策，发挥优势，争取抓住发展数字化产业的重大机遇。我国应发挥数字经济大国的优势，把握数字贸易规则制定的主动权，巩固数字强国和贸易强国的建设道路，充分利用我国规模巨大、技术优势明显、企业竞争力突出的数字经济和数字贸易特征，率先建好跨境电商规则标准体系；把握好全球支付信用体系、网上消费者权益保护、数字化产品税收征收、物流统一及跨境电商规范经营等方面，引导国际规则的制定。中国可以吸取欧美发达国家在规则制定方面的合理之处，并结合中国的实际情况，制定合理又具有普遍适用性的规则，积极应对国际数字贸易壁垒战争，进而在国际贸易规则博弈中占据主动权。

第四，在全球范围内应加强与大多数国家的合作，需要争取在数字贸易规则构建中的主动权和话语权，致力于构建公平的、透明的、统一的规则框架。在 WTO 数字贸易规则的构建过程中，中国应做到积极参与和推动，坚持将公平合理的 WTO 规则作为构建数字贸易规则的总准则。与此同时，中国应参考数字贸易发展的需要，签订相关的双边、多边数字贸易协定作为补充，保证数字贸易在全世界范围内合理、有序地开展。当前，中国已开展了全方位、多层次的贸易布局，不仅需要将数字贸易与"一带一路"倡议进行有机结合，而且要充分发掘"一带一路"沿线国家数字贸易发展的潜力，推广人民币跨境支付系统（CIPS）作为金融基础设施的重要作用。在与"一带一路"沿线国家的谈判中，需要加入中国主张的数字贸易条款，以达到合理提升中国话语权的重要战略目的。

第十章 中国市场经济学理论的发展
与理论模型构建

社会主义市场经济理论是在中国改革开放的伟大实践中产生和发展起来的，在中国改革开放和经济快速发展的实践中经受了检验，是现代经济学理论的创新与发展。社会主义市场经济理论经历了曲折前进、初步形成、稳步发展和深入探索等多步转变，在实践中逐渐完善。社会主义市场经济理论实现了社会主义基本制度与市场经济的有机结合，完成了经济学理论创新和成功实践的双重突破，极大地丰富了马克思主义政治经济学和现代经济学理论，并提供了全新的市场经济模式评价标准。未来，社会主义市场经济理论还将不断完善，并对百年未有之大变局的进程产生重大影响，为构建人类命运共同体发挥应有的作用。

2021 年正值中国共产党成立一百周年。在百年未有之大变局和改革开放 40 多年伟大实践的背后，有一个强大的经济学理论支撑——社会主义市场经济理论。亚当·斯密、李嘉图、凯恩斯等西方经济学家提出的经济学理论都有特定时代的烙印，是针对相关国家的经济问题而出现的。中国的国情和特殊的经济发展模式决定了中国经济学理论与西方经济学理论相比，既有不同，又兼容并蓄。从全球经济思想史角度看，社会主义与市场经济能否结合，是一个争论不休的世界性难题。西方经济学理论最核心的争论是市场与政府的对立，从亚当·斯密开始，西方经济学就把政府和市场对立起来。此后，无论是哈耶克与凯恩斯的世纪之争，还是所谓的咸水、淡水学派的争论，都是在市场和政府中二选一，只是在不同时期对立的程度有所差异而已。如何处理两者之间的关系，是亟待研究的重大理论问题。

社会主义市场经济理论的核心是理顺政府与市场的关系，这是对市场与政府关系在更高层次上的辩证统一。以美国为首的发达国家总是指责中国不是市场经济国家，这表明西方国家的市场经济标准还停留在一种简单的市场单维视角。实质上，它们的政府干预是非常多的，只是以"双重标准"看待中国罢了。中美经贸冲突的事实证明，这种干预已达到"无底线"的地步，就像已经拿刀杀人了，仍把自己标榜为正义的化身。社会主义市场经济理论既是马克思主义经济理论的重大创新，又是以中国的实践经验破解经济学理论难题的重要探索。

第一节　社会主义市场经济理论的形成和发展——筚路蓝缕，玉汝于成

沿着历史的脉络，社会主义市场经济理论的形成和发展大致可以分为以下四个阶段。

（一）曲折前进阶段（1949—1978 年）：排斥市场作用

在中华人民共和国成立前，中国采取的是新民主主义经济体制，发挥了相应的过渡作用。在中华人民共和国成立后，总体实行"一边倒"的外交方针，学习苏联模式，建立了高度集中的计划经济体制，完全排斥市场在资源配置中所起的作用。在三大改造后，为了更快地实现社会主义，传统的计划经济模式进一步加强。尽管计划经济体制存在的弊端明显，但我们也应该看到，它对我国工业基础的形成以及未来对社会主义市场经济理论探索的意义。

（二）初步形成阶段（1978—1992 年）：市场的辅助性作用

1978 年 12 月召开的党的十一届三中全会既吹响了改革开放的号角，又是中国社会主义市场经济理论发展的正式开端。1979 年，邓小平第一次开创性地谈到计划与市场的关系。他认为：只有资本主义制度才有市场的观点肯定是错误的，社会主义制度也能发展市场经济。1981 年，党的十一届六中全会提出"以计划经济为主、市场调节为辅"的指导思想。

1982 年，党的十二大将该思想正式写入了十二大报告。1984 年，党的十二届三中全会提出"有计划的商品经济"的论断。1987 年，邓小平在一次谈话中提出，现阶段不要再谈计划经济占主要地位的问题了。自此，"计划经济为主"的思想被彻底放弃。同年，党的十三大提出"国家调节市场，市场引导企业"，这是我国从计划经济为主向由国家宏观调控的社会主义市场经济转变的开始。

（三）稳步发展阶段（1992 — 2012 年）：市场的基础性作用

1992 年，邓小平在南方谈话中提出了"计划与市场都是经济手段""计划多一点还是市场多一点，不是社会主义与资本主义的本质区别"等重要论述。邓小平打破了从经济运行机制去判断国家的基本经济制度的传统错误观点，从思想上解放了中国经济。1992 年，党的十四大明确提出建立社会主义市场经济体制的目标，也是社会主义市场经济理论的说法被首次正式提出。随后的十六届三中全会、党的十七大和十八大，在该指导思想的基础上，分别提出了进一步完善社会主义市场经济体制的相关举措。

（四）深入探索阶段（2012 年至今）：市场的决定性作用

2013 年 11 月召开的党的十八届三中全会是社会主义市场经济理论实现重大理论突破的里程碑。会议通过的《中共中央关于全面深化改革若干重大问题的决定》的重大理论观点之一是："使市场在资源配置中起决定性作用和更好发挥政府作用。"这一表述将过去的"市场在资源配置中的基础性作用"转化为"起决定性作用"，市场在资源配置中所起的作用被提升至前所未有的高度，看似简单的变化却赋予"市场"特殊的定位和含义。与此同时，该表述也创新性地点出政府与市场的关系，强调了处理好政府与市场的关系是全面深化体制改革的核心。党的十八届三中全会确定了深化改革的基调后，党的十九大和十九届四中全会进一步深化了理论。党的十九大提出要建立"市场机制有效、微观主体有活力、宏观调控有度"的新经济体制。2019 年，党的十九届四中全会提出，社会主义市场经济体制是我国国家制度和国家治理体系的一个显著优势，显著提升了社会主义市场经济理论的政治地位。

第二节　中国市场经济模式成效斐然——功在当代，利在千秋

（一）极大地解放和发展了社会生产力，创造了中国奇迹

自改革开放40多年来，中国经济高速发展，在世界舞台上取得了举世瞩目的成绩，实行社会主义市场经济的中国模式成效斐然。在经济总量上，我国实现跨越式增长，成为世界第二大经济体。我国GDP从1952年的679亿元增长至2018年的近100万亿元，人均GDP从119元提高到6.6万元。中国经济过去接近10%的高增长和社会稳定已经创造了世界经济发展的"两大奇迹"。2019年，我国6.1%的GDP增速也是十分突出的中高增长速度；2020年，中国是唯一正增长的主要经济体，经济增长速度为2.3%，这是在新冠疫情下的增长速度。这充分证明了社会主义市场经济理论的正确性和生命力。未来，中国的市场经济模式还将进一步解放和发展社会生产力，不断满足人民日益增长的美好生活需要。

（二）卓有成效的市场化改革

从改革初期对市场经济模式的探索到由市场发挥决定性作用，中国在逐步完善社会主义市场经济体制，从而形成了具有中国特色的市场经济模式。中国成功的关键是从实践中摸索出了一套"系统化"的比较合理的思路和方法，主要包括：确立了坚持改革开放的基本原则，保证了方向的持续性和稳定；坚持实践是检验标准，坚持问题导向，坚持发展是硬道理，保证了发展的务实性和有效性；"摸着石头过河""黑猫白猫论"等，保证了改革开放路径的合理性。这些创新理念和方法不仅在实践中有效，而且包含了很深的经济学逻辑，是成功实践和经济理论创新的精髓所在。在这个过程中，中国着重处理了市场经济中的特殊关系，实现了质的飞跃，提升了市场经济思维的维度：一是让"有效的市场"和"有为的政府"共同发挥作用，将市场作用和政府作用看作统一体，这是中国实践的重大创新。科学发挥市场与政府的作用，在重视市场的同时做好宏观调控，为实现经济的高质量发展奠定了基础。二是秉持理

性综合思维。比如"黑猫白猫论"及"目标引领，规划先行"十分通俗易懂，但它们体现了深刻的理性思维和务实思维。再如，认真研究各种理论和实践方法，结合中国实际，形成不同的组合方案，积极开展试点，在取得成效的基础上进行推广，反之则调整。这体现了综合思维，也为改革实践闯出了一条可行路径。

（三）积极稳妥的对外开放

自 1978 年以来，中国坚持对外开放的基本国策，坚持打开国门搞建设，同时加强与世界各国的经济贸易联系，积极融入全球化，对全球经济的影响也日渐加深。目前，我国已成长为货物贸易第一大国、外汇储备第一大国、服务贸易第二大国、使用外资第二大国和对外投资第二大国。回顾我国对外开放的历史进程和斐然成就，大致可以分为三个阶段：第一，初步开放（1978—2001 年），聚焦加工贸易和吸引外商投资。我国开始从封闭半封闭到单向开放，以建立沿海经济开放特区为重点和起点，进而发展到沿江和内陆经济开放地带。第二，全面融入全球化（2001—2012 年）。2001 年，中国成功加入世界贸易组织。这意味着国内制度规则与国际接轨，对外开放程度不断加深，中国的对外开放进入新篇章。中国从此前的主动单向开放转型为与世界贸易组织成员间的双向开放，把"引进来"和"走出去"更好地结合起来，开始全面融入全球化。第三，构建开放型经济新体制（2012 年至今）。从 2012 年党的十八大召开以来，中国的对外开放实现重大突破，主要创新措施包括：建立上海等地的自由贸易试验区，设立海南自由贸易港，提出"一带一路"倡议，开展北京市服务业扩大开放综合试点，推进粤港澳大湾区建设，稳步推动人民币国际化，积极参与全球经济治理体系变革。相较而言，在党的十八大后，中国的对外开放更注重理论创新，重视将实践和理论创新结合起来。相关的重要理论创新（如"一带一路"倡议、人类命运共同体的理念等）不仅为未来中国的对外开放指明了方向，而且成为未来全球化的重要路径。在理论创新和积极实践的双重作用下，中国正在建设更高水平的开放型经济新体制，实行更加积极主动的开放战略。

（四）坚持理性的评价标准

在 40 多年的改革开放实践中，中国始终坚持实践是检验真理的标准，在社会主义市场经济理论的指导下，中国发生了翻天覆地的变化，充分展现了这一理论的影响力和生命力。无论是理论创新还是实践，中国都向世界交出了满意的成绩单。针对如何检验社会主义市场经济理论是否适于中国国情，习近平总书记在《略论〈关于费尔巴哈的提纲〉的时代意义》中提出：检验社会主义市场经济理论是否为成熟和完善的科学理论，也必须以社会主义改革和建设的伟大社会实践为标准。

第三节　社会主义市场经济理论的重要特征——追本溯源，始见精华

（一）具有鲜明的社会主义制度属性

党的十九届四中全会通过的《中共中央关于坚持和完善中国特色社会主义制度、推进国家治理体系和治理能力现代化若干重大问题的决定》首次将"社会主义市场经济体制"纳入社会主义基本经济制度，这是非常具有创新思维的论述。社会主义和市场经济的相容性如何？这是自改革开放以来一直存在、非常值得研究的问题。40 多年的改革开放实践和理论已证明，社会主义市场经济理论不仅没有与马克思等前人的理论相悖，反而创新了马克思主义的经济理论和社会主义基本制度。关于社会主义能否有市场经济，邓小平在改革开放之初就曾指出，计划和市场这两种经济运行机制只是手段，不能用于定性"姓资还是姓社"；国家的基本经济制度是什么，市场经济就为什么经济制度服务。

习近平总书记说过："我们是在中国共产党领导和社会主义制度的大前提下发展市场经济，什么时候都不能忘了'社会主义'这个定语。之所以说是社会主义市场经济，就是要坚持我们的制度优越性，有效防范资本主义市场经济的弊端。"这是社会主义基本制度与市场经济关系的基本定位。因此，社会主义市场经济理论是在坚持基本制度和原则的基础上，将传统计划经济体制转变为政府合理调控下的市场经济体制，同时又是发生

了"化学反应"的升华。作为社会主义基本制度与社会主义市场经济相结合的理论创新，社会主义市场经济理论具有鲜明的社会主义制度属性和市场经济的发展潜力，发挥了二者各自的优越性，推动了社会生产力的巨大进步。

（二）政府与市场不再是对立关系，而是有机结合的关系

人类经济发展史表明，市场是配置资源最有效率的形式，但也是在不同的市场条件下实现的。因此，在不同的市场条件下，可以建立具有各自特征的市场经济模式。中国建立了符合本国国情的社会主义市场经济体制，有力促进了社会生产力发展、人民生活水平提高和综合国力增强。从全球视角看，市场经济不是万能的，存在失灵的局限性，但政府的干预也对资本主义的传统经济理论产生了挑战，甚至带来了政治和意识形态的重大变革。不同于西方过分强调"看不见的手"的作用，一方面其广泛运用政府作用这只"看得见的手"，但另一方面却对它的这种作用视而不见，反而据此对他国的政府作用进行指责。中国社会主义市场经济模式强调市场与政府"两只手"的共同发力和协调发展。可以说，中国社会主义市场经济发展的历史，就是不断调整政府与市场关系的历史。2013 年，党的十八届三中全会提出："使市场在资源配置中起决定性作用和更好发挥政府作用。"这是首次提出要让市场发挥决定性作用，可以说从数量和比例维度上奠定了社会主义市场经济的"市场"特征。

妥善处理政府与市场的关系是改革发展的内在动力和迫切需要。只有充分发挥市场在资源配置中的决定性作用，更好发挥政府作用，让"看不见的手"和"看得见的手"协同发力、相得益彰，才能实现要素价格的市场决定和资源配置的高效公平，从而实现经济高质量发展。我国要走市场经济道路，自然需要市场的决定性作用，否则就会产生大量的扭曲，产生很高的制度成本或社会成本；但政府如何作用，作用多大，需要更多考虑国情、发展阶段等因素；政府与市场的作用边界，应有一个黄金分割点。政府作用与市场作用是动态的，对于不同国家、不同阶段、不同领域，其比例关系不尽一致，但只要是市场机制发挥主导作用，就是一种市场经济模式。一方面，要建立"有效的市场"，让市场发挥决定性作用，激发市

场的活力和创新；另一方面，要做到"有为的政府"，政府承担起弥补市场失灵的责任，在建立完善的市场体制框架、维护公平竞争市场、稳定宏观经济环境和保障社会福利等方面有所作为。综合来看，政府和市场的作用是互为补充、相辅相成且缺一不可的。

（三）多种所有制市场主体共存、公平竞争

党的十九届四中全会强调："坚持公有制为主体、多种所有制经济共同发展和按劳分配为主体、多种分配方式并存，把社会主义制度和市场经济有机结合起来，不断解放和发展社会生产力的显著优势。"由此可见，公有制是我国社会主义市场经济模式区别于其他市场经济模式的显著特征。党的十五大实现了中国所有制理论的突破，明确了"公有制为主体、多种所有制经济共同发展"的混合所有制经济制度。该制度既是社会主义市场经济体制的重要基础，又是实现公平竞争的重要保障。混合所有制经济既是公有制经济的重要实现形式，又是非公有制经济的重要实现形式。这也是发挥市场在资源配置中的决定性作用和更好发挥政府作用的具体体现。

近年来，中国积极发展混合所有制经济，逐步完善了相关产权保护制度，坚定支持非公有制经济的健康发展，各种所有制经济的活力和创造力显著增强。简言之，竞争、中立的市场环境尚未完全形成。未来，中国在推进市场竞争和企业改革的进程中，要更加强化竞争中性的原则，提倡"所有制中立"，反对因企业所有制的不同而设置不同的规则，将各项改革不断向纵深推进。习近平总书记在近期企业家座谈会上指出："市场主体是我国经济活动的主要参与者、就业机会的主要提供者、技术进步的主要推动者，在国家发展中发挥着十分重要的作用。"与此同时，收入分配制度作为我国经济发展的基本经济制度，是公平与效率的统一关系、生产资料的所有制结构、共同富裕等重要内容的构成和表现形式，也是社会主义市场经济的衡平之尺。

（四）高度开放的特征有利于反对保护主义

开放性是社会主义市场经济体制的重要特征。中国的市场经济体制是

在改革开放的实践中逐步形成的，自然也要融入深化改革开放的进程中。自改革开放 40 多年来，中国不仅取得了制度上的重大创新和突破，而且经济实力显著增强，国际竞争力、全球话语权也在不断提升。党的十九届四中全会提出，要"建设更高水平开放型经济新体制"，"实施更大范围、更宽领域、更深层次的全面开放"。目前，世界和中国正处于百年未有之大变局中，由美国主导的单极格局正在消减，经济全球化将世界各国的发展紧密联系在一起。但近年来，"逆全球化"来势汹汹。一方面，美国前总统特朗普宣扬"美国优先"战略，在全球范围内挑起贸易战，推行霸权主义、单边主义和贸易保护主义。另一方面，中国的对外开放既坚定实施全面开放，又坚持推动建立国际宏观经济政策协调机制。共同构建人类命运共同体思想作为新时代中国对外开放的理论方针，更是将中国发展和世界发展相结合，致力于建立新的全球经济治理体系，为经济全球化和贸易自由化做贡献。

目前，经济全球化已深入世界几乎每个角落，历史大势是不可逆转的，合作共赢、为人类谋福利是全球经贸关系的最终诉求。国际经贸关系应是基于国际规则的自由贸易发挥主导作用与有限的保护相结合。美国发起的贸易战和关税制裁不仅违背了自由贸易这一基本原则，而且远超有效保护的程度，更是破坏了公平贸易准则。"美国优先"战略无视国际规则和他国利益，将本国法律凌驾于国际规则之上，试图用维护本国利益的虚伪外壳去掩饰其恃强凌弱的本意。就中美贸易来看，中、美两国虽存在较大的贸易差额，但综合评估下来，两国贸易是平衡的。在新时代社会主义市场经济体制下的对外开放理论是顺应时代潮流、对抗贸易保护主义的最有力武器。

第四节　中国市场经济理论模型探索——理性综合，数学升华

马克思曾强调说：一门学问只有当它能够成功地运用数学时，才算是真正的科学。中国市场经济理论的定性表述是比较充分的，但在数理模型构建和量化方面相对薄弱，这会影响其在全球的认可度和接受度，因而对中国市场经济理论进行数理解析，有利于提升其科学性和认

可度。

（一）中国市场经济理论模型——逻辑关系的数学升华

基于此逻辑，我们将"有效的市场"和"有为的政府"相结合的社会主义市场经济，上升到理论模型和数学表达的高度进行表述。鉴于前文已分别从市场经济和国家干预的角度建立了相应理论，并在相应的范围内较好地发挥着作用，我们可以把市场经济模式看成市场经济和政府作用的组合，再通过不同的权重展示市场经济模式的差异，从而将"有效的市场"和"有为的政府"在有机结合后建立相应的理性综合模型。该模型的主体部分由以下三个方程构成：

$$\Delta Y_t = a\Delta Y_t^* + b\Delta \hat{Y}_t \tag{10.1}$$

$$Y_t^* = f(K_t,\ L_t) = \lambda K_t^\theta L_t^{1-\theta} \tag{10.2}$$

$$\Delta \hat{Y}_t = \Delta AS + \Delta AD \tag{10.3}$$

当然，此处为简单起见，对市场与政府的作用进行了数学形式上的适当简化，没有用一般形式，但不影响基本结论。在（10.1）式中，ΔY_t 表示经济总产出水平的变化，$\Delta Y_t = Y_t - Y_{t-1}$；$Y_t^*$ 表示在完全市场经济条件下的潜在产出，属于长期趋势的主体部分；$\Delta \hat{Y}_t$ 表示政府作用部分带来的变化；参数 a、b 表示权重，在理想的"有效的市场"和"有为的政府"的情况下，两者之和为 1。满足此条件的，可以看作市场经济模式。在（10.2）式中，λ 为常数；K 为资本；L 为劳动；参数 θ 和 $1-\theta$ 分别为资本产出弹性和劳动产出弹性。在（10.3）式中，ΔAS 为来自供给侧的冲击，ΔAD 为来自需求侧的冲击。从本质上看，理性综合模型改变了以往经济理论仅基于纯市场经济的前提，是重大的思路创新，体现了明显的理性综合特征，我们将基于这一模型的理论表述称为理性综合经济学。

（二）在中国市场经济理论下的经济增长模型

理性综合经济模型是"有效的市场"和"有为的政府"有机结合的模型，其本质就是社会主义市场经济模式的数学升华和模型解析；从某种意义上看，也可以说是社会主义市场经济的增长模型。因此，在中国市场经济理论下的经济增长模型与我们建立的理性综合经济模型是一致的，本书

第四章对此进行了系统的阐述。理性综合经济模型改变了以往的经济理论仅基于纯市场经济模式的前提，是研究思路的重大创新。中国市场经济理论具有市场经济的共同特征，但也具有若干个性特征，这是由社会的制度属性决定的，主要包括：一是市场主体中公有制为主体的多元共存；二是分配机制中的共同富裕，旨在反对过于贫富分化，实现社会公平；三是政府的制动闸作用和宏观调控能力较强，同时强调全民平等、公共安全、社会责任、可持续发展等；四是开放性、包容性比较突出。从数学角度来说，这些具体特征相当于施加了相应的约束条件。需要注意的是，它们能够弥补市场的不足以及应对市场失灵，可以说是将"有效的市场"和"有为的政府"较好结合的高质量经济增长方程。由此可见，社会主义市场经济增长模型是一个动态的、长短期协同的、总供给与总需求协同升级的高质量经济增长模型，只是这个经济增长模型仍在完善之中。我们期待，随着时间的推移，这个经济增长模型能为中国经济的高质量发展提供指导，同时为全球有关经济体提供全新的选择。

运用第四章的经济增长方程就很好理解，如果把全要素生产率、潜在经济增长率与实际经济增长率的讨论上升到理论层次，并灵活运用计算实际经济增长率、潜在经济增长率的内在逻辑，就可以形成无政府干预条件下经济增长的最基础部分。加大教育和科技投入等有利于潜在经济增长率的提升，体现为政府具有改变潜在经济增长趋势的作用。改革开放、对中长期发展重大事项较为精准的判断、五年规划以及较强的危机处理能力，实质上起到了政府制动闸的作用。宏观调控政策的创新为实现短期经济增长奠定了坚实的基础，同时实现了由长期经济增长的联系模型得出的有关经济增长方程与 RBC 的基本逻辑和要素是一致的。

（三）黄金发展期与中国实践

经济学应是描述经济动态运行的科学，经济增长理论作为经济学理论的核心，也随之变得更加重要。在新的逻辑体系下，可以比较好地解释经济增长、经济周期和中等收入陷阱以及改革等理论。特别是基于中国市场经济模式而建立的理性综合模型得出的结论为：如果在某个时期，一国或全球部分主要经济体的经济发展具有较好的基础和环境，随着供给侧和需求侧的转型升级，如果既能持续提高全要素生产率，又没有出现供给与需求的巨大失衡或危机，就可以实现较长时间的快速发展。由此可见，从理论上说，无论是全球经济还是单一经济体，如果有需求侧、供给侧的协同升级和发展，并伴随全球化进程及市场扩张的推进，则可望迎来经济的黄金发展期。20 世纪 50 年代至 70 年代初期和改革开放 40 多年来的中国经济就经历了持久的黄金发展期。

　　未来，如果中国需要保持较长时间的黄金发展期，需要具备以下几个条件：一是中国经济要保持比较好的基本条件。二是政府能够采取有效措施提高劳动生产力，坚定推进技术创新。三是要保证社会总供给与社会总需求的动态平衡。基本场景是：短期经济增长稳定，长期经济结构优化，保持金融稳定、防止出现较大的风险，保持高质量经济增长。与此同时，要重视外部环境对我国经济发展的影响，努力营造良好的外部环境。当前存在某国企图围堵另一国的情况，这完全违背了自由贸易、多边框架的规则，将会给中国经济的平稳发展带来一定的不利影响。中国应坚持与所有正义国家一道，坚定反对贸易保护主义，同时保持战略定力，做好自己的事，迎接新的黄金发展期的到来。

第五节　社会主义市场经济理论的贡献——博采众长，自成一体

　　历史上任何一个创造奇迹的国家在崛起的过程中，往往都会形成相应的经济理论。中国经过 40 多年的改革开放实践，自然也呼唤理论创新。社会主义市场经济理论吸收借鉴了一切有利于自身理论发展的经济学理论，在推进全面深化改革实践的同时，也取得了经济学理论创新的成就，既在理论上发展了马克思主义政治经济学，又为现代经济学思想宝库贡献了丰硕成果。

（一）重塑了市场与政府的关系、实现了市场与政府关系从对立走向统一

　　贯穿西方经济学思想史的一条主线是关于市场与政府的争论。从亚当·斯密开始，西方经济学就把政府和市场对立起来。此后，无论是哈耶克与凯恩斯的世纪之争，还是所谓的咸水、淡水学派争论，都是在市场和

政府中二选一，崇尚市场这只"看不见的手"的引导作用，将政府作用局限化和被动化；应该说，这是单一维度的逻辑。自改革开放以来，中国将市场与政府进行有机结合的经济发展模式的成功，证伪了政府与市场二元对立的单维认知，探索出了"看不见的手"和"看得见的手"协同发力的新模式。通过既让市场在资源配置中起决定性作用，又更好地发挥政府作用，重塑了市场与政府的新型关系。中国始终坚持市场与政府辩证统一的关系，既要"有效的市场"去激发市场经济的活力，又要"有为的政府"进行宏观调控去弥补市场的失灵。这一理论突破创新了西方经济学思想史200多年以来的政府与市场二元对立观，开拓了未来宏观经济学发展的新路径，使政府与市场的关系从对立走向统一。

（二）创新了宏观调控理论，为解决市场失灵问题奠定了基础

宏观调控是中国提出的概念，在西方经济学中没有对应的表达。党的十八届三中全会创新性地提出："科学的宏观调控，有效的政府治理，是发挥社会主义市场经济体制优势的内在要求。"宏观调控的内涵表现为：政府不对经济运行进行直接干预，而是运用财税、金融、货币等政策工具去调节经济总量，实现供求两方面的协调和平衡。由此可见，宏观调控的内涵比西方经济学的宏观经济政策理念更为全面、深刻。与凯恩斯主义仅考虑需求侧明显不同，宏观调控既考虑需求，又考虑供给，是一个涉及供给侧和需求侧管理的调控体系。在调控过程中，政府会根据总量与结构问题的差异，实施不同的需求侧管理与供给侧改革的政策组合。

（三）全面开放的实践推动了国际贸易理论创新，为反对贸易保护主义提供了依据

在现有的国际贸易理论下，发展中国家会被比较优势理论和要素禀赋理论局限在全球价值链的中低端，以美国为代表的一些发达国家则利用它们在科技领域的巨大领先优势，长期占有科技垄断带来的超额利润，牢牢占据全球价值链的中高端。如果发展中国家一味遵循由发达国家主导的国家贸易规则，那么发展中国家与发达国家的差距只会越拉越大，发达国家

可以继续通过剥削发展中国家的人民来享受垄断利润，而经济全球化和世界经济繁荣也将难以实现。因此，当中国尝试向全球价值链的中高端迈进并取得了一定成绩时，美国等发达国家就会通过贸易战、直接制裁等方式对中国开展技术封锁并打压中国的高科技企业，企图用政治手段将中国封锁在全球价值链的中低端。事实上，西方国家在历史上就曾经历了轮番超越的过程，比如英国超过荷兰、美国超过英国。若是按照现有理论逻辑，美国不应该超过英国，英国也无法超过荷兰。当前，中国将在更宽领域、更深层次上进行全面开放，并积极主动地参与全球经济治理的协调。通过建立自贸区、自贸港，提出"一带一路"倡议，稳步推动人民币国际化等，可以推动我国经济与全球经济深度融合和经济全球化，打破发达国家在国际贸易理论中的恃强凌弱局面。中国在国际贸易中的实践和理论成果，不仅重新制定了国际贸易规则和维护了国际贸易体系的平衡，而且为促进发展中国家发展和实现经济全球化做出了巨大贡献。

第六节　百年未有之大变局下的中国市场经济理论变革前景

社会主义市场经济理论经历了曲折前进、初步形成、稳步发展和深入探索等曲折的发展过程，在实践中逐渐完善，并支撑了中国的经济腾飞。在百年未有之大变局下，面对新情况、新问题，社会主义市场经济理论将展现其勃勃生机，在变革中不断成熟起来，以经济学理论创新的面貌展现在世人面前。

（一）社会主义市场经济理论是一个与时俱进的理论体系

从市场作用和政府作用相结合的角度，社会主义市场经济理论实现了政府与市场的关系从对立向统一的转变，改变了仅从市场作用或政府作用进行分析的单维思维模式。未来，中国需要继续坚持社会主义市场经济改革方向，深化经济体制改革；坚持"放活"与"管好"的有机结合，打造良好的营商环境；完善市场化的宏观调控机制，建立统筹总供求的宏观调控政策体系，弥补凯恩斯理论主要从需求视角诠释宏观政策的不足。由此可见，社会主义市场经济理论将在中国全面深化改革的实践中不断完善，并将取得快速的发展。

（二）百年未有之大变局下的经济学理论创新将在未来发挥更大的作用

无论是从理论还是从实践上看，若市场发挥决定性作用就应该是市场经济模式，只利用单维视角确定标准，去评价两者结合的制度，必然会产生"双重标准"。从二维视角去观察，当前世界各国并没有绝对的市场或政府模式，只是两者的成分和作用程度有所差异。试问：整天拿着关税和制裁大棒制裁或威胁别国的做法，严重违背了市场经济和国际贸易规则，能算是作为"标杆"的市场经济模式吗？中国对市场干预的程度甚至低于这个层次，而且方式也更规范。近年来，美国、欧盟未按WTO规则承认中国的市场经济地位是不合理的，已经超出了理论或实践的界限，相当于自己拿枪、别人用棍，居然还说别人对自己的生命权有威胁，这意味着市场经济标准需要根据现实情况进行适当调整。中国的实践经验和理论创新为世界各国提供了全新的经济理论模式选择和公允的评价标准。实践已经并将进一步证明，中国市场经济体制和模式的合理性及有效性。

社会主义市场经济理论既脱胎于中国改革开放的伟大实践，又顺应了百年未有之大变局的潮流，更要在大变局中不断完善，逐步实现其体系化、完备化、学科化，把中国的社会主义市场经济发展模式和理论推广到国际舞台，推动构建人类命运共同体，进而为世界百年未有之大变局开拓新的发展道路。

第十一章　迈向和谐共赢的理性治理之路

　　人类文明的演进历程表明，东西方沿着两条路径分别创造了灿烂多彩的文明，两者既有共同的特征，又蕴含着巨大的差异。比较而言，西方文明的思维模式更关注"是与否"的问题，东方文明的思维模式更关注"度"的问题，两者显示出较明显的不同。但从本质上看，两大文明的思维模式又是统一的，"是与否"要以一定的"度"为条件，而度又是"是与否"的结合点。东西方文明不同特征的逻辑基础可以从双方哲学代表人物那里找到答案。

　　西方古典哲学代表人物亚里士多德（见图 11-1）给出的逻辑思维含义包括：

　　（1）同一律。A＝A，即无论是什么，A 就是 A。A 是本身，而不是其他。

　　（2）无矛盾律。A 和非 A 不可能同时发生。没有什么既是它又不是它。

　　（3）排中律。任何事物要么是，要么不是。A 和非 A 为真，但两者之间不存在其他情况。

　　中国传统哲学代表人物老子（见图 11-2）在《道德经》中讲出另一番景象："道生一，一生二，二生三，三生万物。万物负阴而抱阳，冲气以为和。"

　　由此可见，前者主要是形式逻辑，是决定和影响现代西方文化思维的重要缘起，现实中表现为广泛的因果关系。后者主要是辩证逻辑，具有明显的"度"的特征，是决定和影响东方文化思维的重要渊源。在现实生活中，对于众多领域来说，既有重要的因果关系，时常又难以给出绝对答案，所以条件和可能性是常用语，更有一些是典型的统一体，比如光既是波又是粒子，具有波粒二象性。再如，在经典物理学中，关于电和磁的定律已激动人心，而更令人惊叹的是将它们归纳为电磁波的麦克斯韦方程。着眼未来，人类需要将两种原本对立的关系转向更高层次的统一关系来看待，而"度"正是这种统一的结合点。

图 11-1　亚里士多德
（公元前 384—公元前 322 年）

图 11-2　老子
（约公元前 571—公元前 471 年）

资料来源：百度。

　　新冠疫情作为 2020 年世界性的公共卫生危机，不仅对人类社会的医疗领域产生了巨大影响，而且深刻冲击了人类文明理念，甚至还将带来治理模式的重大变革。在新冠疫情暴发之初，由于人们对这一全新的病毒缺乏科学认知，因而不同国家采取的防治方法也有所不同，这是正常的。但随着人们对病毒认知的愈发深入，不同国家对防治方法的选择却面临着不同的评价，特别是出现了因价值观不同而导致的"双重标准"或"政治污名化"等问题，而这将反过来推动人类理念的变革。全球本应就科学有效的防治方法进行探讨，但"双重标准""政治污名化""国家安全""政治正确"等又成为各国采取合理措施的障碍，从而导致了非理性标准及治理方式的出现，进而使病毒在全球蔓延。人类唯有理性、客观地面对现实，才能有效地控制和防范疫情，从而实现疫情防控和经济社会的协同发展，迈向和谐共赢的理性治理之路。下面将分析东西方文明演进的历史逻辑，民主与集中治理模式的差异，并通过建立相应的理论模型进行分析，提出相应的理性治理建议。

第一节 东西方文明演进、价值观和思维模式的差异

在东西方文明的演进过程中，秦汉时期（公元前 221 年—公元 220 年）与罗马帝国（公元前 27 年—公元 476 年）时期分别奠定了两大文明的重要基础，也是两大文明体系的典型标志。东西方文明有同有异：两大文明伊始均立足于农业社会，从无形的意识形态到有形的国家治理等各方面都面临着巨大挑战。罗马帝国是西方政治体的渊源，但罗马帝国灭亡之后西方再无统一的帝国，而秦、汉之后则是隋唐大一统王朝。中华文明拥有强大的管控能力，在秦汉时期已经建立了层次明确、权责清晰的行政体系。若以现代标准看，这与"现代国家"的情况比较类似。

在人类文明的演进过程中，东西方文明的差异是比较明显的。相对而言，西方文明总体表现为单维思维主导下的分合统一，也就是从分的基础上逐步向分合统一过渡；东方文明总体表现为多维思维主导下的分合统一，强调合中有分的特色。与前面相对应，此处的分合统一可以看作"是与否"的统一。东方文明的逻辑起点是基于人性是性恶或性善的认知，而极端情况则是完全的单维思维或多维综合思维。我们认为，人类本性总体应是中性的，个体会有善有恶，主要是受成长环境的影响。西方文明思维模式的主要特点是单维、排他、利己、零和。单维思维由于其注重考虑某个或某几个方面，从而使得其重点比较突出，相关规则、标准等比较清晰；不足之处是不够全面、容易极端。东方文明思维模式的主要特点是多维、综合、平衡、共赢，重视全面综合的思维，其优势是强调综合、包容、共赢，但不足之处是由于面面俱到，显得重点不够突出，某些具体细节不够精细，规则与标准有时含糊一些、不够清晰。具体表现为以下六个方面：

（一）个人与群体观念的差异

东方文明更注重集体价值，群体意识强烈，为了某种集体价值可以牺

牲个人的利益。西方文明更注重个体在群体当中的作用，甚至将个体提到很重要的地位。在西方看来，个体的存在才是集体存在的价值和意义，一切社会的发展主要源于个人在其中的作用，这是两大文明体系非常重要的差异。相对而言，西方文明是"我-我"的思维方式，与个人的权利和自由相比，集体利益处于次要地位。东方文明是"我们-我们"的思维方式，把集体利益放在首位，但也强调个人权利。

就东方文明的发展历程来看，由于人类对自然的敬畏以及征服自然过程中个体力量的局限，所以群体组织的作用更为强大，崇尚共同对抗各种自然危机。西方文明强调以个人为主，同样对大自然无比敬畏，为了适应自然，在群体意识相对弱于个人意识的背景之下，西方文明更注重对自然的研究，这在一定程度上成为西方自然科学发达的原因之一，但也容易将这种规律推广至其他领域。东方文明更注重群体意识，注重社会与伦理关系，强调人多力量大，通过群体组织可以对自然进行疏导改造。东方文明的思维逻辑是以人为基础，人与人之间的关系可以影响大自然，与西方文明强调的人与物的关系、人与自然的关系截然相反。

东方文明在看重集体价值的同时也十分重视个体的生命价值，中国古代对此就有很多精辟的见解。这与西方强调人权在本质上是一样的，只是表达方式和采取的路径不同罢了。孔子主张"泛爱众"；荀子说"天之生民，非为君也；天之立君，以为民也"；孟子认为"民为贵，社稷次之，君为轻"；《吕氏春秋》提到"天下非一人之天下也，天下之天下也"等。中国人既推崇必要时的舍生取义，又一直有珍惜生命的意识。《黄帝内经》将生命本身的价值和保护置于很高的地位，认为"天覆地载，万物悉备，莫贵于人"；张仲景说"进则救世，退则救民；不能为良相，亦当为良医"。

在西方文明的源头——希腊文明鼎盛时期，西方人更多地讲求自然科学与哲学之间的联系和作用，很多哲学家原本就是自然科学家。与此同时，很多哲学家也都进行自然科学的研究。东方文明更多地讲求纲常伦理，教人们如何做人，所以东方文明的哲学与自然科学的关系较弱，这也引导了两大文明体系最初的演进方向。因为希腊人更多地关注自己，关注自然的运转法则，所以他们更追求一种确定性的规律。对于大自然，他们要发现大自然的科学规律；对于人类社会，他们更强调一种接近自然规律的人类社会管理体系，所以法治由此产生。但多元包容的思维模式和结构体系，使得中华文明具有更大的适应能力，历经磨难而延绵不绝，成为当今世界仅存的古代文明。虽然东方文明与自然斗争的历史比西方的古希腊文明更早，并且所体验和归纳的自然规律很多，但由于更关注人与人之间的伦理，对哲学和自然科学的重视不够，尽管曾经取得了辉煌的成就，但持续性偏弱，形成了德治为先、法治为辅的基本逻辑。我们应当承认，世界上每一个文明都曾经历过自己的辉煌，同时文明程度呈现一个逐渐提高的过程。

东西方文明在义和利的关系方面也存在明显的差异：一般来说，西方人重利轻义，东方人重义轻利或义利兼顾。东方人的意识就是义字当先，在中国古代存在许多义气英豪被人们大加赞赏的故事，长达 5 000 年的悠久文化是这种重义轻利的重要原因之一。相对而言，西方文化更注重利益，在多数时候为了利益可以牺牲自己的义，这正是现实主义的表现。例如，从西方人的生活中也可以看出他们的自我意识。当然，这只是针对东方的绝大多数人群而言的。在东方，比如中国人的生活中，谦让是一种美德，而西方人可能更强调个性和竞争。

（二）自由与集中理念的差异

"自由"在西方文明中根深蒂固，"自由"也是西方政治的核心规则。罗马帝国强化了以"自由"为核心的政治传统。秦汉时期（特别是汉朝）将中华文明的政治价值观理论化，并在实践上整合了"大一统"和"仁政"。"大一统"侧重文明的整体性，而"仁政"为"大一统"确立了很高的道德标准。这种"双保险结构"贯穿中华文明的始终，是其精髓之所在。

中华文明的特质是中庸、包容、和谐，这是各阶层内心广泛认同的一种准则和境界。中国古代的伦理系统可以说面面俱"道"，欲为圣贤尽圣贤之道，欲为君尽君道，欲为臣尽臣道，欲为将尽将道，欲为商尽商道。究竟是有道还是无道，是维护"大一统"还是搞分裂，广大民众心中自有一杆秤。事实上，自由在罗马帝国出现过问题，汉帝国以仁政为基础的"大一统"也产生过问题。汉朝初年，汉帝国实行的是郡县制与分封制并存，在中央集权的框架下实行无为而治，社会经济得到了恢复和发展，但贫富差距开始加大，分封割据引发了"吴楚七国之乱"等，最终迫使汉武帝以"推恩令"重新实现了郡县制。

（三）两种政治核心价值："多元制衡"与"一体多元"

罗马帝国奠定了西方"多元制衡"的基础，秦汉时期则奠定了中国"一体多元"的传统。罗马帝国建立起王权制、贵族制、民主制融为一体的混合政体，执政官、元老院、公民大会三种力量之间互相制衡，各方利益的相互制衡为自由强大提供了重要保障。然而，这种制衡是有条件的，当冲突超出一定的限度，事情将会发生质的变化。在罗马帝国晚期，当内部出现严重分化却没有"一体"力量及时进行调节时，冲突就会变成重大危机。东、西罗马的分裂和最后整个帝国的分崩离析都印证了这一点。实际上，这告诉人们，民主不是绝对的，是有条件的，一旦超出相应的范围和条件，民主就是不可持续的。

汉朝的"大一统"不只是"罢黜百家、独尊儒术"，而是"一体多元"的政治核心价值观。西汉在政治上是多元发展、百家争鸣的，有儒家、法家、道家、墨家和阴阳家等。如果只有多元而没有"一体"的框架，最终必然导致碎片化的分崩离析。只有"大一统"才能构建起一个多元思想的共同体，并取得发展上的共融。汉文化之所以能作为中华文化的代表，成为中华文明的重要精神和传承基因，就是因为它更能将多元乃至相互对立的思想、制度、文化和群体统一起来共同协调发展。这既是体系的重要标志，又是体系稳定的重要条件。如果仅有一统而无多元共融的体系，一旦超出一定的范围并遇到内外部环境的变化，同样是不可持续的。

（四）分权与集权的差异

罗马帝国在某西方宗教中是西方文明"国家之恶"的观念原型，奥古斯都的《上帝之城》对罗马的堕落有专门阐述。罗马帝国对外血腥地征服殖民，但上层精英却抛弃底层人民，是典型的"我好"而"非我即不好"的思维定式。某西方宗教也有原罪一说。西方政治观念的起点是防范"国家之恶"，思想启蒙时期的洛克、卢梭、孟德斯鸠、亚当·斯密等对于政府的观念均是从这一认知开展。汉朝是中华文明"国家之善"的观念原型，而中华文明向来对"国家之善"抱有信心，即使遭遇挫折，儒家也相信：人之初，性本善，人性虽有恶，但能够通过理性和道德自我改造。法家认为，即便人性本恶，只要拥有良好的法令制度，也能实现善治。实践上，儒家和法家相互融合的"大一统"国家治理体系进一步坚定了中国古代"好国家乃人力所及"的信念。

在现实世界里，制度发挥的好坏，最终还要取决于运行制度的人。我们期待：通过东西方文明的对话，为文明的互融互鉴开辟一条新路，拥抱多元的世界。东西方文明各有各的优势和劣势，都不可能推倒重来，也没有必要推倒重来。我们相信，东西方可以共商、共建、共享全球美好的未来。

（五）国家治理体系和模式的差异

（1）东西方文明建立国家的基础不同。华夏文明讲究一脉相承，由部落直接过渡到国家，而西方文明通常是由部落中出来的不同群体，重新聚集并订立契约而形成国家。这在政治生活中体现为：希腊城邦的血缘被社会契约所约束，最终被国家所取代；华夏文明在传统的血缘部落中不断加强，最终掌握国家机器而形成家国一体。这种差异甚至在相关国家的行政区划中也有表现，比如中国的行政区划是以历史演进为主导的产物，行政区划更加复杂多样，而美国的行政区划是划定的区域，其行政区划更像一个规则的图形。

（2）基层治理能力的差异。秦汉时期创造了较为有效的基层文官体系，强大的基层政权决定了秦汉时期的国家更像现代国家。相较而言，罗马帝国始终对基层行政体系的建立有所忽略，政治上更重视上层建筑。中央政权主要与行省建立联系，但行省之下是诸多自治的区域。罗马帝国派遣总督和财务官，掌管税收、军事与司法，忽视行省以下的管理。

（3）国家意识形态不同。罗马帝国的"君权神授"是为了论证其统治的神圣性，"神意"和"民意"没有关系。中国的"奉天承运"则需要民心来体现，天子、天命和民心三方相互制衡。这种意识形态既可塑造权力，又可约束权力，它强调权力终归来自责任，有多大权力就要尽多大责任，如果不尽责就会失去权力的合法性。这种意识形态会培养各民族的身份认同感和社会各阶层的责任感。罗马帝国很注重建立稳固的国家意识形态和"罗马民族认同"，但只顾上层建筑而忽略基层建设，上层一旦分崩离析，基层人民也就分道扬镳。

（4）军政关系不同。罗马帝国在公元 180－284 年期间的政权极为不稳，几十位皇帝被军人杀害，又称三世纪危机。这是因为罗马文弱武强，缺乏基层文官政权，被中央派驻行省的总督们依靠军队来收税和管理地方，而收上来的税又变成了军饷，总督成了一方军阀。中华文明有较完善的基层文官体系，有专门收税和管理民政的机构。以文控武，军人来自民间，战时为兵，战后为民，难以形成影响政局的利益群体。

（5）经济调节方式不同。罗马帝国以农业社会为主，以商贸活动为辅，城市人口一般不超过总人口的 5％。中国古代的商品经济较为繁荣，秦灭六国后，统一文字、货币、法律、度量衡等措施创造出了规模较大的统一市场。西汉文景两朝实行的"无为而治"将各经济区域通过市场联系起来，市场活跃，并且分工产生的交易价值推动了社会财富的整体增长，使生产率得到快速提升。

（6）国家对经济体系的调节能力也有差异。罗马帝国拥有复杂的政治系统，但经济基础却是"奴隶制大庄园"，国家对经济的调节能力较弱。[①]秦汉时期的情形则不同，很早就开始了政府对市场的调控。汉代创建了中央财经体系用于"宏观调控"。比如实行盐铁官营，既没有增加农业税，同时又加强了国家财力，一举两得。如果没有强大的中央财经体系支撑，汉朝的"大一统"制度是无法实现的。

（7）政教关系不同。在罗马帝国晚期，本土的多神教缺乏道德规范来防范富裕群体的堕落；相反，基督教从社会底层萌生出来，发展出大批信徒，威胁了罗马帝国的统治。对此，罗马帝国先是镇压屠杀，但成效甚微，转而怀柔接纳，将基督教确立为国教。[②] 但基督教徒效忠的对象是教会而非国家，所以无法避免帝国灭亡的命运。儒家的伦理道德要比罗马的多神教严苛得多，从政者的天职就是"鳏寡孤独皆有所养"。法家的基层治理更为严格，无论是精英还是人民都需要遵守。特别地，中华文明的立国之本是人文理性，世界历史上鲜有像中华文明这样不建立在宗教基础上

---

①② 潘岳．秦汉与罗马：中西治理的文明基因比较．文化纵横，2020（10）．

的文明体系。在外来宗教传入中国后，都会改变其排他绝对的宗教狂热，在国家"大一统"的秩序下，与其他宗教和思想和谐共处、实现互补。例如，佛教自东汉时期传入中国后，政府没有实施消灭或全盘接受，而是让其与中华文化逐渐融合。受儒家思想的巨大影响，不同的宗教都会对国家产生很强的认同感。例如，道教和佛教都认同仁政，都把让众生幸福看作最高境界。

世界两大文明体系正是因为群体与个人价值的差异，分别形成了最初的城邦契约与家国一体，导致在政治治理理念上的较大差异，使得各自在自己的文明道路上向前发展：一个更注重自然科学和哲学，另一个更注重伦理道德和规范，其实双方并没有明显的优劣之分。几百年来，西方资本主义社会逐步发展到高级发达阶段，并通过远洋舰队、殖民、战争、宗教等向全球传播，形成了较为完善的治理体系，对全球经济、政治、社会等多方面产生了广泛影响，这是我们必须正视的事实。当然，即使都属于西方文明，不同国家也存在一些差异。由于经历的过程和外部环境不同，有的国家（如美国）更极端一些，欧洲国家更平衡一些。相对而言，凡是在更强调个体利益和差别的社会，西方文明会契合得更好，发展也更快，比如说奴隶社会、资本主义社会是西方文明发展最发达的阶段，19世纪的美国更是奴隶社会和资本主义社会两者的结合。东方文明比较发达的阶段体现在封建社会和社会主义社会，未来将会进入一个东方文明可以更好发挥作用的阶段。

（六）思维模式：低维度和多维度

东西方文明基于对于人性是善良还是自私、有限理性还是理性的差异，形成了不同的思维模式，如单维、二维、三维和多维等模式。相对而言，东方文明往往偏向多维导向，西方文明侧重于单维导向。

（1）中西医思维的差异。中医不仅从人的整体入手，而且认为人体是宇宙的全息投影，研究自然与人的内在联系，看见、看不见的都纳入考量，主张千人千方、辩证治疗。西医是直接、局部、依靠数据等，从器官、组织入手，头痛医头、脚痛医脚，实行标准化治疗。中西医各有所长，非此即彼的争论本身就是低维思维。比如在钱钟书先生关于西方文化与中国文化的对比里，他从诗的视角分析了差异，谈到了中国诗的长处，说它虽然只有寥寥数十字，但表达比西方的长诗更有意境。这对西方人来说，又是很深奥且难以理解的东西。

（2）东西方文明关于经济模式的观念差异。以市场经济标准为例，从单维角度，西方给出了清晰的市场经济标准，强调市场的自发调节，较少涉及政府作用。当别国政府调控市场时，批评别国违背市场原则，但在自己做的时候，又常常随意违背市场经济原则进行政府干预，"双重标准"十分明显。从多维或者至少二维的角度看，市场经济应是市场与政府的结合，其核心不是市场的有无问题，而是市场与政府结合的"度"的问题。政府和市场结合的边界虽存在比较清晰的标准，但会根据具体的情况有所调整，这里面就会有模糊的成分。从西方价值观的视角看，这存在边界不够清晰的问题。再以全球化为例，目前在西方国家主导下的全球化，看起来好像比较多元，但其实质是单极主导的全球化，即是一家独强的全球化。当出现几个力量相近的主体时，遏制、冷战、战争等可能成为重要选项。相对而言，东方文明的全球化理念在某种程度上有点"佛系"，体现天下大同的理念，是多元、平衡、共赢主导的全球化，与人类命运共同体共融。

（3）关于求同思维和求异思维的问题。中国人总是强调"和为贵""天人合一"等，而西方讲究某个或某些方面的标立新说。有一个例子，一个出访团在感谢对方国家接待时，多人都用了类似的几句话：你们国家很美丽，你们人民很友好，你们接待很周到，等等。相对而言，西方人更接受有特点的建议，当有人提出了具体建议时，则取得了较好的效果。

东西方文明的比较见表 11-1。

表 11-1　东西方文明的比较

	东方文明	西方文明
个人与 群体观念	集体意识强烈 我们-我们 义利兼顾	个体意识强烈 我-我 重利轻义
自由与 集中理念	"大一统"强调文明的整体性 "仁政"确立了很高的道德标准 中庸、包容、和谐	自由

续表

	东方文明	西方文明
政治核心价值	多元一体 "大一统"下的儒家、法家、 道家、墨家共存	多元制衡 王权制（执政官）、贵族制 （元老院）、民主制（公民大会） 各种力量互相制衡
分权 与集权	国家之善	国家之恶
国家治理模式	家国一体 基层文官体系 奉天承运，民意 基层行政管理发达 商品经济比较繁荣，政府调控 与市场并存 政教分离 注重伦理道德和规范	城邦契约 缺乏基层文官体系 君权神授，神意 军队代管基层行政职能 奴隶制大庄园 政教合一 注重自然科学和哲学
思维模式	多维 中医强调整体、辩证、无形 诗词言简尚意境 市场＋政府，边界模糊 天下大同，各美其美，美美与共	单维 西医偏重局部、直观、数据 长诗 市场/政府，边界清晰 单极主导，遏制、冷战、战争

资料来源：作者整理。

第二节　民主的重要作用、局限性与治理模式变革

几百年来，民主在国家及全球治理中发挥了很重要的作用，持续占据道德和治理的巅峰，但实际上它不是灵丹妙药，也没有那么完美，有优势也有不足。对于民主，我们需要客观看待，既要看到它的巨大价值，又要看到它的局限性。近年来，无论是"选举式民主"还是"党争民主"都出现了较多的失败案例，不但"无效民主"较为普遍，有些地方还直接引发了重大冲突。新冠疫情的全球蔓延更让人感到所谓民主和自由的苍白。人们不禁要问，一个连生命都难以保障的体制是一个好的治理体制吗？

（一）多党普选制度的终极方向是"悬浮议会"

近年来，在英国、意大利等典型多党制国家相继出现了"悬浮议会"情形。从表面上看，这是一种特殊情况，实质是一种必然。就英国的现实看，长期持续的多党竞争会导致两个大党都拿不到下议院多数席位，需要寻觅其他小党派联合组阁。例如，在一次选举总得票率上，保守党以微弱优势超过工党。总体结果是，保守党和工党两大党轮流主导英国政治的总体格局虽受到较大撼动，但在可预见的未来尚难打破。首相仍将在保守党和工党党首之中二选一，但要进行有效组阁，则需要与某个或某些小党联合。这样就会形成一种重要特征，可能出现部分甚至许多重要政策要想成功通过，必须得到某个小党的认可，也就是某些重要政策可能主要代表少数人的利益，而不是更广泛的群体利益，存在较大的不稳定性。这必然导致社会治理能力的削弱，给国家带来较大的不利影响。

（二）美国典型的两党间接选举容易出现"摇摆总统"或"少数总统"

美国间接选举制度的设计决定了美国难以形成较为典型的多党制，而分州确定胜选的方式决定了第三党难以发展壮大起来，两党间接选举的发展方向是"摇摆总统"或"少数总统"。"摇摆州"（swing state）是美国政治名词，又常被称为"战场州"，指民主、共和两党候选人的支持率差距不大的州。相较于一方候选人优势明显的"安全州"，"摇摆州"却是竞选双方锁定胜局的必争之地。因此，政治倾向较为暧昧的"摇摆州"就显得格外重要。每次总统大选的候选人在这些"摇摆州"的争夺上都非常激烈。这里的逻辑非常简单：一个候选人争取到一个"摇摆州"的支持，对手就少了一个"摇摆州"的支持，谁拿到的"摇摆州"更多，谁就有更大的把握当上总统。"摇摆州"（特别是"关键摇摆州"）的选票最终往往可以决定大选的结果。2020年美国总统大选——拜登对决特朗普，在新冠疫情、种族运动、就业下降等因素冲击下，"摇摆州"的数量有所增加。拜登在6个最重要的"摇摆州"中占优，从而取得了竞选胜利。

在2016年美国总统大选中，希拉里与特朗普对决。希拉里过于看重全国民调数据，轻视了对"摇摆州"的争夺，特朗普赢下了佛罗里达等关键"摇摆州",最终将特朗普推上总统大位。特殊的选举人设计也使得赢得选举人票的同时,不一定能赢得全国多数票。相对而言,从全国选票来看,希拉里所得的选票高于特朗普,从而出现"少数总统"。

2012年的美国总统大选也是一个很好的例子,谋求连任的奥巴马和罗姆尼两人在很长一段时间内的支持率都僵持不下,多次民调数据都显示变动幅度很小,选情非常胶着。2012年8月22日,共和党如期召开全国大会,按照往年惯例,身为民主党候选人的奥巴马应该低调行事、尽量避其锋芒。此时,奥巴马选择和时任副总统拜登一起,在共和党齐聚一堂的两天内造访了3个"关键摇摆州",非常高调地到处拉票。随后,奥巴马的竞选团队针对"摇摆州"开展了一系列的竞选活动,其策略非常清晰。最终,在2012年的8个"摇摆州"里,罗姆尼只得到了1个州的支持,奥巴马在剩余的几个"摇摆州"里建立了优势。奥巴马靠这些来自"摇摆州"的关键选票击败了罗姆尼,赢得了自己的第二个任期。

"摇摆州"是美国大选中的一个特有景象,看起来是偶然的,实则是发展的必然趋势。"摇摆州"的选票一般都是竞选双方争夺的重点,特别是"关键摇摆州",不仅可以决定大选的结果,而且两党相对的"各自地盘"以及"摇摆州"的存在,也会给当选总统的施政带来巨大的压力。这样一来,政府实施的政策可能就不再以理性为主导,而是包含较多的利益权衡,必然影响政策的有效性和持续性。

(三) 所谓民主程序自身的局限

在讨论民主问题时,有两个角度至关重要:一是范围的选取。大家比较认同的原则是少数服从多数,但争议往往会从"范围"开始,因为范围的选择就直接决定了结果。比如说在2020年美国大选中,如何认定邮寄选票有效问题就是一个重大问题。从总体上看,邮寄选票的来源比较广泛,但支持民主党的居多。这样一来,这部分选票将为民主党候选人赢得大选奠定基础,可以说不同的"范围"将决定最终的结果。对于范围,还有一个更深层次的问题,即范围中的范围问题。因为对不同范围的界定可能会带来矛盾的结果,在涉及族群问题时更加明显。比如在一定范围内,可能会赢得多数票,但在一个缩小或扩大的范围内,可能某一族群的地位又变了，再去投票则可能是另一种结果，涉及不同民族、宗教的国家或地区就是这种情况。二是议题是否关系"核心利益"。比如英国脱欧以及苏格兰和北爱尔兰脱英公投问题等，在对待与英国脱欧和脱英公投类似的问题上，观点差异就十分突出了。按照少数服从多数的原则，选票较少一方就要接受最后的结果，即愿赌服输。这在一般情况下是没有问题的，特别是在道德水准相对较高的情况下更是如此。但如果议题属于核心利益，那么少数人虽然被迫接受结果，但无法真正接受结果，这就必然会出现巨大争议，而争议的着眼点将从程序违规、范围等方面开始展开，2020年美国大选前后的种种争议就是一个很好的说明。解决这种局限的有效方式是取胜的一方能够较好地平衡双方的利益，即适当兼顾少数人的"核心利益"。不过，这已不是简单的民主问题了，而是民主与集中的适当结合和平衡。

2021年1月6日，美国国会遭到暴力冲击。时任美国总统特朗普的一批支持者闯入国会大楼，导致正在确认各州选举人大选投票结果程序的联席会议被迫暂停。示威者与警方爆发激烈冲突，国会内情况混乱，议事厅有玻璃窗被打碎，国会警察举枪戒备。有报道称，警方曾施放催泪弹，有人中枪，亦有其他人受伤。国民警卫队及联邦警方到国会控制现场。美国当选总统拜登在社交媒体上发文表示，袭击国会不是表达异议，而是无秩序混乱，近乎"煽动叛乱"，必须马上停止。随后，拜登还就美国国会大楼发生的抗议暴乱发表讲话，称这是对民主的"侵犯"。他呼吁特朗普站出来向支持者喊话，停止这场暴乱。时任美国总统特朗普在推特上发布简短视频讲话，要求闯入美国国会的示威者"立刻回家"，但仍然表示，美国总统大选结果被"窃取"。对于发生在美国国会大厦的暴力冲击事件，众多国会议员和美国媒体均表示难以置信。发生在美国国会山的一切，使得6日被广泛视作美国历史上黑暗的一天。《华尔街日报》的文章指出，这一天"彻底撼动了一个国家，两个政党和两届总统"。

（四）国家治理模式变革与民主集中制

1. 国家治理模式变革

在历史上，雅典的民主制有很多优点和巨大的影响力，但只持续了

200多年，这与它本身的固有缺陷有一定关系。如果把多数决定原则无条件地应用于人类所有领域，很可能会产生严重后果，出现多数人决策不正确，侵犯少数人的正当利益，或者决策效率低下。雅典民主的一大耻辱就是处死苏格拉底，这导致当时很多哲人（包括柏拉图、亚里士多德等）都对民主感到遗憾。在近现代西方国家民主制度发展的同时，伴随着对民主的批判，新冠疫情更是其治理模式弊端的集中体现。

在西方发达国家的大力推销下，一些发展中国家照搬了西方国家的治理模式，这类似于一个刚刚脱贫的打工者开始追求大老板的生活方式，结局就可想而知了。自20世纪以来，拉丁美洲、非洲、亚洲和东欧的一些国家按照欧美模式设计政治制度，遇到了许多难以解决的问题，陷入政治不稳定，甚至走向内战，同时社会发展出现停滞或倒退。欧美模式并不必然提升国家的治理能力和发展能力，一国如何选择恰当的治理模式是个复杂问题，取决于历史条件、地理情况、经济发展水平、族群宗教结构、社会政治文化环境、教育程度等诸多因素。西方国家的推销逻辑，无非是要求所有人遵从与它们一样的规则，然后利用自己的先发优势获利，就如同一个赌场高手，吸引其他人参与赌博并从中获利一样。

当欧美模式经检验不能适用于所有国家的时候，我们需要寻求其他更适合的模式。尽管中国模式同样难以适合所有国家，借鉴中国模式也不一定能够完全成功，但它有一个重要特征，即不容易伤害无辜。因为中国模式是一种内外兼修、以内为主的模式，不会强制在外部谋求不当得利；中国模式不要求别人生搬硬套其体制，强调尊重历史的传统和文化的个性。这种治理结构上的新模式值得重视和关注。

新冠疫情不仅是病毒的扩散，而且是正在全球疯狂发酵的危机，必然会引起世界一系列的震荡和调整。在新冠疫情后，全球会进入一个新的历史时期，也可以说是一个里程碑或者新纪元。站在这个新纪元的起点上，人类命运共同体要面对和解决的共同难题包括疫情、生态和资源、贫困和动乱、人口和健康以及多元文化下人类的和谐相处。在全球疫情下，中国人的集体主义观念以及由其衍生的治理模式，为解决全球性问题提供了新视角、新方向、新模板。人类命运共同体找到了解决全球问题的新方式、新策略、新路径。

当前，全球的治理秩序正在发生变化。全球化正面临一些过去主角的退缩，美国曾经的快速"退群"是一个典型信号。未来的全球秩序不应再回到强权为主导，世界不需要一个强权的领导者，而应更加关注利益的平衡，人类命运共同体是一个很好的发展方向。在中国的治理模式中，对外主张的和平共处、共建人类命运共同体的策略，自然也可能迎来越来越多的关注。人类历史总是在偶然性与必然性的循环中螺旋上升，中华民族的伟大复兴，也可能在新冠疫情的偶然推动下，已悄无声息地按下"快进键"。

2. 民主集中制度

民主和集中是同一问题的两极，我们不必非此即彼。在现实中，无论哪个国家都不是完全的民主或集中，我们更不能用一种低维思维去分析，即"我与非我"，我是优先的，非我就是异类，非我还要分个三六九等。也就是说，要么民主、要么集中，甚至用要么民主、要么专制。其实，民主和集中都是有利有弊的，主要还要看是否适合实际情况。由此可见，民主与集中的有机结合才是较好的途径。这可以进一步表述为"有效的民主"与"有为的集中"的有机结合，或者说，民主发挥决定性作用，集中发挥较好作用。从这个角度看，民主集中制就是一个很好的制度。在这个方面，中国有较好的实践。展望未来，民主与集中的有机结合或许是理性发展的重要方向，只不过内容和形式可能更合理而已。

民主集中制的内涵有两个关键点：一方面，民主集中制中的"民主"不是指成员具有发表意见的权力，而是指在"集中"时的"少数服从多数"。集中有两种形式：一种是多数服从少数的集中制；另一种是少数服从多数的民主集中制。民主集中制的概念是列宁创造的，是相对于专制集中制而言的。列宁写的俄文直译成汉语是"民主的集中制"，它表明民主集中制是具备"民主"属性的集中制。如果采取民主手段，也就是少数服从多数，那么集中了大多数人的意见，就象征着民主集中制程序的完成。另一方面，由于认知水平的差异，民主集中制集中的多数人的主张不一定是正确的。例如，在某些情况下，多数人的决定是不正确的，可它却符合少数服从多数的原则。在这一决定没有改变之前，任何个人都必须无条件地服从。如果倡导集中正确的意见，而不是多数人的主张，会导致某些人以真理不一定掌握在多数人手中为由，实行个人专断。

3. 关于民主的标准和典型治理模式

我们必须寻求民主的新思维，即还原其真实的本质，不再简单地说民主与不民主。事实上，也没有国家真正能实现所谓的完全民主，没有一个所谓的"普世"的民主标准。更进一步说，如果真的做到了，很可能也是一种非常不理想的状况。我们必须摒弃要么民主，要么就是非民主或独裁的低维思维，而是从更高的维度来看待民主，这样才更为客观，不会有"双重标准"。从全球视角看，治理模式也不应该再是"民主和非民主"或者说是"民主和专制"的怪圈，而应是一个程度问题。可以说，任何国家的治理模式都是民主与集中的结合，只不过是结合的程度和形式有所差异罢了。评价治理模式的标准也不再是简单地以是否民主为标准，而应以治理模式的稳定性、有效性和可持续性等进行综合评价。当然，从具体的结合方式来看，基本的趋向为：一是完全民主或完全集中都不存在，最多是某方面主导程度的高低。二是一国可以选择民主主导下的适当集中。当然，民主和集中的程度可能有所差异，美国、英国等就是这种情况。应该承认，虽然中国实行的是民主集中制，但其中集中的程度明显要大一些。三是可以选择集中主导下的适当民主制，王权（指具有很大权力的王权）或宗教主导下的国家往往如此，但可能更适合它们的国情，也有利于稳定局势。如果在这些国家或地区推行所谓的完全民主制，可能是一个比较危险的做法。四是一些小型经济体采取的政治倾向较弱的民主与集中相结合的治理模式，发挥了民主和集中两方面的优势，克服了民主和集中的不足，取得的效果也是很明显的。

第三节　新冠疫情下的"双重标准"和治理模式的典型表现

新冠疫情折射出的"双重标准"，体现了东西方文明、价值观和思维模式的差异。从人类文明的演进和价值观的差异出发，我们在研究问题时才能更好地把握哪些地方是差异、哪些地方是共同点，更好地理解"双重标准"产生的逻辑机理。自新冠疫情暴发以来，出现了一系列非常奇怪的现象，比如对于戴口罩的质疑以及"政治污名化"等问题。与此同时，在新冠疫情下"双重标准"或"多重标准"的运用更加普遍，不仅使不同国家的疫情防控策略出现了重大差异，导致疫情在全球大规模蔓延，而且助推了民粹主义和贸易保护主义的兴起。这些看似奇怪和矛盾的现象背后，实际上是价值观和理念的差异。

（一）关于戴口罩与物理隔离措施问题

面对传染性极强的新冠病毒，勤洗手、戴口罩、少出门是普通人群防范病毒侵袭的最佳方式，况且医生在治病救人时戴口罩本身就可说明它的重要作用。在东方，人们因为受到过 2003 年非典袭击，在专家建议下，迅速实现了全民佩戴口罩，但欧美却将戴口罩这一防范措施与限制人权相联系，丹麦首相曾公开宣称戴口罩是限制人权，德国柏林曾出现反对戴口罩的示威游行。与此同时，西方文化还认为只有病人才应该佩戴口罩，而病人不应该在人群中出现，因而社会中出现了歧视、辱骂甚至殴打佩戴口罩的亚裔人士的事件。中国采取的物理隔离措施更是被西方视为限制自由的做法，但当疫情在欧美大暴发后，西方各国也逐步采取了戴口罩、封城等物理隔离措施，以阻止疫情的进一步传播。

戴口罩和物理隔离措施在一定程度上的确限制了人们的自由，但其目的是为了保护人们更基本的人权——生存权。当疫情首先在中国被发现时，欧美一些人士将中国政府的抗疫措施批评为违反人权的做法，而在疫情蔓延后，他们也采取了同样的抗疫措施，反映出其采用的"双重标准"，也从侧面揭示了东西方思维模式的巨大差异以及由此带来的评价标准问题。

（二）关于"政治污名化"问题

新冠病毒是全人类共同的敌人，病毒在哪里率先大规模暴发并不能说明病毒发源于何处，具体的发源地需要由科学家进行严格的考证，才能得到准确结论。在病毒命名方面，世界卫生组织充分吸取埃博拉病毒、中东呼吸综合征命名的经验教训，遵循"使用中性、一般的术语代替人物、地点、动物、食物和职业的名称为疾病命名"的指导原则，将新冠病毒命名为COVID-19。但美国的一些政客有意称新冠病毒为"武汉病毒"或"中国病毒"，污名化中国的抗疫措施，转移矛盾关注点。这就如同一个不会开车的人，大谈其开车技术和专业性，如果据此开车上路或者指挥上路是多么危险的事情！过去，当疫情从美国暴发时，如 2009 年的 H1N1 流感，美国遵守世界卫生组织的命名原则；但当疫情在他国被发现并公布于世时，一些美国政客却采用污名化的名称，意图使用"双重标准"来掩盖自身抗疫的不力。我们必须明白，新冠病毒并不会自然消失，制造政治病毒只会加大国际社会的协调难度，不利于人类共同应对疫情。

关于所谓的"武汉病毒"以及对中国的"追责"，应当注意两个问题：一是国际上出现过同类的事情，曾经追过谁的责？为什么今天要追责？二是即使追责，该追谁的责？应该先查清病毒源头，病毒起源没查清，追责问题就无从谈起。就像不能因为一个人当时在犯罪现场，就认为他是罪犯。在追查病毒起源时也不应只查武汉，对每个国家都应遵循无罪推定原则，不能对自己时强调无罪推定，而对别人直接就是有罪推定。为了把真相搞清楚，世界卫生组织可统筹安排全球相关专家进行全球系统的、透明的调查，各国都没有例外，找出真相并解决疫情。

（三）关于疫苗的国际分配机制问题

新冠病毒在全球蔓延的事实凸显了疫苗研发的重要性和紧迫性。疫情的冲击使得各国采取了严格的物理隔离措施，而这对全球经济产生了巨大的负面冲击，并且这种冲击对不同发展水平国家的影响是不对称的。相比经济实力雄厚、医疗设施完善的高收入国家，中低收入国家由于经济发展水平较低、医疗基础设施落后、公共卫生较差而面临着更多的挑战。因此，相对而言，中低收入国家对疫苗的需求更加迫切。但可以预料的是，早期疫苗的供给难以迅速满足世界庞大的需求，因而疫苗的国际分配机制就显得十分重要。

在疫苗研发成功之前，价值数亿美元甚至数十亿美元的交易就已经开始了。荷兰、德国、法国和意大利与英国医药企业阿斯利康签署了总计 4 亿剂疫苗的合同，美国与英国药企葛兰素史克和法国药企赛诺菲达成协议，这两家企业将向美国供应多至 1 亿剂正在临床试验中的新冠疫苗。美国还与德国生物科技 BioNTech 和辉瑞签订近 20 亿美元的 6 亿剂疫苗的合同，以及与诺瓦瓦克斯达成 1 亿剂疫苗的预订协议。高收入国家对疫苗的争夺使得世界其他地区可使用的疫苗将会非常少，而中低收入国家没有技术能力和资金来获得疫苗。英国卫生大臣汉考克表示，英国正在努力确保无论哪一国的疫苗率先获得批准，全世界都可以获得，但同时表示将"首先确保有足够的疫苗供全体英国人使用"。高收入国家采取本国利益优先的原则虽然将对本国的防疫起到积极作用，但不可避免将导致贫穷国家难以获得疫苗，从而导致贫穷国家的疫情持续时间更长，在全球互联互通的时代，这将增加国际社会防控疫情的难度和时间。世界卫生组织在2021年1月8日公布的数据显示，有42个国家正在推行新冠疫苗接种，其中高收入国家36个，中等收入国家6个，低收入国家以及大多数中等收入国家仍未开始新冠疫苗的接种。世界卫生组织总干事谭德塞认为，由于发展中国家无法像发达国家那样快速获得疫苗，世界正位于"灾难性道德失败"的边缘。因此，国际社会应秉持人类命运共同体的理念，从全人类健康、安全的角度出发，建立有效的疫苗国际分配机制，防止少数国家占据大量疫苗的情况出现。

（四）关于"国家安全"问题

国家安全包括传统的军事和政治安全，也包括公共卫生、生物等非传统安全；新冠疫情关乎国内安全，也涉及国际安全，需要一国积极应对，更需要全球合作抗击。但国家安全有严格的内涵，不能随意以"国家安全"为借口推出有损其他国家"国家安全"的举措。近年来，美国频频以"国家安全"为借口制裁中国企业和个人，如果有那么多"小因素"都能影响到美国的安全，那么只能说明，美国的治理机制太差了，与世界第一强国的地位不相适应。在美国随意以"国家安全"制裁别国的同时，却要求别国不能以"国家安全"进行反制，并经常指责其他国家的反制措施违反市场经济原则。

就新冠疫情而言，在疫情的冲击下，中国在疫情初期采取果断、勇敢的措施将疫情控制在中国境内，为世界赢得了宝贵的时间窗口，这不仅仅是对国内安全负责，也是秉承人类命运共同体的理念，为国际安全负责。但长期以来以维护世界安全为己任的"世界警察"美国，却选择在疫情被控制在中国境内时冷嘲热讽，将疫情"政治化"、病毒"标签化"、中国"污名化"，指责中国危害美国的国家安全，对世界安全产生了威胁。在疫情开始国际蔓延时，美国不选择积极有效的抗疫措施，而基本采取放任的方式任由疫情蔓延，使美国成为世界上疫情最严重的国家，确诊数与死亡数持续为世界第一，此时"国家安全"哪里去了？这不仅严重危害了美国国民的身体健康和生命安全，而且威胁着人类生命安全。这样的事实充分说明美国所谓"国家安全"和"世界安全"的双重标准。

（五）关于"政治正确"问题

美国存在着诸多的"政治正确"，如尊重黑人、女性、同性恋等。如果一个人的言论涉及"政治不正确"话语，其将面临一系列的潜在惩罚，比如失去工作、网络舆论攻击。但是，在美国的"政治正确"中，需要尊重黑人和拉丁裔，却不包括尊重亚裔。在新冠疫情暴发初期，美国就有歧视甚至殴打亚裔的事情发生。人类普世的尊重理念居然在疫情中受到公然践踏，突出地说明了美国所谓"政治正确"的"双重标准"。即使是"政治正确"，也应是基本合理的，不能因为"政治正确"而影响社会的公平。

近年来，美国政客通过不断地宣扬"中国威胁论"，将美国底层群众失去工作归咎于中国的抢夺，批评中国日益成为美国的"政治正确"。美国政客不去思考如何更好地抗疫，反而纷纷打出中国牌用以甩锅、转移视线。这一非理性的"政治正确"选择正在阻碍美国以及全球的抗疫进程。"政治正确"无法客观地反映事实真相，不仅无助于问题的解决，而且可能加剧存在的问题。某些问题的出现以及控制不住疫情，应该首先从自己身上找原因，而不是从别人身上找原因。退一步说，即使疫情不断从外部输入，美国也应很快控制住，这才能体现美国的强国地位和防疫水平。例如，目前每天中国也有少量从海外输入的病例，但中国却能把它控制好。从目前的情况看，新冠疫情很可能就是在中国不知道的情况下，早期传入并产生了较大影响，即中国是"首先发现地"；至于真实的发源地，还需要全球相关专家做深入细致的研究。

第四节　"双重标准"的影响和逻辑机理

"双重标准"意味着，相同的情景发生在不同国家将给予明显不一致甚至截然不同的评判，实质上是"多重标准"和非理性标准的具体体现。

我们把这种运用不同标准或非理性标准进行的评判统一视为"双重标准"，它的产生有深刻的根源和逻辑机理。

（一）新冠疫情下"双重标准"的影响巨大

新冠疫情作为危及人类生命安全的公共卫生事件，各国的最低标准理应是保护人们的生命安全，其他一切标准（包括个体自由、经济发展等）都只能是第二位的。在新冠疫情下，"双重标准"的运用必然带来巨大的不利影响。

1. 防控策略的重大差异加剧了疫情的全球蔓延

东西方文明在疫情应对标准的看法上出现了一定差异，由此引发了防控策略的不同。东方文明更注重保护居民的生命安全，中国政府在新冠疫情暴发后，立刻将人民群众的生命安全和身体健康放在第一位。针对传染病的传播机理，中国采取了武汉封城、各地公共卫生事件一级响应的物理隔离限制措施。隔离措施的采取叠加中国的新春假期，使得中国经济被按下了"暂停键"。2020 年第一季度中国的 GDP 同比下跌 6.8%，是自 1978 年改革开放以来首次出现的负增长。武汉封城长达 78 天，武汉居民为全局抗疫的胜利做出了重大牺牲。中国的严格防控为世界赢得了宝贵的应对疫情窗口，但疫情却以加速蔓延态势在全球暴发。在 2020 年 3 月中国已基本控制疫情后，疫情先后在美国、欧洲等其他地区快速蔓延，其原因在于欧美应对策略的不同。

欧美在新冠疫情暴发初期表现出傲慢与偏见，并无视中国的经验。在疫情暴发之初，欧美为维持经济活动和保障个体自由，不采取有效的隔离措施，同时设置苛刻的新冠病毒检测标准，使得感染人数看上去不多，这导致病毒在人群中肆意传播。在疫情略有缓和的时期，为促进经济恢复，部分国家（特别是美国）又仓促推动复工复产，导致疫情进一步扩散。疫情全球蔓延的主要原因在于西方文明过于强调个人自由和经济发展，相应地将生命安全放在了第二位，并且高额的医疗费用使得富人与穷人的生命权也存在巨大的不平等。在新冠疫情扩散之后，欧美的死亡人数不断攀升。截至 2022 年 5 月 16 日，美国因新冠疫情导致的死亡人数已破 100 万，个体自由和经济发展均受到负面冲击。

2. "双重标准"的使用加剧了内部裂痕和外部对抗

欧美使用"双重标准"的影响不仅体现在疫情的蔓延上，而且反映在欧美社会内部的裂痕和与外部的对抗上。从社会内部来看，由于本应人人平等的生存权变为"三六九等"，富人能够得到更及时的检测和治疗，穷人由于医药费用负担过大而接受治疗的比例较低，因而民粹主义进一步加剧。在疫情冲击下，全球经济面临供给断裂、需求不振的双重冲击，西方各国采取了货币放水、财政刺激的救市方法，实体经济的下滑对中低收入人群的冲击更大，而货币放水刺激了股市、楼市上扬，使贫富差距被进一步拉大，社会矛盾更加尖锐。美国明尼苏达州白人警察暴力执法导致非洲裔男子死亡的事件引起了美国的种族对立，抗议活动遍及欧美，使欧美社会的不稳定因素不断增长。

从国际来看，西方社会在疫情暴发的初期不愿因疫情而影响经济，抗拒可能短期影响自由权的隔离措施，把佩戴口罩等措施政治化；在疫情暴发中期又急于恢复经济，使得确诊人数进一步攀升，导致疫情在波动中呈加速蔓延态势，相当于把一个本可以短期化的问题长期化，将一个重感冒耽误成了肺炎。从对疫情的漠视到对疫情的蔑视，再到对疫情的轻视，疫情的持续蔓延使得西方政客企图将责任甩给中国、世界卫生组织等，并使用冷战思维应对全球公共卫生危机，这进一步激化了不同社会和制度间的对抗。

（二）"双重标准"产生的逻辑机理

要全面分析此次新冠疫情，有两个角度的分析至关重要：一是分析疫情防控措施所影响的主要因素——生命安全、个体自由和经济发展等；二是对相关因素的重要性进行权衡。事实上，对任何事件的分析都涉及影响因素和各因素权重的分析，因而任何事件的分析方法与此逻辑均是相通的，我们的分析也适用于一般情况。"双重标准"的产生反映了不同文化、制度、价值观的差异，其根源在于对决策因素在不同情况下所赋予的权重不同。无论是个人、家庭还是社会、国家，其面临的抉择都是多方面的，对不同决策因素所赋予的权重不同就会导致对同一件事情的看法不同，而在情况发生于自己或他人时使用不同的权重就会导致"双重标准"。毫无疑问，隔离、戴口罩等防疫措施都会对个人与社会所重视和考量的因素产生影响，这些措施都涉及生命存续与个体自由的抉择，也涉及生命安全与经济发展的取舍，需要我们做出权衡，找出相对影响最小、效果最佳的方案。

在极端关注个体自由的西方社会，当新冠疫情未发生在自己国家时，在它们的评价指标中，自由的权重最大，甚至是核心决定因素，因而西方社会就会对隔离、戴口罩等防控措施产生抵制情绪，并导致其对中国应对方式的指责。与此同时，西方政客更为关注经济发展，因而经济因素的权重在决策中的占比更大，故其不愿意采取严格的隔离措施，以免阻碍经济运转，这同样会导致他们对东方社会的批评。但是，当新冠疫情在本国或本地区蔓延时，当危害生命的威胁就在身边时，总体而言，生命安全的权重迅速提升，表现为西方政府同样实施隔离防控措施，个体开始佩戴口罩，以降低病毒的感染率。因此，西方社会在疫情发生前和发生时就陷入了十分矛盾的境地，采用不同的决策标准就导致其在面对疫情时的"双重标准"。

对于中国，社会与政府的决策标准始终是相同的，就是生命安全和身体健康因素在疫情面前占据压倒性的第一位，因而所有措施都围绕这个主要矛盾展开。"留得青山在，不怕没柴烧"，在保障人民群众生命安全的前提下，再逐步恢复经济和个体行动自由是符合中国人民价值观的选择。中国将保障生命安全作为底线，同时做好经济发展与行动自由的权衡不仅体现在疫情的防控手段上，而且体现在疫情的解禁速度上。由于西方社会并未将人民的生命安全视作第一要务，相反，它们认为行动自由与经济运转因素的权重更大，因而在疫情有所缓解的时候，西方推动解禁的速度明显快于中国，这既导致了疫情在西方的不断反复，又导致了西方社会疫情防控方法的摇摆，进而对应其批评中国与采用中国方法的周期调整以及对应的"双重标准"。

对事件影响因素的分析不仅体现在静态的权重配比上，而且体现在长期和短期的考量上。对事件持续时长的判断不同，就会导致即使在相同的标准上，应对的策略也有所不同。从长期来看，生命安全、个体自由、经济发展都是十分重要的选择，个体自由自然是最重要的选择。匈牙利诗人裴多菲的"生命诚可贵，爱情价更高。若为自由故，两者皆可抛"就体现了这一看法。但从短期来看，对具有突发性、暂时性的公共卫生事件、恐怖袭击等危及生命的事件，在短期维持生命的存续则是更重要的考量，可以说是第一影响因素。

中国将疫情定位于短中期危及生命安全的事件，因而选择通过集中有效的措施在短期打赢疫情防控阻击战，以时间换空间，为中长期自由和经济发展赢得空间。西方更倾向于认为疫情难以在短期消灭，而将疫情定位于长期相伴的事件，因而倾向于采取一种较为平衡的措施，以空间换时间，但忽略了疫情的短期蔓延对经济和自由可能造成的长期损失。正是因为对疫情性质的把握不同，对短期和长期因素的权重不同，导致了东西方文明的不同应对策略以及相伴而生的"双重标准"。我们的基本逻辑是，短期问题用"休克式"疗法比较适宜，而长期问题用"渐进式"疗法更好。

第五节 "双重标准"的哲学思维与理论模型解析

从东西方文明演进的视角看，本次新冠疫情中出现的"双重标准"是西方世界单维或低维思维模式的典型体现。我们难以想象，原本应该是生命安全和真相最重要，但现实中出现的一些重要事件，却不是以寻求真相或真理为标准，反而是价值观和利益等成为重要的影响因素，并且非专业人员可以不顾广大民众的安危，随意就抗疫专业问题给出"惊人结论"，这无疑颠覆了人们的认知。在此，我们通过构建相应的模型进行理论分析，用以揭示这种表现的内在本质。

（一）"双重标准"哲学思维的数学逻辑

我们知道，哲学是关于自然、社会和人类思维的科学，也是关于世界观的学问。自然、社会和人类思维是有规律运动的，认识是以某种方式了解世界运行规律的过程。在新冠疫情下出现"双重标准"的根源涉及一个重大的哲学课题，即事物的本来面目与认识方式问题，也就是思维与存在的关系问题。一般来说，单维或低维思维容易极端化；多维思维或以二维为主导的多维思维，体现出较强的辩证和包容性特征。当以单维或低维思维确定的标准遇到需要多维考量的现实问题时，特别是当主体陷入"我与非我""我就是好，非我就是不好"的狭隘价值观时，在具体行动中必然体现为"双重标准"。以自由、民主著称的西方价值观十分推崇自由的重要性，对戴口罩、隔离等有损个体自由的政策大加指责，但它忽视了更为核心的生存权；在自身受到疫情重大冲击而难以自圆其说后，开始采用"政治污名化"的方式污蔑中国。而东方文明体现出一种多元综合的思维模式，始终在寻求生命安全、经济发展、个体自由的合理平衡点。

在这里，我们通过"哲学的数学逻辑"对此进行简要解析。实际上，任何事物都可看作一个多维的集合体，姑且我们将事物的本源或真实面目用 Y 表示，Y 是一个包含多个自变量的函数。$Y1$ 表示我们对该事物的认知函数，它也是一个包含多个变量的函数。从理论上说，Y 和 $Y1$ 应该是一致的，表示我们认识到了事物的本源或真实面目。但在现实中，两者之间是不一致的，甚至有时差异可能较大。认知与真实的偏离较大，但又作为真理而对人们产生重大影响的现实例子，包括哥白尼"日心说"之前的"地心说"。我们期望人们能够认识事物的真实面目，或者认知偏差处于一个较小的范围内。当然，为了更好地认识事物，我们可能需要对事物之间的关系进行数学上的简化，比如多维的事物可以通过线性代数来表达，而多维事物之间的关系可以通过矩阵来表达。事物的每一个方面都决定着其他因素，同时又被其他因素所决定。认知的无限性也可自然转换为数学上的极限问题，是认知函数与本源函数不断接近的过程，即正确的认知函数会无限趋近本源函数，随着认知内容的不断丰富、经验的不断总结，最终达到真理。

（二）"盲人摸象"的数理模型简析

世界上的任何事物都具备多面性或至少两面性，如果只从一个角度或几个角度认知一个事物便对其本质进行推断，就不免犯了"盲人摸象"的错误。单维思维的局限就在于将一个复杂的事物简单来看，抓住一个或几个方面，便以为认清了事物的全貌，这也是极端思想容易极端化的思维基础。多维思维要求对事物进行全面观察，并对不同方面赋予不同的权重，从而得到综合结论。有时，多维思维会得到与单维思维相似的结论。例如，单维思维看到的正好是多维思维得出的主要矛盾，但这只是一种巧合而不是惯例。在大多数情形下，单维思维所认知的事物与事物的本质大相径庭，并且由于认知的复杂性和主观性，使得结论的主观色彩更浓，甚至脱离事物的本质。

我们以"盲人摸象"事件为例进行简单的数理模型分析。大象为我们的认知对象，因而目标函数就是"识别大象"，那么就需要对大象的各个部位进行观察。为了与人们熟悉的"盲人摸象"故事相对应，我们可以将大象描述为：由一个像水管的鼻子、四条像树干的腿、一个宽广而平坦的肚子和两颗像长棍的牙齿等组成。该数学公式可表达如下：

$$E = 1N + 4L + 1B + 2T + 其他$$

其中，E 代表大象，N 代表鼻子，L 代表腿，B 代表肚子，T 代表牙齿。单维思维者只感触到大象的一个部位，比如摸到大象的鼻子，认为 $E = 1N$，即大象就像水管一样。多维思维者会观察大象的各个方面，以得到关于大象的综合认知，不会出现"盲人摸象"的笑话。在上述"盲人摸象"案例的分析过程中，我们没有考虑事物本源与认知的差异。进一步，我们用 E 表示大象的真实面目，同时我们用 $E1$ 代表认知的大象面目，两者之间的最高境界是完全一致。但现实中，由于认知的局限性，以及宗教、种族、价值观、风俗习惯、政治等因素的影响，两国在认知"大象"面目之间存在较大差异，即认知函数中增加或减少了"变量"，但事物真相中不一定存在这种"变量"，在这种情况下描述事物的函数则转变为"伪函数"。这些因素并不决定事物的真实面目，却决定了一国认知事物所依赖的标准，成为国家安全和政治正确等标准的根源。

下面将"盲人摸象"案例进行扩展，认知大象有两种路径，体现了东西方文化认知方式的差异：一种是从局部到整体，另一种是从整体到局部。认知事物的不同顺序体现了东西方文化思维模式的巨大差异。西方文化倾向于从某一个局部开始逐步延伸至整体，通过对相关部分的补充实现对整体的认知；东方文化从一开始就注重考虑一个整体到底应由多少个部分构成，然后再对每一个部分进行深入分析。相较而言，从局部到整体的认知方法，对局部的认知更加清晰，但容易误将局部当作整体，从而导致对事物的认知不正确。从整体到局部的认知方法，对事物本源的认知更为清晰，在局部的认知上可能略有不足，但不会出现对事物认知的根本差异。由于先有整体的概念，这样的认知方法通常不会走向极端，而局部认知的方法一旦形成固有观念，则容易出现"双重标准"。

（三）一般理论模型的构建

从上述分析中我们可以看到，任何事物及其变化通常都与多个因素有关。从模型的视角看，事物可看作一个多维变量的函数，即因变量是多个自变量的函数。为了简化起见，我们假定函数关系是线性的，其公式为：

$$y = \sum_{i=1}^{n} \alpha_i x_i$$

其中，y 是因变量；x_i 是自变量；α_i 是赋予的权重，赋予的权重不同表示对自变量的重视程度不同。若 y 表示客观事物，而我们的目标是对 y 形成正确认知，这就要求对不同的 x_i 和 α_i 认知正确。若 y 代表效用，那么 x_i 就代表行动的影响因素，α_i 为不同因素的重要性大小，我们的目标是最大化 y。如果一个事物复杂并且联系广泛，则是一个方程组，就需要通过矩阵来表示变量之间的相互联系。在使用多维思维分析评判一个事物时，需要综合考虑多个因素并做出权衡，即将全部影响因素都考虑在内，再综合权衡各种因素的影响程度，进行系统分析。单维思维表现为只关注某个或少数几个因素的特殊重要性，而忽略其他因素，甚至出于价值观的因素，增加了一些与事物并不相关的安全或政治化因素加以评判。由于单维思维片面强调某一个或某几个因素的重要性，因而通常会存在强烈的立场，但当该立场威胁到自己的核心利益时，单维思维者必然会选择改变原有做法，采取与多维思维者相似的做法，这就是同样事件发生在他人与自己身上时采用"双重标准"的逻辑机理。

以防范新冠疫情的戴口罩措施为例，人们的目标是最大化自己的效用，戴口罩的目标函数是综合考虑生命安全、个体自由、经济发展、生活便利、宗教信仰等因素的一个效用函数。戴口罩无疑有利于生命安全，但在一定程度上会影响其他因素。从多维思维来看，在疫情严重影响个体生命安全的情况下，生命安全应是最重要的，其权重迅速提升；相比之下，其他因素在短期内的影响较小，权重下降；因此，选择佩戴口罩以提升生命安全的概率是总效用最大化的正确方式。然而，若持有单维思维，即个体的效用完全取决于自由程度，将个体自由视为绝对重要的事情，那么就会在疫情未发生在自己周边时，完全无视疫情对他人生命安全的威胁，而对别人采取的保护生命，但在一定程度上限制自由的方式横加指责；在疫情发生在自身周围时，又会在生命安全的威胁面前采取相似的防控措施，但依然站在自由的制高点上，从而形成前后两个时期的"双重标准"。

如果在防控疫情社会效用最大化的函数中，附加了一些现实中并不存在或存在但重要性较小的因素，如宗教、国家安全、政治正确等内容，那么这些因素的出现会构成对疫情客观认知的阻碍，并使防控疫情的选择并非出于科学与理性，而是来自对"政治正确"的考量。这样就形成了在疫情防控中运用"国家安全"来制裁他国以及采取"政治正确"标准的原因。

（四）新冠疫情下的简化数理模型实例

面对新冠疫情，我们可以将前述模型简化一下，分析决策的逻辑。为方便讨论，我们重点选取"个体自由""生命安全""经济发展"三个理性因素以及"政治正确"一个非理性因素。因此，新冠疫情下的决策标准可以由下述数学模型表达出来。

$$\max U = \alpha_f F + \alpha_l L + \alpha_e E + \beta_p P$$

式中，U 为社会总效用；F 为个体自由；L 为生命安全；E 为经济发展；P 为政治正确；α 为理性因素的权重（$\alpha_f > 0$，$\alpha_l > 0$，$\alpha_e > 0$；$\alpha_f + \alpha_l + \alpha_e = 1$）；$\beta_p(>0)$ 为非理性因素的权重。

在此，我们将 P 设为一个虚拟变量，即其本身作为一个非理性因素，在非理性决策者中取值为 1，在理性决策者中取值为 0。为了说明欧美采取"双重标准"的逻辑机理，我们设定 P 在欧美社会的取值为 1，在其他地方的取值为 0。

应对疫情的目标是社会总效用最大化。不同的文明不仅在虚拟变量的取值上有所不同，而且在理性因素上也存在着不同的约束。在东方文明中，生命安全的权重是最大的，即 $\alpha_l > \alpha_f$，$\alpha_l > \alpha_e$。在疫情、恐怖袭击等特殊情况下，生命安全的权重不是仅大于其他权重就可以，而是要远远大于才行，因而该决策并不是在理性因素同等权重下简单的最大化问题，而是有一定约束条件的最大化问题。中国政府在新冠疫情的紧急时刻（如武汉市、大连市、石家庄市的集中暴发期）会进一步提升 α_l，体现中国政府全力保护人民群众的生命安全和身体健康的决心。当疫情趋于缓解的时候，α_l 会有所下降；相应地，α_f 和 α_e 的权重会有所增加，对应统筹推进复工复产和疫情防控。

对西方政府而言，其与中国政府最大的不同在于其"政治正确"的取值为 1，即它们的决策因素中增加了一项非理性因素。在西方两党或多党竞争的制度下，政治家以最大化选票为目标，根据传统的选举理论，党派的政策主张应向中间选举人靠拢，以吸引更多的选票，这导致各党派的竞选主张差异不大。但随着西方社会内部贫富差距的极端化、外部政治对立的加剧、民粹主义的兴起，党派之间的选举主张越来越向极端选民靠拢。例如，在共和党执政下的美国，为转移国内贫富差距过大带来的社会不满，批判、遏制中国日益成为"政治正确"，由此带来美国社会对中国人权、民主制度更强烈的批评，并强化了美国国民的共同认知及其对美国制度的认同。

这样的偏好反映在模型中，就体现为西方社会效用中的 β_p 不断增大，也就是"政治正确"的重要性越来越大。与此同时，在理性因素方面，由于欧美政治家获得选票的重要依据是经济情况，因而 α_e 的权重较大；另外，欧美社会对个人自由的重视程度更高，因而 α_f 也较大。与中国政府面临的理性因素约束不同，在西方，$\alpha_e > \alpha_l$，$\alpha_f > \alpha_l$。

综合理性因素和"政治正确"这一非理性因素，我们可以更好地判断欧美的抗疫措施。由于"政治正确"这一虚拟变量为 1，并且随着内外情况的变化，导致"政治正确"的权重越来越大，欧美政客会在所有时刻都把疫情"政治化"，把病毒"标签化"，把中国"污名化"，以体现"政治正确"。当疫情在欧美社会大幅蔓延时，α_l 的权重会升高，欧美政府也会采取类似中国的抗疫措施以保护国民生命安全，这就导致了欧美的"双重标准"。但是，由于欧美政客为赢得选票更注重经济且欧美国民更注重个人自由，在疫情具有边际放缓趋势时，欧美就会尽快解封以促进经济恢复，而这又会导致疫情的进一步蔓延，因而疫情在欧美就呈现反复蔓延的态势。

以人权为例，所有人生来就具有的权利就是人权，它不分种族、性别、国籍、族裔、语言、宗教或者任何其他的身份地位。人权包括生命和自由的权利，不受奴役和酷刑的权利，表达意见和言论自由的权利，获得工作和教育的权利以及其他更多权利。人人有权不受歧视地享受这些权利。世界各国与人权有关的理念和思想正在逐步统一，人权的普遍性原则已为世界各国所公认。《世界人权宣言》（*The Universal Declaration of Human Rights*）指出：人人生而自由，在尊严和权利上一律平等。目前，国际社会对于人权内容与分类的讨论未有定论，各理论之间既有冲突，又有共性。尽管各国对人权的具体认识和实践互不相同，但对一些人权基本内容的理解和观点一致，能够达成共识的权利包括生命权、自由权、财产权、尊严权、公正权等。对于人权，有的国家会有一些特殊的看法，也包含明显的"双重标准"，对于相关认知需要做新的理解：第一，如果有关国家认为人权高于主权和人权无国界，那么是否意味着全球都可调查美国黑人、亚裔等种族歧视问题？是否意味着联合国人权公约自动在美国生效呢？第二，如果认为自由是最重要的，那么是否就不应有类似教会、学校教育孩子的方式呢？教堂、清真寺等的存在是否也影响孩子的自由选择呢？第三，如果承认婚恋的自由权，那么某些宗教限制结婚对象的信仰是否意味着违背人权呢？

为了更全面、直观、具体地体现人权的标准，我们在基本原则不变的情况下做些调整，以便更好地展现现实生活中的核心权利，即生命权、自由权、财产权、平等权、发展权、婚恋权、信仰权等，见图 11-3。核心人权标准函数是这些变量以及未标出的其他相关变量的函数。

（五）基于理论模型的分析结论

在现实中，对于一个问题，如果长期存在争论，那么一定是多维问题被低维思维思考的结果，通常需要升维思维予以解决。在解决问题时，通常是由于多维的选择而陷入困境，若降维针对问题的最关键方面进行取舍，便迎刃而解了。

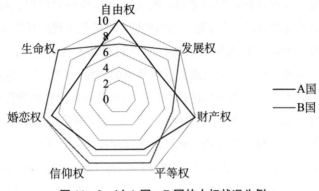

图 11-3 以 A 国、B 国的人权状况为例

资料来源：作者绘制。

1. 升维思维与降维思维需要有机结合

思考问题的维度不同会导致对相似的事情产生不同的看法，而当事情发生在他人身上或自己身上时采取不同的做法则会导致"双重标准"。正是因为一些西方政客赋予个体自由极大的权重，将思考维度从多维降为单维，因而出现了针对中国物理隔离政策等的批评。因为其有偏见地对待戴口罩行为，并将自己不戴口罩的标准施加于所有人，因而出现辱骂、殴打亚裔戴口罩群体的事件。某些西方政客以赢得选举为最终目标，而赢得选举主要依靠经济发展，故在一定程度上忽视其他维度，对经济发展赋予更大权重，同时将抗疫不力的责任甩锅给中国，以转移民众的问责。

在疫情之下，东西方文明不同的应对措施使我们更加清楚地意识到，在分析问题时应升维思维，以便更加全面、系统地分析问题，而在解决问题时应降维思维，抓住主要矛盾并有效解决问题。升维可以理性地认知问题，降维可以有效地解决问题，实践中的升维思维和降维思维是有机配合的关系。坚持问题导向就是一个很好的升维与降维相结合的视角，因为在现实中，问题既是由多个因素共同影响，又存在某个或某几个比较突出的侧面，升维有助于认清事情全貌，降维则有利于抓住主要矛盾并集中力量解决问题。例如，在新冠疫情的防治中，应升维思维以看到生命安全、个体自由、经济发展的综合影响，同时又应降维思维以在短期专注于生命安全这一主要矛盾，唯有如此才能有效防控疫情。

2. 从单维思维下的社会治理转向多维思维下的理性治理

个体自由、经济发展与公民的生命安全需要综合考虑、权衡，以中国为代表的东方政府更注重公民的生命安全，而西方政府侧重于经济发展。在社会层面也是类似，东西方体现出更大的不同，以中国为代表的东方社会更加关注生命安全与经济发展，而以欧美为代表的西方社会主要关注个体自由。文化差异导致了不同的应对手段以及与之相伴的行为模式，必然也会影响社会的治理方式。

建立在单维思维模式下的社会治理已难以适应时代的需要，政府在推进社会治理时，需要走向基于多维思维的理性治理之路。从上述理论模型中可以看出，所谓的权衡就是要实现社会效用的最大化；在数学意义上，这是一个最优化问题，但它又不是一个一般的最优化问题，而是一个有一定约束条件的极值问题，这个约束条件体现了社会文明的核心价值观。理性治理意味着要进行全面综合考量，而不是单维的考量，更不能是基于选举而决策。如果延伸到国际上，理性治理就是通过寻求各国效用函数的相互交融部分以及国际社会公认的规则，将其上升至国际标准，从而让全球迈向理性治理之路。

第六节 坚持走和谐共赢的理性治理之路

总体来看，在单维或低维思维模式下容易出现双重或多重标准，提升思维维度是实现理性思维的重要基础。尽管短期可能受到民粹主义和"逆全球化"的影响，但全球向多元、平衡方向发展的基本趋势不会变。基于"丛林法则"的治理方式难以适应时代发展的需要，而且与理性治理的发展方向背道而驰。基于人的文明是现实的、动态的，也是无限的，而基于神或宗教的文明，则有一定的局限性，难以达到现实与无限性。当然，世俗化也是一种变革方向。平等的概念应作为人本身的平等，而无任何种族、宗教或身份的差异。因此，迈向和谐共赢的理性治理之路是未来发展的必由之路。在推进治理变革时，我们应从单维思维转向多维思维，拒绝"双重标准"，推动全球迈向和谐共赢的理性治理之路。

（一）科学阐释中国治理模式，提供中国治理方案

目前，对中国治理模式的解释表现为两大话语体系的对立：一是有中

国特色的社会主义治理理论；二是西方以自由主义为基础的威权主义理论。改革开放40多年来，中国取得了良好的治理绩效，表现出强大的创造力和生命力。习近平总书记发表重要讲话时强调："提高我国在国际上的话语权，迫切需要哲学社会科学更好发挥作用。"我们要打造易为国际社会理解和接受的新理论、新范畴、新概念。

向世界展示中国的治理模式应转变思路，把当代中国的治理模式作为现代国家治理模式中的一种，改变强调特色的思维，提升研究的开放性。中国的治理模式展现出的文化包容性、民族坚韧性、意识一致性，可能会重塑全球对中华文明的新认识、新认知、新认同。中国的治理模式虽有不足，但事实证明，它经得起从理论到实践的长久考验，并且这种模式正在蓄积能量、稳健前行。面对全球疫情，某些所谓全球领导者的表现，确实让人们增长了"见识"。有国家存在就有国家治理，世界上任何一个国家概莫能外，而中国的治理模式因为历史、文化和国情，决定了其必然要走适合自己特点的发展道路，并建设有自己特色的国家治理体系，以充分发挥国家治理能力的最大效能。我们相信，中国将成为制度更加完善、治理水平显著提升、社会充满活力而又安定团结的国家，为世界各国的国家治理提供一种值得借鉴的中国模式。

在中国创造经济繁荣以及应对本次疫情的考验中，"举国体制"确实发挥了不同寻常的"效率"功效。当然，我们也应注意，这一体制的功效不是绝对的，有其适用范围和条件。这一国家治理模式体现出经济学意义上的效率特征：最大限度地有效运用当下有限的资金、人力和知识资源等，创造出最多效能，成功实现了疫情控制和经济发展的协调推进。中国的国家治理变革并不是孤立的，从全球治理变革的情况看，中国与其他国家的治理变革存在共性，并具有世界意义。

（二）坚持分权主导、分权与集中有机结合的治理模式

纵观西方民主与国家治理历史，资产阶级和劳动人民一直在推动社会的变革，有几个方面非常重要：宗教的精神奴役、王权的不劳而获以及宗教与王权的人身管制。简单地说，就是自己的事情自己说了算，自己的劳动成果自己享受。但是，过度的自由主义和个人主义已经让西方的国家治

理丢掉了集体主义，从而成为撕裂社会的重要因素。集体主义本身至关重要，没有集体主义，人类连起码的繁衍和生存都做不到，更不用说理性的国家治理了。目前，西方大多数国家在个人自由主义的道路上，大有渐行渐远的趋势。世界正在变化，建立在自由主义和个人主义上的一套治理结构正面临着新的挑战。一个明显的问题是，个人绝对自由催生的"丛林法则"，正在展示其巨大的影响力和破坏力。世界从来没有绝对的平等，坐轿的人总要比抬轿的人少，常见的现象是最先挑起革命的人，自己坐在了轿子上，其做法又引起新的革命，从而形成一种"上台与在野"的循环往复。

当下的国家治理模式与国际治理模式迫切需要改革。从一国视角看，个人自由主义需要与集体主义有机结合；换言之，我们需要坚持分权主导、分权与集中有机结合的治理模式。从全球视角看，分权与集中有多种不同的构成方式，各国也有不同的特征。例如，选举总统是民主，总统组阁是集中；国会立法和监督是民主，总统签署或不签署法案或者解散国会是集中；各级地方政府实行有限自治是民主，中央政府进行统一管理是集中；国会立法是民主，法院、司法是集中；等等。国家治理是否有效，关键是要做到分权与集中的理性结合与稳定平衡。

从一个国家的视角看，理性治理应具有若干重要特征：一是要有一个"梦"，这个"梦"应该建立在科学和理性的基础之上，让全体民众有动力、有期待，形成很强的国家凝聚力。二是国家的各种权力之间有一个很好的平衡机制，纵向是中央和地方权力的平衡，横向是行政、立法、司法等权力的平衡，一旦权力失衡就会出现问题；与此同时，还要有一个保障军队稳定的机制。三是全社会必须对法治保持敬畏，违反法律会受到惩罚。民主、自由都是有边界的，不是绝对的，一旦超出一定的界限就是不稳定的，甚至出现巨大的危机。我们应坚持科学、理性的标准体系，不以政治化、宗教等为价值标准。为保障人人平等的选择权，宗教也不应强制性地先入为主，应该等到满 18 岁成人后再做自由选择。在坚持人人平等的基础上，承认人与人之间有差异的现实，保障广大民众的生存权和发展权。四是要有一个保障社会不同阶层良性流动以及收入分配相对平等的制度体系，在坚持效率优先的基础上兼顾社会公平。五是要有保障全社会做正确事情的机制和程序，做正确的事情是主导，然后才是正确地做事。在坚持以结果基本合理为主导的同时，重视确保程序的公正性。一旦一个国家走到仅重视程序合规，而不重结果的真实与合理，那么长久下去就会失去是非标准，发展也就失去了方向，这样就不能保证国家走在健康发展的轨道上。六是要有一个稳定、安全、绿色的发展环境，不断满足民众对美好生活的需求。

（三）国际社会应杜绝"双重标准"，拥抱理性思维

近年来，以美国为代表的"双重标准"运用问题愈演愈烈。在新冠疫情暴发及蔓延的过程中，美国也在"双重标准"中渐行渐远。一方面，美国把自己标榜为市场经济模式的典范；另一方面，美国政府又随意干预经济。某类事件发生在别国就说成是"亮丽的风景线"，同样事件发生在美国就采取强硬做法；美国经常以国家安全为由干涉市场，但当别国采取一些措施保障国家安全时，却开始全面反对。新冠疫情使我们看到，"双重标准"只会使事情变得更糟。假如能够不加偏见地对防治方法进行科学的探讨和实施，一些国家的疫情绝不会发展到相当严重的地步。目前，人类社会正在走向多极化。世界的动态变化意味着世界秩序不再是某一国家独霸世界，过往某一国优先、某一文明优先的道路是走不通的。世界需要摒弃丛林法则，杜绝"双重标准"，拥抱理性思维，共同应对难题。

（四）全球化浪潮不会逆转，迈向理性思维之路

新冠疫情的暴发证明了，在全球化时代，没有一个国家可以在全球性问题面前独善其身。全球化可能有波动和曲折，但基本趋势不可逆转，世界各国政府、社会的联系也将更加紧密。当前，国际社会面临贸易保护主义、民粹主义、地缘政治冲突、生态失衡等多项挑战，而新冠疫情的暴发使得经济和政治冲突进一步加剧，在新冠疫情中表现出的"双重标准"也是经济和政治冲突爆发的重要原因。

面对危机，处于全球一体化之中的人类社会需要勇气、智慧和齐心协力，才能更好地保护全球人民的重大利益。新冠病毒可能是人类历史上迄今为止最难应对的灾难，如果国际社会从理性思维的视角出发，拒绝"双

重标准"和先入为主，通过提升维度分析问题、降低维度解决问题，那么许多问题就能找到相对合理的答案。

在后新冠疫情时代，需要国际社会拥抱理性综合的观念。不同于"双重标准"，理性综合要求政府、社会、公众等从多个维度思考问题，对问题进行理性探讨，避免将极端的单维标准强加于其他国家、社会身上，实现以多维思维为主导的思维模式的统一。国际社会应坚持理性思维，共同应对世界性难题，走向理性治理之路。

（五）坚持合作共赢，构建多元包容的人类命运共同体

新冠疫情等一系列全球性问题呼唤新型国际治理体系。世界各国应求同存异、放眼大局，为全人类的共同利益合作，一起参与全球化治理规则的制定，建立一个相互依存的、可持续发展的国际治理体系。

在疫情期间，中国体现出负责任大国的担当，本国的疫情信息对全球公开，对发生疫情的国家提供援助，提出"生命第一、不分国籍、不分种族"的新型治理路径，坚持疫苗是世界公共产品的分配原则，体现了中国在引领全球事件上的站位。未来，中国将继续支持世界卫生组织抗击疫情，全力支持完善全球公共卫生治理体系，保障疫苗能够更平等地被应用于全球而不是个别国家，倡导建立人类卫生健康共同体，推动构建严密的全球联防联控网络。

我们希望世界各国能够坚持合作共赢的人类发展理念，以全人类利益为出发点和落脚点，齐心协力，推动新冠疫情下的全球化继续前行，让"地球村"成为真正的人类命运共同体。我们坚信，以中国为代表的理性综合思维及人类命运共同体的主张将得到世界的认可，世界将走向合作共赢的新时代。

（六）通过协调集体理性与个人理性的矛盾，实现经济结构性改革

经济增长面临的重大难题，往往是那些人人皆知必须解决，却因为个人理性与集体理性的矛盾，始终难以解决的问题。例如，人口老龄化、贫富分化、环境保护、碳中和、"大城市病"、基础设施建设等诸多问题，这些是全球经济广泛面对的重大挑战。一个国家能否实现更快、更持续的经

济增长，主要取决于该国能否更好地解决这样的结构性难题。

自 2020 年新冠疫情暴发以来，美国、欧洲等发达经济体始终无法有效遏制疫情蔓延，给经济增长带来了重大冲击。以美国为例，其关键问题是面对疫情，出现了个人理性与集体理性的尖锐冲突。对单个美国人来说，如果他相信其他美国人会在家隔离，那么疫情将因此得到控制，对他而言，不隔离就是最佳选择。这样既能搭疫情防控的"便车"，又能免去居家隔离的不便。如果他相信其他美国人不会在家隔离，那么疫情将持续蔓延，对他而言，是否隔离无关大局。既然不能永远居家不出，那么不隔离仍是最佳选择。由于每个美国人都这样想，因而美国从未实现全社会的彻底禁足。每个人从个人理性出发做出的最优决定，从美国整体来看却成了最差决定，类似的情形也发生在欧洲等地区。在博弈论中，这被称为"囚徒困境"。

要走出"囚徒困境"，关键要有一个深孚众望、执行力强的领导者来协调各方行动，其能够引导"囚徒困境"中的全部参与者同时做出不符合个人理性的选择，从而实现集体理性。面对疫情，中国政府积极发挥了领导作用：一方面，把各行各业组织了起来，严格限制了人口流动；另一方面，对个人而言，他深信在党和政府的领导下，全国人民都在接受严格的出行限制，因而疫情必将得到控制，所以他才会在面对隔离要求时表现出充分的理解与支持。2020 年 2 月"春运"期间，全国铁路客运量同比下降 87.2%，公路客运量同比下降 88.7%；3 月，铁路客运量同比下降73.1%，公路客运量同比下降 73.1%。这充分体现出中国政府对于超大规模人口的动员组织能力，该能力对于控制疫情发挥了决定性作用，使得中国率先复工复产，成为 2020 年全球唯一实现 GDP 正增长的主要经济体。

如何看待并化解由个人理性与集体理性冲突而带来的重大难题？自亚当·斯密开始，古典经济学便笃信个人理性与集体理性是一致的。古典经济学假设，投入与产出之间存在一一对应的连续关系，对每个生产者而言，有付出，就会有收获；此外，对每个消费者而言，天下没有免费的午餐，没有不付成本就能享受收益的好事。在这一假设下，只需遵从市场机制这只"看不见的手"，每个人在追求个人利益最大化的同时便能实现社会利益最大化。因此，政府无须发挥重要作用，否则就会扰乱经济运行。

实践证明，经济运行的诸多领域的确遵循这一发展规律。自建国以来，美国在个人理性至上、推崇小政府的理念下，凭借其得天独厚的内外部条件，取得了巨大的经济成就，也强化了人们对该理念的认同。自改革开放以来，我国稳步推进社会主义市场经济转型，创造了经济奇迹，也印证了崇尚个人理性的市场经济确有巨大威力。

但是，这一逻辑在某些领域并不成立。一方面，投入与产出之间的关系未必一一对应。个人无论如何努力，也可能徒然无功，个人边际贡献近似于零；只有大众共同努力，方能取得进步，也就是"人心齐，泰山移"。另一方面，天下未必没有免费的午餐，不付成本照样可能"搭便车"。面对这一点，个人理性与集体理性就可能发生冲突：每个人都认为辛苦付出不如不劳而获，这导致有利于全社会的重要事业将无人参与。此时，无法依靠市场机制自动解决，必须依靠政府进行协调，才能实现集体理性。由此看来，过于强调宏观经济学的微观基础，可能就是一个悖论。

随着新冠疫情的暴发，显示出这种因个人理性与集体理性的冲突而造成的挑战，往往会成为影响人类经济社会的重大难题。放眼21世纪，这样的难题并不鲜见。其中，有一些在我国已经出现，有一些在我国还不显著，但在发达国家已成顽疾。管中窥豹，在此以人口老龄化为例做一简要分析。近四十年来，主要发达国家出现了趋势性的人口老龄化现象：0～14岁人口的占比持续下降，65岁以上人口的占比持续上升，人口增长率持续降低。这显著抑制了这些国家的长期经济增长，并与这些国家（特别是欧洲国家和日本）的国际影响力滑坡有密切关联。一些人口增长率较高的发展中国家，其国际影响力显著提升，全社会普遍享受到了经济红利。

究其原因，当社会经济发展水平较低时，金融市场不发达，养老产业缺失，中青年人往往愿意花费更多的时间和金钱抚育后代。例如，在封建社会中，普通人即使再贫穷，节衣缩食也要生儿育女，这可视为一种储蓄行为，因而"养儿防老""多子多福"的观念盛行。与此同时，"孝"作为重要的价值观，成为约束子女赡养老人、维系社会稳定的基石。因此，只要不发生饥荒或战争，人口增长率一般较高。

但随着经济发展，养老金等各类金融工具逐渐丰富，养老服务产业兴起，"养儿防老"的必要性下降。此时，中青年人将权衡养老需求和育儿成本，导致其生育意愿显著降低。日本、意大利已连续出现人口负增长，德国、法国的人口增长率也逐渐逼近0，虽然美国的情况稍好，但人口增长率也从1960年的1.70%逐渐降至2019年的0.47%。这些国家早已注意到这一问题，但在市场机制下，人口老龄化将促进养老服务产业和养老金融产品的发展，这形成了"养老无忧"的预期，反而进一步抑制了中青年人的生育意愿，人口老龄化几乎成为无解的难题。可以预见，这将在未来给这些国家带来更大的困扰。

不仅如此，在解决贫富差距、环境污染、碳排放、大型基础设施建设、"大城市病"等问题时，同样可能出现个人理性与集体理性的冲突。面对这些冲突，主要发达国家或者难寻良策，坐视问题不断恶化，或者在挫折中改变自由放任的政策主张，重视政府所能发挥的作用，但因受其治国理念和国家治理体系所限，执政党和政府的力量相对较弱，所以解决问题的效率较低。只有肯定并强化政府在促进结构性改革中所能发挥的重要作用，才能解决好这类重大难题，提高长期经济增长率。哪个国家能够有效发挥政府推动结构性改革的作用，更好处理个人理性与集体理性的冲突，哪个国家就将在经济长期增长的国际竞争中获得优势。如果一味漠视政府对经济发展的重要作用，即使是今天的发达国家，未来也将逐渐落后。

（七）外重合作交流，内重创新发展，中国做出应有贡献

作为负责任的世界大国，中国将积极应对全球面临的难题，坚定不移地推动经济全球化发展。

第一，创新和升级将成为未来中国产业发展的关键词。中国将从投资驱动和要素驱动转向创新驱动，实现全球创新链的嵌入。中国的制造业缺乏核心技术，过去劳动密集型产业所具有的价格比较优势正随着要素成本的大幅上升而逐步消失，东南亚各国正在对此领域进行逐渐替代。中国需要在传统制造业升级和战略性新兴产业发展的基础上，推动以现代服务业开放发展为核心的经济全球化。中国通过扩大内需战略的实施，可以依托内需发展创新驱动型经济，从简单的出口导向型经济转变为高水平开放型

经济。

第二，坚持推动人类命运共同体理念的传播。人类命运共同体是一个全球化的新蓝图，寻求全人类共同的利益和价值。各国之间既有共同利益又有冲突，但在全球化时代，你中有我、我中有你，各国的命运休戚相关，共同利益是大于冲突的。和平、和睦、和谐是中华民族5 000多年来一直追求和传承的理念。未来，中国将主动承担更多的国际责任，积极参与全球治理，推动国际社会形成普遍认同的以平等、包容、共赢、可持续为核心的价值观，坚持普惠、平衡的全球经济发展模式。在疫情下，人流、物流、资金流作为世界繁荣和发展的重要支撑受到冲击，我们主张积极进行协商沟通，大国之间互相放下成见，共同应对疫情传播及其造成的全球发展问题。

第三，积极构建合作共赢的全球多边治理规则。在第二次世界大战后，发达国家主导了国际经济规则的制定，导致全球治理秩序存在一定的"制度非中性"，更多地维护发达国家的利益。随着中国等新兴经济体的崛起，发展中国家对世界经济增长的贡献越来越大，需要获得更多的话语权来维护自身利益。因此，中国必须推动全球多边治理机制的改革，发出新兴经济体的声音，努力为世界经济做出应有的贡献。

参考文献

［1］ Acemoglu D. , Restrepo P. , "The Race between Man and Machine: Implications of Technology for Growth, Factor Shares, and Employment", *American Economic Review*, 2016 (5).

［2］ Akerlof A. , Yellen J. , "A Near-Rational Model of the Business Cycle, with Wage and Price Inertia", *Quarterly Journal of Economics*, 1985, 100 (Supplement).

［3］ Barro R. J. , Gordon D. B. , "Rules, Discretion and Reputation in a Model of Monetary Policy", *Journal of Monetary Economics*, 1983, 12 (1).

［4］ Barro R. J. , "A Capital Market in an Equilibrium Business Cycle Model", *Econometrica*, 1989 (48).

［5］ Benigno G. , Fornaro L. , "Stagnation Traps", *Review of Economic Studies*, 2018 (85).

［6］ Blanchard O. , "Do DSGE Models Have a Future?" Policy Briefs, 2016 - 01 - 05.

［7］ Calvo G. A. , "Staggered Prices in a Utility-maximizing Framework", *Journal of Monetary Economics*, 1983, 12 (3).

［8］ Chari V. V. , Kehoe P. J. , McGrattan E. R. , "Business Cycle Accounting", *Econometrica*, 2007, 75 (3).

［9］ Crafts N. , "The Rise and Fall of American Growth: Exploring the Numbers", *The American Economic Review*, 2016, 106 (5).

[10] Domar E. D., "Capital Expansion, Rate of Growth and Employment", *Econometrica*, 1946, 14 (2).

[11] Domar E. D., "Expansion and Employment", *American Economic Review*, 1947, 37 (1).

[12] Galí J., *Monetary Policy, Inflation, and the Business Cycle: An Introduction to the New Keynesian Framework*, Princeton: Princeton University Press, 2008.

[13] Gambetti L., Musso A., "Loan Supply Shocks and the Business Cycle", *Journal of Applied Econometrics*, 2017, 32 (4).

[14] Giese G., Helmut W., "Graphical Analysis of the New Neoclassical Synthesis", *SSRN Electronic Journal*, 2006 (9).

[15] Hansen G., "Indivisible Labor and the Business Cycle", *Journal of Monetary Economics*, 1988 (21).

[16] Harrod R. F., "An Essay in Dynamic Theory", *The Economic Journal*, 1939, 49 (193).

[17] Harrod R. F., *Towards a Dynamic Economics*, London: Macmillan, 1948.

[18] Helpman E., Itskhoki O., "Labour Market Rigidities, Trade and Unemployment", *The Review of Economic Studies*, 2010, 77 (3).

[19] Hodrick R., "The Empirical Evidence on the Efficiency of Forward and Futures Foreign Exchange Markets", *Journal of International Economics*, 1987, 25 (394).

[20] Hsieh C., Hurst E., Jones C. I., et al., "The Allocation of Talent and U. S. Economic Growth", *Econometrica*, 2019 (87).

[21] Hodrick R. J., Prescott E. C., et al., "Postwar U. S. Business Cycles: An Empirical Investigation", *Journal of Money, Credit and Banking*, 1997, 29 (1).

[22] Joanne Chiu J. and Russolillo S., "China's Yuan Breaches Critical Level of 7 to the Dollar, Prompting Trump Critique", *WSJ*, 2019 –

08－06.

[23] Jorgenson D. W. , "Information Technology and The US Economy", *American Economic Review*, 2001, 91 (1).

[24] Justiniano A. , Primiceri G. E. , Tambalotti A. , "Investment Shocks and Business Cycles", *Journal of Monetary Economics*, 2010, 57 (2).

[25] Kitchin J. , "Cycles and Trends in Economic Factors", *The Review of Economic Statistics*, 1923, 5 (1).

[26] Kondratieff N. D. , Stolper W. F. , "The Long Waves in Economic Life", *Review of Economics and Statistics*, 1935, 17 (6) .

[27] Krusell P. , Boppart T. , "Labor Supply in the Past, Present, and Future: A Balanced-Growth Perspective", *Journal of Political Economy*, 2019, 128 (1).

[28] Kuznets S. S. , *Secular Movement in Production and Prices: Their Nature and Their Bearing Upon Cyclical Fluctuations*, Boston: Houghton Mifflin and Company, 1930.

[29] Kydland F. E. , Prescott E. C. , "Time to Build and Aggregate Fluctuations", *Econometrica*, 1982, 50 (6).

[30] Liua W. , "Macroeconomic Regulation in China and the New Agricultural Policy", *Problem of Agricultural Economy*, 2004.

[31] Loayza N. , Oviedo A. M. , Servén L. , "Regulation and Macroeconomic Performance", *Topics in Regulatory Economics & Policy*, 2005, 15 (4).

[32] Long J. B. , Plosser C. I. , "Real Business Cycles", *Journal of Political Economy*, 1983, 91 (1).

[33] López-Salido D. , Stein J. C. , Zakrajšek E. , "Credit-Market Sentiment and the Business Cycle", *The Quarterly Journal of Economics*, 2017, 132 (3).

[34] Lucas R. , "Human Capital and Growth", *American Economic Review*, 2015, 105 (5).

[35] Lucas R. , "Models of Business Cycles", *Economica*, 1988, 55 (218).

[36] Mankiw N. G. , "Small Menu Costs and Large Business Cycles: A Macroeconomic Model of Monopoly", *Quarterly Journal of Economics*, 1985, 100 (2).

[37] McConnel M. M. , Perez-Quiros G. , "Output Fluctuations in the United States: What Has Changed since the Early 1980's?" *American Economic Review*, 2000, 90 (5).

[38] Melitz M. , Ottaviano G. , "Market Size, Trade and Productivity", *The Review of Economic Studies*, 2008, 75 (1).

[39] Mike F. , Kizilkaya O. , "Testing the Theory of PPP for Emerging Market Economies that Practice Flexible Exchange Rate Regimes", *Applied Economics Letters*, 2019, 26 (17).

[40] Pigou A. C. , *The Theory of Unemployment*, London: Macmillan, 1933.

[41] Lucas R. , "On the Mechanics of Economic Development", *Journal of Monetary Economics*, 1988, 22 (1).

[42] Romer P. , "The Trouble with Macroeconomics", *The American Economist*, 2016 (1).

[43] Rooney K. , "China Confirms It Is Suspending Agricultural Product Purchases in Response to Trump's New Tariffs", CNBC, 2019 – 08 – 05.

[44] Samuelson P. A. , "Where Ricardo and Mill Rebut and Confirm Arguments of Mainstream Economists Supporting Globalization", *Journal of Economic Perspectives*, 2004, 18 (3).

[45] Samuelson P. A. , "International Factor-Price Equalization Once Again", *Economic Journal*, 1949 (59).

[46] Samuelson P. , "Interactions between the Multiplier Analysis and the Principle of Acceleration", *Review of Economics & Statistics*, 1939, 21 (2).

[47] Schumpeter J. A. , et al. , "The Theory of Economics Development", *Journal of Political Economy*, 1934, 1 (2).

[48] Schumpeter J. A. , "Business Cycles: A Theoretical Historical and Statistical Analysis of the Capitalist Process", *Journal of Political Economy*, 1940 (12).

[49] Snowdon B. , Vane H. R. , *Modern Macroeconomics: Its Origins, Development and Current State*, Cheltenham: Edward Elgar, 2005.

[50] Solow R. M. , "A Contribution to the Theory of Economic Growth", *Quarterly Journal of Economics*, 1956, 70 (1).

[51] Solow R. M. , "Technical Change and Aggregate Production Function", *Review of Economics & Statistics*, 1957, 39 (3).

[52] Stiglitz J. E. , "Where Modern Macroeconomics Went Wrong", *Oxford Review of Economic Policy*, 2018, 34 (1-2).

[53] Stock J. H. , Watson M. W. , "Has the Business Cycle Changed and Why?" *NBER Macroeconomics Annual*, 2002 (17).

[54] Swan T. W. , "Economic Growth and Capital Accumulation", *Economic Record*, 1956, 32 (2).

[55] Tang Z. , "Macroeconomic Regulation and State Intervention", *Contemporary Economic Research*, 2000.

[56] Woodford M. , "Convergence in Macroeconomics: Elements of the New Synthesis", *American Economic Journal: Macroeconomics*, 2009, 1 (1).

[57] 阿尔文·汉森.20世纪60年代的经济问题.北京：商务印书馆, 1964.

[58] 阿尔文·汉森. 财政政策与经济周期. 北京：商务印书馆, 1964.

[59] 阿萨·林德贝克. 新左派政治经济学. 北京：商务印书馆, 1980.

[60] 阿瑟·塞西尔·庇古. 福利经济学.北京：商务印书馆, 2006.

[61] 安宇宏. 朱格拉周期. 宏观经济管理, 2013 (4).

[62] 保罗·克鲁格曼. 经济学家怎么会错得这样离谱？纽约时报，2009（2）.

[63] 保罗·萨缪尔森，威廉·诺德豪斯. 经济学. 19 版. 北京：人民邮电出版社，2012.

[64] 卞志村，赵亮，丁慧. 货币政策调控框架转型、财政乘数非线性变动与新时代财政工具选择. 经济研究，2019，54（9）.

[65] 蔡昉，刘浩. 中国改革成功经验的逻辑. *Social Sciences in China*，2019，40（3）.

[66] 蔡继明，江永基. 基于广义价值论的功能性分配理论. 经济研究，2010（6）.

[67] 蔡继明. 从混合经济形成看两大经济思想体系融合. 学术月刊，2015（1）.

[68] 曹红辉. 尽快建立"一带一路"公共卫生国际合作机制. 国际融资，2020（5）.

[69] 曾辉，尹小兵. 中国潜在 GDP 估计的比较研究：基于 1952—2008 年度和季度数据. 南方金融，2009（6）.

[70] 陈柏良，李闽榕. 习近平总书记关于中国特色社会主义政治经济学的思想探源. 政治经济学评论，2019，10（2）.

[71] 陈超凡. "东方凯恩斯"管仲的经济哲思：浅谈管仲与凯恩斯经济思想之略同. 价值工程，2010，29（33）.

[72] 陈德铭. 全球化下的经贸秩序和治理规则. 国际展望，2018（6）.

[73] 陈杰，王立勇. 改革开放以来我国宏观调控的有效性研究. 宏观经济研究，2015（3）.

[74] 陈钧浩. 全球化经济的要素流动与国际贸易理论的发展方向. 世界经济研究，2013（17）.

[75] 陈乐一. 对西方经济周期理论的一般考察. 财经问题研究，1998（4）.

[76] 陈诗一，陈登科. 经济周期视角下的中国财政支出乘数研究. 中国社会科学，2019（8）.

［77］陈晓光，张宇麟．信贷约束、政府消费与中国实际经济周期．经济研究，2010，45（12）．

［78］程家玉．《管子》的轻重理论与经济发展新常态．合作经济与科技，2018（11）．

［79］程霖，陈旭东．改革开放 40 年中国特色社会主义市场经济理论的发展与创新．经济学动态，2018（12）．

［80］丛屹，蔡双立．从"摸着石头过河"到"道路自信"：中国特色社会主义市场经济转型发展路径回溯、理论进路与热点问题高端研讨会综述．现代财经（天津财经大学学报），2018，38（12）．

［81］丁冰．瑞典学派．武汉：武汉出版社，1996．

［82］萨金特，动态宏观经济理论．上海：上海财经大学出版社，2014．

［83］樊纲，王小鲁，朱恒鹏．中国市场化指数：各省区市场化相对进程 2011 年度报告．北京：经济科学出版社，2011．

［84］冯俊新，王鹤菲，何平，等．金融危机后西方学术界对宏观经济学的反思．经济学动态，2011（11）．

［85］傅殷才．当代西方"混合经济"理论．世界经济，1988（1）．

［86］高鸿业．西方经济学．8 版．北京：中国人民大学出版社，2021．

［87］顾习龙．马克思资本理论与社会主义市场经济．苏州大学博士学位论文，2012．

［88］郭杰，郭琦．信贷市场有限竞争环境中财政引发的国有部门投资的宏观影响：基于扩展 RBC 模型的研究．管理世界，2015（5）．

［89］郭克莎，汪红驹．经济新常态下宏观调控的若干重大转变．中国工业经济，2015（11）．

［90］郭庆旺，贾俊雪．中国全要素生产率的估算：1979—2004．经济研究，2005（6）．

［91］何青，钱宗鑫，郭俊杰．房地产驱动了中国经济周期吗？经济研究，2015，50（12）．

［92］何自力．推动供给侧结构性改革必须加强供给侧宏观调控．政

治经济学评论，2016，7（2）.

[93] 洪银兴. 40 年经济改革逻辑和政治经济学领域的重大突破. 经济研究参考，2018（72）.

[94] 侯成琪，黄彤彤. 影子银行、监管套利和宏观审慎政策. 经济研究，2020，55（7）.

[95] 侯锦超. 管仲的经济变革思想及其对后世的影响. 经济师，2019（11）.

[96] 胡家勇. 试论社会主义市场经济理论的创新和发展. 经济研究，2016，51（7）.

[97] 华冬芳，洪敏. 中国经济周期波动的实证研究. 统计与决策，2013（1）.

[98] 黄树人. 当前主流宏观经济学的基本特征：新古典主义与新凯恩斯主义比较的启示. 经济评论，2002（6）.

[99] 黄险峰. 真实经济周期理论. 北京：中国人民大学出版社，2003.

[100] 黄赜琳. 中国经济周期特征与财政政策效应：一个基于三部门 RBC 模型的实证分析. 经济研究，2005（6）.

[101] 纪敏，王月. 对存货顺周期调整和宏观经济波动的分析. 经济学动态，2009（4）.

[102] 纪尧. 基于马尔科夫机制转换理论的中国乘数—加速数模型分析. 统计与决策，2017（3）.

[103] 简新华，余江. 市场经济只能建立在私有制基础上吗？——兼评公有制与市场经济不相容论. 经济研究，2016，51（12）.

[104] 姜跃春，张玉环. 新冠疫情不会中断经济全球化进程. 世界知识，2020（7）.

[105] 凯恩斯. 就业、利息和货币通论. 北京：商务印书馆，1999.

[106] 李浩，胡永刚，马知遥. 国际贸易与中国的实际经济周期：基于封闭与开放经济的 RBC 模型比较分析. 经济研究，2007（5）.

[107] 李腊生，关敏芳. 我国政府经济刺激方案的结构性优化. 财经科学，2010（1）.

[108] 李琳，杨柳．《管子》与《国富论》的经济思想比较．经济问题探索，2012（10）．

[109] 李山．管子．香港：中华书局，2009.

[110] 李向阳．动态随机一般均衡（DSGE）模型：理论、方法和Dynare 实践．北京：清华大学出版社，2018.

[111] 李星伟．从乘数-加速数模型角度看当前中国经济．现代商业，2011（9）．

[112] 李扬．宏观调控再思考．新金融，2016（1）．

[113] 联合国贸易和发展会议．2018 年数字经济报告．贸易和发展会议印发的联合国出版物，2019.

[114] 梁琪，郝毅．地方政府债务置换与宏观经济风险缓释研究．经济研究，2019，54（4）．

[115] 梁琪，滕建州．中国宏观经济和金融总量结构变化及因果关系研究．经济研究，2006（1）．

[116] 林达尔．货币和资本理论的研究．北京：商务印书馆，1963.

[117] 林宏宇．大疫呼唤大治，G20 特别峰会视角下的全球治理．人民论坛，2020（10）．

[118] 林毅夫．中国经济学的理论发展与创新．经济导刊，2017（7）．

[119] 林毅夫．从 70 年发展看经济学理论创新．经济日报，2019 - 06 - 13

[120] 林毅夫．新结构经济学的理论基础和发展方向．经济评论，2017（3）．

[121] 刘安长．我国逆周期财政政策 70 年：演进、镜鉴与展望．经济学家，2019（12）．

[122] 刘斌．我国 DSGE 模型的开发及在货币政策分析中的应用．金融研究，2008（10）．

[123] 刘达禹，刘金全，赵婷婷．中国经济"新常态"下的宏观调控：基于世界经济景气变动的经验分析．经济学家，2016（10）．

[124] 刘焕明，陈绪新．习近平治国理政思想与中国化马克思主义的

整体推进. 马克思主义研究，2017（6）.

[125] 刘明远. 西方主流宏观调控政策在中国的实践与反思. 当代经济研究，2017（6）.

[126] 刘瑞明，白永秀. 晋升激励、宏观调控与经济周期：一个政治经济学框架. 南开经济研究，2007（5）.

[127] 刘伟，苏剑. "新常态"下的中国宏观调控. 经济科学，2014，36（4）.

[128] 刘伟，苏剑. 供给管理与我国现阶段的宏观调控. 经济研究，2007（2）.

[129] 柳思维. 改革开放与中国特色社会主义市场经济理论的创新. 扬州大学学报（人文社会科学版），2018，22（5）.

[130] 卢培培. 中国全要素生产率的估算：1978—2007. 西南财经大学硕士学位论文，2009.

[131] 焦点：IMF 总裁拉加德称中美贸易争端威胁全球信心和投资. 路透中文网，2018 - 05 - 01.

[132] 吕朝凤，黄梅波. 国际贸易、国际利率与中国实际经济周期：基于封闭经济和开放经济三部门 RBC 模型的比较分析. 管理世界，2012（3）.

[133] 马家喜. 论我国市场经济波动中的典型朱格拉周期现象. 理论导刊，2011（11）.

[134] 马克思，恩格斯. 马克思恩格斯全集：第 1 卷. 北京：人民出版社，1956.

[135] 马克思. 资本论：第 1 卷. 2 版. 北京：人民出版社，2004.

[136] 马涛，王宏磊. 从萨缪尔森的经济学论经济学理论发展的范式逻辑. 世界经济文汇，2010（3）.

[137] 马学锋. 实际经济周期理论述评. 经济问题探索，2002（9）.

[138] 缪尔达尔. 货币均衡论. 北京：商务印书馆，1963.

[139] 那艺，贺京同. 从"宏观经济学的麻烦"看行为宏观经济学的兴起与发展. 经济学动态，2017（7）.

[140] 庞增安. 社会主义市场经济理论的形成机制. 南通大学学报

（社会科学版），2012，28（2）．

[141] 裴小革．瑞典学派经济学．北京：经济日报出版社，2008．

[142] 裴长洪．法治经济：习近平社会主义市场经济理论新亮点．经济学动态，2015（1）．

[143] 秦宪文．论管仲经济思想的历史地位．经济理论与政策研究，2013（1）．

[144] 秦宇．政府支出内生化的四部门乘数-加速数模型：基于中国数据的实证分析．经济问题探索，2016（4）．

[145] 邱斌，刘修岩．新常态背景下中国对外贸易转型升级的理论创新与政策研究会议综述．经济研究，2015（7）．

[146] 裘翔，周强龙．影子银行与货币政策传导．经济研究，2014，49（5）．

[147] 若迪·加利．货币政策、通货膨胀与经济周期．北京：中国人民大学出版社，2013．

[148] 邵彦敏．公有制观念的冲突：社会主义市场经济理论与英国工党市场社会主义理论比较．马克思主义研究，2011（8）．

[149] 单豪杰．中国资本存量 K 的再估算：1952—2006 年．数量经济技术经济研究，2008（10）．

[150] 沈坤荣．经济增长理论的演进、比较与评述（上）．经济学动态，2006（5）．

[151] 沈文玮，杨仁忠．从理论突破到体制创新：中国特色的社会主义与市场经济融合发展研究．现代财经（天津财经大学学报），2018，38（11）．

[152] 沈越，邱晨曦．自由主义与干预主义的新综合：新兴新古典综合学派评析．经济学动态，2005（12）．

[153] 宋华．管仲"藏富于民"及"官山海"的财政思想及启示．中外企业家，2014（11）．

[154] 苏剑．基于总供求模型和中国特色的宏观调控体系．经济学家，2017，7（7）．

[155] 苏艳平．我国社会主义市场经济理论的形成和发展．齐鲁工业

大学硕士学位论文，2014.

［156］苏云婷．新冠肺炎疫情背后：现实主义全球治理观回溯．北京科技大学学报（社会科学版），2020（2）．

［157］孙来斌．破解经济学世界性难题的理论创新．经济日报，2019-02-11.

［158］孙小英，陈杰，杨荣．中国经济周期波动特征研究．当代经济，2009（4）.

［159］王国静，田国强．金融冲击和中国经济波动．经济研究，2014，49（3）.

［160］王今朝．社会主义市场经济理论的创新发展．人民论坛，2019（29）.

［161］王强．反对"私有化"与发展私有经济：新时代中国特色社会主义市场经济的所有制理论研究．经济社会体制比较，2018（3）.

［162］王曦，王茜，陈中飞．货币政策预期与通货膨胀管理：基于消息冲击的 DSGE 分析．经济研究，2016，51（2）.

［163］王宣植．管仲财税思想的现代观点分析．管子学刊，2009（2）.

［164］王耀中，童文俊．凯恩斯主义经济学研究范式的演进．经济学动态，2003（6）.

［165］威廉·戈兹曼．千年金融史．北京：中信出版集团，2017.

［166］维克塞尔①．国民经济学讲义．上海：上海译文出版社，1983.

［167］卫兴华．有关中国特色社会主义经济理论体系的十三个理论是非问题．经济纵横，2016（1）.

［168］魏克赛尔．利息与价格．北京：商务印书馆，1959.

［169］巫三宝．管子经济思想研究．北京：中国社会科学出版社，1989.

［170］吴超林．宏观调控的制度基础与政策边界分析：一个解释中国

---

① 维克塞尔为正文中的魏克塞尔的另一译法。

宏观调控政策效应的理论框架．中国社会科学，2001（4）．

[171] 吴易风．社会主义市场经济重大理论与实践问题．学术研究，2017（4）．

[172] 伍戈，刘琨．破解中国经济困局：基于总供给-总需求的分析框架．国际经济评论，2013（5）．

[173] 希克斯．价值与资本．北京：商务印书馆，1962.

[174] 夏沐阳．管子经济思想对当下我国经济发展的价值剖析．中国市场，2016（37）．

[175] 徐寅生．加快完善社会主义市场经济体制的理论认知与现实路径．行政与法，2020（4）．

[176] 许志伟，薛鹤翔，车大为．中国存货投资的周期性研究：基于采购经理人指数的动态视角．经济研究，2012，47（8）．

[177] 亚当·斯密．国民财富的性质和原因的研究．北京：商务印书馆，1972.

[178] 亚当·斯密．国富论．北京：中央编译出版社，2010.

[179] 杨会晏，赵拓，赵宇．《管子》与《国富论》的经济思想比较.长春：吉林人民出版社，2017.

[180] 杨农，郭辉铭．动态随机一般均衡模型理论与实证研究进展．经济学动态，2013（8）．

[181] 杨小海，刘红忠，王弟海．中国应加速推进资本账户开放吗？——基于DSGE的政策模拟研究．经济研究，2017，52（8）．

[182] 杨志平．中国市场经济体制变革的理论与实践．东北财经大学博士学位论文，2012.

[183] 尹响，易鑫，胡旭．人类命运共同体理念下应对新冠疫情全球经济冲击的中国方案．经济学家，2020（5）．

[184] 尤绪超．社会主义市场经济：溯源、争论与发展．吉林大学博士学位论文，2014.

[185] 余斌，吴振宇．中国经济新常态与宏观调控政策取向．改革，2014（11）．

[186] 俞静，王作春，甘仞初．关于我国存货投资和通货膨胀的协整

关系分析．统计研究，2005（8）．

［187］袁恩桢．社会主义市场经济理论研究．毛泽东邓小平理论研究，2006（6）．

［188］约翰·梅纳德·凯恩斯．就业、利息和货币通论．北京：商务印书馆，1983.

［189］翟建宏．管子经济思想研究．郑州大学博士学位论文，2005.

［190］翟玉忠．国富策：读管子知天下财富．北京：中国书籍出版社，2018.

［191］张斌．新冠肺炎疫情对宏观经济政策、财税改革与全球化的影响．国际税收，2020（4）．

［192］张薇．论管仲的经济治国思想．安徽省管子研究会，2014.

［193］张晓晶．试论中国宏观调控新常态．经济学动态，2015（4）．

［194］张晓晶．通货膨胀形势、潜在增长率与宏观调控的挑战．经济学动态，2008（1）．

［195］张玉明，纪虹宇，刘芃．科学社会主义原则下中国特色社会主义市场经济对马克思理论的创新与发展．现代财经（天津财经大学学报），2018，38（12）．

［196］张再生．新冠肺炎疫情防控中的国家治理体系与治理能力建设．理论与现代化，2020（2）．

［197］赵可金．"软战"及其根源：全球新冠肺炎疫情危机下中美关系相处之道．美国研究，2020，34（3）．

［198］赵守正．管子经济思想．上海：上海古籍出版社，1989.

［199］赵亦如．南方谈话以来我国社会主义市场经济理论的发展．山东财经大学硕士学位论文，2016.

［200］中华人民共和国商务部．关于对原产于美国的部分商品加征关税的公告，2018－07－06.

［201］中华人民共和国商务部．商务部新闻发言人就美方正式实施加征关税发表谈话，2019－05－10.

［202］中国经济增长与宏观稳定课题组，张平，刘霞辉，等．后危机时代的中国宏观调控．理论参考，2011（4）．

［203］中华人民共和国国务院新闻办公室．关于中美经贸摩擦的事实与中方立场．人民日报，2018－09－25.

［204］中华人民共和国商务部综合司．中国对外贸易形势报告（2019年秋季），2019－11－22.

［205］庄丽婷．投资乘数-加速数模型与我国经济周期波动探讨．价格月刊，2010（4）.

［206］庄子罐，崔小勇，龚六堂，邹恒甫．预期与经济波动：预期冲击是驱动中国经济波动的主要力量吗？．经济研究，2012，47（6）.

［207］宗良．改革开放与中国市场经济模式．金融时报，2018－08－20.

［208］宗良，范若滢．宏观调控理论的创新思维、模型构建与中国实践．国际金融研究，2018，379（11）.

［209］宗良，范若滢．政府与市场"两只手"：宏观经济理论的历史演进、未来路径与理论模型．金融论坛，2018（4）.

［210］宗良，范若滢．经济学理论创新与黄金发展期．中国金融，2018（14）.

［211］宗良，冯兴科，刘津含．美元加息对新兴市场国家的影响与对策．金融论坛，2019，24（5）.

［212］宗良，吴丹．国际贸易理论的创新思维与动态综合竞争优势转换：历史演进、理论创新和模型构建．武汉金融，2019（7）.

［213］邹至庄，王潇靓．中国宏观经济运行：从现象到规律．金融市场研究，2016（5）.

后　记

　　华美的经济学理论大厦无疑由于学派林立而难免遗憾。市场与政府的关系是经济学理论长期争论的焦点问题，但中国故事为开启这扇经济学理论的创新之门提供了特殊的钥匙。2021年初，我承担的当代中国与世界研究院的重点课题——讲好"有效的市场"与"有为的政府"结合的中国故事，又为此提供了宝贵的机会。中国故事是一个引人入胜的故事，也是一个可以让人们憧憬未来的故事，它给全球有关国家或地区的经济发展提供了新的模式和理论选择。

　　长期的实际工作和理论探索，促使我深入思考重大的经济学理论问题，特别是中国成功背后的经济运行逻辑以及经济学学派林立的根源。围绕这些难题，我在研究中逐步形成了一套独特的逻辑框架体系，而运用理论模型将中国的成功实践上升到经济理论层次更是一种非常有魅力的探索。近年来，我与中国银行研究院及财金领域的多位青年专家一起进行了深入的讨论和研究，形成了相关的成果，并发表在各类刊物上，取得了一定的效果。在此，对他们表示特别感谢！他们是：中国银行研究院的范若滢、郝毅、武岩、刘津含、赵廷辰、吴丹；中国人民大学的甄峰副教授，博士生王伟；中国银行授信管理部的李斌，中国建设银行的韩森。蒋效辰、饶馨怡、时圆、蔡国材参与了实证研究等方面的工作。

　　我在长期的探索中也得到了业界的广泛支持，非常感谢在经济金融领域给予我支持的众多专家：中国国际经济交流中心总经济师陈文玲女士、首席研究员张燕生先生、副总经济师张永军先生；中投公司副总经理祁斌先生；清华大学中国经济思想与实践研究院院长李稻葵先生；清华大学经管学院院长白重恩先生；北京大学经济学院教授苏剑先生；上海财经大学校长刘元春先生、经济学院王晋斌教授和雷达教授；武汉大学经济学院院长宋敏先生、副院长余振先生；吉林大学杜莉教授、李晓教授；上海财经大学丁剑平先生、刘莉娅女士；外交学院欧明刚先生；国家信息中心首席经济学家祝宝良先生；北京大学汇丰商学院执行院长、中国银行业协会首席经济学家巴曙松先生；国际金融论坛秘书长冯兴科先生；中国银行研究院院长陈卫东先生、副院长钟红女士、资深研究员张兴荣先生、资深经济学家周景彤先生、资深研究员王家强先生；中银国际研究公司董事长曹远征先生、中银香港首席经济学家鄂志寰女士、腾讯金融研究院首席研究员王志峰先生。

在本书的写作过程中，我要特别感谢我的博士生导师吴念鲁教授，他的无私关怀和鼓励给我提供了持续研究的重要动力，激励我推出具有时代意义的研究成果。本书是基于中国成功实践的一次理论探索，也是关于中国市场经济模式和理论的新思维，还是重大的理论与实践开拓。由于我的知识和水平有限，难免有不尽完善之处，在此敬请大家提出，深表谢意！

2021 年 10 月

图书在版编目（CIP）数据

经济学理论创新的中国探索：基于理论模型视角/
宗良著. --北京：中国人民大学出版社，2022.5
ISBN 978-7-300-30420-5

Ⅰ.①经… Ⅱ.①宗… Ⅲ.①中国经济-经济理论-
研究 Ⅳ.①F12

中国版本图书馆 CIP 数据核字（2022）第 044715 号

经济学理论创新的中国探索——基于理论模型视角
宗 良 著
Jingjixue Lilun Chuangxin de Zhongguo Tansuo——
Jiyu Lilun Moxing Shijiao

出版发行	中国人民大学出版社			
社　　址	北京中关村大街 31 号		**邮政编码**	100080
电　　话	010 – 62511242（总编室）		010 – 62511770（质管部）	
	010 – 82501766（邮购部）		010 – 62514148（门市部）	
	010 – 62515195（发行公司）		010 – 62515275（盗版举报）	
网　　址	http://www.crup.com.cn			
经　　销	新华书店			
印　　刷	北京联兴盛业印刷股份有限公司			
规　　格	160 mm×230 mm　16 开本		**版　　次**	2022 年 5 月第 1 版
印　　张	26.75 插页 3		**印　　次**	2022 年 5 月第 1 次印刷
字　　数	407 000		**定　　价**	99.00 元

版权所有　侵权必究　　印装差错　负责调换